Yng Ngolau'r Lleuad

YNG NGOLAU'R LLEUAD

Ffaith a Dychymyg yng Ngwaith
Caradog Prichard

MENNA BAINES

Gomer

Argraffiad cyntaf – 2005

ISBN 1 84323 479 3

Dymuna'r cyhoeddwyr gydnabod cymorth Cyngor Llyfrau Cymru.

Argraffwyd yng Nghymru gan
Wasg Gomer, Llandysul, Ceredigion

I
Mam a Dad

Cynnwys

Byrfoddau a Manylion Llyfryddol

Defnyddir y byrfodd CP am Caradog Prichard yn y nodiadau, a defnyddir y byrfoddau canlynol ar gyfer y cyfrolau o'i waith y cyfeirir atynt amlaf:

ADA   *Afal Drwg Adda* (Dinbych, 1973)
CCP   *Cerddi Caradog Prichard [:] Y Casgliad Cyflawn* (Abertawe, 1979)
UNOL *Un Nos Ola Leuad* (Dinbych, 1961)
YGB   *Y Genod yn ein Bywyd* (Dinbych, 1964)
YRhA *Y Rhai Addfwyn* (Caernarfon, 1971) (darlith Llyfrgell Sir Gaernarfon, Bethesda, a draddodwyd ym Methesda, Mawrth 1971)

MANYLION EI GYHOEDDIADAU ERAILL
Canu Cynnar (Wrecsam, 1937)
Terfysgoedd Daear (Dinbych, 1939)
Tantalus [:] Casgliad o Gerddi (Dinbych, 1957)
Llef un yn Llefain (Dinbych, 1963)
'R wyf Innau'n Filwr Bychan (Dinbych, 1943) (cyhoeddwyd dan yr enw Pte. P)

PAPURAU PERSONOL
LlGC, PCP   Llyfrgell Genedlaethol Cymru, Papurau Caradog Prichard
LlGC, PKR   Llyfrgell Genedlaethol Cymru, Papurau Kate Roberts
LlGC, PRWP   Llyfrgell Genedlaethol Cymru, Papurau R. Williams Parry
LlGC, PTGJ   Llyfrgell Genedlaethol Cymru, Papurau T. Gwynn Jones

CYFWELIADAU'R AWDUR PRESENNOL Â CHYFEILLION A CHYDNABOD
Cyf. CH (Ceri Hughes; 18 Mawrth 1999)
Cyf. EP (Enid Parry; 28 Mai 1997)
Cyf. ER (Ernest Roberts; 21 Gorffennaf 1987)
Cyf. GRJ (Gwilym R. Jones; 13 Rhagfyr 1988)
Cyf. HC (Humphrey Carpenter; 31 Mai 1997)
Cyf. HT (Huw Tudor; 6 Mehefin 1997)
Cyf. IW (Isabella Wallich; 26 Mehefin 1997)
Cyf. JEH (J. Elwyn Hughes; 17 Rhagfyr 1998)
Cyf. JO (John Ogwen; 23 Ebrill 1997 a 17 Chwefror 1998)
Cyf. JOJ (J. O. Jones; 22 Hydref 1987)
Cyf. Mari P. (Mari Prichard; 31 Mai 1997)
Cyf. MP (Mattie Prichard; 14 Tachwedd 1987)
Cyf. SR (Sydney Reynolds; Medi 2001)

Rhagair

Ffoli ar *Un Nos Ola Leuad* yn yr ysgol ym Mhen-y-groes erstalwm oedd man cychwyn fy niddordeb yn Caradog Prichard. Flynyddoedd yn ddiweddarach, yn y coleg ym Mangor, daeth yn bryd dewis pwnc ar gyfer traethawd ymchwil, ac er imi chwarae â'r syniad o astudio dyrnaid o lenorion ardaloedd y chwareli, gan gynnwys Caradog, buan y sylweddolais fod y gŵr enigmatig o Fethesda a'i waith yn cynnig mwy na digon o faes ymchwil ynddynt eu hunain. Dyma benderfynu canolbwyntio'n llwyr arno ef, felly, ac yn arbennig ar y berthynas amlwg rhwng ei fywyd a'i waith. Cadwodd hynny fi'n brysur am rai blynyddoedd, a chyflwynwyd ffrwyth yr ymchwil mewn traethawd MPhil (Prifysgol Cymru, Bangor, 1992). Y traethawd hwnnw yw sail y gyfrol hon, ond gyda sylw helaethach i rai agweddau ar y dyn a'i waith. Wedi cael ymryddhau o gyfyngiadau'r traethawd o ran nifer geiriau ac amserlen, daeth cyfle i edrych yn fanylach ar y gwahanol gyfnodau ym mywyd Caradog, ac i holi mwy ar ei gyfeillion a'i deulu; at hyn, daeth deunydd ysgrifenedig newydd i'r golwg, gan gynnwys rhagor o bapurau personol a gyflwynwyd i'r Llyfrgell Genedlaethol ar farwolaeth Mattie Prichard, gweddw Caradog, yn 1994, i ychwanegu at y casgliad gwerthfawr a dadlennol a oedd yno eisoes. Gellais felly ymestyn y cronicl byr o'i fywyd a geid ar ddechrau'r traethawd gwreiddiol yn bennod fywgraffyddol gyflawn. Penderfynais hefyd gynnwys pennod newydd yn canolbwyntio'n llwyr ar *Un Nos Ola Leuad*, fel gwaith pwysicaf ac enwocaf yr awdur, yn ychwanegol at y sylw a gâi eisoes yng ngweddill y penodau. Trwy'r cwbl, y ddwy bennod newydd hyn a'r tair pennod wreiddiol sy'n trafod prif themâu'r gwaith, roedd fy niddordeb pennaf yn y modd y trodd y llenor hwn brofiadau ei fywyd yn llenyddiaeth sydd ar ei gorau yn ysgytiol, ac yn y tryblith o feddyliau a syniadau sy'n bwydo'r gwaith, yn farddoniaeth a rhyddiaith. Ac er mai prin y gellir gorbwysleisio dibyniaeth yr awdur ar brofiadau personol, roeddwn hefyd am roi sylw dyladwy i'r dychymyg a'r creadigrwydd a'i galluogodd i seilio gyrfa lenyddol gyfan ar y profiadau hyn a hynny heb droi yn ei unfan na syrffedu ei ddarllenwyr, ond gan lwyddo'n hytrach i roi gwedd newydd a gwahanol o hyd ar yr un deunydd crai sylfaenol. Mewn gair, ceisiais ddangos, petai angen hynny, mai artist sydd wrth ei waith, ac nid croniclwr.

Yr wyf yn ddyledus i nifer fawr o bobl. Yn gyntaf, rhaid imi fynegi fy niolch calon i Dafydd Glyn Jones, fy nghyfarwyddwr ymchwil ym Mangor ac awdur rhai o'r ymdriniaethau craffaf â gwaith y gwrthrych, am rannu ei wybodaeth a'i syniadau mor rhydd yn ystod ein seiadau bore Gwener difyr ac am fy rhoi ar sawl trywydd defnyddiol. Yn ail, hoffwn gydnabod haelioni Cyngor Celfyddydau Cymru: bu'r ysgoloriaeth a dderbyniais ganddo yn fodd imi ymryddhau o gaethiwed gwaith bob dydd am gyfnod er mwyn canolbwyntio ar y gwaith ymchwilio pellach a'r helaethu a grybwyllir uchod, wrth fynd ati i ymestyn y traethawd yn llyfr. A minnau heb erioed gyfarfod Caradog – bu farw chwe blynedd cyn imi ddechrau ar yr ymchwil – elwais yn fawr hefyd, fel y crybwyllwyd, ar sgyrsiau ag aelodau o'i deulu a'i gydnabod, yn enwedig felly ei weddw, y ddiweddar ddihafal Mattie Prichard, eu merch Mari Prichard a'i gŵr hi, y cofiannydd Humphrey Carpenter. Tristwch mawr oedd clywed am farwolaeth annhymig yr olaf o'r tri wrth i'r gyfrol fynd trwy'r wasg. Fe'i cyfrifaf yn fraint fy mod wedi cael rhannu atgofion ac argraffiadau'r teulu o Caradog fel gŵr, tad a thad-yng-nghyfraith. Diolch i Mari hefyd am ganiatâd i ddyfynnu o'i lawysgrifau, am ddarllen rhannau o'r deipysgrif, am ei chymorth gwerthfawr gyda'r lluniau ac am sawl awgrym defnyddiol. Bu J. Elwyn Hughes, gyda'i wybodaeth ddi-ben-draw am hanes Bethesda, a'i adnabyddiaeth bersonol o Caradog, yn barod iawn i rannu ei wybodaeth yntau, a braf yw deall y bydd ei gyfrol ar Caradog yn y gyfres 'Bro a Bywyd' yn ymddangos yr un flwyddyn â'r gyfrol hon. Tynnais yn helaeth ar yr wybodaeth werthfawr a gefais gan yr unigolion hyn ac eraill, a cheir manylion llawn y cyfweliadau yn y rhestr fyrfoddau ac yn y nodiadau ar ddiwedd pob pennod. Yr wyf hefyd yn ddiolchgar i Lyfrgell Genedlaethol Cymru am ganiatâd i atgynhyrchu lluniau'r teulu a roddwyd i'w cadw yno; hefyd i staff y Llyfrgell am sawl cymwynas, yn enwedig Dafydd Ifans ac Arwel 'Rocet' Jones am fy hysbysu pan ddeuai unrhyw ddeunydd newydd perthnasol i law, ac i Huw Walters am ateb aml i gwestiwn. Gwerthfawrogaf, yn yr un modd, y cymorth a gefais gan Rhian Davies yn y Swyddfa Gofrestru ym Mangor. Mae'n sicr fod eraill, sy'n rhy niferus i'w henwi, wedi cyfrannu at fy narlun o Caradog a'i fyd trwy lenwi amryfal fylchau yn fy ngwybodaeth, ac yr wyf yn ddyledus iddynt hwythau. Pleser yw cael diolch i Wasg Gomer, ac yn arbennig i Bethan Mair am ei hir amynedd wrth aros am y gyfrol ac am ei gofal a'i thrylwyredd wrth ei llywio trwy'r wasg. Diolch hefyd i Dewi Morris-Jones am ddarllen y broflen ac i Tegwyn Jones am lunio'r mynegai. Ond mae fy niolch pennaf i'm cymar, Peredur Lynch. Cefais ganddo ef lawer o gymorth ymarferol, a bu'n dra amyneddgar dros y blynyddoedd diwethaf wrth imi 'ddiflannu' am gyfnodau afresymol o hir i ddilyn Caradog ar hyd ei lwybr trofaus yng ngolau lleuad a oedd yn llawer rhy hypnotig er lles bywyd teuluol normal.

Menna Baines
Ionawr 2005

1

Y Dyn a'i Fyd

Dywedodd Dafydd Glyn Jones am weithiau Caradog Prichard eu bod yn 'codi mor uniongyrchol o'i brofiad go-iawn fel ei bod yn amhosibl, wrth geisio'u trafod, osgoi ei stori bersonol ac amgylchiadau ei fywyd'.[1] Mae hynny'n hollol wir, a'r bwriad yn y bennod hon yw rhoi rhyw fath o gyd-destun i drafodaeth ar ei gynnyrch llenyddol trwy fwrw golwg ar ei gefndir a'i yrfa er mwyn gweld y math o amgylchfyd a'i creodd, a chodi cwr y llen hefyd, gobeithio, ar ei bersonoliaeth. Wrth wneud hynny, mae'n anochel y byddwn yn pwyso'n drwm ar ei hunangofiant, *Afal Drwg Adda* (1973). Er bod y gyfrol honno'n rhwystredig o brin o ddyddiadau, mae'n rhoi darlun pur gyflawn o'r prif gyfnodau ym mywyd ei hawdur. Mae i argraffiadau teulu, ffrindiau a chydnabod hefyd eu gwerth diamheuol. Er mai gŵr encilgar, preifat oedd Caradog wrth natur, mae'r ffaith ei fod yn gallu bod yn ingol o onest wrth sôn amdano'i hun mewn print, a'r ffaith ei fod wedi gwneud argraff annileadwy ar y rhan fwyaf o'r bobl a'i hadnabu, yn gymorth mawr wrth fynd ati i gynnig rhyw lun o bortread ohono. Roedd yn ddyn cymhleth. 'Doedd dim posib i chi *ddallt* Caradog,' meddai un o'i gyfeillion cynnar pennaf, Gwilym R. Jones.[2] Ac yn wir, nid oes raid ymchwilio'n ddwfn iawn i'w hynt a'i helynt i weld ei fod yn greadur llawn paradocsau. Eto i gyd, mae rhyw gysonder cyffredinol trawiadol rhwng hanes a chymeriad y dyn ar un llaw, a'i waith creadigol ar y llaw arall. Wrth ddarllen ei gerddi, ei hunangofiant, ei ddyddiaduron a'i golofnau newyddiadurol, ac wrth glywed sylwadau pobl eraill amdano fel dyn, rydym yn gwybod ein bod ym myd unigryw Caradog Prichard a'i bethau. Nid yw hynny'n golygu na chawn ein synnu o bryd i'w gilydd gan ryw wedd newydd ar y dyn neu'r llenor, ond mae'r cyfan rywsut yn gwneud perffaith synnwyr o fewn y darlun cyfan. Mae'n

debyg mai'r hyn a brofir gan hynny yw bod Caradog, trwy bopeth, yn
llwyddo i fod yn driw iddo ef ei hun. Mae'n anodd i'r sawl a ddaw i'w
adnabod trwy ei waith, trwy'r hyn a ddywed amdano'i hun a'r hyn a
ddywed eraill amdano, beidio â'i hoffi a'i anwylo; mae'n anodd hefyd
iddynt beidio â theimlo weithiau fel ei ysgwyd yn iawn. Dyma'n sicr y
math o ymateb deublyg a enynnai yn y bobl o'i gwmpas pan oedd yn
fyw; mae sawl un wedi dweud fel y gallai drethu amynedd y gorau,
ond fel y gallai, er hynny, hawlio teyrngarwch llwyr ei ffrindiau a'i
deulu. Rydym yng nghwmni unigolyn, a phersona llenyddol hynod, un
sy'n ddifyr nid yn unig am ei fod yn 'gymysg oll i gyd', ond hefyd am ei
fod yn gyson yn ei anghysonder.

*   *   *

Ganwyd Caradog Prichard ym Methesda, Sir Gaernarfon, ar 3
Tachwedd 1904, yr ieuengaf o dri mab i John a Margaret Jane Pritchard.[3]
Roedd teulu Margaret Jane Pritchard yn y pentref ers dwy genhedlaeth,
ar ôl dod yno o Fôn yn wreiddiol, ac mae'n ymddangos bod teulu ei
gŵr yno cyn hynny. Pentref ar lawr dyffryn afon Ogwen yw Bethesda,
pentref wedi'i greu gan y diwydiant llechi, ac yn chwarel y Penrhyn, fel
y rhan fwyaf o ddynion yr ardal, y gweithiai John Pritchard. Roedd
honno wedi'i hagor yn niwedd y ddeunawfed ganrif ac wedi tyfu erbyn
ail hanner y bedwaredd ganrif ar bymtheg i fod y chwarel lechi fwyaf
yn y byd. Erbyn troad y ganrif honno roedd hi'n cyflogi tua 3,000 o
ddynion, ac er bod oes aur y diwydiant drosodd erbyn hynny, roedd
Bethesda yn y cyfnod hwn yn parhau'n lle digon ffyniannus. Roedd
poblogaeth Dyffryn Ogwen, rhwng y ddau blwyf, Llanllechid a
Llandygái, yn 9,222 yn 1901 ac, er bod y chwarelwyr yn galw'n barhaus
am well cyflogau, roedd amodau byw yn well nag yr oeddynt wedi
bod.[4] Prin y byddai neb wedi galw Bethesda'n bentref hardd, gyda'i resi
o dai yn gwasgu ar wynt ei gilydd, a thomenni llechi anferth yn gefndir
prudd i'r cyfan. Ond fel y trefi a'r pentrefi diwydiannol eraill a dyfodd o
gwmpas y chwareli llechi yng ngogledd-orllewin Cymru, roedd wedi'i
amgylchynu gan dirlun mynyddig gyda'r mwyaf trawiadol yn y wlad,
tirlun a oedd wedi bod yn destun edmygedd ymwelwyr ers amser

maith. Ac fel ym Mlaenau Ffestiniog, Pen-y-groes a Thal-y-sarn, roedd yno fywyd cymdeithasol bywiog ac uniaith Gymraeg i bob pwrpas. Y capeli oedd canolbwynt llawer iawn o'r bwrlwm diwylliannol hwn; nid heb sail y galwyd Bethesda, gyda'i holl gapeli, yn 'bencadlys... anghydffurfiaeth Sir Gaernarfon'.[5] Ond mwy niferus na'r capeli hyd yn oed oedd y tafarndai; mae'n debyg fod yno dros ddeugain, a'u bodolaeth a'u ffyniant, ynghyd â chlwb pêl-droed, yn dangos nad addoli, canu a chynnal eisteddfodau oedd yr unig bethau a wnâi'r chwarelwyr yn eu hamser hamdden.[6] Diwylliant swyddogol ardaloedd y chwareli – yr eisteddfodau, y cyngherddau, y cyfarfodydd trafod, y cyfarfodydd dirwest a'r Band of Hope – yw'r un sydd wedi cael ei ddogfennu orau o ddigon a hynny am resymau y cawn ymhelaethu arnynt eto, ond bellach mae haneswyr fel Dafydd Roberts wedi hen ddechrau cwestiynu'r darlun unochrog hwn ac wedi dechrau dadfythu gorffennol lleoedd fel Bethesda, gan ddangos bod bywyd yno mewn gwirionedd yn debycach nag a dybiwyd, yn ei amrywiaeth lliwgar, brith, i fywyd rhannau eraill o'r Gymru ddiwydiannol.

Yn y cyfnod yn union cyn geni Caradog, ac yn union ar ôl hynny, daeth dau ddigwyddiad i darfu ar y bywyd beunyddiol cymysgryw hwn. Yn ei eiriau ef ei hun yn ei hunangofiant,

> Y cynyrfiadau mawr ysgytiol yn f'ardal i oedd Streic Fawr Chwarel y Penrhyn a'r Diwygiad – dau gynnwrf y mae ôl eu galanas ysbrydol yn aros ar yr ardal hyd heddiw. Ac rwy'n siŵr hefyd fod y galanas hwnnw wedi chwarae'i ran yn ystumio fy natur a 'mhersonoliaeth innau, a genhedlwyd yn ei ganol. (13)

Y cyntaf o'r digwyddiadau hyn oedd yr un a ysgytwodd fwyaf o ddigon ar y pentref, ac a adawodd fwyaf o 'lanast' ar ei ôl hefyd. Parhad o anghydfod cynharach yn 1896–7, pan fu nifer fawr o chwarelwyr ar streic am ymron i flwyddyn, oedd y Streic Fawr mewn gwirionedd. Asgwrn y gynnen oedd y drefn y ceisiai'r rheolwyr ei gwthio ar y gweithwyr o rannu'r chwarel yn adrannau o dan ofal gwahanol gontractwyr. Credai'r chwarelwyr fod y drefn hon yn eu sarhau fel crefftwyr ac yn bygwth eu hannibyniaeth trwy danseilio eu rheolaeth dros eu gwaith eu hunain. Galwent am gadw'r drefn 'fargeinio' y sefydlwyd y diwydiant arni, lle rhennid wyneb y graig yn 'fargeinion' unigol, gyda chriw o bedwar neu bump o chwarelwyr yn gwneud cytundeb misol gyda'r stiward gosod i weithio'r graig mewn bargen benodol ar y telerau gosodedig, a gymerai ansawdd y graig i ystyriaeth. Galwent hefyd am sefydlu isafswm cyflog ac am hawl i 'uno', hynny yw, i ymdrefnu'n undeb ac i ethol llefarwyr i drafod gyda'r rheolwyr. Ond er mai gwrthdaro diwydiannol clasurol ydoedd yn ei hanfod, roedd y streic dair blynedd yn amlygu tensiynau a oedd wedi bod yn rhan o fywyd cymdeithasol yng Nghymru ers degawdau, a daethpwyd i'w gweld fel brwydr y deiliad yn erbyn y tirfeddiannwr, radicaliaeth yn erbyn Torïaeth, Anghydffurfiaeth Gymreig yn erbyn Anglicaniaeth. Cefnogwyd achos y chwarelwyr gan weithwyr ledled Prydain, gan arweinwyr radicalaidd fel Lloyd George a Keir Hardie a chan leng o bapurau newydd, ond roedd Arglwydd Penrhyn (Edward Sholto Douglas Pennant, sef yr ail Arglwydd Penrhyn) yn benderfynol o ddileu pob arlliw o undebaeth lafur o'r chwarel, ac roedd ef a'r rheolwr, Emelius Alexander Young ('*accountant* diddychymyg o Lundain', chwedl Ernest Roberts), yn gwbl ddigyfaddawd.[7] Methodd y trafodaethau o un i un, ac ym mis Tachwedd 1903, gyda thrydydd gaeaf ar eu gwarthaf a'u teuluoedd yn llwgu, bu'n rhaid i'r streicwyr ildio'n ddiamod.[8]

Gadawodd y streic ar ei hôl nid yn unig dlodi enbyd ond hefyd elyniaeth eirias rhwng y streicwyr a'r rhai a fylchodd y rhengoedd, y 'bradwyr'. Roedd John Pritchard yn un o'r 2,800 a oedd wedi cerdded allan o chwarel y Penrhyn ar 22 Tachwedd 1900, ond mae'n debyg ei fod hefyd yn un o'r cannoedd a aeth yn ôl i weithio cyn diwedd y streic. Nid oes unrhyw dystiolaeth sicr o hynny, ar wahân i air Caradog ei hun. Fel y cawn weld yn y bennod nesaf, daeth ef yn argyhoeddedig, a hynny ar sail sgyrsiau â chydnabod, fod ei dad wedi torri'r streic, a byddai'r syniad fod ei dad yn 'fradwr' yn achosi poen meddwl mawr iddo. Ond ni allwn ond dyfalu faint o sail a oedd i'w bryder. Nid yw'r ffaith mai Anglicaniad oedd John Pritchard yn profi unrhyw beth; er mai eglwyswyr, ar y cyfan, oedd y rhai na chefnogent y gweithredu, roedd ambell un o arweinwyr y streic hefyd yn eglwyswyr. Os, yn wir, y bu iddo ailgydio yn ei arfau cyn diwedd yr anghydfod, gellir tybio bod a wnelo'i benderfyniad fwy ag angen nag ag unrhyw argyhoeddiadau crefyddol-wleidyddol; wedi'r cwbl, roedd ganddo wraig ac, erbyn dechrau 1902, ddau o blant bach i'w bwydo (ganed Howell rhyw dri mis cyn dechrau'r streic, ar 12 Awst 1900, a Glyn ar ei chanol, ar 16 Ionawr 1902). Tybed, felly, a gafodd ei erlid fel yr erlidiwyd rhai o'r dynion a aeth yn ôl i weithio? A dorrwyd ffenestri ei dŷ, ac a anwybyddwyd ef yn y stryd gan hen gyfeillion? Nid oes unrhyw gofnod o'r fath erlid yn hanes John Pritchard. Ond beth bynnag oedd y gwir, byddai wedi bod yn amhosibl iddo ef a'i wraig beidio ag ymdeimlo â'r chwerwder cyffredinol a oedd yn ymdreiddio trwy'r gymdeithas gyfan o ganlyniad i'r streic.

Yn wyneb y rhwyg, a'r teimladau briw, byddai'r ail ddigwyddiad ffurfiannol y mae Caradog Prichard yn sôn amdano uchod wrth drafod bro ei fagwraeth, wedi codi gobeithion rhai o drigolion yr ardal am gymod a maddeuant. Diwygiad crefyddol 1904–5 oedd un o ddigwyddiadau hynotaf Cymru'r ugeinfed ganrif. Gan ddechrau, fel diwygiad 1859, yng Ngheredigion, ysgubodd hwn o'r de i'r gogledd gan ennill, dros y misoedd, filoedd ar filoedd o aelodau newydd i'r enwadau Anghydffurfiol.[9] Mae'r lliaws delweddau a ddefnyddiwyd yn ystod y cyfnod ac wedyn i ddisgrifio'r ffenomen yn cyfleu ei nerth cynhyrfus a hefyd yr argraff a adawodd ar y bobl a deimlodd ei ddylanwad. Soniwyd, er enghraifft, am yr argae yn torri, y llanw yn gorlifo, y tân yn disgyn, y wawr yn torri a'r haul yn codi. Profodd ardal ar ôl ardal yr hyn y credid yn gyffredinol ei fod yn ymyriad dwyfol gan yr Ysbryd Glân ym mywyd Cymru.[10] Yn union wedi geni Caradog y dechreuodd Bethesda deimlo ei effaith. Mae'r hanes i'w gael yn fanwl, fesul cyfarfod, yn Y Goleuad, yn adroddiadau gorfoleddus J. T. Jôb, a oedd yn weinidog gyda'r Methodistiaid Calfinaidd yn y Carneddi.[11] Mae'r adroddiadau, fel y rhai a gafwyd am ardaloedd ledled Cymru yr un adeg, yn sôn am gynulleidfaoedd llawer mwy nag arfer yng nghapel Jerusalem, am bobl yn wylo ac yn chwerthin dan rym emosiwn, am gyfarfodydd arbennig o eneiniedig ymhlith merched a phobl ieuainc, am unigolion yn honni eu bod wedi cael profiadau goruwchnaturiol, ac am feddwon yn cael tröedigaeth. Yr uchafbwynt, yn ôl J. T. Jôb, oedd cyfarfod yn niwedd mis Rhagfyr, 1904. Yno'n pregethu roedd Joseph

Jenkins, gweinidog y Methodistiaid Calfinaidd yng Ngheinewydd, Ceredigion, y dyn a oedd wedi sbarduno'r diwygiad trwy ei bregethu grymus ac wedi helpu i gynnal y momentwm ar ôl hynny trwy ei deithiau o gwmpas Cymru. Wrth ddisgrifio'r cyfarfod, mae J. T. Jôb yn sôn am lanw 'yn troi holl olwynion naturiaeth dyn i gyfeiriad sancteiddrwydd', am wynt nerthol yn ysgwyd y gynulleidfa helaeth fel 'cae o wenith', ac am win, 'gwin gorfoledd y Nef', yn ei meddwi.[12] Cyfarfod gweddi maith, pregeth, morio canu 'Y Gŵr a fu gynt o dan hoelion' (un o emynau mawr y diwygiad), cyfarfod gweddi'r bobl ieuainc a llanc a oedd yn honni ei fod wedi clywed 'canu yn yr awyr' yn dod ymlaen i ganu, darllen a gweddïo yn sŵn wylo'i rieni, ac yna eraill yn codi fesul un: dyna sut yr aeth pethau ymlaen tan hanner awr wedi deg. Ac ar sail y profiad personol o'r Ysbryd Glân a gafodd ef ei hun, profiad a barodd iddo ffieiddio'i hun, mae J. T. Jôb yn dweud y bydd '"Nos Iau, Rhagfyr yr 22ain, 1904", yn gerfiedig mewn llythrenau o dân yn fy nghalon am byth!'[13]

Do, fe ddaliwyd Bethesda yn nhwymyn y diwygiad am gryn ddeufis, a hynny dim ond blwyddyn wedi diwedd y streic. Ac eto, roedd hyd yn oed rhywun o sêl a brwdfrydedd J. T. Jôb yn gorfod cyfaddef bod y lle yn dalcen caled. Noda yn un o'i adroddiadau cynharaf fod yn rhaid 'gwella clwyfau *eithriadol* eglwysi y cylch hwn yn gyntaf . . . hen deimladau drwg a hen gynhenau', ac er ei fod yn ffyddiog y dôi gwellhad maes o law, wrth i'r wythnosau fynd rhagddynt, mae'n gorfod cyfaddef ei amheuon.[14] Meddai yn ei adroddiad olaf:

Ofnwn fod rhai proffeswyr yn cadw draw o'r cyfarfodydd o hyd – oherwydd rhyw oerni a chwerwedd cysylltiedig â helynt blin y streic; a'n cred onest ni yw: nad yw y rhai hyn yn rhoi chwarae teg i'r Ysbryd Glân ddwyn trefn ar bethau.[15]

Yn yr un adroddiad, mae'n dyfynnu o weddi 'hen oferwr' ar ran ardal Bethesda:

'O, Arglwydd, cadw'r ardal yma i gyd. 'Ry'm ni'n teimlo fod 'ma rywbeth o hyd ar Dy ffordd – gan nad beth yw e' – mae'r Saeson yn ei alw e' yn 'stumbling block,' Arglwydd – O! symud

e'; symud e'; symud e' heno, Arglwydd mawr. 'Ry'm ni yn ei
deimlo fe o hyd; ond Ti fedri Di drwy dy Ysbryd ro'i Dy fŷs
arno. Gad i bawb o honom ei weled nes ei gasau am byth.'[16]

Mae pob arwydd, felly, mai'r cof am y streic a oedd yn
gwrthweithio effaith y diwygiad yn hytrach nag fel arall, ac yng
ngoleuni oer hanes, ni ellir dweud i'r diwygiad arwain at adfywiad
gwirioneddol, hyd yn oed dros dro, ym mywyd crefyddol Bethesda.
Canfu'r hanesydd R. Merfyn Jones, wrth astudio adroddiadau rhai o
gapeli'r pentref yn y cyfnod hwn, nad enillwyd yn agos gymaint o
aelodau newydd ag a wnaed mewn ardaloedd chwarelyddol eraill; ac
mae'n anodd anghytuno ag ef pan ddywed mai'r maen tramgwydd y
sonia'r brawd edifeiriol amdano yn y dyfyniad uchod oedd y casineb
a adawyd ar ôl gan y streic, a bod y gymdeithas bellach, faint bynnag
o ffydd a oedd gan rai o'r pentrefwyr mewn gweddi, defosiwn ac
ymyrraeth ddwyfol, yn rhy wan i fynd heibio i'r maen tramgwydd
hwnnw.[17] Ni lwyddodd y diwygiad, er ei danbeitied ar y pryd, i
gyfannu'r rhwyg yn y gymdeithas.

Beth, tybed, oedd ymateb Margaret Jane a John Pritchard i'r cyfan?
Unwaith eto ni allwn ond dyfalu. Fel eglwyswyr, ni fyddai rhywun
yn disgwyl eu bod ynghanol y berw teimladol a ddisgrifir gan J. T.
Jôb, ac eto roedd Margaret Jane Pritchard yn wraig grefyddol iawn yn
ôl pob tebyg, fel y cawn weld yn nes ymlaen, ac mae'n anodd credu
na fyddai'r cyfan wedi gwneud rhyw fath o argraff arni. Does dim
rheswm dros amau na fyddai hi, maes o law, wedi trosglwyddo rhai o
straeon y diwygiad i'w phlant, yn union fel yr adrodda'r fam yn *Un
Nos Ola Leuad* (1961) hwynt wrth ei mab hithau, ac efallai ei bod
wedi'u hadrodd gyda'r un cyfuniad o frwdfrydedd a pharchedig ofn.
Ond ar y pryd, mae'n sicr mai rhywbeth arall a oedd yn dwyn y rhan
fwyaf o'i sylw a'i hegni hi a'i gŵr, ac yn rhoi'r llawenydd mwyaf
iddynt hefyd, sef magu eu baban bach newydd. Saith mlynedd
ynghynt roeddynt wedi colli baban yn bum wythnos oed, ond erbyn i
Caradog ddod i'r byd, roedd Howell eisoes yn bedair oed a Glyn yn
ddwyflwydd, felly roedd gan y cwpwl fwy na digon i'w cadw'n
brysur ar yr aelwyd.[18] Er bod John Pritchard yn ôl yn gweithio yn y

chwarel ers blwyddyn o leiaf, gellir dychymygu y byddai'n ddigon anodd o hyd cael deupen llinyn ynghyd. Ac ynghanol hyn oll, bum mis ar ôl iddynt groesawu'r newydd-ddyfodiad, y digwyddodd rhywbeth a oedd i gael effaith mwy uniongyrchol a phellgyrhaeddol o lawer ar y teulu na'r streic na'r diwygiad. Ar 4 Ebrill 1905, fe laddwyd John Pritchard mewn damwain yn y gwaith. Dyma gofnod moel awdurdodau'r chwarel o'r digwyddiad:

CASE 371. JOHN PRITCHARD, 21, PEN-Y-BRYN, BETHESDA.
AGE 33. MARRIED. OCCUPATION: QUARRY MAN
QUARRY NO. 134.

The accident took place at Fitzroy Gallery on April 4th, 1905. He and his journeyman were standing opposite the bargain, talking about a proposed bore hole when they heard a sudden outcry of warning and almost instantly John Pritchard was struck in his head by a stone that had rolled over from one of the gallery [sic] above where a man was 'slopping' the old rubbish heap. Killed instantaneously.
Inquest held on April 6th, 1905 at Quarry Hospital.
Verdict – 'Accidental Death'.[19]

Yn ôl adroddiad ar y cwest yn *Yr Herald Cymraeg*, roedd hi'n ymddangos bod John Pritchard wedi mynd at ei waith cyn i gloch shifft y prynhawn ganu am un o'r gloch, a bod criw o ddynion ar y bonc uwchlaw iddo, y diwrnod arbennig hwnnw, yn digwydd bod yn gweithio yn ystod yr awr ginio. Nodir i'r garreg fawr a'i trawodd 'ei archolli yn echrydus'.[20]

Maes o law byddai Caradog yn ceisio dychmygu sut y cafodd ei fam wybod y newyddion drwg. Meddai yn ei hunangofiant, *Afal Drwg Adda*,

> bob tro y ceisiwn ddyfalu yr oedd y sefyllfa'n wahanol. Weithiau byddai'n ddiwrnod gwlyb ac un o gawodydd Ebrill yn pistyllio i lawr fel y cerddai rhywun dan ei ymbarel a rhoi cnoc ar y drws. Dro arall byddai Mam yn sefyll yn y giât yn yr haul ac awel dyner y gwanwyn yn chwarae yn ei gwallt pan ddaeth rhywun i fyny'r allt a sibrwd y newydd wrthi. Ac yna ei hebrwng i mewn i'r tŷ. Ni chefais erioed wybod yn iawn sut y bu. (14)

Sut bynnag y bu, cafodd Margaret Jane Pritchard ei hun, yn hollol ddirybudd a hithau heb gyrraedd ei deg ar hugain, yn weddw gyda thri o blant bach i'w magu ar y plwy. Mae'n arwydd clir o ansefydlogrwydd ariannol y teulu iddynt symud dair gwaith yn ystod pymtheng mlynedd cyntaf bywyd Caradog. Dyled a orfododd iddynt symud y ddau dro cyntaf, a hyd yn oed yn y trydydd tŷ lle y buont yn byw, lle'r oeddynt wedi symud o ddewis, cofir hwy gan gymydog, J. O. Jones, fel teulu eithriadol o dlawd.[21] Prin oedd y gwaith i ferched yn yr ardal, ac er i Margaret Jane Pritchard, fel y fam yn *Un Nos Ola Leuad*, gael rhywfaint o waith yn golchi yn y ficerdy lleol, roedd pob ceiniog yn cael ei llyncu. Does dim dwywaith nad yw darlun y nofel o fachgen yn rhedeg o gwmpas gyda thyllau yn ei esgidiau ac ar ei gythlwng o hyd yn adlewyrchu realiti plentyndod Caradog a'i frodyr yn bur agos. Mae Caradog yn sôn yn *Afal Drwg Adda* am gael, lawer gwaith, yng nghartref ffrindiau iddo yn y Carneddi, bryd o fwyd 'nad oedd gennyf obaith amdano pan gyrhaeddwn adref' (26).

Nid yw Caradog yn dweud yn *Afal Drwg Adda* pryd y bu'r teulu'n byw yn y gwahanol dai, ond mae digwyddiadau y sonia amdanynt mewn cyswllt â'r gwahanol gyfeiriadau yn rhoi syniad i ni. Tŷ ynghanol y pentref oedd yr un lle'i ganed, ar Allt Pen y Bryn, un o'r prif strydoedd sy'n arwain i lawr i'r Stryd Fawr; tŷ ar ei ben ei hun o'r enw Llwyn On, wedi'i 'fildio'n solat a chymen gan ddwylo a meddwl crefftus fy Nhaid . . . a gardd helaeth y tu ôl iddo' (13). Yno yr oeddynt yn byw pan laddwyd John Pritchard; sonia Caradog yn yr hunangofiant fel y cafwyd tân yn y tŷ y noson cyn yr angladd ac fel y bu'n rhaid i'r teulu a'r cymdogion a oedd wedi ymgasglu yno fynd allan, a'r arch gyda hwy, nes yr oedd y tân wedi'i ddiffodd. Cyn bod Caradog yn bump oed roedd y teulu wedi colli'r tŷ hwn ac wedi symud yn uwch i fyny'r llethrau, i ardal Bryn Teg, neu 'Pant Dreiniog', a rhoi iddo ei 'enw slym', chwedl yntau (15), ar ôl hen chwarel segur gerllaw (15). (Mae'n ymddangos mai Bryn Teg oedd enw'r tŷ ei hun hefyd.) Ymhlith brith atgofion Caradog am Fryn Teg mae ei ben blwydd yn bump, a'i siom pan ganfu fod afal a gafodd yn anrheg gan ei Anti Jên yn ddrwg, sef yr atgof a ysbrydolodd deitl ei hunangofiant. Roedd ei daid, sef Griffith Williams, tad ei fam, yn byw gyda nhw yn y cyfnod hwn, ond bu farw cyn iddynt fudo yr eilwaith. Roedd hynny'n weddol fuan ar ôl y mudo cyntaf, ac yn gynnar iawn yn nyddiau ysgol Caradog, tua 1910. Y tro hwn aethant i fyw ar Allt Glanrafon, Gerlan, rhan o Fethesda sydd unwaith eto i fyny ar y llethrau, ac yno y buont am flynyddoedd, o leiaf hyd 1916, ac efallai am ryw flwyddyn ar ôl hynny. Dyma'r tŷ lleiaf y buont yn byw ynddo, gyda'i 'siambr ac un llofft', a dyma'r cyfnod sy'n sail i ddarlun Caradog o'i blentyndod yn *Un Nos Ola Leuad.* Mae'n ei ddisgrifio yn *Afal Drwg Adda* fel cyfnod pan oedd y teulu

> yn dlawd ymhlith tlodion ond yn gyfoethog mewn gobeithion a breuddwydion . . . Yn gyfoethog hefyd am fod rhyw anwyldeb a chynhesrwydd cymdogol yn perthyn i'r gymdeithas dlawd yr oeddem yn rhan ohoni . . . (16)

Mae'r '[c]ynhesrwydd cymdogol' i'w deimlo'n gryf yn atgofion Caradog am drigolion y rhes dai yr oedd eu tŷ hwy'n rhan ohoni ac am eraill o'u cydnabod a oedd yn byw gerllaw. Roedd ganddynt hefyd gryn dipyn o berthnasau yn y pentref. Ymhlith y rhain roedd nain Caradog ar ochr ei dad, 'Nain Pen Bryn', a fu'n byw gyda hwy yng Nglanrafon am gyfnod pan oedd y fam yn sâl, ac sy'n sail amlwg i'r nain yn *Un Nos Ola Leuad;* Anti Jên, sef chwaer tad Caradog, a grybwyllwyd eisoes, hithau'n byw ym Methesda, a thros y mynydd yn y Bwlch Ucha, Deiniolen, Anti Mary, chwaer ei fam, sydd wedi ei throi'n Anti Elin, Bwlch, yn y nofel. Ymwelai Caradog â'r tair yma yn gyson. Roedd meibion y ddwy fodryb yn hŷn nag ef (un ohonynt oedd cynsail Guto yn y nofel), ond roedd ganddo gefnder (pell) arall yn y pentref a oedd yn nes at ei oed, sef Hughie, yntau wedi colli ei dad mewn damwain yn y chwarel, ac roedd y ddau'n ffrindiau. Ar wahân i Yncl Jack, brawd y fam, y mae elfen ohono yn yr Yncl Wil sy'n peri cymaint o fraw i'r bachgen a'i fam yn y nofel, am eu caredigrwydd a'u cymwynasgarwch y cofiai Caradog y perthnasau lleol hyn i gyd. Dyn dieithr mewn llun ar wal ei gartref oedd ei dad iddo, ond roedd y teulu estynedig hwn, ynghyd â chymdogion da, yn ffurfio cylch clòs a gwarcheidiol o'i amgylch.

Cafodd Caradog ei addysg gynnar yn Ysgol Glanogwen, ysgol yr Eglwys, y drws nesaf i gapel anferth Jerusalem ynghanol y pentref. Y prifathro am y rhan fwyaf o'r cyfnod oedd Thomas Jervis, y mae un arall o gymeriadau *Un Nos Ola Leuad*, Preis Sgŵl, yn rhannol seiliedig arno. Dyn sy'n 'waldio pawb' (7) yw Preis Sgŵl, ac mae'n amlwg iddo etifeddu ei dymer wyllt, beth bynnag am ei dueddiadau anffodus eraill, gan y prifathro go iawn. 'Gŵr byrgoes a byr ei dymer oedd Jervis, a disgyblwr llym, fel y dysgais fwy nag unwaith, yn ddigon costfawr,' meddai Caradog yn ei ddarlith atgofion *Y Rhai Addfwyn* yn 1971.[22] Diwygiodd ychydig ar y disgrifiad erbyn ysgrifennu *Afal Drwg Adda*, a'i alw, yn fwy caredig, yn '[ŵ]r byr ei goes a hir ei ben . . . yn eglwyswr selog ac yn ysgolfeistr da' (18). Beth bynnag, cafodd Caradog addysg ddigon da yng Nglanogwen i sicrhau ysgoloriaeth iddo'i hun i Ysgol Sir Bethesda, gan ddod yn wythfed yn yr arholiad.

'Bore oedd yn heulog ac yn ddisglair wyn gan obeithion oedd y bore y cychwynnais am y tro cyntaf i'r Cownti Sgŵl,' meddai Caradog yn *Afal Drwg Adda* (22). Mae'n sicr fod y 'gobeithion' yn cynnwys gobaith ei fam drosto; roedd pob arwydd fod ei mab am gael osgoi'r llwybr diwrthdro a arweiniai gymaint o lanciau'r pentref yn syth o'r ysgol i'r chwarel, ac ar ôl ei phrofedigaeth roedd ganddi hi fwy o reswm na'r rhan fwyaf o famau i fod yn falch o hynny. Mae Caradog yn disgrifio'i flynyddoedd cynnar yn yr Ysgol Sir fel rhai 'hyfryd': cyfnod o '[w]neud cyfeillion newydd a syrthio mewn cariad' (25). Deheuwr o'r enw D. J. Williams oedd y prifathro ac, fel Mr Jervis yng Nglanogwen, roedd yn barod iawn i ddefnyddio grym corfforol i sefydlu ei awdurdod. Roedd yr un peth yn wir am nifer o'r athrawon gwrywaidd, ond nid oedd hynny ond fel petai'n cynyddu edmygedd Caradog ohonynt. Yn *Y Rhai Addfwyn* mae'n cofio'r staff fel 'Criw o ddynion a merched yn gwybod eu gwaith yn drylwyr ac fel pe wedi ymgysegru iddo'.[23] Ac roedd Caradog yn gwneud yn dda; gydol y tymhorau cyntaf hynny y bu yn yr ysgol bu Caradog a bachgen o'r enw David Roberts, a aeth maes o law yn wyddonydd, yn ymrafael am y lle uchaf yn y dosbarth.

Y tu allan i'r ysgol, hefyd, roedd gan fywyd lawer i'w gynnig.

Roedd gan yr eglwys, Eglwys Glanogwen, ran ganolog yn ieuenctid Caradog. Cyfeiria yn un o'i golofnau papur newydd at y Sul fel 'diwrnod llawnaf cyfnod heulog plentyndod'; âi i'r gwasanaeth ac i'r ysgol Sul, lle roedd ei fam yn athrawes, ac roedd yn aelod o gôr yr eglwys.[24] Ar nos Fawrth âi gyda'i fam i'r seiat, ac roedd trip yr ysgol Sul yn un o uchafbwyntiau mawr y flwyddyn. Fodd bynnag, doedd yr ymlyniad hwn wrth yr eglwys ddim yn gwneud angel bach ohono, nac yn ei ynysu oddi wrth ei gyfoedion. Meibion tafarndai (y Victoria a'r Llangollen) oedd dau o'i ffrindiau gorau, meddai yn *Y Rhai Addfwyn*; yno hefyd mae'n disgrifio'r criw yr oedd yn rhan ohono fel '"skinheads" y pentre yn y degau a'r dau-ddegau'.[25] 'Plant calongaled oeddym,' meddai, gan gofio'r modd creulon y gwnaethant sbort un tro am ben rhyw hen ŵr dagreuol. Roeddynt yn barod iawn i ymladd ag unrhyw un a fentrai eu croesi, ac roedd dyfodiad y Rhyfel Byd Cyntaf wedi rhoi'r esgus perffaith i ffurfioli'r hen elyniaeth draddodiadol rhwng

> hogiau Rachub a hogiau'r Gerlan. Ni yn y Gerlan, wrth gwrs oedd y Prydeinwyr a hwythau yn Rachub oedd yr Ellmyn ffiaidd.[26]

Roedd gallu smocio hefyd yn brawf ar wrywdod ymhlith ieuenctid Bethesda yn y cyfnod hwn, a gorau po gynharaf y dechreuid. Mae bechgyn *Un Nos Ola Leuad* yn arbrofi gyda stwmpiau sigarét a dail carn yr ebol ymhell cyn iddynt ddechrau gwisgo trowsus llaes, ac mae'n sicr fod yr un peth yn wir am yr awdur a'i ffrindiau.[27] Y cam nesaf yn y broses o dyfu i fyny oedd cnoi baco, fel y cofiodd Caradog mewn cyfarfod croeso a gynhaliwyd ym Methesda yn 1963 iddo ef ac Emrys Edwards fel dau fardd cadeiriol yr Eisteddfod Genedlaethol yn 1961 a 1962. Yno, meddai yn *Afal Drwg Adda*, roedd y gynulleidfa'n deall i'r dim pan gyflwynodd ef Emrys Edwards fel un a oedd 'flwyddyn neu ddwy ar f'ôl i yn yr ysgol. Pan oedd o'n dysgu smocio roeddwn i'n cnoi' (39).

Ymladd, chwarae rhyfel, smocio – dyma'r Caradog a oedd yn un o'r criw, yn cicio dros y tresi. Ac eto roedd yna ochr fwy sensitif, fwy preifat iddo hyd yn oed yn blentyn. Dechreuodd ei hoffter o ysgrifennu ei amlygu ei hun yn gynnar. Mae'n sôn yn *Afal Drwg Adda* am y penillion serch a luniai i'r merched yn ei ddosbarth yn yr Ysgol Sir, a hefyd am y tro pan roddodd gynnig ar lunio soned Saesneg, a chael ei frifo i'r byw pan awgrymodd yr athrawes ei fod wedi dwyn y gerdd o rywle.[28] Câi ei ymdrechion fwy o groeso o lawer gan yr athro Cymraeg, John Parry, hoff athro Caradog. Cynhaliai ef ddosbarth llenyddol i ieuenctid mewn ystafell o dan gapel Bethesda, ac ar sail yr hyfforddiant hwn y cafodd Caradog ei wobr gyntaf erioed – tystysgrif yn Eisteddfod y Barri yn 1920.[29] Y flwyddyn ganlynol, yn siop lyfrau John Jones, Bethesda, prynodd ei lyfr cyntaf, *Gwaith Barddonol Glasynys*, gydag arian a gafodd am ddanfon teligramau o'r post a chario bagiau teithwyr o'r orsaf, ac yn *Y Rhai Addfwyn* mae'n disgrifio'r wefr a roddodd hynny iddo.[30] Yno hefyd, fel yn yr hunangofiant, mae'n cofio torheulo'n noethlymun gydag un o'i gyfeillion, Alun Ogwen, a gofyn iddo, yn gwbl o ddifrif, sut yr oedd ysgrifennu llyfr.[31]

Gartref yng Nglanrafon, roedd pethau wedi dechrau gwella'n ariannol wrth i Howell, y brawd hynaf, a Glyn, y brawd canol, ddechrau ennill. Ar ôl cyfnod byr gyda barbwr ym Methesda roedd Howell wedi cael gwaith fel prentis pobydd yn y pentref, a Glyn wedi dechrau gweithio yn y chwarel, a phenderfynodd y teulu, yn 1917 neu'n gynnar yn 1918, symud i dŷ mwy. Gan aros yn y Gerlan, aethant i fyw i Long Street. Mae Caradog yn ei ddisgrifio fel cam petrus ond gobeithiol ar ran y fam:

'Doedd dim digon o ddodrefn ganddi i lenwi'r ystafelloedd yn Long Street ond fe ddoi pethau'n well o dow i dow. (33)

Ond doedd hynny ddim i fod. Daeth chwalfa, ac mae Caradog yn ei hunangofiant yn ei feio ef ei hun a'i frodyr am ei phrysuro os nad ei chreu. Yn gyntaf, ymunodd Howell, yn ddeunaw oed ac yn erbyn ewyllys ei fam, â'r fyddin, a hynny yn ystod misoedd olaf y Rhyfel Mawr. Tua'r un pryd, collodd Glyn ei waith yn y chwarel ar ôl dechrau '[d]awnsio a hel diod' (33). Ac i goroni'r cwbl, methodd Caradog y *Matric*. Oherwydd eu bod yn gwneud yn dda roedd ef ac un neu ddau arall wedi cael sefyll yr arholiad flwyddyn yn gynharach na'u cyfoedion. Roedd hynny, meddai Caradog, wedi ei wneud yn 'ddi-hid ac yn rhy hunan-hyderus', a threuliai fwy o amser yn chwarae draffts mewn gweithdy crydd yn y Carneddi nag wrth ei lyfrau (33). Rhoddodd y newydd annisgwyl ei fod wedi methu'r arholiad ysgytwad iddo, ond mae'n ymddangos mai ei fam gafodd y sioc fwyaf:

> Cerddais adre'n ôl i dorri'r newydd i Mam. Pan gyrhaeddais y tŷ safai yn y drws â thegell yn ei llaw, ar hanner ei lenwi o'r feis ddŵr yn y cwt molchi. Pan ddwedais wrthi nad oeddwn wedi pasio rhoddodd y tegell i lawr a chrïo'n ddistaw. Dyna'i thrydydd breuddwyd yn deilchion. (33)

Os oedd yn rhaid i Garadog ddychmygu a dyfalu sut yr oedd ei fam wedi cael gwybod am farwolaeth ei gŵr, mae'n amlwg fod yr olygfa uchod – a ddisgrifir fwy neu lai yn yr un geiriau yn *Y Rhai Addfwyn* – wedi'i serio ar ei gof. Yr argraff a rydd yn *Afal Drwg Adda* yw bod y tair siomedigaeth wedi dod i ran ei fam yn un rhes ddidrugaredd o gyflym ac mai'r olaf a'i gwthiodd dros ymyl y dibyn yn feddyliol. Mewn gwirionedd, aeth tua dwy flynedd heibio rhwng ymadawiad Howell, rywbryd yn 1918, a methiant Caradog yn yr ysgol yn 1920, ac mae sawl peth yn awgrymu mai proses raddol fu dirywiad meddwl Margaret Jane Pritchard. Yn yr hunangofiant sonnir am ei salwch cynharach, pan ddaeth ei mam-yng-nghyfraith i aros gyda nhw am dri mis, ac os oes coel ar fersiwn *Un Nos Ola Leuad* o'r atgof hwn, salwch meddwl oedd arni bryd hynny hefyd. Mae'n ymddangos felly fod arwyddion o'i chyflwr yno cyn iddo ddod yn amlwg i bawb.

Er hynny, mae'n amlwg ddigon fod dirywiad garw ym meddwl Margaret Jane Pritchard wedi cyd-daro â dyddiau olaf ei mab ieuengaf yn yr ysgol. Roedd Caradog wedi pasio'r *Matric* ar yr ail gynnig, yn 1921, ond erbyn hynny, meddai yn *Afal Drwg Adda*,

> roedd yn rhy hwyr. Roedd breuddwydion Mam wedi troi'n hunllefau. Ar fy ffordd adref o'r ysgol un pnawn stopiwyd fi gan un o'r cymdogion. Dwedodd fod Mam yn siarad ac yn ymddwyn yn ddieithr iawn. Yn y tŷ cefais hi'n taeru ei bod

wedi clywed llais Hywel. Yr oedd tro yn ei llygaid nad oeddwn wedi sylwi arno o'r blaen. A chaffai byliau o siarad â chysgodion o'i chwmpas, heb gymryd yr un sylw ohonof fi. (33–4)

Nid yw Caradog yn enwi'r cymydog a ddaeth ato, ond roedd mam J. O. Jones, fel cyfeilles i'w fam yng nghyfnod Long Street, ymhlith y rhai a ddaeth yn ymwybodol fod rhywbeth o'i le. Meddai J. O. Jones, sy'n cofio Margaret Jane Pritchard fel 'gwraig dawel, addfwyn, bryd tywyll fel Caradog',

Roedd mam a mam Caradog yn aml yn mynd am dro efo'i gilydd, ac un diwrnod, pan oedden nhw wrth ymyl mynwent Glanogwen, mi ofynnodd hi i mam yn sydyn, "'Sgin ti'n ofn i, Liz?" Am wn i mai dyna'r adeg y dechreuodd hi fynd yn rhyfedd. Roedd hi'n amlwg fod y tlodi a'r straen wedi dweud arni.[32]

Mae'n amlwg fod y straen hwn yn ei dro yn dweud ar Caradog hefyd. Roedd un o athrawon yr Ysgol Sir yng nghyfnod Caradog yno yn ei gofio fel bachgen a oedd â holl enbydrwydd ei sefyllfa yn amlwg yn ei ymddangosiad blêr, di-raen.[33] Dywed ef ei hun yn *Afal Drwg Adda* mai dyma'r adeg y teimlodd 'y crac cyntaf yn fy mhersonoliaeth', gan droi o fod yn 'ymladdwr ffyrnig' ac yn un o'r hogiau i fod yn 'llwfryn wedi colli pob hunan-hyder' (36).

Llwfryn neu beidio, roedd yn rhaid i Caradog yn awr weithredu'n gyflym. Roedd Howell wedi hen ddiflannu: ar ôl gyrfa fer fel milwr a aethai ag ef i'r Almaen ac Iwerddon, roedd wedi torri cysylltiad â'r teulu ers i'r rhyfel ddod i ben, gan fynd i weithio fel pobydd yn Lerpwl i ddechrau ac yna yn Sheffield. Doedd dim argoel fod Glyn, ychwaith, am ysgwyddo unrhyw gyfrifoldeb teuluol. Ni welai'r mab ieuengaf felly fod ganddo unrhyw ddewis ond chwilio am waith. Wedi clywed bod swydd is-olygydd yn mynd ar *Yr Herald Cymraeg*, aeth ar gefn beic benthyg i swyddfa'r papur yng Nghaernarfon. Wedi gwneud prawf cyfieithu i'r golygydd, Meuryn (R. J. Rowlands), cafodd gynnig y gwaith am gyflog o bunt a chweugain yr wythnos.

Ac felly, yn ddisymwth, y daeth dyddiau ysgol Caradog i ben. Gadawodd ar ddiwedd tymor y gwanwyn, 1922, yn 17 oed. Mae'r cofnod amdano yng nghofrestr yr ysgol yn dangos ei fod ar y pryd yn chweched o ran safle yn y dosbarth; roedd wedi llithro ychydig ers yr adeg pan gyraeddasai'r ysgol bum mlynedd a hanner ynghynt, pan oedd yn drydydd, a'r amser diweddarach pan fuasai'n ymgiprys â bachgen arall am y safle cyntaf, ond roedd yn dal yn un o'r goreuon.[34] Efallai mai amgylchiadau creulon ei ymadawiad a wnaeth iddo, unwaith, fynegi ar lafar deimladau gwahanol iawn am yr ysgol i'r rhai y mae'n eu cyfleu mewn print yn *Afal Drwg Adda* ac *Y Rhai Addfwyn*. Yno, er ei fod yn dwyn i gof ambell atgof annymunol, mae'r portread o'r Cownti Sgŵl yn un ffafriol drwodd a thro. Ond wrth fynd trwy hen luniau o Fethesda gyda'i gyfaill a'i gyd-frodor o'r pentref Ernest Roberts, ar gyfer eu dangos ar raglen deledu yn trafod *Un Nos Ola Leuad*, fe ffromodd Caradog wrth weld llun o'r ysgol a mynnu na châi hwnnw ei ddangos. 'Gas gin i'r blydi lle,' meddai.[35]

*   *   *

Mae Caernarfon yn y cyfnod yr aeth Caradog yno wedi'i ddisgrifio fel Stryd y Fflyd Gymreig, ac nid heb sail. Roedd y lle'n fwrlwm o weithgaredd newyddiadurol a llenyddol. Yn ogystal â'r *Herald*, câi'r papurau a'r cyfnodolion *Papur Pawb*, *Y Genedl Gymreig*, y *North Wales Observer*, *Y Dinesydd*, *Y Werin a'r Eco*, *Y Geninen*, *Y Goleuad* a'r *Traethodydd* eu cyhoeddi yno. Yn swyddfa'r *Herald* ar y Maes, yng nghysgod y castell, rhannai Caradog ystafell gyda'r golygydd, Meuryn, bardd cadeiriol Eisteddfod Genedlaethol Caernarfon, 1921, ac mae'n cofio yn *Afal Drwg Adda* fel y byddai newyddiadurwyr, beirdd a llenorion eraill yn taro i mewn yn gyson, ac yntau'n cael modd i fyw yn 'gwrando ar eu doniolwch a'u ffraethineb a'u rhagfarnau' (43). Ymhlith y rhain roedd cymeriadau fel Eifionydd (John Thomas), sefydlydd a golygydd *Y Geninen* a chyn-olygydd *Y Genedl Gymreig*, dyn a wisgai fel petai'n ganol gaeaf bob amser, 'a phob yn ail brawddeg a fyrlymai o'i enau yn gynghanedd groes o gyswllt' (43); Gwynfor (Thomas Owen Jones), cynganeddwr arall a oedd hefyd yn amlwg ym myd y ddrama ac yn ennill ei damaid fel llyfrgellydd; a Beriah Gwynfe Evans, a ysgrifennai ei 'Lythyr Llundain' i'r *Herald* heb symud cam o'i gadair freichiau dafliad carreg i ffwrdd yn Twthill. Tri o hoelion wyth eraill y byd ysgrifennu a welai Caradog yn gyson oedd E. Morgan Humphreys, Anthropos (Robert David Rowland) ac O. Llew Owain, y cyntaf yn olygydd *Y Genedl Gymreig* ar y pryd, yr ail yn gyn-olygydd a'r trydydd yntau wedi bod ar staff yr un papur.[36]

Roedd gwaith Caradog yn swyddfa'r *Herald* yn gyfuniad o isolygu, darllen proflenni, cyfieithu a gohebu achlysurol. Ychwanegwyd at ei gyfrifoldebau yn fuan wedi iddo gyrraedd pan atgyfodwyd *Papur Pawb* a ddaethai i ben yn ystod y rhyfel, papur wythnosol ysgafn. Roedd Meuryn, y golygydd, fel y dywed Caradog yn *Afal Drwg Adda*, yn 'ffanatig dros yr Orgraff Newydd', ac yn mynnu bod pawb yn glynu wrthi (43). Wrth dalu teyrnged i'r golygydd fel athro iaith, 30 mlynedd yn ddiweddarach, honnodd Caradog ei fod yn dal i betruso 'cyn rhoddi dwy "s" yn y Russia Saesneg', gan mor fyw oedd ei gof am y cerydd a gawsai yn nyddiau'r *Herald* am roi dwy 's' yn enw Cymraeg y wlad.[37] Trwy ei gamgymeriadau hefyd y dysgodd pa mor hawdd oedd torri cyfraith enllib. Yn ystod wythnos Eisteddfod Genedlaethol Rhydaman, 1922, a'r golygydd wedi mynd i'r brifwyl, gadawyd y prentis ifanc i lywio'r papur trwy'r wasg. Mentrodd yntau roi un golofn, o eiddo'r llenor dall a byddar Tryfanwy, i'r argraffwyr heb edrych arni, gan gredu na fyddai ynddi unrhyw beth y byddai angen ei newid. Ond fel y dywed wrth adrodd y stori yn *Afal Drwg Adda*, roedd y golofn yn ensynio 'bod nifer o feirdd a llenorion amlwg wedi bod ar sbri fawr yn dathlu buddugoliaeth Cynan gyda'i bryddest "Mab y Bwthyn" yn Eisteddfod Caernarfon y flwyddyn gynt', ac yn enwi 'yr Athro W. J. Gruffydd fel un o'r prif droseddwyr' (44). Bu mawr yr helynt pan gyrhaeddodd llythyrau gan W. J. Gruffydd ac eraill yn bygwth cyfraith a bu'n rhaid cyhoeddi ymddiheuriad llaes yr wythnos ddilynol.[38]

Blwyddyn a hanner a dreuliodd Caradog yng Nghaernarfon – cyfnod byr, ond cyfnod llawn a phrysur, rhwng ymgyfarwyddo â'i swydd gyntaf ac â bod oddi cartref am y tro cyntaf, gwneud ffrindiau newydd a dechrau barddoni o ddifrif. Serch hynny, roedd hi'n amhosibl iddo lwyr fwynhau ei flas cyntaf ar annibyniaeth. Daethai i weithio i'r dref, wedi'r cwbl, er mwyn ceisio cadw to uwchben ei fam, a llyncodd ei ymdrech arwrol i wneud hynny lawer iawn o'i egni yn ystod yr amser y bu yno. Mae'n amlwg o ddarllen yr hunangofiant fod salwch ei fam yn gysgod du iawn drosto yn ystod y cyfnod hwn, ond mae gennym dystiolaeth arall, fanylach yn ogystal sy'n datgelu effaith ddofn a chymhleth y cyfan arno. Mae'r dystiolaeth honno hefyd yn dangos fel yr oedd ei helbulon personol yn cyd-daro â'i flynyddoedd ffurfiannol fel bardd. Mae hi gennym oherwydd iddo agor ei galon, yn ystod y bennod gymysg a chythryblus hon yn ei fywyd, i ddau ffrind agos iawn, sef Gwilym R. Jones a Morris T. Williams.

Mab i siopwr o Dal-y-sarn oedd Gwilym R. Jones, a ymunodd â staff *Yr Herald* fel gohebydd yn fuan ar ôl i Caradog gyrraedd. Fel hyn y disgrifiodd ei olwg gyntaf ar y llanc o Fethesda:

> Roedd o yno'n eistedd ar ben bwrdd, a dyma Meuryn yn ei gyflwyno fo i fi . . . hogyn ysgol a chap ysgol am ei ben o . . . a *glasses* ganddo, a llygaid croes . . . Hogyn canolig ei faint, dipyn bach yn stwclyd.[39]

Ychwanegodd mewn man arall fod Caradog yn 'llwyd ei wedd', ac fe'i cafodd yn fachgen tawedog iawn i ddechrau.[40] Ond buan y sylweddolodd fod yna sirioldeb a hefyd feddwl chwim a hiwmor bywiog y tu ôl i'r swildod naturiol a'r syrthni arwynebol. Câi'r ddau wersi cynganeddu gyda'i gilydd gan Meuryn, ac yn ôl Gwilym R. Jones roedd Caradog, a oedd wedi cael crap da ar gerdd dafod yn yr ysgol, yn dysgu'n gyflymach nag ef, ac yn 'llyncu cynganeddion' wrth wrando ar Meuryn yn gwneud llinellau ar amrantiad. Roedd yn ei elfen yn trin geiriau, boed hynny wrth gynganeddu neu wrth gyfieithu hysbysebion a chael hwyl yn camgyfieithu'n fwriadol er mwyn tynnu coes y golygydd, fel pan gyfieithodd 'She felt a bit seedy' – mewn hysbyseb ar gyfer meddyginiaeth i ferched – fel 'Teimlai'n bur hadog'.[41] Cofiai Gwilym R. Jones hefyd fel y byddai Caradog yn llunio cerddi serch i'r gwahanol ferched a ffansïai o bell, fel yn yr ysgol gynt. Ac am gân yn trafod serch yr enillodd Caradog ei gadair gyntaf yn Eisteddfod Tal-y-sarn ar Ddydd Gŵyl Dewi, 1923. Yn ôl y beirniad, Caerwyn (Owen Ellis Roberts), roedd pryddest Caradog ar y testun 'Cyfrinach y Mynydd' yn dangos 'addewid fawr' er gwaethaf nifer o wendidau.[42] Yr un diwrnod, enillodd ar y delyneg ac ar gyfieithu o'r Saesneg i'r Gymraeg yn Eisteddfod Moriah, Caernarfon.[43]

Barddoniaeth oedd testun llawer o sgwrs y ddau newyddiadurwr ifanc, ac roedd ganddynt gydweithiwr a chyfaill arall o'r un anian ym Morris T. Williams. Un o'r Groeslon ydoedd ef, ac roedd yn gweithio ar *Yr Herald* fel cysodydd pan ddaeth Caradog ar y staff. Er nad oedd, hyd y gwyddom, yn ysgrifennu ei hun yn y cyfnod hwn, roedd yn rhannu brwdfrydedd tanllyd y ddau arall dros lenyddiaeth, ac yn annog Caradog i ymroi i farddoni. Disgrifia Caradog ef yn *Afal Drwg Adda* fel 'edmygydd anfeirniadol o'm hawen' a ddywedodd wrtho unwaith ei fod yn 'gystal bardd â Williams Parry', ac yntau ar y pryd â dim ond un gadair i'w enw, sef cadair Eisteddfod Tal-y-sarn (47). Morris hefyd a'i symbylodd i anfon englyn o'i waith at fardd ifanc arall, sef Prosser Rhys. Prosser Rhys oedd rhagflaenydd Caradog yn ei swydd a ffrind pennaf Morris, a byddai'n dod yn y man yn gyfaill agos i Caradog yntau. Roedd Prosser Rhys erbyn hyn yn olygydd *Y Faner* yn Aberystwyth, ac fe gyhoeddodd englyn Caradog yn ei golofn 'Ledled Cymru' – y farddoniaeth gyntaf o'i eiddo, mae'n debyg, i ymddangos mewn print.

Ym Morris, cafodd Caradog ysgwydd arall i bwyso arni ynghanol ei helbulon. Gan grybwyll cyfnod byr a dreuliasai Morris yn y fyddin yn ystod y Rhyfel Byd Cyntaf, mae'n cofio yn yr hunangofiant fel y bu'r llanc o'r Groeslon yn

sowldiwr dewr . . . a tharian loyw i'm gwendid a'm llwfrdra i. Gwelaf y funud yma ei lygaid gleision, weithiau'n llon, weithiau'n llawn cynddaredd, dro arall yn llawn serch a chydymdeimlad, yn pledio arnaf i sythu 'nghefn yn erbyn y gorthrymderau ac i fagu hunan-hyder. (47)

Daethant yn gyfeillion mynwesol, a phan ymadawodd Morris â Chaernarfon, cadwodd y ddau mewn cysylltiad â'i gilydd trwy

lythyr. Un ochr i'r ohebiaeth sydd ar gadw yn y Llyfrgell
Genedlaethol, sef llythyrau Caradog at Morris, ond maent yn
llythyrau dadlennol tu hwnt.[44] Maent yn dangos llanc ar drugaredd
amgylchiadau creulon iawn yn gwneud ei orau i godi uwchlaw'r
amgylchiadau hynny ond yn aml yn syrthio i bydew o anobaith. 'Mi
fuodd o trwy uffern yr adeg hynny,' meddai Gwilym R. Jones, ac o
ystyried ei dystiolaeth ef ochr yn ochr â thystiolaeth y llythyrau
dirdynnol hyn, ni ellir amau'r gosodiad.[45]

Roedd problemau ariannol dybryd yn rhan o'i uffern. Yn ystod ei
gyfnod yng Nghaernarfon roedd Caradog yn gorfod talu rhent nid yn
unig am ei lety ei hun yn y dref (bu'n byw mewn tri lle gwahanol)
ond hefyd am lety ei fam ym Methesda.[46] Mae pob yn ail lythyr at
Morris yn gais am fenthyg arian, ac mae'n amlwg ei fod weithiau'n
methu â chynnal y taliadau. Roedd gan Gwilym R. Jones gof
amdano'n cysgu ar fainc yn yr orsaf yng Nghaernarfon ar fwy nag un
achlysur, ar ôl methu â chynnal y taliadau am ei lety ei hun. Mae'n
amlwg ei fod wedi syrthio ar ôl gyda'r taliadau am 4 Long Street,
Bethesda hefyd, oherwydd collodd y fam y tŷ hwnnw yn y man.
Adroddir yr hanes amdani'n cael ei throi allan yn *Afal Drwg Adda*, lle
dywedir iddi ei chloi ei hun yn y cwt glo tra oedd y beilïaid yn cario'i
dodrefn allan. Roedd gan ddau o'r cymdogion a grybwyllwyd eisoes
gof plentyn am yr achlysur hwn, sy'n sail amlwg i'r olygfa ar
ddechrau *Un Nos Ola Leuad* lle mae Catrin Jên Lôn Isa yn crio yn y
cwt glo ar ôl cael ei hel allan o'r tŷ gan Eic Wilias Glo. Cofiai J. O.
Jones weld y dodrefn allan yn y ffordd; roedd y ffendar a'r procar hir
wedi gwneud argraff arbennig arno. Y landlord oedd Richard
Roberts, dyn glo fel Eic Wilias, blaenor mewn capel cyfagos, yn byw y
drws nesaf i Margaret Jane Pritchard, ac roedd y ddiweddar Ceri
Hughes, a oedd hefyd yn byw yn Long Street, yn cofio ei mam yn
gwaredu ato, yn enwedig ar ôl clywed pa mor fach oedd dyled ei
denant (tua theirpunt yn ôl *Afal Drwg Adda* – oddeutu £75 yn arian
heddiw).[47] Mae'n amlwg fod cydymdeimlad y cymdogion yn
gyffredinol gyda Margaret Jane Pritchard, fel yn achos Catrin Jên yn y
nofel, a hwy a fu'n gyfrifol am gario ei dodrefn i dŷ arall cyfagos a
oedd yn digwydd bod yn wag, sef y tŷ isaf ar Allt Glanrafon, yn y

rhes lle y buasai'r teulu'n byw cyn dod i Long Street. Ond mae'n
amlwg mai gwaethygu a wnaeth ei chyflwr o hyn ymlaen. Perthyn i'r
cyfnod hwn pan oedd hi ei hun yng Nglanrafon y mae llythyrau
Caradog at Morris, ac mae'r cynharaf ohonynt yn rhoi darlun clir o'i
thrueni:

> Yr oeddwn yn methu â byw yn fy nghroen neithiwr wrth
> feddwl am yr hen fam yn y tŷ yna ym Methesda, efallai heb
> ddim tân na dim. Wyddost ti, Moi, does ganddi ddim i'w
> wneud trwy'r dydd. Bydd yn golchi'r llawr a dyna'r cwbl. Nid
> oes ganddi ddim i wnio, na dim i'w ddarllen ond y Beibl, ac y
> mae'n darllen cymaint ar hwnnw, nes wyf yn credu ei fod yn
> mynd ar ei hymennydd. Nid oes yna'r un dalen yn y tŷ ond y
> Beibl. Y mae wedi llosgi popeth ond hwnnw. A meddwl
> amdani'n eistedd yn y lle ofnadwy yna ar hyd cydol y dydd heb
> ddim ar y ddaear i'w wneuthur, O, mae'r syniad yn gwneud imi
> ferwi o aflonyddwch bob nos. Ac i feddwl fy mod innau yma,
> yn methu â bod yn ei chwmni.[48]

Âi Caradog i Fethesda i'w gweld bob cyfle a gâi, hynny yw, pan
fedrai fforddio tocyn trên neu pan lwyddai i gael gafael ar feic, ond ar
ôl cyrraedd wynebai helyntion newydd o hyd. Roedd Gwilym R.
Jones yn ei gofio'n sôn am ddifrod mawr a wnaethai ei fam yn y tŷ, er
mwyn cadw'n gynnes, mae'n ymddangos:

> Roedd ganddi hi fwyell, a dwi'n cofio unwaith, roedd hi 'di torri
> canllawiau'r grisiau i ddechrau tân. Roedd y landlord yn dweud
> y drefn ac yn bygwth ei gyrru hi o'r tŷ.

Yn ogystal â thalu'r rhent, wynebai Caradog wedyn y gost
ychwanegol o dalu am y difrod; ac mae'n sôn weithiau yn y llythyrau
am brynu angenrheidiau fel dillad i'w fam, ac am geisio talu dyledion
eraill o'i heiddo. Yn ôl Gwilym R. Jones âi'n aml heb fwyd.

Nid ei fam yn unig a achosai helynt i Caradog. Roedd ei frawd
Glyn hefyd yn destun gofid mawr iddo. Prin iawn yw'r sôn am Glyn
yn *Afal Drwg Adda* – dim ond y cyfeiriad swta a ddyfynnwyd
ynghynt ato'n diota a dawnsio; ond yn y llythyrau at Morris mae

Caradog yn cwyno'n barhaus am ei ymddygiad. Mae'n amlwg fod Glyn, ar ôl colli ei waith yn chwarel y Penrhyn, wedi cael gwaith yn Llanberis (yn chwarel Dinorwig, mae'n debyg) ond ei fod wedyn wedi colli hwnnw hefyd. Er bod Caradog yn nodi mewn un llythyr mai prinder gwaith ac nid camymddygiad ar ran Glyn a oedd i'w gyfrif am hynny, mae'n portreadu ei frawd fel rhywun cwbl anghyfrifol a oedd yn troi clust fyddar i'w gynghorion i gyd.[49] Mewn llythyr arall, dywed Caradog fod Glyn, a oedd yn lletya yn Llanberis erbyn hyn, yn 'syrthio'n is, is, bob dydd' ac ef ei hun a phawb arall 'yn syrthio'n is, is, i anobaith o fedru ei ddiwygio'.[50] Roedd Glyn ar y pryd yn wynebu achos llys am werthu beic a oedd ar fenthyg iddo, a Caradog yn ofni'r effaith ar ei fam pe câi garchar. Yn yr un llythyr dywed ei fod wedi clywed hanes Glyn

> bob nos ym Mangor, a genethod gydag ef yn ei flingo, neu gyda'r bwriad o wneud hynny mae'n debyg, canys yr oedd ganddo siwt newydd lwyd amdano, y smartiaf a welaist erioed, a shoes morrocco, a chap newydd. Wedi eu cael mewn siop, mi glywais, ar amodau talu'n wythnosol. Nid wyf am dy flino'n ychwaneg a hanes y diawl. Petai fy hunanbarch i a mam, a'r teimlad sydd gan fy mam tuagato, ddim yn dioddef, buaswn wedi mynd ag ef i'r carchar fy hun erstalwm.

Mae'r darlun uchod yn gyson â chof Ceri Hughes am Glyn fel 'rafin'.[51] Mewn llythyr arall, honna Caradog fod ei frawd wedi dwyn ei ddillad a'i esgidiau tra oedd y ddau ohonynt yn aros yng Nglanrafon, ac mae'n gofyn i Morris am fenthyg arian i'w roi fel blaendal am siwt newydd.[52] Mae'n amlwg ddigon felly mai rhwystr yn hytrach na help oedd Glyn iddo yn ei ymdrechion i gael trefn ar y fam a'r tŷ. Gydag unrhyw obaith y byddai Howell yn dychwelyd wedi diflannu erbyn hyn, roedd Caradog ar ei ben ei hun cyn belled ag yr oedd ceisio gofalu am yr ochr ariannol, ymarferol i bethau yn y cwestiwn.

Roedd Gwilym R. Jones yn cofio ei gyfaill yn cael pyliau o iselder mawr yn y cyfnod hwn, ac ar adegau felly doedd dim cysuro arno, meddai. Yn wir, roedd yn honni i Caradog ddweud wrtho unwaith ei fod wedi ceisio gwneud diwedd arno'i hun:

Mi ddywedodd wrtha i ei fod o wedi bod yn Eglwys Aberdaron
– roedd o'n hoff o'r lle – hynny ydi, wedi cael lifft yno. Roedd
o'n dweud ei fod o wedi mynd i mewn i'r eglwys – hen, hen
eglwys ar lan y môr – ac yn gwneud cerdd, a swn y môr yn curo
ar [wal] y fynwent y tu allan. Oedd o 'di torri'i galon, yn poeni
am ei fam, yn poeni am ei dad oedd wedi marw, a phob peth, ac
mi gymrodd dabledi i drio lladd ei hun. Ond trwy ryw
drugaredd ddaru'r peth ddim gweithio. Mi achubwyd ei fywyd
o rywsut; doedd o ddim wedi cymryd y tabledi iawn, neu ddim
wedi cymryd digon.[53]

Does dim sôn o gwbl am yr achlysur hwn yn y llythyrau at Morris,
ond mae digalondid Caradog ar adegau yn amlwg iawn ynddynt. Eto
i gyd, camgymeriad fyddai rhoi'r argraff fod y llanc a ysgrifennodd y
llythyrau yn boddi mewn hunandosturi. Mae bron pob un o'r
llythyrau yn ei ddangos wrthi'n cynllunio sut i helpu ei fam. Yn rhai
ohonynt mae'n trafod bwriad i wneud hynny trwy fynd yn offeiriad,
bwriad y cawn ddychwelyd ato mewn pennod arall. Mae'n amlwg
hefyd fod barddoni a chystadlu yn rhoi pleser mawr iddo ynghanol ei
helyntion, a bod ennill, yn ogystal â dod ag arian yr oedd ei fawr
angen i'r coffrau, yn ei galonogi'n fawr:

Wyddost ti beth, Moi, yr oeddwn yn teimlo wrth eistedd yn y
gadair yn Nhalysarn, fod gennyf rhyw werth i mi mewn bywyd.
Er nad oedd ennill cadair Talysarn yn rhyw lawer (dim digon i
chwyddo fy mhen) y mae wedi dangos imi bod gennyf waith
mewn bywyd, ac wedi fy nghlymu'n gadarnach wrth y
penderfyniad i ddyfod allan o'm helbulon yn fuddugwr a hefyd
i sylweddoli pa un yw ochr oreu bywyd.[54]

Roedd yna arwyddion o gyffro newydd ym myd barddoniaeth
Gymraeg yn y cyfnod hwn. Er bod rhamantiaeth yn dal mewn bri,
roedd symudiad pendant ymhlith rhai o'r beirdd iau tuag at realaeth.
Yn 1915 roedd T. H. Parry-Williams, ac yntau heb eto droi'r deg ar
hugain, wedi ennill coron yr Eisteddfod Genedlaethol am bryddest a
oedd yn bortead o isfyd Paris. Yn 1921, fel y crybwyllwyd, roedd
Cynan wedi cipio'r goron gyda 'Mab y Bwthyn', cerdd yn sôn am

ddau gariad yn cael eu gwahanu gan y Rhyfel Mawr ac yn cynnwys disgrifiadau o erchyllterau'r gyflafan ei hun (buasai Cynan ei hun yn filwr yn y rhyfel) yn ogystal â darlun o Lundain hedonistaidd y cyfnod. Nid pawb oedd yn croesawu'r gonestrwydd newydd hwn. Roedd un o'r beirniaid, Eifion Wyn, wedi gwrthwynebu gwobrwyo cerdd T. H. Parry-Williams oherwydd yr hyn a welai ef fel ei hafledneisrwydd. Ond roedd eraill wrth eu bodd fod barddoniaeth Gymraeg o'r diwedd yn camu allan o blith y blodau ac yn dechrau rhodio'n dalog ar hyd palmentydd caled bywyd go iawn. Yn 1923 ffrwydrodd y ddadl ar draws tudalennau papur Caradog ei hun. Ar Fawrth y cyntaf y flwyddyn honno, yr un diwrnod ag yr enillodd Caradog gadair Tal-y-sarn, enillodd Prosser Rhys gadair Eisteddfod Moriah, Caernarfon, am bryddest o'r enw 'Y Tloty'. Roedd y gerdd yn disgrifio trigolion y tloty, yn eu plith ferch a oedd wedi cael plentyn ar ôl cael cyfathrach rywiol gyda 'chrefyddwyr'; ergyd y caniad dan sylw oedd fod y ferch yn gorfod wynebu canlyniadau enbyd ei ffolineb ar ei phen ei hun, ond na ddeuai neb i wybod am grwydriadau dynion parchus y gymdeithas liw nos. Ac ar y caniad hwn, a hynny heb drafferthu i ddarllen y gerdd ei hun, y neidiodd golygydd *Yr Herald*; cyhuddodd Meuryn y bardd ifanc o sarhau blaenoriaid Cymru, a dyfynnodd farn un a ddarllenodd y gerdd 'fod y bryddest hon yn aflanach na'r un a gyhoeddwyd eto'.[55] Pan gafodd Meuryn lythyr gan Prosser Rhys yn bygwth erlyn am enllib ac yn mynnu nad oedd y gerdd yn sôn gair am flaenoriaid, Caradog a gafodd y dasg gan y golygydd o gyrchu copi o'r gerdd a chribo trwyddi i weld a oedd hynny'n wir. Wrth adrodd yr hanes yn *Afal Drwg Adda*, dywed Caradog iddo fod yn araf wrth y gwaith am ei fod yn cael blas ar y gerdd. Methodd â dod o hyd i un enghraifft o'r geiriau tramgwyddus a dywed fel y cafodd 'bleser gwas bradwrus o ddarllen yn rhifyn dilynol yr *Herald* ymddihaeriad gostyngedig y papur i'w gyn-Is-olygydd' (50). Yn fuan ar ôl hyn rhoddwyd hwb arall i achos y canu newydd beiddgar pan gyhoeddwyd cyfrol o gerddi gan Prosser Rhys a J. T. Jones (John Eilian), a oedd yn fyfyriwr yn Aberystwyth ar y pryd. Roedd *Gwaed Ifanc* (Wrecsam, 1923), a oedd yn cynnwys 'Y Tloty', yn waith dau fardd a oedd am ddinoethi anghyfiawnder anghymdeithasol o bob math ac a oedd hefyd yn gweld barddoniaeth fel cyfrwng i geisio gwneud synnwyr o brofiadau personol. Roedd trafod brwd ar y cerddi ymhlith y cylchoedd yr oedd Caradog bellach yn dechrau troi ynddynt. Yn y cyfnod hwn y cyfarfu â J. T. Jones am y tro cyntaf, ac er nad oedd eto wedi cyfarfod Prosser Rhys roedd y ddau wedi dechrau llythyru, a'r llanc o Geredigion yn cyflym dyfu'n arwr i Caradog oherwydd fod Morris yn sôn mor edmygus amdano.

Dechrau torri ei ddannedd fel bardd yr oedd Caradog ei hun yn y cyfnod hwn. Deunaw oed (nid un ar bymtheg fel y dywed yn *Afal Drwg Adda*) ydoedd pan enillodd gadair Eisteddfod Tal-y-sarn – ei gadair gyntaf ar ei gynnig cyntaf – ac mae'n cyfaddef yn *Afal Drwg Adda* mai ffansi lwyr oedd ei gerdd serch arobryn, 'Cyfrinach y Mynydd', ac yntau 'heb yr un gariad' (47). Gan nad oes copi o'r gerdd ar gael (ni ddyfynnir yn *Afal Drwg Adda* ond un pennill, yn dweud bod y cariad wedi marw), does wybod beth yn union a olygai'r beirniad wrth restru ymhlith ei gwendidau duedd i efelychu arddull 'Mab y Bwthyn' Cynan, na pham na theimlai 'mai dyma'r math ar farddoniaeth a ddylai fod yn batrwm i feirdd ieuainc Cymru'. Cwyno am y sylwadau hyn a wnaeth Caradog yn ei lythyr at Morris ar y pryd, ond mae'n ddiddorol ei fod, ar yr un gwynt, yn cydnabod y posibilrwydd fod 'Mab y Bwthyn' wedi dylanwadu arno.[56] O ystyried y modd y byddai ei farddoniaeth yn datblygu yn y man, gellir dychmygu bod cyfuniad pryddest Cynan o ramantiaeth a realaeth wedi apelio ato.[57]

Ymhen ychydig fisoedd wedi ei fuddugoliaeth yn Nhal-y-sarn, roedd Caradog wrthi'n llunio pryddest arall, y tro hwn ar gyfer cystadleuaeth y gadair yn Eisteddfod Manceinion. Cwblhaodd 'Calon wrth Galon' a'i hanfon i mewn, ond cyfaddefodd wrth Morris fod 'gormod o ôl brys arni ac o bellter oddiwrth y testun ynddi i ennill'.[58] Ni chafodd y gadair, ond mae'n gryn syndod ei fod wedi llwyddo i gwblhau cerdd o gwbl o feddwl am ei amgylchiadau ar y pryd. Roedd ei fam newydd gael rhybudd i ymadael â'r tŷ yng Nglanrafon ar ôl i'r perchennog weld y difrod roedd hi wedi'i wneud yno. Chwiliodd Caradog yn ddyfal ym Methesda ac mewn pentrefi cyfagos am dŷ arall y gallai hi ac yntau ei rentu gyda'i gilydd, ond yn ofer. Yr un pryd, cafodd y sac yn dilyn clamp o ffrae rhyngddo a rheolwr y cwmni a oedd piau'r *Herald,* W. G. Williams. Mae'n ymddangos bod W. G. Williams, gŵr cloff o Gwm-y-glo, yn amhoblogaidd iawn ymhlith y staff; 'cyflogwr crintachlyd' ydoedd yn ôl Gwilym R. Jones, a 'bòs annymunol' a oedd fel petai wedi bod â'i gyllell yn Caradog o'r dechrau.[59] Camwedd y cyw newyddiadurwr y tro hwn oedd cymysgu prisiau'r wyau a'r menyn yn y papur. Pan gwestiynodd W. G. Williams ei olwg, gwylltiodd Caradog, a oedd yn boenus ymwybodol erbyn hyn o'i lygaid croes, ac edliw iddo yntau ei goes glec. Dim ond ar ôl i rai o'i gyd-weithwyr, Gwilym R. yn eu plith, fynd i weld W. G. Williams i bledio ei achos y cytunodd hwnnw i adael iddo aros ar y staff. Yr oedd, fodd bynnag, am ei symud i Ddyffryn Conwy i fod yn ohebydd yno. Yn ôl Gwilym R. Jones, roedd y rheolwr yn falch o gael ei wared o'r swyddfa a Caradog yr un mor falch o gael mynd o'i olwg yntau.[60]

*　　　　*　　　　*

Disgrifiwyd cyfnod Caernarfon fel un cymysg iawn i Caradog, ond roedd y pedair blynedd a dreuliodd yn Nyffryn Conwy yn fwy cymysg byth. Ef ei hun, yn *Afal Drwg Adda,* a ddywedodd fod y cyfnod hwn 'gyda'r dedwyddaf a'r truenusaf' yn ei hanes, ac mae golwg fanylach ar ei hynt a'i helynt yn dangos bod ganddo, yn wir, sawl rheswm dros bendilio rhwng eithafion (60).

Un o'r pethau cyntaf y bu'n rhaid i Caradog eu gwneud ar ôl symud i Lanrwst oedd mynd â'i fam i Ysbyty Gogledd Cymru, Dinbych, sef ysbyty meddwl, ar 26 Tachwedd 1923. Yn *Afal Drwg Adda* disgrifia ei hun yn dychwelyd i'w lety yn Llanrwst, sef Caffi Gwydyr, 'yn ddychryn ac yn ddagrau', heb neb ond y ferch a gadwai'r caffi i'w gysuro (67–8).[61] Yn ogystal â'i lorio'n emosiynol, daeth y profiad â lleng o broblemau ymarferol newydd i'w ran, fel y tystia'r llythyrau at Morris. Roedd rhagor o ddyledwyr ar ei ôl 'fel adar corff', roedd yn rhaid gwagio'r tŷ ym Methesda ac unwaith eto roedd ei frawd anystywallt yn gwneud pethau'n saith gwaeth iddo.

Yn y cyfnod hwn roedd Caradog wedi ceisio cymryd Glyn dan ei adain eto, gan gael gwaith iddo yn Nolgarrog a 'rhoddi iddo "hanner fy na"', ond y diolch a gafodd am hynny oedd gorfod talu'r dyledion a adawodd ei frawd ar ei ôl pan ddihangodd o'i lety.[62] Pan aed â'u mam i'r ysbyty meddwl, ymateb rhyfedd Glyn oedd lledaenu stori ym Methesda ei bod wedi marw ac wedi'i chladdu yn Ninbych, ac mae'n ymddangos mai dyna pryd y rhoddodd ei frawd y gorau, o'r diwedd, i bob ymdrech i'w helpu. Sianelodd Caradog ei egnïon yn hytrach i gynllunio i gael ei fam allan o'r ysbyty a chreu cartref newydd iddi hi ac yntau. Ymwelai â hi'n gyson, gan gydio'n daer yn y gobaith y byddai'n gwella. Mae'n amhosibl gwybod bellach sut gyflwr yr oedd Margaret Jane Pritchard ynddo erbyn hyn, yn enwedig gan nad yw cofnodion yr ysbyty amdani ar gael. Yn ei ddisgrifiad hunllefus o'r ysbyty i Morris yn dilyn ei ymweliad cyntaf ar ôl mynd â'i fam i mewn, mae Caradog yn rhoi'r argraff fod ei fam, er ei bod yn edrych yn wael ac yn honni bod y nyrsus wedi bod yn greulon wrthi, yn rhesymu'n iawn gydag ef.[63] Yn ôl Ceri Hughes, aeth ei mam a chwaer ei mam o Fethesda i Ddinbych i'w gweld yn fuan ar ôl iddi fynd i mewn, a'i chael yn gwnïo'n ddiwyd ac yn falch o'u gweld. Dywedodd Gwilym R. Jones, fodd bynnag, fod Caradog yn y cyfnod hwn yn mynd ag anrhegion iddi, gan gynnwys dillad, a hithau'n eu lluchio'n ôl ato.[64]

Yn fuan iawn ar ôl cyrraedd Dyffryn Conwy, symudodd Caradog ei stondin o'r *Herald* i'r *Faner,* ar ôl cael cynnig gwaith ar y papur hwnnw gan y golygydd, sef Prosser Rhys. Am y tro cyntaf roedd yn gohebu'n llawn amser, heb ddim gwaith golygu, ac wrth ei fodd gyda'r gwaith. Un o'i erthyglau cynharaf, un a ddisgrifiodd yn ei hunangofiant fel 'fy mhrif gamp newyddiadurol yn Nyffryn Conwy' (93), oedd portread o'r heddychwr George M. Ll. Davies, a oedd yn byw yn yr ardal ar y pryd.[65] Ysgrifennai lawer hefyd i'r papurau dyddiol Saesneg, gan gynnwys y *Manchester Guardian,* er mwyn chwyddo ei incwm. Teithiai o fan i fan ar gefn beic modur, yn gohebu ar bopeth o achosion llys i dreialon cŵn defaid, a chael cyfle i ddod i adnabod y bobl leol yn llawer gwell nag a wnaethai yng Nghaernarfon. Cafodd bartner gwaith wrth ei fodd yn ei olynydd fel gohebydd yr ardal ar ran *Yr Herald*, llanc ifanc o Gwm-y-glo, Gwilym D. Williams. Er bod y ddau bapur a'u cyflogai mewn cystadleuaeth â'i gilydd, cydweithient ar straeon i bapurau eraill a rhannu'r elw.[66] Parhâi Gwilym R. Jones yntau i fod yn gyfaill agos, ac fel yn nyddiau Caernarfon treuliai Caradog benwythnosau lawer yn Nhal-y-sarn gyda'i deulu ef yn ogystal â chyda theulu Morris yn y Groeslon.

Rhan o ogoniant ei waith newydd i Caradog oedd y rhyddid i fynd a dod fel y mynnai, ac yntau ymhell o gyrraedd ei feistri yn Aberystwyth (y *Cambrian News* oedd piau'r *Faner* erbyn hyn). Yn ystod ei flwyddyn gyntaf yn y swydd, fodd bynnag, cafodd wŷs i ymweld â'r pencadlys. Syrthiodd mewn cariad ag Aberystwyth, ac ar ôl hynny ni allai fynd yno yn ddigon aml. Wrth ddisgrifio'i ymweliad cyntaf yn *Afal Drwg Adda* dywed fel y'i cyfareddwyd o'r funud y cyrhaeddodd dop Allt Penglais, ar gefn ei AJS, a gweld y bae a'r dref yn ymagor o'i flaen. Ond pinacl yr ymweliad cyntaf hwnnw oedd cael cyfarfod Prosser Rhys o'r diwedd:

> Cyrraedd Terrace Road a dringo'r grisiau i Swyddfa'r *Faner*, rhyw hafan fach o gell ar y llawr uchaf, allan o sŵn a phrysurdeb y gweddill o weithgareddau cwmni'r *Cambrian News*. Cnocio'r drws a mynd i mewn. Cododd Prosser o'i gadair i'm cwrdd a'm croesawu. Yr oedd mor hardd a hawddgar ag y disgwyliais ei gael a neidiodd delweddau fel John Keats a Rupert Brooke i lygaid y cof. Dyma wyneb bardd os bu un erioed, meddwn wrthyf fy hun. Syllai'r llygaid gloywon, dwys yn freuddwydiol arnaf wrth ysgwyd llaw. A'i eiriau cyntaf wrthyf oedd geiriau Elfed:
>
> O'm blaen mae wynebau ag ôl y dymestl arnynt
> A chreithiau y brwydrau gynt sydd yn siarad drostynt.
>
> Dyma'r bachgen oedd wedi anfon ei 'gofion mwynion' ataf yn fy nhrybini eithaf . . . (72–3)

Y noson honno aeth y ddau am dro ar hyd y Prom ac yna i un o dafarndai'r dref am sgwrs hir – y gyntaf o sawl un yn yr un dafarn yn ystod y blynyddoedd nesaf. Oedd, roedd Prosser Rhys yn gwybod yn iawn am helyntion Caradog, ac efallai mai ar y cydymdeimlad hwnnw y seiliwyd eu cyfeillgarwch. Ond caent lawer iawn o hwyl yng nghwmni'i gilydd hefyd, ac roedd eu cariad at lenyddiaeth yn cynnig pwnc trafod dihysbydd. Hyd yn oed cyn iddynt gyfarfod roedd Prosser Rhys wedi bod yn anfon at Caradog gyfrolau o waith beirdd Saesneg cyfoes fel A. E. Housman, W. H. Davies, John Masefield a Thomas Hardy. Roedd Prosser Rhys yn y cyfnod hwn hefyd yn darllen nofelau modern gydag awch – roedd *A Portrait of the Artist as a Young Man* Joyce wedi gwneud argraff fawr arno, ac roedd yn gyfarwydd hefyd â gwaith Dorothy Richardson, D. H. Lawrence a Marcel Proust – ac mae'n sicr y byddai wedi cyfeirio ei gyfaill newydd at rai ohonynt.[67]

Un arall y daeth Caradog yn gyfeillgar iawn ag ef yn ystod ei ymweliadau ag Aberystwyth oedd Dewi Morgan, a weithiai yn swyddfa'r *Faner* gyda Prosser Rhys, fel is-olygydd, ac a oedd hefyd yn ohebydd Cymraeg y *Cambrian News*. Roedd Dewi Morgan, a oedd erbyn hyn yn nesu at ei ganol oed, yn newyddiadurwr medrus ac yn fardd a enillasai eisoes rai cadeiriau mewn eisteddfodau lleol a thaleithiol.[68] Roedd hefyd yn ŵr eang ei ddarllen, er na chawsai, fwy na Prosser, lawer o addysg ffurfiol, ac ef a gyflwynodd Caradog i waith y Cywyddwyr. Er mai yng nghartref Prosser Rhys yn Dinas Terrace y lletyai Caradog fel arfer, treuliodd o leiaf un o'i gyfnodau yn Aberystwyth yn aros gyda Dewi Morgan yn 24 North Parade, lle roedd Gwenallt, a oedd yn fyfyriwr ifanc ar y pryd, hefyd yn lletya. Ac roedd y swyddfa ei hun – adeilad brics coch yn Terrace Road, uwchben siop lyfrau bresennol W. H. Smith – yn fan delfrydol i gyfarfod pawb o bwys yn y byd llenyddol Cymraeg. Ymhlith y rhai a alwai yno'n gyson i roi'r byd yn ei le roedd Iorwerth Peate a J. T. Jones, ill dau'n fyfyrwyr yn y coleg, a T. Gwynn Jones, a oedd yn Athro Llenyddiaeth Gymraeg yn y coleg ac yn gyfaill mawr i Dewi Morgan.

Wrth gael troi fel hyn ymhlith pobl o gyffelyb fryd, roedd Caradog yn graddol ffurfio'i syniadau ei hun am lenyddiaeth a phwrpas llenyddiaeth. Mae'n amlwg ei fod yn rhannu sêl Prosser Rhys, J. T. Jones a Morris T. Williams dros draethu profiad yn onest wrth ysgrifennu, waeth pa mor annymunol neu anodd i'w rannu oedd y profiad hwnnw. Un o'i ymdrechion cynharaf ef ei hun i wneud hynny oedd cerdd am drybini ei fam a anfonodd i gystadleuaeth y gadair yn Eisteddfod Pentrefoelas yn 1924, lle roedd Dewi Morgan yn fuddugol. Collfarnwyd rhan o'r gerdd honno, nad yw wedi goroesi, gan y beirniad, Cynan, fel y 'peth mwyaf di chwaeth yn y gystadleuaeth', ond fel y cawn weld mewn pennod arall, roedd Caradog yn fwy na pharod i amddiffyn ei waith yn gyhoeddus yn y wasg. Yn fuan ar ôl hyn, lleisiodd ei farn yn glir drachefn ar fater gonestrwydd mewn barddoniaeth, a hynny yn ystod yr helynt a fu pan enillodd Prosser Rhys goron Eisteddfod Genedlaethol Pont-y-pŵl yn 1924 am ei bryddest feiddgar 'Atgof'. Ym marn rhai, roedd y gerdd, wrth drafod rhyw rhwng dau ddyn, yn wir wrth drafod rhyw o gwbl, yn crwydro y tu allan i briod faes barddoniaeth; ond wfftio'r fath gulni yr oedd Caradog, fel y cawn weld eto. Siaradai fel un a oedd yn gwybod yn well na neb am berthynas Prosser Rhys a Morris T. Williams, y berthynas eithriadol glòs a oedd yn sail i ran o'r gerdd, ac fel un a wyddai, felly, fod y cyfan yn dod o galon y bardd.

Yn ei hoff Aberystwyth y treuliodd Caradog wythnos Eisteddfod Pont-y-pŵl a'r wythnos ar ôl hynny, yn gweithio ar *Y Faner* a'r *Cambrian News* tra oedd Prosser Rhys i ffwrdd, a chyn bo hir cafodd lenwi bwlch ar staff y cwmni eto, am ddeufis y tro hwn. Roedd ar ben ei ddigon, a dechreuodd drafod gyda pherchennog y papurau, Bertie Read, y posibilrwydd o gael ei symud i Aberystwyth yn barhaol. Ond roedd bywyd yn ôl yn y gogledd â digon i'w gynnig iddo hefyd, yn enwedig gan mai yno roedd ei gariad yn byw. Roedd wedi cyfarfod Elinor Jones, merch i ddyn glo o Dal-y-sarn, y flwyddyn cynt yn Eisteddfod y pentref, yr un lle yr oedd wedi ennill ei gadair gyntaf, ac mae'n ymddangos eu bod wedi bod yn canlyn yn bur gyson ers hynny. Yn ôl Gwilym R. Jones, a gyflwynodd y ddau i'w gilydd, roedd Elinor yn 'hogan annwyl, agos-atoch-chi' a oedd 'wedi'i thorri allan' ar gyfer Caradog ac yn edmygydd mawr o'i farddoniaeth.[69] Ac mae'n amlwg oddi wrth ei lythyrau at Morris ei fod yntau'n meddwl y byd ohoni hithau, ei gariad go iawn gyntaf. 'Y mae'r eneth yma'n drysor ac yn werth ei chadw,' meddai mewn un llythyr.[70]

Yn nechrau 1925 treuliodd Caradog saith wythnos yn yr Eye and

Ear Hospital, Lerpwl, yn cael trin ei lygaid croes. I'w fòs newydd, Bertie Read, yr oedd y diolch am hynny. Yn lle gwawdio'r nam hwn ar ei olwg fel y gwnaethai ei bennaeth blaenorol yng Nghaernarfon, roedd Bertie Read wedi ei anfon at optegydd i gael sbectol, a hwnnw wedi argymell iddo fynd am driniaeth. Yn y diwedd bu'n rhaid iddo gael dwy driniaeth, gan i'r gyntaf waethygu'r sefyllfa yn hytrach na'i gwella, ond roedd y canlyniad terfynol wrth ei fodd. Fel y dywed yn *Afal Drwg Adda*, y peth cyntaf a wnaeth ar ôl dychwelyd i Lanrwst oedd mynd i gael tynnu ei lun, 'a holl falchder f'ugeinmlwydd yn fy safiad ac yn fy syllu syth i'r camera' (84). Cyn dychwelyd i Lanrwst, roedd wedi treulio tridiau yn Sheffield gyda'i frawd hynaf, Howell, a oedd newydd briodi. Ni fyddai'n gweld Howell eto am 30 mlynedd.

Dylai cael sythu'r llygaid croes, a oedd wedi bod yn cyfrannu cymaint at ei ddiffyg hunanhyder, fod wedi coroni hapusrwydd newydd Caradog yn y cyfnod hwn. Ond, o gwmpas yr un adeg ag y bu yn yr ysbyty, digwyddodd dau beth i'w dynnu yn ôl i lawr i'r gwaelodion. Yn gyntaf, fe gollodd Elinor, a hynny i neb llai na'i gyfaill golygus, penfelyn, Morris. Yn ôl Gwilym R. Jones, rhyw dipyn o dynnu coes ar ran yr olaf oedd mynd 'am dro unwaith neu ddwy' gydag Elinor y tu ôl i gefn Caradog, ond fod Caradog wedi gorymateb.[71] Mae llythyrau niferus Caradog at Morris ar y mater yn ystod 1925–6, fodd bynnag, yn dangos nad oedd pethau mor syml â hynny.[72] Mae'n bosibl mai rhyw fath o jôc ar ran Morris i ddechrau oedd mynd gydag Elinor, yn dilyn ffrae rhyngddi hi a Caradog, ond mae'n ymddangos bod perthynas wedi datblygu rhyngddynt. Mae'n amlwg fod siom Caradog ym Morris yn fwy hyd yn oed na'i siom yn Elinor, fel y cawn weld eto, a bu'n hir iawn cyn gallu derbyn y sefyllfa. Yr ail beth a barodd ddiflastod mawr iddo, yn ystod yr un cyfnod yn union, oedd newid natur ei waith ar *Y Faner*. Yn eironig, llwyddiant Caradog yn ei swydd wreiddiol fel gohebydd a arweiniodd at y newid, neu yn hytrach ei barodrwydd i fynd y tu hwnt i gyfrifoldebau ei swydd i helpu'r cwmni, gan gasglu hysbysebion a dyledion wrth fynd ar ei drafaels. Y canlyniad oedd penodi gohebyddion eraill yn y cylch, gan ryddhau Caradog i ganolbwyntio'n gyfan gwbl ar gasglu hysbysebion. Yn fuan roedd

Caradog wedi alaru'n llwyr ar y gwaith hwn ac yn dyheu am ailafael mewn newyddiaduraeth. Aeth ati i ddysgu llaw-fer yn y gobaith o gael symud at bapur arall, ac mae'n ymddangos bod Read wedi addo swydd iddo ar y *Cambrian News* yn Aberystwyth, ond mae'n amlwg na chadwodd at ei air. Ar yr un pryd, roedd Caradog yn dal i gydio yn ei hen freuddwyd o fynd i'r Eglwys ac er mai penderfynu yn erbyn hynny a wnaeth yn y man, roedd ei anniddigrwydd yn ei waith yn ei ysu. Bu'n chwarae â sawl syniad, gan gynnwys ymuno â Morris ym Mharis, lle y treuliodd yr olaf bron i flwyddyn yn ystod 1924–5, fel cysodydd ar y *Continental Daily Mail*. Ond i'r gwellt yr aeth pob cynllun yn ei dro, a doedd dim amdani ond gwneud y gorau o'r gwaethaf yn ei waith. Ar yr un pryd, roedd yn dod yn fwyfwy amlwg iddo na fyddai ei fam fyth yn gwella'n ddigon da i ddod allan o'r ysbyty, er gwaethaf ei obeithion cynnar. Rhwng popeth efallai nad yw'n syndod iddo ddechrau yfed yn drymach yn y cyfnod hwn. Mae'n sôn yn *Afal Drwg Adda* am un sbri fawr yn nhafarn y Foelas, Pentrefoelas, pan fu'n rhaid i fab y dafarn ei yrru adref, ac mae'n amlwg oddi wrth ei lythyrau at Morris ei fod wedi troi fwyfwy at y ddiod. Efallai mai dyna un rheswm pam mai methiant yn y pen draw oedd ei ymdrech i ailafael yn ei berthynas ag Elinor wedi i bethau ddod i ben rhyngddi hi a Morris. Mae'n cyfaddef mewn un llythyr ei fod wedi dweud pethau cas wrthi yn ei ddiod a'i bod hithau wedyn wedi ysgrifennu ato yn erfyn arno i roi'r gorau i yfed.[73] Yn yr un llythyr mae'n cywilyddio ei fod, yn fuan wedi siars Elinor, wedi gwneud 'ffŵl hollol ohonof fy hun' yn Eisteddfod Pentrefoelas ar ôl bod ar y cwrw. Mewn llythyr arall ychydig ddyddiau'n ddiweddarach, mae'n addunedu i beidio ag yfed diferyn arall am ei fod bron wedi 'mynd yn rhy bell'.[74]

Ynghanol hyn oll, fel yng Nghaernarfon, daliodd i farddoni. Anfonai gerddi i'w cyhoeddi yn y *Western Mail*, anfonai gerddi at Morris, a chystadlai'n gyson mewn eisteddfodau lleol. Yn unol â'r modd yr oedd wedi dod i synio am bwrpas barddoniaeth, o dan ddylanwad ei ffrindiau newydd a'r gwaith a ddarllenai, ysgrifennai'n aml am bethau personol iawn. Un yn unig o blith nifer o gerddi yn sôn am ei fam a'i thynged, ac am ei berthynas ef a'i fam, oedd yr un goll y bu Cynan mor llawdrwm arni, a'r ffrwgwd rhyngddo a Morris ynglŷn ag Elinor a ysgogodd un o'i delynegion cynnar grymusaf, 'Y Cyfaill Gwell'.[75] Yn ogystal â datgan siom a dadrithiad mewn cyfeillgarwch, mae'r gerdd hon hefyd yn sôn am golli ac ailganfod ffydd, ac am gerdd arall yn gwneud hynny, pryddest o'r enw 'Yr Iesu a Wylodd', yr enillodd Caradog gadair Eisteddfod Penmachno yn 1925.[76] Yn y cyfamser roedd yr awydd i gystadlu yn y Genedlaethol yn cryfhau, a'r goron a'r gadair, fel y dywed yn *Afal Drwg Adda*, wedi dod yn 'bethau mor arwyddocaol i mi â'r Greal Sanctaidd i farchogion yr henfyd' (80). Roedd dau o'i ffrindiau agos bellach yn brifeirdd – Prosser Rhys a Dewi Morgan, a oedd wedi ennill y gadair yn Eisteddfod Genedlaethol Pwllheli 1925. Yng ngwanwyn 1927 aeth yntau ati i lunio pryddest ar gyfer prifwyl y flwyddyn honno yng Nghaergybi. Y testun yng nghystadleuaeth y goron oedd 'Cyfres o delynegion . . . yn llunio un rhamant o fywyd ger glannau Môn neu Eryri', a'r hyn a wnaeth Caradog oedd mynd yn ôl drachefn at yr hyn y buasai ei fam trwyddo, fel rhywun a oedd wedi cael ei gwahanu oddi wrth ei chymar gan angau. Ysgrifennodd ei gerdd ar ffurf drama fydryddol mewn tair rhan, gyda'r Mynydd, yr Afon, yr Ywen a'r Ysbryd yn gymeriadau ynddi yn ogystal â'r Wraig. Mae ei gyfeiriadau at 'Y Briodas' yn ei lythyrau at Morris yn dangos nad oedd ganddo fawr o ffydd yn y gerdd wrth iddi dyfu, er bod ei gyfaill yn amlwg yn ei annog i'w gorffen:

> Braidd yn siomedig ydwyf ynddi fy hun . . . Y mae dy syniad ti amdanaf fel bardd &c wedi poeni cryn lawer arnaf o dro i dro, ac ofnaf weld dydd dy siom yn dyfod, pan weli nad ydwyf na bardd na dim arall.[77]

Ond ni ddaeth dydd y siom. Roedd beirniaid Eisteddfod Caergybi – yn eu plith R. Williams Parry, arwr mawr Caradog – wrth eu boddau gyda'r gerdd ac yn unfryd mai hi oedd yr orau mewn cystadleuaeth dda. Cafodd Caradog, felly, ei goroni yn yr Eisteddfod Genedlaethol gyntaf iddo ei mynychu. Fodd bynnag, nid ei gerdd, na'r ffaith mai ef, yn 22 oed, oedd bardd coronog ieuengaf erioed y brifwyl, a hawliodd y prif sylw ar y pryd, ond y ffaith iddo yrru llythyr at yr

Archdderwydd, Elfed, cyn y seremoni yn dweud nad oedd am gael ei goroni ar boen ei fywyd os oedd yn rhaid iddo gael ei arwisgo â'r fantell orseddol (yn ddiweddarach, wrth gofio'r digwyddiad, dywedodd fod y gwisgoedd, gyda'u harwyddion herodrol mawr, yn ei atgoffa o hysbysebion cwrw Worthington).[78] Roedd wedi clywed si mai felly y byddai ac wedi mynegi ei wrthwynebiad i hynny mewn geiriau cryf iawn; gan alw aelodau'r Orsedd yn asynnod, roedd wedi dweud na fynnai fod yn rhan o rywbeth a'i gwnâi ef a'i gyd-feirdd yn destun sbort yr ochr arall i Glawdd Offa, a'i bod yn hen bryd i'r Cymry sylweddoli mai creadur o gig a gwaed oedd bardd fel pawb arall.[79] Mewn gwirionedd nid oedd rheol ynglŷn â'r arwisgo mewn grym, er bod y mater dan drafodaeth, ac felly fe gafodd protest Caradog ei diffiwsio cyn iddi ffrwydro, ond ni rwystrodd hynny'r papurau newydd rhag cydio'n awchus yn y stori. Yn y *South Wales News*, condemniwyd Caradog fel drylliwr delwau ffôl a digywilydd; ymdriniwyd â'r holl fater gryn dipyn yn llai difrifol yn y cylchgrawn *Punch*, fel y gellir dychmygu, ac wrth gwrs roedd *Y Faner* a'i golygydd ar ochr Caradog.[80]

Yn sgil y cyhoeddusrwydd, disgwyliedig ac annisgwyl, a gafodd adeg y coroni, cafodd Caradog, ac yntau wedi bod yn chwilio mor daer ers tro am swydd ar bapur arall, gynnig dwy swydd: un ar y *Daily Mail* a'r llall ar y *Western Mail*. Derbyniodd yr un ar y *Western Mail* am ei fod am aros yng Nghymru, a symudodd i Gaerdydd tua diwedd 1927. Roedd y cyfnod yn Nyffryn Conwy, yr oedd wedi ei fwynhau a'i gasáu gymaint, ar ben, ac roedd y llanc swil yn enw cenedlaethol.

*   *   *

Does dim hanner cymaint o dystiolaeth ar gael am y saith mlynedd a dreuliodd Caradog yng Nghaerdydd ag sydd am ei gyfnod yn Llanrwst. Prinhaodd ei lythyrau at Morris yn arw yn y cyfnod hwn, ac roedd rheswm da am hynny, oherwydd roedd ei gyfaill gorau yntau erbyn hyn yn byw yn yr un rhan o'r wlad; roedd yn gweithio fel cysodydd gyda chwmni yn Nhonypandy, ac erbyn diwedd 1928 roedd yn briod â Kate Roberts ac wedi ymsefydlu yn Rhiwbeina. Dibynnwn felly bron yn llwyr ar *Afal Drwg Adda* am ddarlun o'r bennod hon yn hanes Caradog, a darlun digon du ydyw. Does gan Caradog ddim byd da o gwbl i ddweud am y ddinas ei hun. I bob golwg roedd yn casáu ei phrysurdeb a'i rhuthr, ac nid yw'n ymddangos ei fod wedi mwynhau ei waith newydd fel gohebydd ychwaith, er cymaint yr oedd wedi edrych ymlaen at gael bod yn un. Cofnoda'r profiad erchyll a gafodd wrth ei waith yn ystod ei wythnos gyntaf o orfod edrych ar gorff putain ifanc a oedd wedi boddi. Mewn disgrifiad o'r un achlysur mewn sgript radio, mae'n troi'r profiad yn symbol o'r modd y cawsai ei ddadrithio gan y ddinas:

> Ac mi welaist dy ddinas hud yn noethlymun. Ac roedd dy ddinas hud yn farw gelain.[81]

Unwaith yr oedd wedi cynefino ag amrywiol ddyletswyddau gohebu i bapur dyddiol, mae'n rhoi'r argraff ddigamsyniol yn yr hunangofiant iddo ddiflasu ar y gwaith. Ar yr un pryd, gallai ei wneud yn dda; mae ei adroddiadau yn y *Western Mail* o'r cyfnod hwn yn raenus a bywiog.[82] Roedd y ddiweddar Enid Parry, gwraig Thomas Parry, yn cofio ei thad, Picton Davies, a oedd yn is-olygydd ar y papur ar y pryd, yn canmol Caradog fel newyddiadurwr a oedd wedi elwa ar ei brofiad cynharach ar bapur lleol.[83]

Fel yn Nyffryn Conwy, roedd cwmni cyfeillion yn bwysig iawn iddo, ac unwaith eto, roedd digon ohonynt. Yn eu plith roedd Sam Jones a gydweithiai ag ef ar y papur; hefyd Iorwerth Peate, yr oedd Caradog wedi dod i'w adnabod yn Aberystwyth ac a oedd yn gweithio erbyn hyn yn yr Amgueddfa Genedlaethol. Gallai weld Morris cyn amled ag a fynnai, a gwnaeth gyfaill agos newydd mewn gogleddwr arall a oedd, fel Sam Jones, yn byw o fewn tafliad carreg i'w lety yn Cathays, sef Thomas Parry, a oedd ar y pryd yn ddarlithydd ifanc ar staff Adran y Gymraeg Coleg y Brifysgol, Caerdydd.[84] Câi'r ddau fodd i fyw yn parodïo beirdd Cymraeg, a hwy oedd cyd-awduron cyfrol o barodïau a gyhoeddwyd yn y cyfnod hwn yn enw 'Y Ddau Hogyn Rheiny', dan y teitl *Ffa'r Corsydd*.[85]

Parhâi Caradog i gymryd barddoniaeth fel cyfrwng o ddifrif calon, fodd bynnag. Daliai i gyhoeddi cerddi yn achlysurol yn y *Western Mail* ac mae'n amlwg nad oedd ei fuddugoliaeth yng Nghaergybi wedi diwallu ei ysfa i gystadlu.[86] I'r gwrthwyneb, aeth rhagddo i ennill coron yr Eisteddfod Genedlaethol ddwywaith yn rhagor, yn Nhreorci yn 1928 ac yn Lerpwl yn 1929. Yn awch y gŵr ifanc mewnblyg hwn i gael sêl bendith gyhoeddus ar ei waith, rydym yn gweld un o baradocsau ei gymeriad yn dechrau dod i'r amlwg; paradocs yr oedd ef ei hun, yn ddiweddarach, i'w gydnabod wrth sôn yn ei hunangofiant am '[d]dau gymhelliad cryf yn brwydro â'i gilydd, y naill i fod yn Neb a'r llall i fod yn Rhywun' (88). Ac mae'r paradocs yn dyfnhau o ystyried mor hynod o bersonol yw'r gwaith yr oedd yn fodlon ei roi ar drugaredd beirniaid. Ei fam, o hyd, a feddiannai ei waith cystadleuol; roedd 'Penyd', pryddest Treorci, yn ddilyniant i'r 'Briodas', gyda gweddw cân Caergybi bellach mewn ysbyty meddwl, ac roedd cysgod hanes Margaret Jane Pritchard dros bryddest Lerpwl hefyd, 'Y Gân Ni Chanwyd'.[87] Ond yn ôl Thomas Parry, roedd a wnelo'r ffaith i Caradog benderfynu cystadlu am y drydedd flwyddyn yn olynol lawn cymaint â'r sylwadau llym a wnaeth yr Athro W. J. Gruffydd am 'Penyd' yn *Y Llenor*; yn hytrach na gwylltio, roedd Caradog wedi datgan yn dawel ei fwriad i ddangos i Athro'r Gymraeg yng Ngholeg Prifysgol Caerdydd, a oedd yn un o feirniaid y goron yn Eisteddfod Lerpwl, 'be fedra'i wneud'.[88] Ac fe lwyddodd; pan ddaeth yr Eisteddfod honno, W. J. Gruffydd oedd y mwyaf brwd o'r tri beirniad dros wobrwyo cerdd Caradog.

Yn ogystal â'i gymell i fynd ati i droi testunau agos at ei galon yn farddoniaeth, roedd byd cystadlu felly yn ennyn rhyw ysbryd rhyfedd o benderfynol yn Caradog. Roedd fel petai am brofi iddo'i hun, a phawb arall, nad oedd ei helyntion personol am ei ddal yn ôl mewn unrhyw ffordd. Yn fuan ar ôl iddo ennill ei drydedd goron, daeth yr ysbryd hwn i'r amlwg eto pan benderfynodd ailgydio yn ei addysg, a dilyn cwrs gradd yn adran W. J. Gruffydd ei hun. Am dair blynedd, heb unrhyw grant, bu'n mynychu darlithoedd yn ystod y dydd – rhai ar lenyddiaeth Saesneg yn ogystal â Chymraeg – ac yn

gweithio'r nos ar y *Western Mail*. Roedd Enid Parry (neu Enid Davies
fel yr ydoedd ar y pryd) hithau erbyn hyn yn fyfyrwraig yn Adran y
Gymraeg, ac roedd hi a'i ffrindiau yn llawn edmygedd o'r myfyriwr
hŷn tawel hwn oherwydd ei ddyfalbarhad dan amgylchiadau anodd.
Fe dalodd y gwaith caled ac fe raddiodd Caradog yn 1933. Yr un haf,
digwyddodd rhywbeth arall pwysig yn ei hanes – fe briododd.

Dywed Caradog yn *Afal Drwg Adda* iddo roi ei fryd ar ei ddarpar-
wraig, Mattie Adele Gwynne Evans, yn ystod ei wythnos gyntaf un ar
y *Western Mail* pan welodd hi'n canu yng nghôr y Cardiff High School
for Girls. Beth bynnag am hynny, yn ddiweddarach y blodeuodd
perthynas rhyngddo ef a'r 'ferch wallt [g]winau lygatlas', fywiog, a
oedd bedair blynedd yn iau nag ef.[89] Merch i deulu a oedd wedi
symud o'r Gilfach-goch, Morgannwg, i Gaerdydd oedd Mattie. Cyn-
deilwr, â'i wreiddiau yn Mhencader, Sir Gaerfyrddin, a Threorci,
Morgannwg, oedd ei thad, sef John William Evans (J.W. neu Jack i'w
deulu a'i ffrindiau). Buasai'n arfer ei grefft yn y Gilfach-goch, ond ar ôl
anafu ei law yn y Rhyfel Byd Cyntaf yr oedd wedi gorfod troi at waith
swyddfa ac wedi dod yn was sifil yn y Bwrdd Iechyd Cymreig, ac yn y
man wedi ymddyrchafu'n ysgrifennydd y tribiwnlys pensiynau
Cymreig a âi o gwmpas Cymru yn asesu pensiynau. Roedd yn gryn
gymeriad, yn gerddor, yn Rhyddfrydwr gweithgar ac yn wyneb
cyfarwydd mewn cylchoedd diwylliannol ac eisteddfodol Cymreig.
Cyn-nyrs oedd ei wraig, Margaret Ann Evans (neu Nanny, fel y'i
gelwid), wedi'i magu ym Maenclochog, Sir Benfro, a Phontycymer,
Morgannwg. Roedd hi a Mattie bob amser wedi'u gwisgo'n
chwaethus, yn aml mewn dillad o wneuthuriad Jack, a oedd ei hun yn
ŵr trwsiadus ac a oedd wedi ailddysgu gwnïo â'i law glwyfedig.
Roeddynt yn byw mewn tŷ go fawr ym Mharc y Plas, Cathays,
Caerdydd, a byddai myfyrwyr ac artistiaid Cymreig yn cael eu
croesawu yno'n aml. Erbyn iddi gyfarfod Caradog, yn niwedd y
dauddegau, roedd Mattie yn athrawes gynradd yn Cathays, ac yn ôl
Enid Parry arferai'r ddau gyfarfod ym mynwent Cathays, yn ymyl yr
ysgol, a hynny amser cinio, gan fod Caradog yn gweithio'r nos. Parodd
y berthynas gryn syndod i Enid Parry ar y dechrau; er gwaethaf ei
hedmygedd o ddygnwch Caradog, ac er ei fod, fel cyd-weithiwr a

chyfaill i'w thad, yn ymwelydd cyson â'u cartref, doedd hi ei hun ddim wedi gallu cymryd ato rhyw lawer hyd yma. Ac yntau, meddai hi, yn amharod iawn i sgwrsio ac yn 'yfed yn drwm', roedd hi'n methu â deall beth oedd yr atyniad i Mattie, ond yn dyfalu bod y ffaith ei fod bellach yn fardd o fri cenedlaethol wedi cydio yn nychymyg merch y teiliwr. Gellir dyfalu ei bod hefyd yn cael ei thynnu at y rebel, yr elfen o 'fachgen drwg' ynddo; roedd Mattie yn hoffi sialens, er ei bod, yn ddiweddarach, yn hoffi dweud mai oherwydd bod Caradog mor benderfynol o'i chael hi y parhaodd y garwriaeth. Parhau a wnaeth hi, fodd bynnag, a blodeuo. Roedd Enid Parry yn un o'r gwesteion yn y briodas a gynhaliwyd yng nghapel Minny Street ym mis Mehefin 1933. Erbyn hynny roedd hi'n canlyn Thomas Parry, ac ef oedd y gwas priodas, er mai yn ddigon cyndyn y chwaraeodd ei ran, yn ôl yr un a fyddai'n dod yn wraig iddo'n fuan wedyn:

> Roedd hi'n ofid calon iddo fod o'n gorfod gwneud y fath beth. Doedd o ddim yn licio ffýs na dim byd, ond roedd y briodas yn un go grand, ac roedd yn rhaid iddo fo wisgo cynffon hir a het.[90]

Gellir dychmygu mai digon anghyfforddus oedd y priodfab ei hun gyda'r fath ffurfioldeb, ond o leiaf roedd Caradog yn gyfarwydd bellach â bod yn llygad y cyhoedd mewn dillad heblaw ei eiddo ei hun: doedd rebel Eisteddfod Caergybi gynt ddim wedi ailadrodd ei brotest wrth-arwisgo wrth gael ei goroni yn y ddwy Eisteddfod ddilynol, ac ym mhrifwyl 1930 roedd ef a Prosser Rhys, er cryn syndod i bawb, wedi ymuno â'r Orsedd.[91]

Dywed Caradog, wrth edrych yn ôl yn *Afal Drwg Adda* ar y cyfnod hwn, ei fod wedi 'rhyw hanner rhoddi fy mryd ar yrfa academaidd Gymraeg', ond ei fod wedi gollwng y syniad ar ôl sylweddoli nad oedd ganddo'r 'ddawn i fod yn ddarlithydd na'r dyfalbarhad i ddatblygu'n ysgolhaig' (106). Penderfynodd aros ym myd papurau newydd. Mae'n amlwg, er hynny, ei fod yn teimlo bod saith mlynedd yn ddigon ar y *Western Mail*, oherwydd yn 1934 ceisiodd am swydd is-olygydd ar y *News Chronicle* yn Llundain. Cymro oedd prif olygydd nos y papur hwnnw ar y pryd, sef Anthony Davies (Llygad Llwchwr), ac ef a gafodd y syniad o gynnig y cyfrifoldeb dros dudalen Gymreig argraffiad Cymru o'r papur i Caradog. Neidiodd yntau at y cyfle, ac fe symudodd y cwpwl ifanc i Lundain.

*   *   *

Tŷ bychan ar rent oedd cartref cyntaf Caradog a Mattie yn Llundain, a hynny yn Golders Green, ardal yng ngogledd y ddinas sy'n adnabyddus o hyd am ei chymuned amlethnig. Ceir yno, ymhlith y cymysgedd o bobloedd, gymuned Iddewig gref. Dechreuodd honno ymffurfio yn y 1930au wrth i Iddewon symud i'r ardal o ganol tlodi a budreddi'r East End, ac fe chwyddodd yn gyflym yn ystod y 13 blynedd y bu Caradog a Mattie yn byw yno, wrth i ffoaduriaid o dir mawr Ewrop heidio i'r ddinas.[92] Dianc rhag erledigaeth y Natsïaid yr oedd y rheini; er bod Caradog, yn *Afal Drwg Adda*, yn disgrifio ei ddyfodiad yntau i Lundain fel dihangfa, mae'n dipyn mwy anodd rhoi bys ar union natur ei ddihangfa ef. Os rhown goel ar yr hunangofiant, mater syml o ddianc rhag 'diflastod gwaith ar y *Western Mail*' ydoedd (106). Ond go brin mai hynny'n unig a yrrodd y cwpwl ifanc newydd briodi i Lundain. Ni ddywed Caradog un dim yn yr hunangofiant am ei deimladau ef a Mattie wrth wynebu'r newid byd hwn, ond fe dâl inni gofio rhai pethau am y cyfnod dan sylw. Roedd y cyfnod rhwng y ddau ryfel yn gyfnod pan ymfudodd nifer fawr iawn o Gymry i leoedd eraill, ac o'r 430,000 o frodorion a adawodd y wlad rhwng 1921 a 1941 aeth y rhan fwyaf i Lundain. Yn 1931 roedd 59,416 o Gymry yn byw yn Llundain – dros ddwbl y ffigwr ar gyfer 1921.[93] A hithau'n gyfnod o ddirwasgiad, mae'n sicr mai diweithdra a yrrodd gyfran helaeth ohonynt o Gymru. Ond roedd nifer, hefyd, yn symud o ddewis, yn enwedig pobl fusnes a phobl broffesiynol. Hawdd dychmygu y byddai cryn dipyn o antur a chyffro i Caradog a Mattie yn y syniad o ddechrau bywyd newydd mewn lle newydd. Wrth gwrs, doedd gan Caradog, bellach, ddim teulu agos i'w glymu wrth fan arbennig, ac efallai fod y ffaith fod cymuned Gymreig gref a bywiog, os gwasgaredig, yn bodoli yn Llundain, yn atyniad. Mae'n werth nodi hefyd mai yn Llundain yr oedd tad a mam Mattie wedi cyfarfod, pan oedd y naill yn hyfforddi fel teiliwr a'r llall yn gwneud cwrs nyrsio; mae'n bosibl y byddai hynny

wedi ychwanegu at ramant y lle i Mattie. Ac mae un stori
hunangofiannol o eiddo Caradog yn rhoi'r argraff ddigamsyniol fod
atyniad Llundain yn gryf iawn iddo yntau ac, yn wir, yn fater o
wireddu hen freuddwyd. Un o straeon y gyfrol *Y Genod yn ein Bywyd*
(1964) yw 'Y Ddinas Ddolurus', stori sy'n cael ei hadrodd gan Gymro
alltud sy'n byw yn Llundain ac sy'n edrych yn ôl ar y modd yr hudwyd
ef i'r ddinas. Mae'n amlwg mai Caradog ei hun, i bob pwrpas, yw'r
gogleddwr hwn a adawodd gefn gwlad Cymru am Gaerdydd yn gyntaf
cyn dod i Lundain. Fel 'Dinas fy Mreuddwyd' y disgrifia Lundain, ac
mae'n ceisio dadansoddi ei hapêl iddo ef a'i debyg:

> Pa beth yw'r hud anorfod sy'n ein denu ni, lanciau syml y wlad
> a'n gwreiddiau yn y pridd coch, i fynwes y Ddinas fel yr hudir y
> gwybedyn i fflam y gannwyll? Cyn adnabod blinder, blinwn.
> Cyn gwybod pa beth i'w ddeisyf, deisyfwn. Cyn profi gwir
> syched, sychedwn. Cyn dirnad ein cyfoeth, cwynwn am ein
> tlodi. Syrffedwn   ar   ddistadledd   bywyd   y   pentref,
> breuddwydiwn am y palmantau aur . . . (174)

Yn ôl y stori hon, er na ddylid pwyso'n rhy drwm ar waith creadigol
fel 'tystiolaeth', nid hap a damwain, i'w hawdur, oedd dod i Lundain
ond tynged anochel un a fu'n rhamantu amdani hi a'i chyfoeth o bell.
Ac er mai geiriau amwys yw cyfoeth a thlodi yma, maent yn cael eu
defnyddio gan un a oedd wedi profi tlodi llythrennol, un sy'n
cydnabod grym myth y 'palmantau aur'.

Yn achos y stori, fodd bynnag – ac fel mae'r teitl 'Y Ddinas
Ddolurus' a'r dyfyniad uchod yn awgrymu – dadrithiad a gafwyd ar
ôl cyrraedd Llundain, a hwnnw'n ddadrithiad cyflym. Gan gynnal
delwedd y stori o Lundain fel merch atyniadol yn denu miloedd o
gariadon, fel hyn y disgrifia'r adroddwr ei hynt ef ei hun fel y
'newyddaf o'i milfil cariadon':

> Ei milfil cariadon! Pa rwydwr direidus a barodd imi ddisgwyl
> mwy na'm cyfran o ffafrau ei ffansi oriog? Pa ddewin anwar a'm
> halltudiodd i unigedd ei phalmantau, i gerdded ei strydoedd, a'i
> Heisiau mawr yn tincial yn fy ngwaed? Y llygaid barus yn
> llefain am dirionwch gwedd, am feddalwch hiraeth, am

ollyngdod dagrau; y llygaid barus yn gweiddi am awyr las ac
am olwg ar y sêr; y gruddiau gwelw yn sychedu am chwip y
curlaw a'r cesair; y gewynnau'n crio am galedi bodlon caib a
rhaw; yr ymennydd yn chwil gan boeth obeithion, gan eisiau
gwybod. Cerdded ei strydoedd unig a'r llygaid barus yn llefain,
y llygaid unig yn gweiddi.
    Dim ond y clustiau oedd yn anunig. Dim ond y clustiau oedd
yn clywed. Yr oedd i'r clustiau gwmnïaeth geiriau. Dim ond
hwy sy'n cael cwmni wrth gerdded trwy'r strydoedd unig a'r
eisiau mawr yn pwyso ar y galon. Eisiau pob gwên a hanner
gwên; eisiau pob golau bach ym mhob cil drws; eisiau pawb a
phopeth; nid yw un o ddim yn ddigon; nid yw un dydd nac un
nos yn ddigon; nid yw un bywyd yn ddigon, wrth gerdded y
strydoedd unig . . . (179)

Beth bynnag arall sydd yn y darn hwn, mae yma ymdeimlad o
unigrwydd ac o ddieithrwch ac o anghyflawnder, ynghyd â hiraeth
taer am fywyd gwledig. Ni fynegir y peth mor huawdl ddramatig yn
yr hunangofiant; yn wir, ni fynegir unrhyw wrthwynebiad eglur, yno,
i fywyd yn Llundain. Mae'n debyg i'r cwpwl wneud llawer o ffrindiau
yn y ddinas yn ystod eu blynyddoedd cynnar yno. Ac eto, mae rhai
sylwadau o eiddo Caradog am y blynyddoedd hynny yn peri meddwl
bod cryn dipyn ohono ef ei hun, a'i anniddigrwydd, yn yr 'enaid
crwydrol digartref' sy'n llefaru yn y stori:

    Daeth pyliau o hiraeth am Gymru ac awn innau ar wib sydyn
    yno mewn car neu yn y trên. Ond gorfod troi'n ôl heb ganfod yr
    hyn a geisiwn. Ceisiais am swydd yng Nghymru fwy nag
    unwaith ond methu ei chael neu ei gwrthod bob tro. (108)

Beth am y gwaith ar y *News Chronicle*? A oedd hwnnw'n rhan o'r
dadrithiad cyffredinol? Oedd a nag oedd. Dywed Caradog iddo fod
yn 'ddigon hapus yn y gwaith am gyfnod' (107). Roedd y ffaith ei fod
yn gofalu am dudalen Gymreig y papur yn golygu ei fod, mewn
ffordd, ag un droed yng Nghymru o hyd. Ond roedd natur
ddidrugaredd o gystadleuol newyddiaduraeth Stryd y Fflyd yn gryn
sioc iddo, ac er i'w gyd-Gymro ar y staff, Anthony Davies, wneud ei

orau i'w wthio i fyny'r ysgol, roedd yn well gan Caradog aros lle yr oedd na mynd yn rhan o fyd mor 'gïaidd a chreulon'. 'Fy mhrif ddymuniad,' meddai, 'oedd dod i delerau â'r bywyd a ddewisais a'i wneud mor hawdd ei fyw ag y gallwn.' (108)

Yn sicr, nid llais bardd a oedd yn cael bywyd yn hawdd a oedd i'w glywed yn y casgliad cyntaf o'i waith i gael ei gyhoeddi, sef *Canu Cynnar* (1937). Cyflwynodd Caradog y casgliad i'w fam a'i chyd-gleifion yn yr ysbyty yn Ninbych, ac ymwneud â hi mewn rhyw fodd yr oedd nifer o'r cerddi – y tair pryddest arobryn a dyrnaid o'r cerddi byrrach. Roedd y gweddill hwythau, bron i gyd, yn ymwneud mewn rhyw fodd â siom a thristwch a dadrith. Cafwyd ymateb cymysg; canmolwyd diffuantrwydd a threiddgarwch seicolegol ac aeddfed-rwydd crefft y canu, ond cyhuddwyd y bardd hefyd o fod yn dywyll weithiau ac yn orglyfar bryd arall. Roedd gan bawb air da am 'Y Briodas', y gynharaf o'r pryddestau eisteddfodol, ond roedd pawb hefyd yn gytûn mai cerdd wael iawn oedd yr awdl 'Ogof Arthur', awdl a anfonasai Caradog i gystadleuaeth y gadair yn Eisteddfod Genedlaethol Castell-nedd, 1934, lle yr oedd y beirniaid hwythau wedi ymateb yn ddigon llugoer iddi.[94] Hon oedd yr unig gerdd yn y gyfrol o gyfnod Llundain, ac roedd y bardd ei hun, yn ei ragair, yn cyfaddef ei fudandod diweddar. Ai tân siafins, felly, a fuasai'r farddoniaeth gynnar yr oedd yn awr yn ei chyflwyno rhwng cloriau? Ac ai bardd yn dibynnu ar gystadleuaeth i'w gymell ydoedd, fel y gofynnodd T. J. Morgan mewn adolygiad hallt a oedd yn dweud mai dirywio a wnaethai gwaith Caradog ers 'Y Briodas'?[95]

Cystadleuaeth, yn wir, a symbylodd y gerdd gyntaf o bwys wedi'r mudandod, sef 'Terfysgoedd Daear'.[96] Dyna oedd y testun gosodedig yng nghystadleuaeth y goron yn Eisteddfod Genedlaethol Dinbych, 1939, ond ni choronwyd Caradog. Er bod y ddau feirniad, T. H. Parry-Williams a J. Lloyd Jones, yn gytûn mai ei gerdd ef oedd yr orau o ddigon, roeddynt o'r farn nad oedd hi ar y testun ac ataliwyd y wobr. Fodd bynnag, ar ôl i'r gerdd gael ei chyhoeddi'n llyfryn ar faes yr Eisteddfod, cafodd penderfyniad y beirniaid ei gondemnio gan amryw, gan gynnwys W. J. Gruffydd, a ddywedodd yn *Y Llenor* fod 'gwaith campus' wedi cael ei wrthod ar sail dehongliad rhy lythrennol o'r testun.[97] Ni welai ef pam na allai 'terfysgoedd mewnol yr enaid', fel y rhai yr oedd Caradog wedi canu amdanynt, gael eu galw yn 'Derfysgoedd Daear'. Beth bynnag am hynny, ac er na chafodd Caradog bedwaredd goron, roedd cystadleuaeth, unwaith eto felly, wedi ei sbarduno i lunio cân o ddeunydd crai personol iawn, gan ailadrodd patrwm 1927, 1928 ac 1929. Cerdd yn cyfiawnhau hunanladdiad oedd 'Terfysgoedd Daear', ac fe honna'r bardd yn *Afal Drwg Adda* iddo ei hysgrifennu ar ôl gwneud rhyw fath o ymdrech i roi diwedd ar ei fywyd ei hun. Dywed iddo, ar ddydd ei ben-blwydd yn 34 oed, sef 3 Tachwedd 1938, ei daflu ei hun ar gledrau'r trên tanddaearol yn Llundain. Nid ei fod yn cofio'r weithred ei hun; y cwbl a gofia, meddai, yw bod 'popeth wedi mynd yn dywyll' ar ôl iddo fynd i lawr grisiau gorsaf Sgwâr Trafalgar i ddisgwyl y trên adref, nes iddo ddeffro yn ystafell gorsaf-feistr gorsaf arall gyfagos, i gael ei hysbysu ei fod wedi'i ganfod yn gorwedd ar y trac 'o fewn rhyw fodfedd neu ddwy i'r lein drydan' a bod rhywun wedi'i gipio i fyny i ddiogelwch y platfform funudau'n unig cyn i drên gyrraedd (112). Roedd fersiwn Mattie o'r stori gryn dipyn yn llai dramatig; y cwbl a ddigwyddodd, meddai hi, oedd i'w gŵr fynd i gysgu ar y trên ar ôl cymryd tabledi cysgu mewn camgymeriad, ac iddo gael ei ganfod gan y glanhawyr yn oriau mân y bore yn dal i gysgu ar ôl sawl siwrnai anymwybodol yn ôl a blaen ar hyd y lein.[98] Nid oes unrhyw dystiolaeth y naill ffordd na'r llall, fwy nag yn achos yr ymgais honedig cynharach i gyflawni hunanladdiad, ond gellir dweud un peth o leiaf. Mae 'Terfysgoedd Daear' yn waith rhywun a oedd, yn amlwg, wedi myfyrio'n helaeth ar y *syniad* o ymadael â'r byd hwn. Ac yn ôl yr hunanddadansoddi a geir yn y bennod yn *Afal Drwg Adda* sy'n sôn am y cyfnod hwn, roedd tryblith o deimladau y tu ôl i'r myfyrdod hwnnw, teimladau o euogrwydd ac o annigonolrwydd, yn ymwneud â'r fam ac â Chymru a'r Gymraeg.

Roedd pryddest anfuddugol Eisteddfod Dinbych yn gwahodd gofyn drachefn gwestiwn T. J. Morgan wrth adolygu *Canu Cynnar*, sef ai cystadleuaeth oedd yr unig beth a oedd yn symbylu Caradog. Mae'n gofyn yr un cwestiwn, fwy neu lai, iddo'i hun yn *Afal Drwg Adda*, ac yn ceisio'i ateb:

...pam anfon y gerdd hon i gystadleuaeth y Goron yn
Eisteddfod Dinbych a minnau eisoes wedi cael tair Coron am
bryddestau? Credaf mai un ateb syml yw mai Morris Williams
ydoedd ysgrifennydd yr eisteddfod a bod Prosser Rhys yn un o
feirniaid y Goron. Ac ni bu ynof gymhelliad cryfach wrth
sgrifennu'r un gerdd, nac unrhyw ddarn arall o lenyddiaeth o
ran hynny, nag ennill cymeradwyaeth y rhai anwylaf ymhlith fy
nghydnabod. (114)[99]

Dyma Caradog yn cyfaddef ei fod yn mwynhau cael ei ganmol. Prin ei
fod yn unigryw yn hynny o beth, ond mae fel petai awydd bron pawb
meidrol am glod a chanmoliaeth yn angen taer ynddo ef. Bymtheg
mlynedd ynghynt, yn fuan ar ôl i'w fam fynd i Ddinbych, roedd wedi
dweud wrth Morris mewn llythyr mor eithriadol o falch ydoedd,
ynghanol ei helyntion, o lwyddiant a gafodd yn Eisteddfod Bethesda:

> Choeliet ti byth gymaint o ysbrydoliaeth ac o galondid ydoedd
> gweld pobl yn dyfod ataf ym Methesda gan fy llongyfarch ar y
> delyneg yn Eisteddfod Bethesda a dweyd mor wahanol oeddwn
> i'm brawd. Yr oedd yn ennyn ynof ryw benderfyniad o'r newydd
> i ymroi mwy mewn bywyd ac i ymladd mwy gyda fy ngwaith.[100]

Bryd hynny, roedd ei drybini wedi rhoi mwy o ystyr i'w
fuddugoliaeth. Ac yntau'n dal i ymweld â'i fam yn yr ysbyty mor aml
â phosibl – unwaith y mis fel arfer – onid y gwir amdani oedd fod
cysgod y trybini hwnnw drosto o hyd a bod hynny'n dal i'w symbylu
i geisio'i brofi'i hun drachefn a thrachefn? Roedd fel petai llwyddiant
cyhoeddus yn gyffur i wrthweithio iselder, ac yntau eisiau mwy a
mwy ohono. Y rhyfeddod a'r eironi yw mai yn yr union iselder
hwnnw, hefyd, y câi ddeunydd i'w anfon i gystadlaethau. Waeth beth
oedd y testun gosodedig, archwilio ei brofiadau a'i seicoleg ei hun a
fynnai Caradog. Yn ei achos ef, roedd cyfyngiadau ac amodau a
dyddiadau cau, yn hytrach na chaethiwo, yn agor fflodiart.
Cymerodd ormod o benrhyddid gyda'r testun i blesio beirniaid
Dinbych; serch hynny, mae'n dweud i'r broses o ysgrifennu
'Terfysgoedd Daear' roi iddo'r 'gollyngdod a'r ddihangfa na allai'r un
siop gyffuriau na seiciatrydd eu gwerthu i mi' (114).

Prin fis ar ôl Eisteddfod Dinbych, ar 3 Medi 1939, torrodd yr Ail Ryfel Byd, y 'storm anorfod' yr oedd Caradog wedi ei phroffwydo yn ei bryddest. Ac yntau, fel y dywed yn *Afal Drwg Adda*, heb 'nerth nac ysbryd, nac yn wir argyhoeddiad, i wynebu treibiwnal fel gwrthwynebydd cydwybodol', yn 1942 derbyniodd yr alwad i'r fyddin (125). Fe'i hanfonwyd am hyfforddiant milwrol i Donnington, cyfnod y mae'n ei ddisgrifio gyda chryn ffraethineb mewn dyddlyfr o'r enw *'R Wyf Innau'n Filwr Bychan* a gyhoeddwyd yn 1943 o dan yr enw 'Pte P'. Cael ei symud o farics i farics fu ei hanes wedyn, gan wneud cymysgedd o orchwylion yn amrywio o ddileuo plancedi a phlicio tatws i glercio.[101] Ond ni fu'n rhaid iddo fynd yn agos at unrhyw ymladd. Y chwedl yw iddo gael achubiaeth funud olaf rhag hynny oherwydd deiseb a anfonwyd at y Swyddfa Ryfel yn galw am beidio â'i anfon dros y môr rhag i hanes Hedd Wyn gael ei ailadrodd ac i Gymru golli un arall o'i beirdd.[102] Yn y man, cafodd gynnig dau ddewis, sef ymuno â Chorfflu Addysgol y Fyddin neu ei ryddhau i waith gyda'r Swyddfa Dramor. Dewisodd yr ail, ac felly y ffarweliodd â'i yrfa filwrol yn 1944 a chael ei anfon i India.

I Delhi yr anfonwyd Caradog, i weithio yn y Far East Bureau. Yno harneisiwyd ei ddawn ysgrifennu at bwrpas propaganda. Ar ôl cyfnod yn paratoi bwletinau newyddion ar gyfer All-India Radio, a oedd yn darlledu i holl wledydd y Dwyrain Pell, fe'i dyrchafwyd yn bennaeth yr adran a oedd yn darlledu llithoedd propaganda, swydd a olygai ei fod yn cael ei dalu am ysgrifennu 'pethau rhyfedd ac ofnadwy am y Japaneaid', fel y dywed yn *Afal Drwg Adda* (146).[103] Bu yn India am ddwy flynedd, a'i ddisgrifiad o'r cyfnod wrth ei grynhoi yn yr hunangofiant yw 'diffeithwch corfforol, moesol ac ysbrydol' (108). Ar y llaw arall, yn un o'i doreth o lythyrau at Mattie o Delhi disgrifiodd y profiad o fod yno fel 'a grand experience' (yn Saesneg y mae'r cwbl o'r llythyrau). Mae golwg ar dystiolaeth yr hunangofiant am y cyfnod ochr yn ochr â'r ohebiaeth at ei wraig yn dangos bod sail i'r ddau osodiad, er mor groes i'w gilydd ydynt.[104]

Ac yntau yn y gorffennol wedi mynegi'i syrffed ar ei waith mor aml, mae'n gryn syndod cael agwedd Caradog at ei waith yn Delhi yn gadarnhaol iawn. 'Most fascinating' yw ei ddisgrifiad ohono yn un o'i lythyrau cyntaf at Mattie, ac mae'n mynegi'i falchder sawl gwaith wedyn ei fod yn ymdopi cystal â'i ddyletswyddau, a bod hynny'n cael ei gydnabod yn ei ddyrchafiad.[105] Mae'n amlwg hefyd ei fod yn treulio cryn dipyn o'i amser hamdden yn ysgrifennu, er nad oes dim wedi goroesi o'r cyfnod hwn. Dywedir yn *Afal Drwg Adda* fod hanner llond trwnc o sgriptiau wedi mynd ar goll ar y ffordd adref o India, ac mae'r llythyrau'n dangos y gallai fod nofel Saesneg ymhlith y rheini. Er na ddatgelir dim o gynnwys 'David', fel y cyfeirir at y gwaith, mae'r llythyrau'n rhoi'r argraff o nofel yn tyfu'n raddol, gyda drafft, o leiaf, yn gyflawn erbyn diwedd y cyfnod yn India.[106] Sonia yn *Afal Drwg Adda*, wedyn, am ysgrifennu llawer o farddoniaeth Saesneg yn ystod pwl o salwch – a llosgi'r cyfan wedyn.[107] Ar ben hyn, roedd yn dal i newyddiadura. Doedd pethau ddim wedi bod yn dda rhyngddo ef a'r *News Chronicle* ers iddo ffraeo ag un o'i benaethiaid yn nechrau'r pedwardegau, ac fe surodd y berthynas ymhellach pan wrthododd y papur stori a gynigiodd Caradog, pan oedd ar y ffordd i India, am y gantores Vera Lynn. Ond ysgrifennodd gryn dipyn i'r *Daily Mail*, ac yn achlysurol hefyd i'r *Western Mail* a rhai o'r cyhoeddiadau Cymraeg.[108]

Doedd prysurdeb Caradog ddim yn ei rwystro rhag gwneud yn fawr o'r profiad o fod mewn gwlad ddieithr. Roedd India, yn amlwg, yn dipyn o ryfeddod iddo. Dyma'i argraffiadau o Delhi, yn fuan ar ôl cyrraedd yno yn haf 1944:

Delhi itself, as a city, has no place in England one can compare it with. But if you can think of Rhiwbeina expanded, say, a hundred times, that would give you some idea. It has been marvellously planned (by Lutyers & Baker, I believe). All the "town" life is centred in the Connaught circle which I mentioned before. Then you get the greater New Delhi radiating from that centre – wide, tree-lined avenues, great open spaces, plenty of greenery wherever the eye turns and birds singing – all day long – and some all night long (curse them!) There is one called the "brain-fever bird" which is like a cuckoo with a stammer, or if you can imagine the BBC tune signal "pips" going on for hours on end, that would give you some idea of it. There are several things that nauseate one at first, but one gets used to them. There are the creepy-crawlies of all description – ants, lice &c. &c. but one does not mind them after a while. Indeed, some of them are quite friendly beings! Then, as one cycles along the roads one sees the women sitting on the roadsides delousing each other's hairs, and the men lying asleep under the trees which gives them a little shade from the scorching sun. All this, seen day after day, tends to get on one's nerves, but time makes one accustomed to it.[109]

Flwyddyn yn ddiweddarach, ac yntau wedi cael cyfle i deithio tipyn, mae'n disgrifio'r wlad yn gyffredinol fel 'a queer mixture of beauty and dirt'.[110] Ac roedd y bobl hefyd fel petaent yn ennyn teimladau cymysg ynddo. Wrth nodi yn yr hunangofiant fod India yn y cyfnod hwn, ychydig flynyddoedd cyn cael annibyniaeth, yn 'debycach i wlad dan warchae nag i aelod o Gymanwlad y Cenhedloedd', a bod y wlad hefyd 'dan berygl gwarchae mwy gwaedlyd' o du Japan, fel hyn y disgrifia ei argraffiadau cyntaf o'r brodorion:

> . . . roedd rhywbeth yng ngwyn llygaid pob wyneb du a welwn, rhywbeth oedd yn cyffwrdd tant cynefin yng nghalon Cymro fel fi. Roedd ym mhob llygad ryw gymysgedd cyfrin o gas ac ofn ac yn eu hymarweddiad taeog rywbeth a yrrai arswyd o euogrwydd a darogan drwg i lawr asgwrn y cefn. (146)

Mae yma uniaethu â'r Indiaid, yn sicr, ond hefyd awgrym o ryw wrthnysedd dwfn. Mae'r cydymdeimlad i'w gael eto wrth i Caradog ddisgrifio'i hun, ar wyliau yn Simla wrth odre Mynyddoedd Himalaya, yn gwrthod cymryd ei gario mewn *rickshaw* a dynnid gan Indiaid gwan eu hiechyd. Ac eto, mae'n ymddangos iddo ddod i arfer yn gyflym iawn â chael gwas personol. Fel gwas 'tra ffyddlon ac annwyl' y cyfeiria yn yr hunangofiant at Abdul yn dod â photiaid o de iddo am chwech bob bore (147). Ond dywed yn un o'r llythyrau fel y gwylltiodd gydag Abdul un bore am fod yn 'too lazy' i ddod â'r baned blygeiniol, a nawddoglyd yw'r unig air am y modd y mae wedyn yn amodi'r gosodiad gan ychwanegu bod Abdul yn 'very good really and follows me around like a spaniel'.[111] Mewn llythyr arall, mae'n cwyno bod y gweision eraill hwythau'n haerllug ac yn

ddiog, a chaiff bleser amlwg mewn adrodd wrth Mattie fel y cosbodd
hwy trwy eu gorfodi i lanhau ei ystafell yn drwyadl:

> One Sunday morning, being the beginning of the month, all the
> slaves queued up outside the room for their baksheesh, – the
> bearer, the sweeper, the water carrier and all the rest. You
> wouldn't believe how brazen they are. You hardly see them
> when you want them. So I took advantage of the situation and
> told them to clean out my room and flit it and sweep it. I made
> them take all the furniture, bed and all, out and take the cork
> matting out. You never saw such a cloud of dust in your life.
> And I'm sure the slaves never had such a morning of it. Well, it
> all finished up with my room nice and clean and smelling
> sweetly of disinfectant. And for the first time the slaves earned
> their baksheesh. That should teach them. I suppose they'll pay
> me back by pinching a few of my possessions at the first
> opportunity.[112]

Er bod taeogrwydd rhai o'r brodorion yn gwneud iddo deimlo'n
annifyr, roedd yn ddigon parod, felly, i fanteisio ar lafur eraill
ohonynt, ac yn wir yn ymhyfrydu yn ei oruchafiaeth drostynt. Mae'n
anodd gwybod i ba raddau y mae ei ddarlun uchod o'r gweision fel
lladron yn deillio o'i brofiad personol – mae'n nodi yn yr
hunangofiant i watsh aur o'i eiddo gael ei dwyn o fewn oriau iddo
gyrraedd ei lety yn Delhi – ac i ba raddau y mae'n adlewyrchu
rhagfarn noeth.

Does dim dwywaith mai'r peth anoddaf i Caradog ynglŷn â bod yn
India oedd bod ar wahân i Mattie. Aros yn Llundain a wnaeth hi yn
ystod y rhyfel, gan ennill ei thamaid trwy wneud gwaith gweinyddol i
MI5: roedd ei swyddogaethau'n cynnwys gwrando ar sgyrsiau ffôn
rhyngwladol ar y lefel uchaf, i ofalu nad oedd unrhyw wybodaeth
gyfrinachol yn llithro allan (un o'i straeon mawr mewn blynyddoedd
diweddarach oedd fel yr oedd wedi gorfod rhybuddio Churchill i
wylio'i dafod). Poenai Caradog yn fawr am effaith y gwahaniad ar eu
perthynas. Sonia gyda thristwch mewn un llythyr am gwpwl a oedd
yn ysgaru ar ôl i'r gŵr dreulio tair blynedd a hanner mewn gwersyll
rhyfel Japaneaidd, ac mae'n erfyn ar Mattie i'w sicrhau ym mhob

llythyr nad oes perygl iddo yntau ei cholli hi yn yr un ffordd.[113] Mae'r llythyrau'n taflu goleuni diddorol ar natur eu perthynas, a'r modd yr oedd dwy bersonoliaeth gwbl wahanol wedi dod at ei gilydd. Mae'n amlwg mai personoliaeth heulog Mattie, yr eithaf arall i'w swildod a'i letchwithdod ef ei hun, oedd un o'i phrif atyniadau i Caradog; ar yr un pryd, roedd yn poeni y gallai ei natur agored arwain eraill i gymryd mantais arni.[114] Roedd hynny'n cynnwys dynion eraill. Ar adeg pan oedd Mattie'n bwriadu dod ato i India, dyma siars Caradog iddi:

> One thing I'm going to say and I hope you'll forgive me for saying it. That is, *do* be careful on the boat, bach. You know I have every faith in you, but oh dear, I'm so jealous of anyone else having your company.[115]

Yr eiddigedd hwn, maentumia yn *Afal Drwg Adda*, oedd un o brif achosion y pyliau o iselder ysbryd a gafodd yn India. Dywed hefyd fel y byddai'n troi at y botel o dro i dro i leddfu nid yn unig yr hiraeth am gwmni Mattie ond y 'deisyfu ofer' amdani yn gorfforol (157). Arweiniai'r yfed yn ei dro at wario trwm, a hynny ar adeg pan oedd y cwpwl mewn tipyn o ddyled, yn ôl tystiolaeth yr hunangofiant a'r llythyrau. Mewn gwirionedd roedd yr yfed a'r gwario yn rhan o hen batrwm a oedd wedi rhoi straen ar flynyddoedd cynnar eu priodas, ac mae edifeirwch Caradog am hynny yn amlwg mewn sawl llythyr, ynghyd â'i benderfyniad y byddai pethau'n wahanol yn y dyfodol:

> Well, bach, it's the nights that are lonesome here without you. I spend hours going over our life together and living again the sunny patches in it which, I think, I could easily have made more numerous. But I firmly believe we'll have a lot more of them and that the next ten years, D.V., should be the happiest of our lives. Well, I expect that depends more on me than it does on you.[116]

Roedd y gwahaniad, felly, wedi gwneud i Caradog werthfawrogi eu perthynas o'r newydd. Ond yn eironig, po hwyaf y parhâi'r gwahaniad, mwyaf o gyfle a oedd iddo lithro'n ôl i'w hen arferion, er gwaethaf ei eiriau dewr – hen arferion a oedd yn bygwth gwaethygu problemau ariannol y cwpwl.[117]

Er i'r rhyfel yn y Dwyrain Pell ddod i ben yn Awst 1945, aeth dros hanner blwyddyn arall heibio cyn i Caradog a Mattie gael eu haduniad hirddisgwyliedig. Roedd Caradog wedi cael cynnig swydd arall gyda'r Swyddfa Dramor yn Singapore, ac wedi derbyn yn wreiddiol, gan feddwl y byddai Mattie'n gallu ymuno ag ef yno. Yn y diwedd, fodd bynnag, a phethau mor araf yn symud gyda'r swydd, a chyda rhwystrau eraill ar ffordd Mattie, tynnodd yn ôl a dod adref.[118] Ymhlith y profiadau a gafodd ar y daith long hirfaith o Bombay i Lerpwl, mae un tra arwyddocaol. Fe'i disgrifiodd yn y gyntaf mewn cyfres o erthyglau o dan y teitl 'Ail-olwg ar Gymru' a anfonodd i'r *Cymro* yn syth ar ôl dychwelyd. Yno, dywed fel yr oedd yn pwyso ar reiliau'r dec yn gwylio'r machlud hudol ym Môr Arabia pan welodd 'ynys rith' yn codi o'r dŵr:

> Tywynnai'r tywod llathraid ar ei glan. Y tuhwnt, ymestynnai'r tir nes diflannu yn y cysgodion. Ac yn y gwyll ansicr gwelais gaban a dau neu dri o'm cyfeillion yn rhyw grwydro-gerdded i mewn ac allan ohono fel garddwyr yn tacluso o gwmpas y lle.
>
> Dim ond dau neu dri, ond gwyddwn yn iawn pwy oeddynt er na allwn eu gweld yn glir iawn. Ymhen tipyn, cymysgodd y tywyll a'r golau. Ciliodd yr haul. A diflannodd yr ynys rith. Ond gwn imi gael cipolwg yno ar ynys fy mreuddwyd, ar ynys breuddwyd pob breuddwydiwr:
>
> > Yr ynys dawel dros y lli,
> > 'Does neb yn marw arni hi.[119]

Nid yw Caradog yn enwi'r cyfeillion a welodd, ond mewn disgrifiad arall, diweddarach o'r un rhith, yn ei ddarlith 'Coronau a Chadeiriau', mae'n dweud mai meddwl yr oedd ar y pryd am ei ddau ffrind mynwesol, Prosser Rhys a Morris T. Williams. Roedd y ddau wedi marw tra oedd ef ei hun yn India. Yn *Afal Drwg Adda*, dywed fel yr aethai'r newydd am farw Prosser, ym mis Chwefror 1945, yn 43 oed, 'fel saeth drwy 'nghalon' (40). O fewn blwyddyn, ym mis Ionawr 1946, roedd Morris yntau wedi marw yn ddyn ym mlodau'i ddyddiau, yn 45 oed. Rywbryd ar ôl dychwelyd adref, ysgrifennodd Caradog ddrama ar sail y profiad a gawsai ar y llong,

drama lle mae'r tri chyfaill, yn ei eiriau ef ei hun yn 'Coronau a
Chadeiriau', yn 'glanio ar yr Ynys Hud yma ac yn cael rhyw ail-
gynnig ar fywyd arni'.[120]

Mae'n werth oedi ychydig yma gyda'r ddrama anghyhoeddedig
hon, nid am fod ynddi unrhyw werth llenyddol, ond oherwydd ei
bod yn trafod perthynas yr oedd Caradog, mae'n amlwg, yn dal i'w
phrisio fel un o'r pethau pwysicaf yn ei fywyd. Mae plot 'Ple'r
Aethost Ti, Gariad?' yn rhyfedd ac yn gymhleth – cymaint felly, yn
wir, fel nad oedd Caradog ei hun yn synnu, wrth sôn am y ddrama
yn 'Coronau a Chadeiriau', nad oedd hi erioed wedi cael ei
pherfformio. Ond dyma'r stori'n fras. Mae'r ddrama'n dechrau
gyda'r cymeriad sy'n cynrychioli Caradog, Arfon, ar fwrdd llong yn
ystod ei fordaith adref o'r Dwyrain Pell, ac yn dweud hanes ei
weledigaeth o'r ynys a'i gyfeillion atgyfodedig wrth rai o griw'r
llong. Mae'n amlwg o'r dechrau mai Morris yw Meirion, gyda'i wallt
melyn, cyrliog a'i lygaid glas chwerthingar, ac mai Prosser yw Rhys,
gyda'i wallt du, ei wyneb cerfiedig, ei lygaid tywyll, pefriog a'i
wefusau llawn. Dywed Arfon fel yr oedd y tri yn y dyddiau gynt
wedi tyngu llw i'w gilydd na fyddai dim yn cael eu gwahanu, ond fel
yr oedd dyfodiad merched i fywyd dau ohonynt, sef Meirion a Rhys,
wedi chwalu'r drindod, ac fel yr oedd angau ei hun bellach wedi
cipio'r ddau olaf. (Mae'r rhesymau a roddir dros eu marwolaeth
hefyd yn adlewyrchu ffeithiau bywgraffyddol, gyda Rhys wedi marw
o'r diciâu a Meirion, fe awgrymir, wedi marw o alcoholiaeth.)[121] Ond
wrth glywed Arfon yn tristáu na chaiff byth, felly, ailbrofi rhin y
cyfeillgarwch a fu rhyngddynt, mae meddyg a fu'n gwrando ar y
stori yn mynnu nad yw hynny'n wir. Mae'r meddyg yn honni iddo
'ennill y dydd' ar angau lawer tro ac mae'n ceisio cael Arfon i gredu
mewn bywyd y tu hwnt i'r bedd. Y peth nesaf, mae Arfon wedi
syrthio i'r môr, a dyna sut y mae'n cael ei aduno â'i ddau gyfaill ar yr
ynys a welasai; yno hefyd y mae'r meddyg, sy'n cael ei alw o hyn
ymlaen yn 'Siwper', ac sydd wedi dewis Rhys, Meirion ac Arfon ar
gyfer arbrawf, arbrawf i brofi bodolaeth go iawn y 'Cariad
Tragwyddol' yr oedd y tri ffrind yn credu mor angerddol ynddo gynt.
Ond mae'n ymddangos mai methiant yw'r arbrawf yn y pen draw;

aiff Rhys a Meirion i ymladd ac mae presenoldeb merched (sydd eu hunain yn rhan o arbrawf arall 'i brofi bod ieuenctid a phrydferthwch yn parhau am byth') fel petai'n cyfrannu at y rhwyg. Daw gwragedd Rhys a Meirion i hawlio'r ddau yn ôl yn y man. Ar ddiwedd y ddrama mae'r ffantasi drosodd; rydym yn ôl yn y byd real, ar fwrdd y llong, gydag Arfon yn dod ato'i hun, a'r meddyg yn egluro wrtho ei fod wedi syrthio i'r môr ar ôl cael pwl o bendro.

Er bod y ddrama yn trafod nifer o bethau a oedd yn bwysig i'r tri chyfaill gynt, yn enwedig barddoniaeth, yr hyn sydd yn y canol yw'r cariad rhyngddynt, fel yr awgryma'r teitl. Dyma bwt o sgwrs sy'n cadarnhau hynny:

Arfon: Ddaru chi 'rioed fedru cytuno ar ddim, chi'ch dau. Ar
           ddim ond un peth.
Meirion: Be 'di hwnnw?
Arfon: Eich bod chi'n caru'ch gilydd ac na chaiff dim
           Siglo hen seiliau cadarn y cariad hwnnw.
Meirion: Rwyt ti'n dal i gredu hynny?
Arfon: Ac un peth arall.
Meirion: Be all hwnnw fod?
Arfon: Eich bod chi'ch dau
           Yn fy ngharu inna fel 'rydw i'n eich caru chi.
Meirion: Gelli fentro dy ben ar hynny, 'rhen law.

Pan ddaw Rhys i mewn ar derfyn y sgwrs uchod, mae Arfon yn ei gyfarch yntau fel "'rhen gariad'. Ond sut fath o gariad a ddisgrifir? Byddai'n hawdd rhuthro i'r casgliad fod yma berthynas wrywgydiol rhwng y tri, yn enwedig o gofio disgrifiad Prosser Rhys yn 'Atgof' o un achlysur pan ildiodd ef a'r '[ll]lanc gwalltfelyn, rhadlon' i'r ysfa rywiol. Ond y gwir yw mai yn ofer y chwiliwn am unrhyw arwydd o berthynas felly yn y ddrama. Mae yma angerdd, ond angerdd ar ryw wastad y tu hwnt i'r rhywiol a'r cnawdol ydyw, yn cael ei gyfleu fel rhywbeth arbennig iawn trwy gyfrwng ieithwedd a chyfeiriadaeth Gristnogol; sonnir am y 'Cariad Tragwyddol', a'r 'drindod sanctaidd', a phortreadir y meddyg fel rhyw fath o Grist sy'n gallu cyflawni gwyrthiau. Roedd Caradog wedi sôn mewn termau nid annhebyg am

'Ysbryd Cariad' yn un o'i lythyrau dwysaf at Morris ugain mlynedd ynghynt; llythyr a oedd yn trafod eu cariad hwy ill dau at ei gilydd, eu cariad at Elinor a'u cariad at eu mamau.[122] Roedd Morris ei hun, flwyddyn ar ôl cyhoeddi 'Atgof', hefyd wedi ymdrin â natur cyfeillgarwch dau lanc (Prosser ac yntau, yn amlwg) mewn nofel anghyhoeddedig o'r enw 'Troi a Throsi'.[123] Mae'r cwbl yn profi bod cariad rhwng dynion yn beth real iawn ym mhrofiad y tri chyfaill dan sylw; mor real ag yn nofel D. H. Lawrence, *Women in Love*, lle mae Gerald Crich a Rupert Birkin yn ymgyrraedd at berthynas amgenach na pherthynas â merched, un sy'n arbennig am yr union reswm ei bod yn rhydd oddi wrth yr hyn sy'n cael ei weld fel gormes rhyw. Yr un peth, gellir tybio, yw'r 'eternal conjunction' y chwiliant hwy amdano â'r 'Cariad Tragwyddol' yn y ddrama dan sylw. Ond yr hyn sy'n ddiddorol am 'Ple'r Aethost Ti, Gariad?' yw ei bod yn dangos bod y teimladau dwfn hyn tuag at ei ddau gyfaill wedi aros gyda Caradog ymhell ar ôl i'w llwybrau wahanu. Drama ryfedd a ffansïol iawn ydyw, ond prin y gellir amau bod synnwyr ysol o golled a hiraeth y tu ôl iddi. Dywed ei hawdur yn 'Coronau a Chadeiriau' fod Morris, Prosser ac yntau ar un adeg 'yn agosach at ein gilydd nag unrhyw dri brawd'.[124] Gyda'r newyddion am farwolaeth dau o'r 'brodyr', roedd y drws wedi cau'n derfynol ar bennod o orffennol Caradog, a dim ond yn y dychymyg, bellach, yr oedd modd iddo ail-greu'r gyfeillach a fu.

Yn un o'i lythyrau olaf at Mattie o India roedd Caradog wedi sôn am adael y *News Chronicle* a dod yn ôl i Gymru, i Gaerdydd, gan weithio o bosibl i'r BBC. Roedd hefyd wedi mynegi ei awydd i gael merch fach.[125] Gwireddwyd yr ail ddymuniad; ganwyd Mari Christina yn Awst 1947. Am y dymuniad arall, fe gafodd Caradog swydd newydd yn gynharach yr un flwyddyn, ond nid yng Nghymru, ysywaeth. Swydd arall yn Stryd y Fflyd a gafodd, y tro hwn gyda'r *Daily Telegraph*. Roedd pob arwydd felly ei fod, yn groes i'w ddyheadau cynharach, yn bwrw gwreiddiau yn Llundain. Ac eto, wrth newid swydd, a symud tŷ yn yr un cyfnod i ran grandiach o'r ddinas, St John's Wood, roedd fel petai'n mynd ati o ddifrif calon i wireddu'r dechrau newydd yr oedd wedi ei addo mor daer i Mattie.

Ond faint o ddechrau newydd ydoedd mewn gwirionedd? Nid oes ateb syml i'r cwestiwn hwnnw.

Siomedig o brin yw'r cyfeiriadau at y gwaith ar y *Daily Telegraph* yn *Afal Drwg Adda*. Mae ffynonellau eraill yn llenwi peth ar y darlun ac, fel y cawn weld mewn pennod ddiweddarach, yn rhoi darlun cyffredinol o ŵr yn cadw'i ben i lawr yn ei gornel fach dawel ei hun o bencadlys mawreddog y papur, ac yn dal i wrthod cael ei ddynnu i mewn i'r 'ras llygod mawr', fel y mae'n galw byd papurau newydd Llundain yn yr hunangofiant (141). Does dim dwywaith nad oedd yn dda iawn wrth ei waith fel is-olygydd seneddol, yn ei wneud yn gydwybodol ac yn ddiffwdan, ac yn uchel ei barch ymhlith ei gyd-weithwyr, ond mae'r ffaith ei fod wedi gwneud sawl cais, unwaith eto, i ddychwelyd i Gymru i weithio yn ystod ei flynyddoedd cynnar ar y *Telegraph* yn awgrymu bod rhyw anniddigrwydd dwfn yn dal i'w gnoi.

Roedd dyfodiad Mari i'r byd, wrth gwrs, yn rhoi dimensiwn newydd i'w fywyd. Mae llythyr a ysgrifennodd ati pan oedd hi'n flwydd oed – ac yn llawer rhy fach i'w ddarllen, wrth reswm – yn dangos cymaint yr oedd wedi dotio arni. A hithau a'i mam i ffwrdd ar wyliau, mae'n dweud fel y bu'n hiraethu amdani ers i'r ddau chwarae gêm fysedd ar ffenestr y trên wrth ffarwelio yng ngorsaf St Pancras, fel y mae'n gweld eisiau ei chanu swynol yn y bore, a chymaint y byddai hi wedi mwynhau bod gydag ef yn Oriel y Wasg yn Nhŷ'r Arglwyddi yn gwylio'r 'very funny beings in their scarlet robes and cocked hats' yn mynd trwy'r seremoni o gau sesiwn seneddol.[126] Mae atgofion cynnar Mari ei hun am ei thad yn ei ddarlunio fel rhywun a oedd, o leiaf pan oedd yn ei hwyliau, yn ceisio'i orau i wneud bywyd yn ddifyr i'w unig blentyn; yn prynu presantau iddi, yn adeiladu clamp o dŷ dol iddi, yn mynd â hi i'r sinema i weld cartwnau (gan eu mwynhau lawn cymaint ei hun), ac yn mynd â hi a'i mam allan am dro ar brynhawniau Sul.[127]

Fodd bynnag, mae Mari hefyd yn cofio dyddiau du pan fyddai ei thad yn ei gau ei hun i ffwrdd oddi wrth bawb a phopeth, gan aros yn ei stydi trwy'r dydd. Y penwythnosau oedd waethaf; yn eironig, o gofio ei fod yn cyfeirio'n aml, rhwng difrif a chwarae, at swyddfa'r

Telegraph fel 'carchar', byddai'r felan yn llawer tebycach o afael ynddo ar ei ddiwrnodiau rhydd, yn enwedig os nad oedd ganddo ryw waith ysgrifennu arall i fynd â'i feddwl. Ac roedd yn dal i yfed. Yn wir, yn ystod plentyndod Mari y cyrhaeddodd yr hyn y mae'n ei ddisgrifio yn *Afal Drwg Adda* fel ei 'garwriaeth â'r botel' ei hanterth (175). Nid yw'n hawdd diffinio union natur ei broblem yfed. Yn sicr nid yfwr trwm, cyson mohono yn y cyfnod hwn – meddwai'n gyflym yn ôl pob tebyg – nac ychwaith y math o alcoholig na all wynebu'r dydd heb gael diferyn. Ond yn achlysurol fe yfai ei hun i gyflwr lle y byddai'n gwbl anymwybodol a diymadferth, gan beri cryn embaras i'w deulu. Weithiau digwyddai mewn parti neu achlysur cymdeithasol arall, a Mattie – a Mari pan ddaeth yn ddigon hen – yn gorfod mynd ag ef adref yn gynnar a'i roi yn ei wely. Dro arall, yfed ar ei ben ei hun y byddai – whisgi fel rheol – ar ei ffordd adref o'r gwaith. Roedd sŵn tacsi'n cyrraedd yn hwyr y nos (gweithiai Caradog o ganol y prynhawn tan tua hanner awr wedi un ar ddeg) yn rhybudd clir i'w wraig a'i ferch ei fod mewn stad druenus, ac unwaith eto, gwely fyddai'r unig ateb. Arswydai Mari rhag i un o'i ffrindiau weld ei thad yn feddw. Mewn sgript radio amlwg hunangofiannol o'r enw 'Alcoholic Awelon' (1957) mae Caradog yn disgrifio ei ymrafael â'r broblem trwy gyfrwng cymeriad dychmygol o'r enw Bob, gan ddweud fel yr oedd ei yfed cymdeithasol gyda chyfeillion wedi troi'n yfed trymach a thrymach ar ôl priodi, 'nes fy mod i'n mynd yn ddiflastod ar bob cwmni'. Disgrifia hefyd y driniaeth a gafodd mewn cartref nyrsio preifat ar ôl i bethau fynd i'r pen, hyn eto'n adlewyrchu profiad go iawn.[128] Yn ôl tystiolaeth y sgript radio a'r hunangofiant, roedd hi'n driniaeth hunllefus ac aflwyddiannus yn y pen draw; mae'n ymddangos ei bod yn ganol y 1950au cyn iddo gael ei broblem dan ryw fath o reolaeth, ar ôl sawl ymdrech fethiannus arall. Yn ei ddyddiadur ar gyfer 1959 mae'n canmol ei fod wedi bod 'on the waggon' ers pedair blynedd, ond fe ildiodd i hudoliaeth y botel ar sawl achlysur ar ôl hyn.[129]

Go brin fod ei alcoholiaeth gyda'r math gwaethaf o bell ffordd; yn wir, mae'n deg gofyn a oedd yfed trwm ysbeidiol fel hyn yn alcoholiaeth mewn gwirionedd. Ac eto, mae Caradog yn ei

ddisgrifio'i hun yn y dyddiadur uchod fel 'an alcoholic who touched
rock bottom'. Ac o gofio ei gyfeiriadau at yfed yn y llythyrau
edifeiriol o India wrth sôn am flynyddoedd cyntaf ei briodas, mae'n
amlwg fod y gwendid wedi drysu ei fywyd i ryw raddau am gryn
ugain mlynedd os nad mwy. O edrych yn ôl ar y cyfnod sydd o fewn
ei chof hi, argraff Mari yw bod yr yfed mewn partïon ac ati yn
ymdrech ar ran ei thad i oresgyn ei swildod ac ymuno yn y rhialtwch
cyffredinol, ond bod y diota ar ei ben ei hun yn rhywbeth pur
wahanol a mwy difrifol, ac yn ymdrech yn y bôn i foddi gofidiau o
bob math.

Y rheswm a rydd Bob, y cymeriad sy'n llefaru ar ran yr awdur yn
'Alcoholic Awelon', dros y ffaith iddo ddechrau yfed yw mai

> rhyw fath o hunan-dosturi oedd yn fy nghorddi i . . . Hunan-
> dosturi dyn yn dechrau gweld ei ieuenctid yn diflannu, ac yn
> cenfigennu wrth y genhedlaeth newydd oedd yn cymryd ein lle
> ni . . . a'r genfigen yn troi'n chwerwedd . . .

Mae'r ddrama radio arall y buom yn ei thrafod hefyd yn amlygu
ymdeimlad o golled ar ôl y cyfeillgarwch cynnar ag eneidiau hoff
cytûn. Er mor boblogaidd oedd Caradog ymhlith Cymry Llundain,
nid oedd ganddo unrhyw ffrindiau mor agos ag a fuasai Gwilym R.
Jones, Morris T. Williams, Prosser Rhys a Thomas Parry gynt. Buasai
ganddo un cyfaill pur agos yn nyddiau'r *News Chronicle*, cyd-
weithiwr o Swydd Efrog o'r enw Ronald Harker y cafodd gryn dipyn
o'i gwmni yn ystod y cyfnod yn India hefyd a gŵr a ddaeth maes o
law yn olygydd tramor yr *Observer*.[130] Yn nyddiau'r *Telegraph*, cofia
Mari mai newyddiadurwr o'r enw Harold Atkins oedd un o ffrindiau
agosaf ei thad, ond ni châi'r argraff fod neb o'i gydnabod yn llenwi
esgidiau cyfeillion ieuenctid. Yn yr ystyr honno, roedd yn ddyn unig
erbyn y cyfnod hwn. Roedd ei berthynas trwy waed agosaf, ar wahân
i Mari, sef ei frawd Howell, yn byw dros 150 o filltiroedd i ffwrdd yn
Sheffield. Mae'r ffaith mai adeg angladd eu mam, ym mis Mai 1954, y
gwelodd y ddau frawd ei gilydd am y tro cyntaf ers 30 mlynedd yn
dangos cyn lleied o gysylltiad a oedd rhyngddynt. Yn ei ysgrif-
bortread 'Howell fy Mrawd', a ysgrifennodd ar ôl marwolaeth

Howell yn 1972, mae Caradog yn cofio'r sioc o weld ei 'wallt claerwyn'. Wedi'r aduniad hwnnw ym Methesda, buont, meddai, 'yn ddau frawd drachefn, yn cwrdd bob haf yn yr hen fro ac weithiau yn yr Eisteddfod', ond prin fod hynny'n rhoi argraff o berthynas glòs.[131] Am y brawd arall, Glyn, doedd gan Caradog ddim syniad beth oedd ei hanes, heblaw ei fod wedi ymfudo i Ganada rywdro cyn yr Ail Ryfel Byd; ni wyddai, ynghanol y chwedegau, a oedd yn dal yn fyw ai peidio.[132]

Doedd perthynas Caradog a Mattie yn sicr ddim heb ei thensiynau. Go brin fod y naill na'r llall yn hawdd byw gyda hwy. Bu'r actor Huw Tudor yn lletya gyda'r Prichardiaid am flwyddyn yn y chwedegau, a hynny yn 7 Carlton Hill, sef eu hail gartref yn St John's Wood, ac mae'n cofio fel y gallai Mattie fod 'fel matsian'. Mae'n adrodd un stori fach sy'n darlunio'n ddoniol o glir y gwahaniaeth natur rhyngddi hi a'i gŵr:

> Ro'n i allan yn yr ardd, wedi dechrau paentio'r tŷ gwydr. Ac wedyn mi ddaeth o – Syr – allan efo Benji, y ci, ac mi ddaru o ddechrau fy helpu fi yn 'i siwt ora. Mi 'difethodd hi! Wel, mae hynny'n deud lot wrthach chi, dydi? Pot paent gwyrdd yn un llaw, brwsh yn y llaw arall, ac yn paentio yn 'i siwt. Wedyn mi welodd o Mattie'n dod allan. 'Huw,' medda fo, 'rhedwch am gyfar, rhedwch i rwla o'r golwg, rŵan, dw i'n mynd i'w cha'l hi'. Fel'na oedd o'n siarad, yn slo ac yn ara'. Mi a'th Mattie yn wallgo' hefo fo, dw i'n cofio'n iawn.[133]

Ond byddai adegau pan fyddai'n rhaid i Mattie gadw allan o'i ffordd yntau hefyd. Yn ôl Mari, byddai'n cael dihangfa rhag hwyliau drwg ei gŵr yng nghwmni ei chyd-aelodau yng Nghymdeithas Morgannwg – 'y deheuwyr syml, da, fel petai'. Roedd hi hefyd yn un o hoelion wyth Cymdeithas Cymry Llundain, ac yn weithgar gyda myrdd o fudiadau eraill. Roedd Caradog yntau yn gwneud llawer o waith i Gymdeithas Cymry Llundain, ond gwaith y tu ôl i'r llenni fyddai hwnnw fel arfer – golygu eu papur, cyfansoddi barddoniaeth at wahanol achlysuron – er y byddai'n mynychu'r prif achlysuron blynyddol.[134] Dywed Mari na fyddai ei mam allblyg fyth wedi goroesi petai wedi dibynnu ar ei thad am fywyd cymdeithasol. Hi, yn sicr, oedd y tu ôl i'r nosweithiau llawen a'r partïon a'r *soirées* a gynhelid yn rheolaidd yn y tŷ. Byddai Caradog, os cyrhaeddai adref o'r gwaith mewn pryd, weithiau'n mwynhau'r rhain yn ei ffordd dawel ei hun; dro arall byddent yn fwrn arno, yn dibynnu ar ei hwyl. Rhwng popeth, does ryfedd ei fod yn dweud mewn dyddiadur yn 1959 ei fod ef a Mattie yn byw mewn bydoedd ar wahân y rhan fwyaf o'r amser.[135] Roedd hynny'n llythrennol wir weithiau, erbyn cyfnod 7 Carlton Hill; fel y cofia Huw Tudor, ar lawr isaf y tŷ, o dan lefel y mynediad, y byddai teyrnas Mattie, lle y byddai ei ffôn a'i phapurach, a hithau'n 'trefnu pawb a phopeth', ond byddai Caradog yn cael pyliau o gadw iddo'i hun yn ei stydi ar y llawr cyntaf, gyda dim ond Benji'r pŵdl yn gwmni, a'i brydau bwyd a'i baneidiau'n cael eu gyrru i fyny iddo mewn lifft lestri. Dylid gochel rhag gorbwysleisio arwahanrwydd Caradog, fodd bynnag; mae gan Mari atgofion tra gwahanol am y stydi, yn ystod ei phlentyndod a'i ieuenctid, fel man lle y byddai'r tri ohonynt – ei mam a'i thad a hithau – yn aml yn ymgynnull am de a lle y byddent bob amser yn dod at ei gilydd cyn noswylio i rannu hanesion y dydd. Dim ond pan fyddai'n gorfod gweithio'n galed ar rywbeth neu'i gilydd neu yn ystod pwl o'r felan y byddai Caradog yn treulio cyfnodau hir yno, ar ei ben ei hun. Mae gan Huw Tudor gof clir am y stydi, gyda'i desg anferth, ei silffoedd llyfrau, ei chwpwrdd gwydr llawn llyfrau, ei bwrdd crwn yn dal lamp fechan, a'r lifft yn y gornel, yn rhygnu mynd a dod. Yn y stydi hefyd yr oedd gwely, gan mai yno yr oedd Caradog yn cysgu erbyn y cyfnod hwn.[136]

Crybwyllwyd eisoes y straen ariannol a oedd ar y cwpwl. Ni fuont erioed yn berchen ar unrhyw un o'r tai y buont yn byw ynddynt yn Llundain, ac er bod rhentu tai diddodrefn yn beth tra chyffredin ymhlith Llundeinwyr, roedd talu'r rhent hwnnw yn ymdrech barhaus. Nid oedd y cyfnod ar ôl iddynt symud o Golders Green i St John's Wood yn eithriad. Rhif 2 Cavendish Avenue oedd eu cyfeiriad cyntaf yn y rhan lewyrchus hon o Lundain, ac roeddynt wedi dod yno yn niwedd 1947, yn fuan ar ôl geni Mari, cyn symud i 7 Carlton Hill, neu'r Tŷ Gwyn fel y galwent ef, yn 1958. Er nad oedd Cavendish Avenue mor grand bryd hynny ag ydyw heddiw, roedd yn lle dymunol iawn ac mae Mari'n cofio'u cartref cyntaf yn St John's Wood fel tŷ braf yn perthyn i British Rail, gerllaw maes criced Lords. Roedd y sylwebydd criced Brian Johnston yn byw y drws nesaf ond un, a daeth yn gyfaill i'r teulu maes o law; roedd y pianydd Myra Hess yn byw i lawr y stryd. Roedd 7 Carlton Hill, wedyn, tua milltir i ffwrdd, yn glamp o dŷ tri llawr – tŷ gwyn, urddasol o gyfnod y Rhaglywiaeth, ynghanol stryd o rai tebyg. Yma, roedd y cymdogion yn cynnwys y pianydd Solomon, y delynores Maria Korchinska, yr artist Laura Knight, y bardd Stephen Spender a'r actores Anna Neagle. Yn y tŷ hwn, fel yn yr un cynt, bu'r teulu'n isosod ystafelloedd i bobl eraill, ond hyd yn oed wedyn, roedd hi'n anodd cael dau ben llinyn ynghyd, ac roedd unrhyw incwm ychwanegol i'w groesawu.[137] Am dair blynedd yn niwedd y 1950au, er enghraifft, bu Caradog yn ysgrifennu colofn Gymreig yn y *News of the World*, a phan ymadawodd y Cymro Reg Cudlipp, a roes y golofn iddo, â'r gadair olygyddol, roedd yn ofni'r gwaethaf: 'There goes my Welsh column and twenty smackers a week off our income,' meddai yn ei ddyddiadur, ac mae'n ymddangos ei fod wedi proffwydo'n gywir.[138] Yn ystod yr un cyfnod roedd wedi dechrau gwneud gwaith i gwmni recordiau Delysé, a gâi ei redeg gan gymdoges iddynt, Isabella Wallich, gwraig o dras Eidalaidd ac Americanaidd a ddaeth yn ffrind pennaf i Mattie. Roedd Delysé yn arbenigo mewn cerddoriaeth Gymreig, a bu Caradog yn cyfieithu caneuon ac emynau i'r Saesneg, yn sgriptio a llefaru, ac yn ysgrifennu nodiadau clawr i'r cwmni am gryn ugain mlynedd. Byddai Mattie hefyd yn cydio'n awchus mewn unrhyw gyfle i wneud ceiniog neu ddwy, a byddai hithau'n gwneud gwaith i Delysé. Roedd hi wedi bod yn ymhél rhywfaint â newyddiaduraeth nodwedd ers dyddiau'r rhyfel, pan oedd Caradog yn India, ac yn 1956, cafodd ei cholofn ei hun yn *Y Cymro*, 'Colofn Mati Wyn o Lundain', a fu'n mynd am chwe blynedd.[139] Bu ganddi golofn ddigon tebyg, dan y teitl 'Follow the Stars: Showbiz Gossip from Mati Wyn', yng nghylchgrawn cwmni teledu TWWN (Teledu Cymru), hefyd yn y chwedegau, a thua'r un adeg bu'n hel hysbysebion i'r North Wales and Border Counties Newspapers, y cwmni a oedd yn berchen *Y Cymro* ar y pryd. Byddai hefyd yn trefnu cyhoeddusrwydd ambell achlysur yn Llundain.

Un peth a oedd yn llyncu arian yn y cyfnod prysur hwn yn hanes y cwpwl oedd addysg breifat Mari. Yn yr un dyddiadur ag y dyfynnwyd ohono uchod, mae Caradog yn sôn fel hyn am fynd i nôl ei ferch o Queen's College, Harley Street, ar ddiwedd y dydd:

> How outrageously we parents double-park our cars in the Street of Privilege, waiting for the school to let out our offspring. Mari is in her second year there, and so grown up . . . But she is very happy there. How fortunate we were to get her in, although the fees are a bit of a jar on the old budget. But Mari justifies it all. She's a little lady, and always has been . . .[140]

Mae Caradog yma yn cael tipyn o sbort am ei ben ei hun, wrth ei gyplysu ei hun â rhieni a oedd ar y cyfan, mae'n sicr, â thipyn mwy o fodd nag ef, ond mae'n amlwg hefyd ei fod yn gyfrannog yn y penderfyniad i roi addysg breifat i Mari. Mae'r awydd hwn i roi'r pethau gorau, y pethau drutaf, i'w deulu yn ei amlygu ei hun dro ar ôl tro, a chamgymeriad yw meddwl mai Mattie oedd yr unig un a hoffai dipyn o steil. Mattie, yn sicr, oedd yr un a oedd yn mwynhau gwisgo'n grand (roedd hi, cofier, yn ferch i deiliwr a hyfforddwyd yn Savile Row) a mynd allan i giniawa, ond roedd Caradog yntau'n gallu gwario arian fel dŵr. 'A fool with money', meddai ei gyfaill Cliff Morgan, y darlledwr ac un arall o Gymry Llundain, amdano unwaith.[141] Llogi Rolls Royce i gludo Mattie a Mari newydd-anedig adref o'r ysbyty; siopa'n gyson yn Harrods; mynd allan i brynu cig moch a dod yn ôl gyda chôt ffwr i'w wraig; talu crocbris un Nadolig am glamp o dwrci yn lle'r cyw iâr y cytunwyd arno; prynu llond lle o offer gwersylla a'i ddefnyddio dim ond unwaith: ceir straeon lu am ei wario mympwyol, gwario a ddaeth yn wyrthiol haws pan ddaeth cardiau credyd i fodolaeth.[142] Gwariai ffortiwn hefyd ar sigarennau, ac yntau'n smocio rhwng 60 a 80 y dydd o'r rhai cryfaf. Y gwir yw bod Mattie a Caradog ill dau'n byw uwchlaw eu hincwm ar brydiau, ond fod syniad y naill o'r hyn a oedd yn wastraff arian yn hollol wahanol i eiddo'r llall (nid oedd Mattie'n ysmygu, er enghraifft). Yn anochel, roedd hynny'n creu anghydfod. Yr argraff a gâi Mari oedd fod Caradog yn credu bod angen Mattie am steil yn un o'r pethau a oedd yn ei gaethiwo, ond mewn gwirionedd Mattie, meddai eu merch, oedd yr un â'i thraed ar y ddaear cyn belled ag yr oedd arian a chadw tŷ yn y cwestiwn.

Gallent, gallai Caradog a Mattie ffraeo fel ci a chath, am arian ac aml beth arall. Efallai ei bod yn syndod i rai eu bod wedi aros gyda'i gilydd – neu, yn wir, eu bod wedi priodi o gwbl. Beth oedd ganddynt yn gyffredin? Dim llawer, ar yr wyneb. Cafodd Mattie ei galw'n frenhines Cymry Llundain, a byddai'n serennu ym mhob cwmni. Dyn a oedd yn mwynhau sgwrs fach dawel mewn cornel, ac mewn cwmni dethol, oedd Caradog. Mattie oedd yr un a fyddai'n dweud straeon mawr dramatig; mwynhau gwrando yr oedd Caradog. Roedd Mattie'n ffynnu ar achlysuron cyhoeddus, yn bartïon ac yn gyngherddau ac yn operâu; rhyw fynd os oedd raid yr oedd Caradog (ac roedd y ffaith ei fod yn gweithio gyda'r nos yn golygu na allai fynd yn aml iawn beth bynnag). Er ei bod yn wraig ddeallus, does dim arwyddion fod Mattie'n ymddiddori mewn llên i'r un graddau â Caradog, o leiaf nid yn yr un ffordd, a hithau heb yr un cefndir academaidd ag ef na'r un dynfa at lenyddiaeth braidd yn dywyll a phrudd. Go brin, felly, ein bod yn sôn am ddau enaid hoff, cytûn. Ac eto, mae Mari'n pwysleisio mai peth achlysurol ac nid rheolaidd oedd y stormydd yn eu perthynas:

> Er gwaetha'r holl ffyrdd roedden nhw'n gyrru'i gilydd yn wallgo, roedd yna gydbwysedd rhyngddyn nhw yn yr ystyr fod fy nhad yn hoffi cael pobl allblyg o'i gwmpas, achos eu bod nhw'n codi ei galon . . . Mi fyddwn i'n arfer aros ar fy nhraed gyda'r nos i 'nhad ddod adre o'r gwaith, achos os oedd o'n sobor – ac eithriad, mewn gwirionedd, oedd iddo ddod i mewn yn feddw – byddai'n dod i mewn ac yn siarad am y newyddion diweddara', a byddai fy mam yn dweud y straeon diweddara' wrtho yntau, ac roedd y cyfan yn braf a dweud y gwir. Roedden nhw'n cydweddu i'w gilydd yn dda.

Yn ôl Huw Tudor hefyd, roedd gan Caradog 'feddwl y byd o Mattie er eu bod nhw weithiau filltiroedd oddi wrth ei gilydd'. Does dim dwywaith mai Mattie a dynnodd Caradog trwy ddyddiau du

alcoholiaeth; dyna dystiolaeth bendant cyfeillion agos fel Huw Tudor
ac Isabella Wallich, sy'n disgrifio brwydr Caradog â'r botel fel brwydr
a enillwyd gan Mattie, trwy ei phenderfyniad diwyro a'i
dyfalbarhad.[143] Does dim amheuaeth ychwaith fod awch Mattie at
fyw wedi bod yn help i Caradog ddod trwy un pwl o'r felan ar ôl y
llall. Soniwyd eisoes am gyfaddefiad Caradog mewn dyddiadur yn
1959 ei fod yn byw hanner ei fywyd mewn byd ar wahân i'w wraig,
ond mae'n werth nodi ei fod yn amodi hynny trwy ddweud ei bod hi
wedi ei wneud yn 'very happy on the whole, and I have few
complaints today'. Beth am apêl Caradog i Mattie? Yn ôl Isabella
Wallich, roedd hi'n edmygu ei allu ac, er gwaethaf eu daliadau
gwleidyddol gwahanol a drafodir mewn pennod arall, roedd hi'n
ymddiried yn llwyr yn ei farn am y rhan fwyaf o bethau ac am bobl
hefyd.[144] Na, ni cheir darlun o berthynas gwbl angerddol o'r naill
ochr na'r llall, felly, yn enwedig o gofio eu bod yn cysgu ar wahân;
ond roedd ynddi ryw gadernid sylfaenol er hynny.

Tŷ llawn pobl oedd 7 Carlton Hill. Ar wahân i'r Prichardiaid eu
hunain, ynghyd â mam Mattie ar un cyfnod, roedd yno bob amser
bobl eraill yn byw, yn lletywyr ac yn wahanol fathau o
gynorthwywyr i'r teulu, gan gynnwys sawl *au pair* yn ystod
plentyndod Mari. Yn ystod diwedd y 1950au a'r 1960au roedd un o'r
lletywyr, y delynores Ann Griffiths, yn un o griw o Gymry ifainc a
fyddai'n cymryd rhan mewn cyngherddau anffurfiol a nosweithiau
llawen yn y tŷ, ynghyd â'i chwaer, y gantores Mari Griffiths, yr athro
a'r diddanwr Ryan Davies, a'r athrawon Rhydderch Jones (y
dramodydd yn ddiweddarach) a Hafina Clwyd. Eraill a fyddai'n
galw o bryd i'w gilydd oedd y telynor Osian Ellis a Gwenlyn Parry, a
oedd yn athro yn Llundain ar y pryd ond a oedd yn hanu, fel
Caradog, o un o ardaloedd y garreg las. Roedd y miliwnydd Hywel
Hughes, Bogota, yn gyfaill teuluol a fyddai'n galw ar ei ffordd i
Gymru neu oddi yno. Soniwyd eisoes am y darlledwr Cliff Morgan.
Ef a ddywedodd am 7 Carlton Hill, 'Everyone went there'.
Dywedodd un o gyfeillion eraill Mattie fod y lle fel ystafell aros
gorsaf Paddington.[145]

Er mai Mattie fyddai'n trefnu ac yn cynnull, camgymeriad fyddai meddwl mai cwbl feudwyaidd oedd Caradog ynghanol yr holl fwrlwm hwn. Os oedd hwyliau da arno, mwynhâi sgwrs gymaint â neb, fel y sylwodd Hafina Clwyd:

> Dyn annwyl iawn a diymhongar yw Caradog; dyn yn meddwl yn ddwfn a haen o ddigalondid yn agos i'r wyneb. Ond y mae hiwmor yn ei lygaid ac y mae'n gwmni difyr dros ben gyda stoc o straeon am fywyd rhyfedd Stryd y Fflyd a ffaeleddau dibendraw dynion papur-newydd.[146]

Hafina Clwyd, yn yr un dyddiadur, sy'n sôn fel hyn am bresenoldeb Caradog yn un o'r nosweithiau llawen:

> Noson o ganu, bwyta cawl – a phlesio Caradog wrth ganu rhan o'i bryddest i'r 'Afon'. Dyn tawel yw ef ond, yr argien, mae o yna i gyd! Erys yn ddistaw ynghanol y randibŵ ac yn sydyn daw brawddeg farddonol allan nes ein sodro i'n seddau. Ei hoffi yn fawr iawn.[147]

Soniodd Isabella Wallich hithau am ei allu i swyno pobl ac am ei hiwmor tawel; cyn iddi ddod i'w adnabod yn dda mae'n cofio mynd yn y car gydag ef i Eisteddfod Llangollen, heb Mattie, a phoeni na fyddai gan y ddau ddim oll i'w ddweud wrth ei gilydd, ond cafodd ei synnu gan ei hynawsedd a'i ffraethineb.[148] Roedd Caradog fel petai'n ffynnu yng nghwmni pobl allblyg, ddramatig, ac roeddynt hwythau yn eu tro yn mwynhau ei gwmni ef am resymau gwahanol. Yn ôl Cliff Morgan, roedd ganddo ddawn arbennig i wneud i bobl ymlacio:

> Caradog would sit there with the slim, cool comfort of a cigarette in one hand, a glass in the other . . . and he calmed you.[149]

Does neb o gydnabod Caradog yn sôn amdano'n cynhyrfu ynghylch dim byd, ac nid yw'n ymddangos bod ganddo unrhyw ddiddordebau ysol. Prin y gellid dweud ei fod yn manteisio ar yr holl gyfoeth o ddiwylliant a oedd ar garreg ei ddrws yn Llundain. Fel y nodwyd eisoes roedd ei oriau gwaith yn ei gwneud hi'n amhosibl iddo fynychu cyngherddau ac operâu yn gyson, ond i bob golwg nid oedd tynfa gref i achlysuron felly beth bynnag. Bu'n byw yn Llundain am chwarter canrif cyn mynd i Covent Garden am y tro cyntaf, ac er ei fod yn mynd i'r theatr ambell dro, yn ôl Mari roedd rhywbeth mewn actio llwyfan a oedd yn sylfaenol groes-graen iddo, ac yn gwneud iddo wingo.[150] Roedd yn ymddiddori mewn pêl-droed, ond ni fyddai'n mynd i wylio gemau.[151] Byddai'n darllen, wrth gwrs, ac roedd yn ymwelydd cyson â siop lyfrau Griffs yn Cecil Court, oddi ar Charing Cross Road, siop a arbenigai ar lyfrau Cymraeg a Chymreig ac a oedd yn fan cyfarfod i Gymry Llundain; gallai Caradog dreulio oriau yn y seler yno, yn trafod llyfrau gyda 'Wil Griff' (William Griffiths), un o'r pedwar brawd a sefydlodd y siop. Roedd Thomas Hardy, Yeats a Maupassant ymhlith ei hoff ysgrifenwyr.[152] Yn Gymraeg hefyd, dychwelai o hyd at y clasuron, boed Dafydd ap Gwilym neu R. T. Jenkins, ac roedd yn ddarllenydd brwd ar gofiannau'r bedwaredd ganrif ar bymtheg. Dywedodd unwaith y byddai'n fodlon gwneud heb unrhyw lyfr Cymraeg newydd petai'n cael cyfle i ailddarllen yr holl lyfrau a oedd ganddo eisoes.[153] Wedi dweud hynny, nid byw yn y gorffennol a wnâi; derbyniai bapurau a chyfnodolion Cymraeg yn gyson, a phrynai'r *Cyfansoddiadau* bob blwyddyn – a'u darllen. Ni chredai fod beirdd Cymraeg cyfoes yn cael eu dyledus barch, ac roedd o'r farn mai galwedigaeth oedd bod yn fardd, er nad oedd neb yn gallu byw ar farddoni yn y Gymru a oedd ohoni.[154] Ond er bod ganddo syniadau pendant am lenyddiaeth, a'r rheini'n cael eu gwyntyllu weithiau mewn colofnau neu erthyglau papur newydd, nid yw'n ymddangos ei fod erbyn y cyfnod hwn yn cael trafodaethau brwd a chyson ar y pethau a ddarllenai gyda neb, yn wahanol i fel roedd hi gyda Morris T. Williams a Prosser Rhys gynt. Doedd dim cyfle bellach i'r fath drafod taer gyda chyfeillion o'r un anian, ac wrth mai creadur digynnwrf oedd Caradog beth bynnag – yn allanol o leiaf – roedd hi'n naturiol i bobl a ddaeth i'w adnabod yn y blynyddoedd hyn, fel Isabella Wallich, gredu nad oedd yn teimlo'n angerddol ynglŷn â dim byd, hyd yn oed llenyddiaeth.[155] Ac eto yn yr union gyfnod hwn, y 1950au, roedd Caradog yn ailafael o ddifrif mewn llenydda. Y canlyniad oedd ail gyfrol o gerddi, nofel, cyfrol o straeon byrion a chadair y Genedlaethol, i gyd mewn cwta saith mlynedd.

Cyhoeddwyd *Tantalus [:] Casgliad o Gerddi* yn 1957, ugain mlynedd wedi'r gyfrol gyntaf o gerddi. Gellid dweud bod y cerddi newydd, o ran cynnwys, yn ymrannu'n fras yn dri dosbarth – cerddi'n edrych yn ôl ar gyfnod mebyd, cerddi'n deillio o brofiadau Caradog yn ystod yr Ail Ryfel Byd, a cherddi i gydnabod, nifer ohonynt yn gerddi teyrnged. Roedd yma fardd a oedd wedi aeddfedu, a bardd a oedd hefyd yn fwy mentrus ei ddychymyg, ond ychydig iawn o sylw a gafodd y casgliad. Gwnaeth y llyfr nesaf, a gyhoeddwyd dair blynedd yn ddiweddarach, gryn dipyn mwy o argraff ar y byd llenyddol Cymraeg. Roedd *Un Nos Ola Leuad* (1961), fel y dangosir yn y bennod nesaf, yn nofel a oedd yn mynd â rhyddiaith Gymraeg i sawl cyfeiriad newydd, ond roedd y cyfan yn deillio, fel y pryddestau gynt, o'r bennod alaethus honno ym mywyd Caradog pan aed â'i fam i'r ysbyty meddwl. Roedd Margaret Jane Pritchard bellach yn ei bedd; buasai farw ar 1 Mai 1954, yn 78 mlwydd oed. Flwyddyn ar ôl cyhoeddi *Un Nos Ola Leuad,* daeth ei mab i amlygrwydd cenedlaethol drachefn, fel bardd cadeiriol Eisteddfod Genedlaethol Llanelli yn 1962. Roedd wedi cystadlu am y gadair bedair gwaith cyn hynny, ond gydag awdlau anghofiadwy iawn ar y cyfan.[156] Roedd tipyn mwy o grefft ar 'Llef Un yn Llefain', awdl Llanelli.[157] Mynegi teimladau offeiriad sy'n teimlo ei fod wedi methu yn ei alwedigaeth y mae, ac o gofio hen uchelgais Caradog i fynd yn offeiriad – uchelgais nad oedd fyth wedi ei lwyr ollwng yn ôl ei ferch – efallai nad yw'n syndod i ddau o'r beirniaid, yn ôl yr hanes, gredu cyn y seremoni eu bod ar fin cadeirio offeiriad go iawn.[158] Ond stori arall yw'r un enwocaf am gadeirio 1962, sef mai cael a chael oedd hi i'r seremoni gael ei chynnal o gwbl, gan fod Caradog, wrth deithio o Lundain i Lanelli ar y trên, wedi methu ei stop oherwydd ei fod yn cysgu ar ôl bod yn dathlu ar ei ben ei hun gyda chymorth ychydig o wirod.[159]

Cyhoeddwyd awdl fuddugol Llanelli mewn cyfrol o farddoniaeth yn dwyn yr un teitl yn 1963, ond prin fod dim cerddi newydd o gwbl yn y gyfrol hon. Fel yr addefai'r bardd yn ei ragair, cerddi wedi'u cyhoeddi o'r blaen oedd yma: y tair pryddest goronog o *Canu Cynnar,* pryddest anfuddugol 'Terfysgoedd Daear' a naw o gerddi *Tantalus,* yn cael eu cyflwyno gyda'i gilydd oherwydd 'dymuniad llawer o'm cyfeillion am eu gweld . . . yn yr un gorlan'. Dim ond dwy gerdd a oedd heb weld golau dydd eisoes, sef 'Yr Argae' a 'Cymru', dwy o'r awdlau anfuddugol. Er hynny, daeth tystiolaeth fod Caradog yn dal wrthi'n llenydda y flwyddyn ddilynol, gyda chyhoeddi *Y Genod yn ein Bywyd*, cyfrol o straeon. Mae yma un stori estynedig a chyfres o rai byrrach, ac mae cysylltiad rhyngddynt yn yr ystyr fod y stori hir a'r gyfres yn troi o gwmpas tri hen ffrind coleg. Stori am un o'r rhain, Prys, yw'r stori hir, 'Dilys ac Alys', a chyfres o straeon am un arall ohonynt, Arthur, sy'n ffurfio ail hanner y llyfr. Y trydydd cyfaill yw Dewi, ac ef sy'n adrodd stori Prys ac yna'n cyflwyno 'Chwedlau Arthur' inni fel cyfres o lawysgrifau a adawodd Arthur, sydd wedi marw, ar ei ôl. 'Rhyfedd' oedd gair yr awdur ei hun am y llyfr ymhen blynyddoedd wedyn, ac yn wir, y mae'n llyfr rhyfedd ar lawer ystyr, ac mae ynddo gryn dipyn o ysgrifennu ystrydebol a di-fflach. Eto mae'n llyfr diddorol hefyd mewn mannau, nid yn lleiaf am ei fod, fel *Un Nos Ola Leuad*, yn dwyn yr hunangofiannol a'r dychmygol ynghyd mewn ffyrdd y cawn eu harchwilio eto; ac arbennig o ddifyr yw'r straeon sy'n trafod bywyd yn y fyddin. Pe bai'r nofel heb ei chyhoeddi gyntaf, mae'n ddigon posibl y byddai *Y Genod yn ein Bywyd* wedi gwneud mwy o argraff nag a wnaeth. Ond nid felly y bu, a phrin yr oedd modd i'r gyfrol fodloni disgwyliadau uchel y darllenwyr a oedd wedi'u llwyr swyno gan y nofel unigryw a'i rhagflaenodd.[160]

Bu'n rhaid disgwyl ymron i ddeng mlynedd am waith arall o law Caradog; roedd pwl cynhyrchiol ei ganol oed hwyr drosodd. Y llyfr nesaf oedd *Afal Drwg Adda* ac erbyn cyhoeddi hwnnw yn 1973 roedd Caradog wedi ymddeol. Ymadawodd â'r *Daily Telegraph* y flwyddyn cynt ac yntau erbyn hynny yn brif is-olygydd seneddol y papur. Tua'r un adeg, darganfuwyd ei fod yn dioddef o gancr y gwddf – effaith yr holl flynyddoedd o ysmygu, yn ddiau – ac yn ystod 1972 bu i mewn ac allan o Ysbyty Middlesex yn cael llawdriniaeth ac yna gwrs radiotherapi. Bu'r driniaeth yn llwyddiannus er i Caradog golli ei lais am gyfnod.[161] Mae *Afal Drwg Adda* yn agor ac yntau newydd ddeffro ar ôl un o'r llawdriniaethau, a'r 'atgyfodiad ansicr' hwn ar ôl bod o dan yr anaesthetig sy'n ei gymell i fwrw golwg yn ôl dros ei fywyd (9). O'r cof cynharaf am y pen-blwydd cyntaf a gofia – ei ben-blwydd

yn bump oed pan gafodd 'afal drwg' y teitl yn anrheg – mae'n ein
tywys o garreg filltir i garreg filltir yn ei yrfa, mewn llyfr sy'n sicr o
fod yn un o'r hunangofiannau mwyaf gonest yn Gymraeg. Y mae
hefyd yn gyfrol sy'n taflu goleuni gwerthfawr ar waith cynharach yr
awdur.[162]

Er bod bywyd Caradog ar ôl ymddeol yn sicr yn wahanol i'r hyn
ydoedd cynt, roedd yna elfen o barhad hefyd. Roedd yn dal i gael ei
alw i mewn i swyddfa'r *Daily Telegraph* yn achlysurol, yn enwedig ar
benwythnos i weithio ar y *Sunday Telegraph,* ac ef, o hyd, oedd
gohebydd y papur yn yr Eisteddfod bob blwyddyn. O ddarllen y
golofn a fu ganddo yn y *Bangor and North Wales Weekly News* am
bedair blynedd yn ystod y 1970au, gallech feddwl mai'r Eisteddfod
oedd uchafbwynt mawr ei flwyddyn, a dichon fod hynny'n wir. Ac
eto, rhyw Eisteddfod dawel a llonydd iawn a gâi; prin y symudai
gam o babell y wasg trwy'r wythnos. Dywedodd ei fab-yng-
nghyfraith, yr awdur Humphrey Carpenter, iddo ef ysgrifennu
'Caradog Prichard woz 'ere' uwch ben y fan lle'r eisteddai Caradog
yn ystod un Eisteddfod, a bod yr ysgrifen yn dal yno uwch ei ben, yn
yr un gornel, y flwyddyn ganlynol![163] Câi ddigon o ddeunydd i lenwi
ei adroddiadau dyddiol i'r *Telegraph* heb weld nemor ddim ar y
brifwyl ei hun: gwrandawai ar y canlyniadau dros y *tannoy* a châi
wybod unrhyw glecs gan Mattie a fyddai wedi trampio'n frwd o
gwmpas y maes trwy'r dydd gyda'i phŵdl a'i llyfr nodiadau. Dyma'r
darlun ohono sydd gan Lyn Ebenezer, a oedd yn gweithio i'r *Cymro*:

> Ie, yn Stafell y Wasg bob blwyddyn, Caradog oedd ein
> hynafgwr doeth. Ac er na chlywid odid air o'i enau am oriau, ar
> wahân i ambell besychiad trwy fwg ei sigarét, byddai ei
> bresenoldeb yn treiddio drwy'r ystafell.
>
> Ni welid byth mohono'n rhuthro. Na, eisteddai 'nôl yn ei
> gadair yn hamddenol, ei lygaid yn syllu i rywle tu hwnt i'r
> nenfwd, a'r mwg o'i sigarét holl-bresennol yn codi ac yn troelli
> uwch ei ben, fel lleugylch uwchben sant. Ond ymhell cyn i ni'r
> cywion gohebyddol gwblhau'n storïau, byddai Caradog wedi
> mynd allan am dro tra byddai Mati, ei briod, wrthi'n darllen y
> copi dros y ffôn i'r *Telegraph*.[164]

Yno ac eto heb fod yno: roedd yr un peth fel petai'n wir am Caradog
lle bynnag yr oedd, boed yn yr Eisteddfod, ar wyliau un tro ym
Mharis, lle treuliodd ei holl amser yn smocio yn ei ystafell yn y
gwesty, neu gartref yn Llundain. Yng nghyfnod ei ymddeoliad y
daeth Humphrey Carpenter i'w adnabod, ac yntau felly gartref trwy'r
dydd, a'r argraff annileadwy a adawyd ar y mab-yng-nghyfraith
oedd fod Caradog o hyd fel petai ychydig ar wahân i gylch prif
fywyd y tŷ, sef Mattie a'i chi a'i gosgordd o letywyr a
chynorthwywyr. Roedd yn dal i gadw i'w stydi fwy na heb, gan
gadw ei oriau ei hun, ac ni fyddai'n anarferol o gwbl iddo fod yn ei
ddillad gwely a'i ŵn nos trwy'r dydd. Ymddangosai, meddai
Humphrey Carpenter, fel dyn 'rhwng cwsg ac effro . . . byth yn gwbl
effro nac ychwaith cweit yn cysgu'. Effaith cyffuriau oedd hyn i
raddau. Yn sicr roedd Caradog yn y cyfnod hwn ar dabledi
gwrthweithio iselder, ac er bod y rheini'n gwneud eu gwaith yn yr
ystyr nad oedd yn cael pyliau mor ddrwg o'r felan â chynt, roeddynt
hefyd yn ei wneud yn fwy swrth a merfaidd. Weithiau byddai'n
gwylio'r teledu am oriau bwygilydd, ac fe wnâi unrhyw hen sothach
y tro i basio'r amser; mae'n debyg na ddarllenai fawr ddim erbyn hyn
ond papurau newydd. Mae'n eironig, ac yntau o'r diwedd yn rhydd
o'r hyn yr oedd wedi'i weld, yn aml, fel caethiwed ei swydd, ei fod
yn awr fel petai'n creu ei gaethiwed ei hun o'r newydd. Doedd dim
bellach yn ei rwystro rhag mynd a dod fel y mynnai, ac yn wir mae'n
amlwg mai dyna oedd y bwriad wrth gymryd tŷ ar rent yn Nyffryn
Ogwen. Byddai ymweliadau mynych y teulu â Bryn Awel, sef mans
capel Presbyteraidd Peniel, Llanllechid, yn achlysuron o bwys, a
mawr fyddai'r edrych ymlaen, ond wedi cyrraedd yno ni wnâi
Caradog fawr ddim y rhan fwyaf o'r amser ond eistedd yn y tŷ – ie,
yn smocio – gan adael ei wraig i wneud y cymdeithasu. Ni
wireddwyd yr hen freuddwyd o symud yn ôl i Gymru, a'r diwedd fu
isosod y tŷ i gyfaill, Elis Aethwy.

Ai creadur anhapus, felly, yn llusgo byw ar goctel o gyffuriau,
oedd Caradog yn ei ymddeoliad? Nid yn hollol. Mae sawl un a oedd
yn ei adnabod yn y cyfnod hwn wedi sôn am yr hanner gwên a oedd
fel petai ar ei wyneb yn barhaus, a chofia J. Elwyn Hughes, cyfaill o

Fethesda, am ei 'chwerthin gyddfol afieithus'.[165] Ceid ganddo o hyd fflachiadau o'i hen hiwmor cynhenid, yn enwedig ei hoffter o chwarae â geiriau, fel yn y ffordd yr ailfedyddiodd ei dabledi cysgu 'sodium amytal' yn 'so damn it all'. Roedd Humphrey Carpenter yn ei gofio fel rhywun a oedd yn llwyddo i aros yn Fwdaidd o ddigynnwrf ynghanol yr holl ffws a ffwdan a oedd o gwmpas Mattie, a'r tu ôl i'r cyfan, meddai, roedd yna ryw goegni ysgafn – coegni yr oedd yn rhaid iddo wrtho, mewn gwirionedd, er mwyn gallu byw ym myd ei basiant o wraig.[166] Ac roedd ganddo yntau ei ddiangfeydd. Yn seintwar ei stydi, ynghudd yn yr hyn a alwai ei fab-yng-nghyfraith yn 'ddrôr pechodau', cadwai becyn o sigarennau, sigâr ar gyfer achlysur arbennig, potelaid o whisgi at argyfwng (er ei fod yn ymfalchïo yn y ffaith ei fod wedi rhoi'r gorau i yfed erbyn hyn) a chwponau pyllau pêl-droed. Na, nid oedd am ufuddhau'n llwyr i neb, na doctoriaid na seiciatryddion na'i wraig. Ond rywsut, efallai oherwydd ei anwyldeb sylfaenol, câi faddeuant gan bawb am bopeth. Mae pawb a'i hadwaenai yn sôn am yr anwyldeb hwn, ac mae geiriau'r newyddiadurwr Ronald Harker amdano yn crynhoi argraffiadau sawl un:

> The important thing is that there was no malice in his tricks, and somehow it was absolutely impossible to be vexed with him for more than a minute or two. Some part of him remained a child, and that was the endearing, though sometimes momentarily the infuriating thing. But unless you understood that you didn't really know Caradog.[167]

Dirywio yr oedd ei iechyd, fodd bynnag. Daeth ei golofn yn y *Bangor and North Wales Weekly News* i ben yn ddisymwth yn 1976 wrth iddo wynebu llawdriniaeth arall. Roedd yn dioddef o gancr eto – y tro hwn yn ei goluddion. Yn ei lith olaf yn y golofn, o dan y teitl 'Myfyrdod ar riniog ysbyty', roedd yn cyfaddef bod ei feddwl yn troi yn anochel at angau, ond ar yr un pryd roedd yn mynnu wynebu'r driniaeth yn yr un ysbryd ag y wynebodd yr un flaenorol, pan gafodd wellhad a 'chael profiad rhyfeddol o oruchafiaeth ffydd a gweddi ar wendidau'r cnawd'.[168] Unwaith eto, fe ddaeth drosti. Fodd bynnag,

cyn bo hir darganfuwyd cancr am y trydydd tro, y tro hwn yn ei
ysgyfaint. 8 Chwefror 1980 yw dyddiad y cofnod olaf ond un yn ei
ddyddiadur, ac yntau'n ôl yn Ysbyty Bartholomew, Llundain, ond nid
oes hwyliau ymladd arno bellach. Fflat a ffeithiol a moel yw'r cofnod.
Noda ei fod wedi'i gludo mewn cadair olwyn yn ôl i'r ward ar ôl cael
pelydr-X, wedi eistedd yn ei gadair wrth ei wely, ac wedi llwyddo,
gyda chryn ymdrech, i fwyta hanner ŵy wedi'i ferwi i frecwast. Y
drws nesaf iddo y mae claf arall, hŷn – gŵr y mae ei bresenoldeb
wedi troi'n fwrn ar Caradog ac un y mae wedi'i fedyddio'n 'Rot Veg.'
(am 'rotten vegetable', mae'n debyg). Mae'n ceisio'i orau i fod yn
oddefgar tuag at ddyn sy'n amlwg yn dechrau trethu ei amynedd,
ond ni all guddio'i ryddhad pan symudir y truan i ward arall i wneud
lle i glaf mwynach a distawach.[169] Ar ôl swper mae'n ymolchi ac yn
eillio, a daw Mattie i'w weld. Cofnod trannoeth, sef dydd Sadwrn,
9 Chwefror, yw'r olaf yn y dyddiadur. Mae hwnnw'n creu darlun o
ŵr yn dioddef ond yn llawn ymwybodol o'r byd o'i gwmpas, oddi
mewn i'r ysbyty a'r tu allan iddo:

> Wales v England at Twickers. Late last night they brought in a Mr
> Winter, a rough diamond picked up in Holborn, collapsed. In next
> bed to me. He died about midnight, when I was dozing. Hillbilly
> Boys in high spirits for most of night – loud and clear! Trying to
> get Cortisole, but none available, being week-end. 'We'll get you
> physiotherapist on Monday,' sd Nurse, 'to get rid of that sputum'.
> Throat slightly swollen, and there is flatulence. Coffee at 8am.

Ychydig dros bythefnos yn ddiweddarach, ar 25 Chwefror, bu farw
Caradog, yn 75 mlwydd oed, yn yr ysbyty. Fe'i claddwyd ar Ddydd
Gŵyl Dewi, nid ym mynwent Eglwys Glanogwen, Bethesda, gyda'i
dad a'i fam a'r brawd a fu farw'n faban bach, ond ym mynwent
Eglwys Coetmor, cangen o'r un eglwys ar gyrion y pentref. Roedd
llyfr nodiadau a adawodd wrth ochr ei wely yn yr ysbyty yn dangos
ei fod wedi dychwelyd i'w ardal enedigol cyn cael ei gludo yno
mewn arch: cynhwysai'r pennill o bryddest 'Y Briodas' sy'n sôn am y
'llyn bach diog wrth Bont y Twr', ynghyd â throsiad Saesneg
ohono.[170]

NODIADAU

1 Dafydd Glyn Jones, 'Caradog Prichard' yn D. Ben Rees (gol.), *Dyrnaid o Awduron Cyfoes* (Pontypridd a Lerpwl, 1975), 198.

2 Cyf. GRJ.

3 'Fy chwiw i ydi sbelio fy enw yn "Prichard",' meddai CP mewn llythyr at gyfaill iddo, Harri Williams, Pen-y-groes (20 Awst 1957), llythyr sydd ym meddiant Huw Geraint Williams, Pontllyfni.

4 Yn 1901 roedd poblogaeth plwyf Llanllechid yn 6,347 a phoblogaeth plwyf arall y dyffryn, Llandygái, yn 2,875; gw. Geraint Davies, *'Bethesda: The Growth and Development of a Slate Quarrying Town, 1820–1890 '* (PhD, Prifysgol Cymru, 1984), 7. Yn ôl R. Merfyn Jones yn *The North Wales Quarrymen, 1874–1922* (Cardiff, 1982), 215, roedd poblogaeth Bethesda yn 1899 yn 6,000.

5 O fewn tair milltir i ganol Bethesda roedd 29 o addoldai, 22 ohonynt yn perthyn i'r Anghydffurfwyr. Codir yr wybodaeth a'r dyfyniad o R. Merfyn Jones, *The North Wales Quarrymen*, 62 a 63.

6 Cyfeirir at nifer y tafarndai gan Ernest Roberts yn *Bargen Bywyd fy Nhaid* (Llandybïe, 1963), 18, a chan Dafydd Roberts yn 'Y Deryn Nos a'i Deithiau' yn Geraint H. Jenkins (gol.), *Cof Cenedl III* (Llandysul, 1988), 170.

7 Ernest Roberts, *Bargen Bywyd fy Nhaid*, 21.

8 R. Merfyn Jones, *The North Wales Quarrymen*, 210–66, yw sylfaen y crynodeb hwn o'r streic.

9 Cafwyd 80,000 o ddychweledigion yn ôl un amcangyfrif y cyfeirir ato yn ibid., 291, ond y gwir yw ei bod yn amhosibl dweud i sicrwydd; gw. R. Tudur Jones, *Ffydd ac Argyfwng Cenedl (II)*, (Abertawe, 1982), 215–17.

10 Am hynt y diwygiad ar draws Cymru, gw. ibid., 122–84.

11 Mae'r adroddiadau wedi'u cyhoeddi hefyd yn *Y Diwygiad a'r Diwygwyr* (Dolgellau, 1906; ni nodir enw golygydd), ac oddi yno y codir y dyfyniadau hyn. Cadwyd orgraff y gwreiddiol.

12 Ibid., 218 a 219.

13 Ibid., 217.

14 Ibid., 144.

15 Ibid., 328. Yn eironig, nid ymddengys fod J. T. Jôb ei hun wedi gwneud fawr ddim yn ystod y streic ei hun i ddwyn cymod rhwng y ddwy ochr; i'r gwrthwyneb, roedd yn flaenllaw mewn gwrthdystiadau gwrth-fradwyr yn ôl tystiolaeth Emyr Hywel Owen, sy'n dweud fel y cafodd ei weld 'fwy nag unwaith ymhlith y dyrfa a ddisgwyliai'r bradwyr o'r chwarel, ac yn annog y dyrfa i wasgu arnynt'. Yn hynny o beth roedd ei agwedd yn dra gwahanol i eiddo gweinidog y Wesleaid a gweinidog yr Annibynwyr, Thomas Hughes a Thomas Griffiths, a fu'n annog pobl i ddangos mwy o

gydymdeimlad tuag at y rhai a oedd wedi torri'r streic ac i'w croesawu'n ôl i'r capeli; gw. Emyr Hywel Owen, 'Rhagor o Gefndir "Chwalfa"', *Lleufer*, XIV (Hydref 1958), 124.

[16] *Y Diwygiad a'r Diwygwyr*, 329. Mae'n debyg mai'r ffaith mai deheuwr oedd J. T. Jôb sydd i'w gyfrif fod y gogleddwr hwn yn siarad iaith y de!

[17] R. Merfyn Jones, *The North Wales Quarrymen*, 289–90 a 294.

[18] William oedd enw'r plentyn cyntaf, a bu farw ar 26 Ebrill 1897, dros dair blynedd cyn geni Howell. Y mae wedi'i gladdu gyda'i rieni ym mynwent Eglwys Glanogwen, Bethesda. Dywed CP yn *ADA*, 13, fod corff baban bach marw-anedig yn gorwedd yn y bedd hefyd. Mae CP yn defnyddio sillafiad Cymraeg enw Hywel weithiau, fel yn *ADA*, a'r sillafiad Saesneg dro arall, fel yn ei ysgrif goffa amdano, 'Howell fy Mrawd', *Yr Herald Cymraeg*, 19 Medi 1972. Y sillafiad Saesneg a ddefnyddia Howell ei hun wrth ohebu â CP (gw. n. 131 isod), a glynir at y sillafiad hwn yn y gyfrol hon.

[19] Amgaeir copi o'r cofnod mewn llythyr at CP gan J. Elwyn Hughes yn LlGC, PCP, 299 (Mawrth 1972). Noder mai 33 yw'r oedran a nodir yma, ond 34 ydoedd mewn gwirionedd. Camgymeriad hefyd yw 21 fel rhif y tŷ; mae'n debyg mai 24 yw'r rhif cywir.

[20] 'Damwain Angeuol', *Yr Herald Cymraeg*, 11 Ebrill 1905.

[21] Cyf. JOJ. Pan oedd y Pritchardiaid yn byw yn Long Street roedd teulu J. O. Jones yn byw mewn stryd gyfagos, a'u gerddi'n ffinio ar ei gilydd.

[22] *YRhA*, 14.

[23] Ibid., 19.

[24] Gw. y *Bangor and North Wales Weekly News*, 7 Hydref 1976, am y dyfyniad ac ibid., 18 Hydref 1973, am y cyfeiriad at ei fam fel athrawes ysgol Sul, er na wyddys a oedd hi'n athrawes ar CP ei hun.

[25] *YRhA*, 5 a 10.

[26] Ibid., 15–6.

[27] Mae'n sôn am ei dro cyntaf yn ei golofn yn y *Bangor and North Wales Weekly News*, 12 Ebrill 1973.

[28] Mae Emrys Edwards yn sôn fel hyn am weld ffrwyth un o ymdrechion cynnar CP i farddoni: 'Y tro cyntaf erioed i mi weld enw Caradog Prichard oedd ar ddarn o bapur digon budr ym meddiant Louise, fy chwaer. O byddwn, mi fyddwn yn aml yn 'chlota' trwy ei drôrs hi, ac yn gweld pethau rhyfedd iawn weithiau . . . Y tro hwn, penillion ysgafn a welais – rhywbeth am y cinio yn Ysgol Cownti Pesda'; gw. Emrys Edwards, 'Erstalwm, yn Pesda efo Caradog', *Yr Herald Cymraeg*, 19 Chwefror 1962.

[29] Gw. *ADA*, 36–7 a *YRhA*, 19. Mae'n debyg mai'r gystadleuaeth a enillodd oedd un lle y gofynnid i'r ymgeiswyr sefyll arholiad, cyn y brifwyl ei hun, ar gynnwys llyfrau penodol; gw. *Barri [:] Eisteddfod Frenhinol Genedlaethol Cymru, Awst 1920: Rhestr y Testynau*, 84. Y llyfrau gosod ar gyfer oedran CP,

sef dan 16 oed, oedd *Telynegion Maes a Môr* Eifion Wyn (Caerdydd, 1906), *Dirgelwch yr Anialwch* E. Morgan Humphreys (Caerdydd, 1911) ac *Enwogion Canrif* D. R. Jones (Caerdydd, 19—). Roedd gwobr ariannol hefyd.

30 *YRhA*, 10.

31 Ibid., 9–10; *ADA*, 27.

32 Cyf. JOJ.

33 Yr athrawes oedd Edeila Wynne, y cyfeirir ati yn *ADA* ac yn *YRhA* fel y 'Miss Wyn' ifanc y syrthiodd Caradog a'i gyfoedion mewn cariad â hi pan gyrhaeddodd hi'r ysgol gyntaf; priod yr awdur J. O. Williams yn ddiweddarach. Cafwyd y dystiolaeth gan ei mab, John Llewelyn Williams.

34 Ceir copi o'r cofnod mewn arddangosfa a drefnodd yr Academi Gymreig i gyd-fynd â 'Gŵyl Caradog' ym Methesda, 28–9 Mehefin 1985, ac a gedwir yn Llyfrgell Genedlaethol Cymru.

35 Cyf. ER. Roedd Caradog ac yntau wedi mynd i stiwdio deledu Granada ym Manceinion i recordio'r rhaglen (Gymraeg).

36 Yr wyf yn ddiolchgar i Maldwyn Thomas a Huw Walters am gymorth gyda'r disgrifiad hwn o fywyd newyddiadurol Caernarfon yn y cyfnod dan sylw. Am fwy o wybodaeth am gymeriadau Caernarfon yn y cyfnod hwn, gw. Gwilym R. Jones, *Rhodd Enbyd* (Y Bala, 1983), 39–43, a Rhisiart Hincks, *E. Prosser Rhys* (Llandysul, 1980), 69–71.

37 'Dyn Dewr', *Yr Herald Cymraeg*, 29 Mawrth 1954.

38 Gw. 'Llith y Clerwr' (colofn ddienw), 'Ceiliogod y Colegau', *Yr Herald Cymraeg*, 15 Awst 1922. Mae'n bosibl mai dyma'r golofn dramgwyddus, er na lwyddwyd i ddod o hyd i ymddiheuriad.

39 Cyf. GRJ.

40 Daw'r dyfyniad o sgwrs (dim dyddiad) ar *Rhwng Gŵyl a Gwaith*, Radio Cymru, y dyfynnwyd ohoni yn arddangosfa'r Academi. Tebyg iawn oedd argraff gyntaf O. Alon Jones, a weithiai yn swyddfa'r *Genedl Gymreig*, y drws nesaf i swyddfa'r *Herald*. Daeth ef a'i gyd-letywr gartref i'w lety yn Castle Ditch, Caernarfon, un diwrnod i ganfod bod yno letywr newydd, sef Caradog – 'bachgen llwydaidd ei wedd gyda chorff canolig, tewach o sbel na ni ein dau'; gw. O. Alon Jones, 'Dyddiau Caradog', *Yr Herald Cymraeg*, 11 Mawrth 1980.

41 Cyf. GRJ, a hefyd ei sgwrs radio ar *Rhwng Gŵyl a Gwaith*. Ond mae'n bosibl mai stori apocryffaidd ydyw; yn *Rhodd Enbyd*, 42, mae Gwilym R. Jones yn tadogi'r cyfieithiad ar rywun arall.

42 Gw. 'Eisteddfod Gadeiriol Talysarn' a 'Bardd Ieuanc Gobeithiol', *Yr Herald Cymraeg*, 6 Mawrth 1923; am y feirniadaeth, gw. 'Eisteddfod Gadeiriol Talysarn' yn ibid., 13 Mawrth 1923. Cyfeirir at y fuddugoliaeth yn *ADA*, 47 a 56, a dyfynnir pennill o'r gerdd, nad yw wedi goroesi.

43 Gw. 'Eisteddfod Gadeiriol Moriah (M.C.), Caernarfon', *Yr Herald Cymraeg*,

6 Mawrth 1923. Hefyd yng nghyfnod Caernarfon, dywed CP yn *ADA*, 48, iddo ennill ar y delyneg ac ar gyfieithu yn Eisteddfod Brynrodyn, y Groeslon, yn 1923.

44 Gw. LlGC, PKR, 3213–76.

45 Cyf. GRJ.

46 Mae dau o'r mannau lle y bu CP yn lletya yng Nghaernarfon yn cael eu henwi yn *ADA*, sef y llety cyntaf, Siop Ffram Ddu, Twthill (35), a'r un ym Margaret Street (53). Yn ôl y llythyrau at Morris T. Williams, roedd yn 7 Margaret Street erbyn dechrau 1923 ac arhosodd yno tan rywbryd yn ystod haf y flwyddyn honno; yna symudodd i le arall, sef 9 Castle Ditch, lle y bu tan iddo adael Caernarfon yn ddiweddarach yn 1923. Yn y cyfeiriad hwnnw yr oedd yn cyd-letya gydag O. Alon Jones; cf. n. 40 uchod. Yn ôl O. Alon Jones tyfodd cyfeillgarwch clòs rhyngddo ef, CP a'u cyd-letywr Evan Richard Jones, a weithiai gyda haearnwerthwr yn y dref. Fel hyn y cofiai'r llety: 'Yr oeddem ein tri yn cysgu mewn gwlâu bach cymfforddus yn yr atic, a wal fawr y castell yn ein wynebu, a'r nos yn dduach arnom o'r herwydd. Lawer nos melldithiasom y colomennod gwyllt a lechai yn y tyrau, a difetha melyster llawer breuddwyd.'

47 Cyf. CH. Rwy'n ddiolchgar i Roy Thomas am amcangyfrif o'r swm yn arian heddiw.

48 LlGC, PKR, 3218 (21 Ebrill 1923).

49 Yn ibid., 3217 (? Ebrill 1923), mae CP, am unwaith, yn achub cam ei frawd.

50 Ibid., 3219 (Gwanwyn 1923).

51 Cyf. CH.

52 LlGC, PKR, 3222 (wedi 20 Awst 1923). Roedd Gwilym R. Jones yn cofio Caradog yn dweud bod y *ddau* frawd yn cymryd mantais arno, yn dwyn rhoddion a brynai i'w fam ac ar un achlysur yn mynd â thrywsus o'i eiddo i Fangor i'w bonio (Cyf. GRJ). Ond mewn gwirionedd, nid yw'n ymddangos bod Howell o gwmpas erbyn hyn.

53 Cyf. GRJ.

54 LlGC, PKR, 3214 (Chwefror 1923).

55 Dyfynnir yn Rhisiart Hincks, *E. Prosser Rhys*, 79.

56 LlGC, PKR, 3214 (Chwefror 1923).

57 Gw. Gerwyn Wiliams, 'Rhamantiaeth Realaidd Cynan', *Taliesin*, 76 (Mawrth 1991), 105–112.

58 LlGC, PKR, 3222 (wedi 20 Awst 1923). Ymddangosodd soned gan CP dan yr un teitl yn y *Western Mail*, 15 Hydref 1923, yn y golofn 'Wales Day by Day', ac mae'n deg casglu oddi wrth y teitl a'r dyddiad mai rhan o bryddest Eisteddfod Manceinion ydoedd. Cyhoeddwyd y soned, gyda mân newidiadau, yn *Canu Cynnar* maes o law, dan y teitl 'Gwawr y Nefoedd Well' (gw. hefyd *CCP*, 53).

[59] Gwilym R. Jones, *Rhodd Enbyd*, 44; Cyf. GRJ. Dywed CP yn *ADA* eu bod 'yn elynion o'r dechrau' (34), er ei fod yn ddiweddarach yn beio ei hunandosturi ef ei hun yn y cyfnod hwn am ei ddallu i rinweddau W. G. Williams. Mae'n dwyn i gof ei garedigrwydd wrtho pan drowyd ei fam allan o'r tŷ yn Long Street. Cf. LlGC, PKR, 3216 (17 Mawrth 1923), 3219 (Gwanwyn 1923) a 3222 (wedi 20 Awst 1923), lle y sonia wrth Morris T. Williams am achlysuron eraill pan gafodd gefnogaeth ymarferol gan 'Williams'.

[60] Nid yw CP yn rhoi'r argraff yn *ADA* fod ei anfon i Ddyffryn Conwy yn ganlyniad uniongyrchol y ffrae gyda W. G. Williams, ond dyna a ddywed Gwilym R. Jones yn y tair ffynhonnell y dibynnir arnynt yma, sef *Rhodd Enbyd*, y cyfweliad preifat a'r sgwrs radio ar *Rhwng Gŵyl a Gwaith*. Hefyd, mae copi o lythyr apêl anorffenedig Saesneg gan CP at y cwmni ymhlith ei lythyrau at Morris T. Williams; gw. LlGC, PKR, 3221. Llythyr ydyw yn egluro'r amgylchiadau a arweiniodd at ei ddiswyddo a pham y collodd ei dymer gyda'r rheolwr, ac mae ei ddyddiad, 14 Awst 1923, yn cyfateb i'r cyfnod y gadawodd Gaernarfon.

[61] Bu'n byw mewn sawl llety yn y dref – dywed mewn un llythyr ei fod ar ei drydydd llety ar ddeg; gw. ibid., 3265 (7 Mawrth 1926). Y cyfeiriadau ar ben y llythyrau yw 2 John Street, Gwydyr Café, Garth Celyn, The Old Brewery, Plas Isa, 7 Salisbury Terrace a Throsafon. Bu hefyd yn byw yn Arfon House, Betws-y-coed.

[62] Ibid., 3227 (dim dyddiad, ond yn gynnar yn 1924); 3225 (dim dyddiad, ond yn hwyr yn 1923).

[63] Ibid., 3227 (dim dyddiad, ond yn gynnar yn 1924).

[64] Cyf. CH; Cyf. GRJ.

[65] 'Ymgom â Mr G. M. Ll. Davies, A.S.', *Y Faner*, 27 Rhagfyr 1923.

[66] Gwilym D. Williams yw gwrthrych y gyfres o englynion 'Galar am Gwilym' (*CCP*, 112).

[67] Gw. Rhisiart Hincks, *E. Prosser Rhys*, 47, 81, 88, 103, 108, 112. Cf. *ADA*, 75; LlGC, PKR, 3237, 3241, 3242, 3243, 3244, 3247, 3254, 3269.

[68] Gw. Nerys Ann Jones, *Dewi Morgan* (Tal-y-bont, 1987).

[69] Cyf. GRJ. 'Fo roddodd fy nghariad Elinor imi'n wobr hefo Cadair Talysarn,' meddai CP am Gwilym R. Jones yn *ADA*, 56 – yr unig gyfeiriad at Elinor yn yr hunangofiant. Yr wyf yn ddiolchgar i Vera Jones a Laura Owen am wybodaeth fywgraffyddol am Elinor.

[70] LlGC, PKR, 3238 (16 Hydref 1924).

[71] Gwilym R. Jones, *Rhodd Enbyd*, 46; Cyf. GRJ.

[72] LlGC, PKR, 3231, 3239–43, 3245–6, 3248, 3250, 3252, 3254, 3261–3, 3265.

[73] Ibid., 3268 (22 Mehefin 1926).

[74] Ibid., 3269 (28 Mehefin 1926).

75 Gwilym R. Jones, *Rhodd Enbyd*, 46; Cyf. GRJ. Dyma'r gerdd a anfonodd CP at Morris T. Williams gydag un o'i lythyrau yn y cyfnod hwn; gw. LlGC, PKR, 3231 (? Mawrth 1924; [camgymeriad am 1925]); er nad yw'r copi hwnnw wedi goroesi, cyhoeddwyd y gerdd dan y teitl 'Cyfeillion' yn y golofn 'Wales Day By Day', *Western Mail*, 20 Mawrth 1925. Fe'i cyhoeddwyd dan yr un teitl yn *Y Genedl Gymreig*, 6 Ebrill 1925, yn y golofn 'Yr Ochr Ysgafn: Tipyn i Bawb'; mae rhai mân wahaniaethau rhwng y fersiwn hon a'r fersiwn derfynol yn *Canu Cynnar* (gw. hefyd *CCP*, 60).

76 Nid yw'r gerdd wedi goroesi, ond ceir syniad o'i chynnwys, ac ambell ddyfyniad, ym meirniadaeth Isfryn (John Davies) yn *Y Faner*, 12 Mawrth 1925; Ecce Homo yw ffugenw CP. Cerdd ydoedd, mae'n ymddangos, am unigolyn y mae ei ffydd yn cael ei herio gan brofedigaeth cyn iddo weld y goleuni. Wrth ddarlunio'r unigolyn hwnnw ar lan bedd, mae'n rhoi rhagflas pendant inni o fyd 'Y Briodas' a 'Penyd'. Sonia CP am gyfansoddi'r gerdd yn LlGC, PKR, 3239, ac am ei fuddugoliaeth yn ibid., 3231.

Anfonodd CP ddwy gerdd gyda heddychiaeth yn thema iddynt i gystadlaethau yn y cyfnod hwn hefyd. Un oedd pryddest wedi'i hysbrydoli gan yr heddychwr George M. Ll. Davies, y buasai CP, fel y soniwyd, yn ei gyf-weld ar ran *Y Faner*, pryddest a osodwyd yn yr ail ddosbarth yng nghystadleuaeth y gadair yn Eisteddfod Dolgarrog yn 1924; nid yw wedi goroesi ond gw. LlGC, PKR, 3235 (Gorffennaf 1924). Y llall oedd pryddest o'r enw 'Gwaredigaeth Gruffydd ap Cynan o Gastell Caer', a ddaeth yn ail am gadair Eisteddfod Pentrefoelas yn 1926 ac a gyhoeddwyd yn *Y Geninen*, XLIV, Tachwedd 1926 (Rhif 4), 214–20 (mae 217–20 wedi'u camrifo) a XLIV, Chwefror 1927 (Rhif 1), 10–11. Mae'r gerdd hon yn defnyddio sefyllfa hanesyddol, sef carchariad Gruffydd ap Cynan yng Nghaer, i drafod pwnc rhyfel a heddwch, gan roi neges Gristnogol cymod yng ngenau 'Ysbryd' sy'n ymbil ar y brenin yn ei gell i addo rhoi heibio ei gyrchoedd gwaedlyd. Yn ei feirniadaeth yn *Y Faner*, 24 Mehefin 1926, canmolodd Cynan 'angerdd a meddwl' y gerdd (ffugenw CP yw Geraint), ac yn sicr mae'n gerdd afaelgar. Mae ffurf y gerdd – drama fydryddol un act – a phresenoldeb yr Ysbryd fel cymeriad unwaith eto'n dwyn 'Y Briodas' i gof.

77 LlGC, PKR, 3270 (? Gwanwyn 1927). Gw. hefyd ibid., 3271–3. Ond mae un o ddeuoliaethau cymeriad CP – y cymysgedd o wyleidd-dra ar un llaw a balchder ar y llall – yn dod i'r amlwg wrth inni gymharu ei ddiffyg ffydd ymddangosiadol yn y gerdd gyda'r ffaith ei fod yn cael 'pleser digymysg' (*ADA*, 96) yn ei ddarllen i ffrindiau, sef Prosser Rhys, Dewi Morgan, Gwilym R. Jones a'i frawd Dic; a'r ffaith hefyd iddo fynd i gryn drafferth a chost i'w chyflwyno mewn diwyg hardd, wedi'i hargraffu gyda lluniau (gw. ibid., 96–7). Y fersiwn a ddilynir wrth drafod y bryddest yn y gyfrol hon yw'r un a gyhoeddwyd yn *CCP*, 13–25.

[78] Dyfynnir yn arddangosfa'r Academi, ond ni nodir y ffynhonnell. Cf. Byron Rogers, 'The king wears a bedsheet', *Daily Telegraph*, 30 Gorffennaf 1994.

[79] Dyfynnir y llythyr yn y *South Wales News*, 3 Awst 1927, ac yn y *Western Mail*, 3 Awst 1927 (er mai dweud bod aelodau'r Orsedd yn gwneud eu hunain yn 'laughing stock' yn hytrach nag yn 'silly asses' a wneir yn yr ail). Cyd-newyddiadurwr CP, Sam Jones, a gafodd y sgŵp i'r *Western Mail*: gw. R. Alun Evans, *Stand By![:]Bywyd a Gwaith Sam Jones* (Llandysul, 1998), 50; cf. CP yn y *Bangor and North Wales Weekly News*, 19 Medi 1974. Mae CP yn ymhelaethu ar ei safbwynt gwrth-orseddol mewn erthygl led-bryfoclyd yn y *Western Mail*, 13 Awst 1927, ac mae'n cyfeirio at yr helynt yn *ADA*, 98–9.

[80] *South Wales News*, 4, 5 a 6 Awst 1927; 'Druids at a Discount', *Punch*, 10 Awst 1927. Yn ei golofn 'Led-led Cymru' yn *Y Faner*, 2 Awst 1927, cyn y coroni, mynegodd Prosser Rhys, ac yntau'n amlwg wedi clywed y si y byddai'r prifeirdd yn cael eu harwisgo, ei obaith y byddai gan y buddugwyr ddigon o asgwrn cefn 'i wrthod lol o'r fath'.

[81] 'Y Daith yn Ôl', LlGC, PCP, 506. Darlledwyd ar 28 Ebrill 1958.

[82] Mae amryw o adroddiadau, adolygiadau a cherddi ganddo wedi'u casglu ynghyd mewn cyfrol o doriadau papur newydd a gadwyd gan Mattie Prichard (Evans ar y pryd) ac sydd ar gadw yn ibid., 556. Er na nodir enw'r *Western Mail*, mae'n amlwg oddi wrth gyfnod y casgliad, 1921–31, mai toriadau o'r papur hwnnw yw'r rhan fwyaf ohonynt.

[83] Cyf. EP yw ffynhonnell yr wybodaeth hon. Daeth CP a Picton Davies yn bur gyfeillgar yn y cyfnod hwn. Yn ei hunangofiant *Atgofion Dyn Papur Newydd* (Lerpwl, 1962), dywed Picton Davies fel yr oedd CP ymhlith yr aelodau ifainc o'r staff a fu'n helpu golygydd y *Western Mail*, William Davies, i lenwi ei golofn boblogaidd 'Wales Day by Day' wrth iddo ef ei hun heneiddio (154–5). Mae hefyd yn adrodd hanes CP yn gorffen pryddest arobryn Eisteddfod Genedlaethol Treorci, 'Penyd', yn ei gartref ef ac yntau'n ei theipio ar ras er mwyn ei chael i mewn erbyn y dyddiad cau (170–72). Cf. yr hyn a ddywed CP ei hun yn y *Bangor and North Wales Weekly News*, 15 Tachwedd 1973.

[84] Nid yw CP yn dweud lle yng Nghaerdydd y bu'n byw, ond dengys llythyr at Morris T. Williams yn LlGC, PCP, 3285, mai ei gyfeiriad yn ystod gaeaf 1928 oedd 56 Tewkesbury Street, Cathays. Dyna'r cyfeiriad sydd ar ei drwydded gyrru car ar gyfer 1932–4 hefyd, felly mae'n ymddangos mai dyma ei lety yng Nghaerdydd gydol ei gyfnod yn y ddinas honno.

[85] Datgelir hyn gan frawd Thomas Parry, Gruffydd Parry, yn 'Yr hen FFA a arbedwyd o'r CORSYDD', *Y Casglwr*, 30 (Nadolig 1986). Mae'n dweud sut y cafodd ef, yn fachgen ysgol, fodd i fyw yn pori ar y slei yn y gyfrol, pan ddaeth ei frawd adref o Gaerdydd i Garmel un haf, a'i lyfrau i'w ganlyn.

Er i'r copi hwnnw fynd ar ddifancoll, mae Gruffydd Parry yn dyfynnu oddi ar ei gof barodïau ohono ar waith Cynan, Prosser Rhys, T. H. Parry-Williams, John Morris-Jones ac eraill. Roedd teitl y gyfrol yn parodïo teitl cyfrol o farddoniaeth gan Iorwerth Peate a oedd newydd ymddangos, *Plu'r Gweunydd* (Lerpwl, 1933).

86 Ymhlith y cerddi a gyhoeddwyd yn y *Western Mail* y mae 'Calon wrth Galon' a 'Cyfeillion' (gw. n. 58 a n. 75 uchod); hefyd 'Y Ddau Gariad' (29 Awst 1927; gw. hefyd *CCP*, 56) a 'Bardd Uwchaled' (27 Awst 1930; gw. hefyd *CCP*, 114). Eraill sydd i'w cael yn y gyfrol o doriadau papur newydd (gw. n. 82 uchod) yw 'Cariad' (sef 'Dyrchafael' yn *CCP*, 69), 'Y Garnedd' (gw. *CCP*, 68), 'Y Pedwar Gwynt' (gw. *CCP*, 73), 'Y Pridd i'r Pridd' (gw. *CCP*, 67), 'Y Pedwar Mur' (gw. *CCP*, 118) a 'Hau a Medi' (gw. *CCP*, 74); hefyd 'O Grud i Fedd', sef cyfieithiad o 'The Idiot' W. H. Davies. Mae rhai gwahaniaethau, mân ar y cyfan (ac eithrio yn achos 'Y Pedwar Mur'), rhwng y fersiynau hyn a fersiynau *CCP*. Ymhlith y toriadau hefyd ceir adroddiad diddyddiad, eto o'r *Western Mail*, o dan y pennawd 'Welsh Poets' Handicaps [:] Perils of Scholarship and Isolation', sef adroddiad ar ddarlith a roddodd CP i Gymdeithas y Cymmrodorion, Pontypridd, lle yr honnodd i golofn 'Wales Day By Day' y papur chwarae rhan hanfodol yn ei ddatblygiad fel bardd ifanc.

87 *CCP*, 26–39 a 40–50.

88 Gw. W. J. Gruffydd, *Y Llenor*, VII (1928), 189–192. Adroddwyd yr hanes gan Thomas Parry mewn cyfweliad ag Ann Ffrancon ar ran staff Cynllun Ymchwil yr Academi Gymreig (25 Hydref 1984).

89 Dyfynnir o CP, 'Coronau a Chadeiriau', *Trafodion Anrhydeddus Gymdeithas y Cymmrodorion* (1970, II), 304. Anerchiad oedd hwn a draddodwyd i'r Gymdeithas yn ystod Eisteddfod Genedlaethol Bangor, 5 Awst 1971.

90 Cyf. EP. Roedd Thomas Parry gryn dipyn yn fwy, yn gorfforol, na CP, ac yn 'Coronau a Chadeiriau' adrodda'r olaf sut y gwaeddodd plentyn bach o'r dorf a'u gwyliai'n cyrraedd y capel, 'Hey, look! That's the bridegroom's father' (313).

91 Sonia CP, gyda'i dafod yn ei foch, am y modd y bu iddo liniaru ychydig ar ei farn am yr Orsedd yn 'Cael fy Nghoroni', *Y Ford Gron*, I (Awst 1931), 9 a 24. Daliai i deimlo, fodd bynnag, fod gwisg y bardd yn brin o urddas: galwodd y wisg a ddefnyddiwyd yn Lerpwl yn 1929 ac yn Llanelli yn 1930 yn 'ddolur llygad', a'r trionglau arni fel pe bai wedi ei hanfon yn arbennig ar gyfer y seremoni o garchar Walton'. Am gael ei dderbyn gyda Prosser Rhys i'r Orsedd, gw. Rhisiart Hincks, *E. Prosser Rhys*, 139, lle y dyfynnir o adroddiad a ymddangosodd yn y *Western Mail* o dan y pennawd croch 'Penitent Bards at the Gorsedd [:] Caradog and Prosser Converted'.

92 Bu'r Prichardiaid yn byw mewn dau gyfeiriad gwahanol yn Golders

Green: 46 Woodlands am y pedair blynedd cyntaf, ac yna 81 Highfield Avenue hyd 1947.

[93] Gw. Emrys Jones (gol.), *The Welsh in London 1500–2000* (Cardiff, 2001), 128–9.

[94] Gw. n. 156 isod.

[95] T. J. Morgan, *Y Llenor,* XVI (Gaeaf 1927), 251–6.

[96] *CCP,* 134–44.

[97] Gwasg Gee, Dinbych, a gyhoeddodd *Terfysgoedd Daear,* gwasg a oedd erbyn hyn dan berchnogaeth Kate Roberts a Morris T. Williams. Yn ôl *ADA,* 114–15, roedd Morris, yn rhinwedd ei swydd fel ysgrifennydd cyffredinol Eisteddfod Genedlaethol Dinbych, yn gwybod ddigon ymlaen llaw mai pryddest CP oedd y bryddest ddigoron i allu argraffu copïau erbyn wythnos yr Eisteddfod. Er hynny, yn ôl Lyn Ebenezer yn *Cae Marged* (Caernarfon, 1991), 133–4, mae'n bosibl mai penderfyniad munud olaf oedd peidio â choroni CP. Yn ôl y stori a gafodd ef gan CP ei hun, roedd y bardd wedi cael ei hysbysu gan Morris mai ef oedd yn fuddugol, ond yna, ar ôl dod i'r Eisteddfod, wedi clywed T. H. Parry-Williams, un o'r beirniaid, yn cyhoeddi o'r llwyfan nad oedd coroni i fod. Er mai annhestunoldeb oedd y rheswm a roddwyd, awgrym CP oedd mai rhywun mewn awdurdod a oedd wedi dyfarnu yn erbyn rhoi'r wobr iddo ar ôl clywed mai ef oedd yr enillydd.

Dyfynnir W. J. Gruffydd o'r *Llenor,* XVIII (Hydref 1939), 129. Flynyddoedd yn ddiweddarach, cafodd CP wybod fod Ardalydd Bute (John Crichton Stuart) ymhlith y bobl eraill a oedd wedi dotio at y bryddest ac yn synnu at ddyfarniad y beirniaid. Cafodd yr wybodaeth mewn llythyr gan un a oedd wedi bod yn gweithio i Ardalydd Bute yn yr Alban yn 1939, gan roi cymorth iddo hefyd gyda'r iaith Gymraeg a'i llenyddiaeth (dysgu'r iaith a wnaethai'r Ardalydd); gw. LlGC, PCP, 292 (mae'r llythyrwr yn ysgrifennu o'r Rhyl, ond nid yw ei enw'n eglur).

[98] Cyf. MP. Adroddodd Mattie yr un stori ar raglen deledu ond gan ddweud mai rywbryd ar ôl yr Ail Ryfel Byd y bu'r digwyddiad. Mae anghysondeb hefyd rhwng dwy fersiwn o eiddo CP ei hun o'r hanes: er ei fod yn mynnu yn *Afal Drwg Adda* nad oedd wedi meddwi, dywed mewn ymgom Saesneg ag ef ei hun a geir ymhlith ei lawysgrifau o dan y teitl *On Looking Into My Welsh Mirror* (darn a ysgrifennwyd rywbryd yn ystod 1964 neu 1965) ei fod yn yfed yn drwm ar y pryd; gw. LlGC, PCP, 511.

[99] Er bod Prosser Rhys yn un o'r beirniaid yn wreiddiol, fe'i rhwystrwyd rhag ymgymryd â'r gwaith gan waeledd.

[100] LlGC, PKR, 3228 (dim dyddiad).

[101] Bu yn Aldershot, Hampshire, yn Mecklenburgh Square, Llundain (pan oedd yn dilyn cwrs teipio a llaw-fer yn Islington), yn Byfleet, Surrey ac yn Wimbledon.

102 Dywed CP yn *ADA* na all 'warantu'r stori' (128), ond mynnai Mattie ei bod yn wir (Cyf. MP). Mae CP hefyd yn awgrymu yn *ADA* fod pwysau wedi dod ar y Swyddfa Ryfel o gyfeiriad arall, ar ôl iddo anfon llythyr at aelod seneddol a adwaenai yn cwyno mor wastraffus o'i ddoniau ef a'i debyg oedd y tasgau diflas y disgwylid iddynt eu cyflawni yn y fyddin.

103 Cf. *The Bangor and North Wales Weekly News*, 10 Ionawr 1974, lle y mae CP yn sôn am yr olwg a gafodd ar wareiddiad y dwyrain trwy lygaid merch o Japan sy'n byw gyda'r teulu, a'r modd y mae hynny wedi gwneud iddo gywilyddio ynghylch y llithoedd dan sylw, a'r 'pethau gwenwynig a ddoi allan o'm teipiadur'.

104 Ceir y llythyrau yn LlGC, PCP, 43–142, 612–29.

105 Dyfynnir o ibid., 43, 609, 610, 612, 614, 618, 627.

106 Gw. ibid., 55 (ii), 56, 61, 127, 138, 614. Mae'n amlwg oddi wrth y llythyr cyntaf yn y rhestr fod CP wedi dechrau ar y nofel cyn mynd i India, gan ei fod yn gofyn i Mattie anfon y penodau a ysgrifenasai eisoes ato. Mae llythyr arall yn awgrymu iddo chwarae â'r syniad o anfon y nofel i gystadleuaeth; gw. ibid., 132.

107 Yr unig gerdd Gymraeg gyhoeddedig o gyfnod India yw soned 'Y Milwr' (*CCP*, 109) am hen ffrind a chyd-letywr o ddyddiau Caernarfon, Siôn Pitar, y daethai CP ar ei draws ym Meerut, lle yr oedd yn y fyddin. Ceir cefndir yn *ADA*, 54, a 'Coronau a Chadeiriau', 309–310.

108 Am gyfeiriadau at y gwaith newyddiadurol hwn, gw. LlGC, PCP, 69, 71–3, 95, 127, 628.

109 Ibid., 53.

110 Ibid., 615.

111 Ibid., 67.

112 Ibid., 134.

113 Ibid., 135.

114 Ibid., 623.

115 Ibid., 622. Ond mae'n werth nodi bod llythyr arall yn y casgliad (ibid., 721), llythyr wedi'i ysgrifennu at Mattie yn 1947 neu 1948, yn awgrymu o bosibl mai gan Mattie, nid Caradog, yr oedd achos poeni. Cyn-gymdoges iddi yn Golders Green sy'n ysgrifennu, gwraig o'r enw Lisl, hithau bellach yn byw yn Efrog Newydd ac wedi deall bod y Prichardiaid yn symud o Golders Green hefyd. Mae'n rhannu atgofion am rai o'u cymdogion eraill, a'r rheini'n atgofion cynnes heblaw am un wraig: 'For Mrs Hilt I never had a weak spot. I think if Caradog would have made love to her instead of her maid she woud not have been offended'. Ond rhaid gochel rhag darllen gormod i mewn i hyn a dod i gasgliad a allai fod yn gwbl ddi-sail: i genedlaethau blaenorol, doedd yr ymadrodd 'make love' ddim bob amser yn cael ei ddefnyddio yn ei ystyr lythrennol

o gael cyfathrach rywiol â rhywun; gallai olygu, yn hytrach, ymddygiad cariadus neu fflyrtio digon diniwed.

[116] Ibid., 53. Gw. hefyd ibid., 132.

[117] Gw. ibid., 617. Yn y llythyr hwn, mae CP, ac yntau heb glywed oddi wrth Mattie ers tro, yn ceisio dyfalu pa mor flin yw hi ynghylch ei ddyled ac yn cyfeirio braidd yn euog at 'The Three Matties on my mantelpiece' (lluniau ohoni, mae'n amlwg), sy'n gwrthod datgelu dim iddo, a hwythau'n gwgu bob yn ail â gwenu arno. Sonia am ei ddyled yn *ADA*, 153–4, hefyd, ac am y modd y cafodd Mattie gyngor gan ei banc i beidio â bod yn rhy barod i fenthyg arian iddo bob tro yr oedd yn gofyn. Mae'n sicr mai Mattie, a'i rheolaeth ofalus dros faterion ariannol, a gadwodd bennau'r cwpwl uwchlaw'r dŵr yn ystod y rhyfel.

[118] Yn ôl *ADA*, 156–7, roedd Mattie wedi cael comisiwn i fynd i India gyda'r Wrens, ond wedi cael ei gwrthod ar y funud olaf am resymau meddygol. Os trown at lythyrau CP ati yn ystod 1945, gwelir bod sawl ymdrech wedi bod i'w chael i India, pob un yn fethiant; ymddengys mai'r Groes Goch mewn gwirionedd a'i gwrthododd ar sail feddygol (awgrymir bod ganddi frest wan); ni ddaeth dim ychwaith o drafodaethau gyda Gwasanaeth Gwirfoddol y Menywod (WVS). Y cynllun mwyaf gobeithiol oedd un gyda'r Weinyddiaeth Hysbysrwydd; roedd Mattie'n amlwg wedi cael addewid gan y swyddfa honno o ryw fath o waith yn Delhi ond aeth hynny hefyd i'r gwellt, er mawr siom i'r ddau. Yn y cyfnod pan oedd yn disgwyl Mattie ato, bu CP yn sôn, yn ogystal ag am y gwaith yn Singapore, am berswadio'r *Daily Mail* i roi gwaith cyson iddo ac am weithio i'r *Times of India*. Am yr amryfal gynlluniau hyn, gw. LlGC, PCP, 127, 129, 608–13, 615, 616, 618–29. Yn Ionawr 1946 dywedodd CP ei fod am ddod adref yn y gwanwyn, a dyna a fu: hwyliodd adref ym mis Mawrth.

[119] 'Yr Ynys Rith', *Y Cymro*, 5 Ebrill 1946.

[120] 'Coronau a Chadeiriau', 301. Mae'r ddrama ei hun i'w chael yn LlGC, PCP, 509.

[121] LlGC, PKR, 3262 (9 Ionawr 1926). Trafodir y llythyr hwn yn fanylach yn y drydedd bennod.

[122] Datgelwyd fod cofnod marwolaeth Morris T. Williams yn rhestru alcoholiaeth fel un o'r achosion; gw. Peredur Lynch, 'Morris T. Williams y Nofelydd', *Taliesin*, 85 (Gwanwyn 1994), 9.

[123] Gw. Peredur Lynch, 'Morris T. Williams'. (Bu'r teitl 'Marweidd-dra' dan ystyriaeth ar gyfer y nofel hefyd.)

[124] 'Coronau a Chadeiriau', 301.

[125] LlGC, PCP, 137.

[126] Ibid., 632.

[127] Cyf. Mari P. Dyma ffynhonnell pob sylw a dyfyniad gan Mari Prichard yn y bennod hon oni nodir yn wahanol.

[128] 'Alcoholic Awelon', LlGC, PCP, 505. Darlledwyd y sgript ar 8 Tachwedd 1957. Cf. *ADA*, 175–9.

[129] Ceir y datganiad am fod ar y wagen yn 'One Round Year' (4 Tachwedd 1959), sydd i'w gael mewn llyfr nodiadau yn LlGC, Llsgr. 22396C (hanes rhai dyddiau ym mis Tachwedd 1959 yn unig sydd yma mewn gwirionedd yn hytrach na dyddiadur ar gyfer y flwyddyn gyfan). Dywed CP yno ei fod yn dal i'w ystyried ei hun yn alcoholig a'i fod yn cymryd dwy dabled 'antabuse' bob wythnos, rhag ofn. Mewn dyddiadur arall, mae'n cyfaddef ei fod wedi 'Torri llw dirwest gyda thipyn o gwrw a whisgi i hybu'r galon'; gw. LlGC, PCP, 1 (16 Ionawr 1963). Mae John Ogwen yn ei gofio'n torri'r llw'n rhacs drachefn ddeng mlynedd yn ddiweddarach yn 1973, yn ystod ymweliad â gogledd Cymru; wedi syrffedu ar sudd oren, aeth CP ar ei sbri yn nhafarn y Gors Bach, ger Bethel, a meddwi cymaint nes y bu'n rhaid gadael y car yno (Cyf. JO). Yr hanesyn hwn yw cefndir y soned 'Awr Wan' (*CCP*, 179).

[130] Sonia CP am Ronnie Harker yn *ADA*, 144–5.

[131] 'Howell fy Mrawd'. Ceir deuddeg o lythyrau oddi wrth Howell at CP yn LlGC, PCP, 602 – y cwbl wedi'u hysgrifennu yn 1966 a'r cwbl ond un yn Saesneg. Mae'n amlwg fod angladd, unwaith eto, wedi eu dwyn ynghyd – eiddo eu cefnder, William John Brown o Ddeiniolen, y tro hwn. Ac yntau wedi gadael arian iddynt, mae'n ymddangos eu bod wedi cael cryn hwyl yn cyd-ddathlu: awgrymir natur y dathlu hwnnw pan ddywed Howell mewn un llythyr nad yw ei wraig yn debygol o'i adael ar ei ben ei hun yng nghwmni CP eto! Mae'r llythyrau hefyd yn dangos bod Howell, fel CP, yn cael problemau iechyd erbyn y cyfnod hwn.

[132] Gw. dyddiadur CP yn LlGC, PCP, 1 (16 Ionawr 1963) a'i sylwadau yn 'Annwyl William John', casgliad o lythyrau at William John Brown (gw. y nodyn blaenorol) y bwriadai CP ar un adeg eu cyhoeddi, ac sydd ar gadw mewn proflenni hirion yn ibid., 529 (15 Ionawr 1964). Yn yr olaf dywed CP mai'r peth diwethaf iddo glywed am Glyn oedd ei fod yn gweithio ar fferm yng nghyffiniau Winnipeg ond nad oedd 'yn rhy dda ei fyd'. Mae'n disgrifio'i frawd, yn fwy cydymdeimladol nag yn y dyddiau cynnar, fel rhywun na chafodd 'fawr o siawns mewn bywyd', gan ychwanegu iddo synnu pan glywodd fod Glyn wedi troi at grefydd yn ystod cyfnod pan oedd yn byw ym Mae Colwyn, cyn ymfudo. Y ffaith ei bod yn ddiwrnod pen-blwydd Glyn (16 Ionawr) sydd wedi ysgogi'r sôn amdano yn y dyddiadur a'r llythyr (er mai'r diwrnod cynt yw'r dyddiad uwchben y llythyr).

[133] Cyf. HT.

[134] Bu'n golygu *Y Ddinas* am ddau gyfnod. Cyhoeddid y papur yn ystod y 1920au a'r 1930au o dan yr enw *Y Ddolen,* ond daethai i ben yn ystod y rhyfel a CP oedd ei olygydd cyntaf pan ailddechreuwyd ei gyhoeddi o dan ei enw newydd ym mis Hydref 1946. Parhaodd wrth y gwaith hyd fis Medi 1948, gan ailafael yn yr olygyddiaeth ym mis Awst 1952 a dal ati hyd fis Tachwedd 1956.

[135] 'One Round Year' (4 Tachwedd 1959).

[136] Ibid. (9 Tachwedd 1959), lle y noda CP fod Mattie ac yntau wedi bod yn 'enjoying the luxury of separate bedrooms for the last few months'. Dywed Mari fod rhesymau ymarferol am hynny: roedd ei thad yn chwyrnwr diarhebol ac yn dueddol o godi yn ystod y nos i ysmygu neu wneud paned o de, a'i mam yn dioddef gan frest wan ac yn hoffi darllen neu wrando ar y radio pan na allai gysgu (Cyf. Mari P.).

[137] Yn 2 Cavendish Avenue roedd y bardd o dde Cymru John Tripp a chyfaill iddo, Peter Owen, wedi bod yn lletya am gyfnod byr cyn penderfynu bod y rhent yn rhy uchel; gw. Nigel Jenkins, *John Tripp* (Cardiff, 1989), 18. Roedd y cyfreithiwr Ben G. Jones (ffigwr amlwg ym mywyd Cymry Llundain ac ym mywyd cyhoeddus Cymru yn ddiweddarach) a'i wraig wedi bod yn byw yno hefyd, ac wedi dod yn gyfeillgar â'r Prichardiaid. Yn 7 Carlton Hill bu'r delynores Ann Griffiths yn lletya, yn ogystal â Huw Tudor a enwyd eisoes.

[138] 'One Round Year' (9 Tachwedd 1959). Cf. *ADA,* 141, lle y dywed CP i Cudlipp dalu'n hael am y golofn 'ar adeg pan oedd Mari'r ferch yn cael ei haddysg, a'i thad yn afrad a'r rhent yn uchel'. Ofer fu ceisio dod o hyd i'r golofn yn ei chyfanrwydd (ymddangosai yn yr argraffiad Cymreig o'r papur yn unig), ond trwy garedigrwydd llyfrgell y *News of the World* llwyddwyd i gael copïau o nifer dda o'r llithoedd o'r flwyddyn 1960, gyda'r olaf ohonynt yn dyddio o fis Tachwedd y flwyddyn honno; felly cafodd Caradog ddal ati am ymron i flwyddyn ar ôl y newydd drwg a gofnodir yn y dyddiadur. Enw'r golofn oedd 'Welsh People and Places', er mai 'News of the Welsh' yw'r pennawd uwch ei phen mewn dau o'r copïau a dderbyniwyd. Llithriad, mae'n rhaid, yw cyfeiriad CP ati mewn rhan arall o'r dyddiadur fel 'my column in Welsh'. Colofn ysgafn ydoedd, ysmala ei thôn yn aml. Roedd yn cynnwys pytiau o newyddion, ymateb i rai o bynciau'r dydd a sôn am Gymry adnabyddus ac anadnabyddus, ond gwelir mai hoff bwnc yr awdur o ddigon yw'r teulu brenhinol.

[139] Bu'r golofn yn rhedeg o 11 Hydref 1956 hyd 6 Rhagfyr 1962. Yn ôl y diweddar John Roberts Williams, y golygydd ar y pryd, yn llawysgrifen CP y cyrhaeddai'r golofn, ond Mattie fyddai wedi hel y deunydd a oedd yn adlewyrchu yn anad dim ei hoffter o'r byd perfformio ac adloniant. Yn ddiweddarach, pan oedd John Roberts Williams yn golygu rhaglen

newyddion Gymraeg y BBC, *Heddiw,* manteisiodd lawer ar gysylltiadau a gwybodaeth Mattie. 'Pe bai yna'r fath beth â ffuret genedlaethol, byddai Mati wedi cael ei swydd ar ei phen.' Dyfynnir mewn teyrnged gan Menna Baines, *Barn,* 381 (Hydref 1994), 11.

140 'One Round Year' (5 Tachwedd 1959).

141 Cyfweliad Cliff Morgan gydag Ann Ffrancon ar ran staff Cynllun Ymchwil yr Academi Gymreig (3 Ebrill 1985).

142 Ceir hanes llogi'r Rolls-Royce yn *ADA,* 181; sonnir am y twrci yn 'One Round Year' (9 Tachwedd 1959) a ffynhonnell y ddwy stori arall, a'r sôn am y cerdyn credyd, yw Cyf. MP. Nid oes wybod bellach faint o goel sydd ar stori arall eto a adroddwyd mewn llythyr rhyfedd yn y *Sunday Express,* 14 Ionawr 1973 (ceir copi yn LlGC, PCP, 555) am CP yn rhoi ei gar yn anrheg i gyfaill; yn ôl y llythyrwraig, Olwen Caradoc Evans, Conwy, fe wnaeth CP daro ar y cyfaill (dienw) yng Nghymru yn ystod dirwasgiad y 1930au a rhoi ei gar iddo er mwyn gwneud ei waith fel gwerthwr teithiol yn haws!

143 Cyf. HT; Cyf. IW.

144 Cyf. IW.

145 Daw'r dyfyniad gan Cliff Morgan o'r cyfweliad gydag Ann Ffrancon. Daw'r ail sylw o sgwrs radio gan Mattie Prichard a ddarlledwyd gan y BBC ar 19 Gorffennaf 1955, 'Gwraig y Tŷ – Diwrnod Tawel o Gwmpas y Tŷ', y ceir drafft a theipysgrif ohoni yn LlGC, PCP, 910; ni chaiff ei ffrind ei enwi.

146 Hafina Clwyd, *Buwch ar y Lein* (Caerdydd, 1987), 137.

147 Ibid., 90. Un o ganiadau yr Afon o bryddest 'Y Briodas' a olygir. Disgrifir yr un noson lawen yn nyddiadur CP, 'One Round Year' (5 Tachwedd 1959).

148 Cyf. IW.

149 Cyfweliad Cliff Morgan gydag Ann Ffrancon.

150 Mae'n disgrifio'i ymweliad cyntaf â Covent Garden yn 'One Round Year' (9 Tachwedd 1959); mae'n ymddangos iddo fynd yno ar berswâd y delynores Ann Griffiths, a oedd yn lletya yn 7 Carlton Hill ar y pryd. *Boris Godunov* oedd yr opera, ac fe wnaeth hi gryn argraff arno oherwydd ei grym emosiynol yn anad dim. Am y theatr, dywedodd unwaith mewn dyddiadur, 'There is hardly anywhere I feel happier than in the foyer of a London theatre just before going in to see a play or in one of the crowded bars during the intervals'; ond sylwer mai sôn am fywyd ymylol y cyntedd, ac nid am yr awditoriwm ei hun, y mae! Gw. 'One Merry Month of May [:] A Diary of No Consequence', LlGC, PCP, 15 (27 Mai; ni nodir y flwyddyn ond mae'n amlwg oddi wrth ddisgrifiad o'r un achlysur yn *ADA,* 193, mai 1972 ydyw). Disgrifio y mae berfformiad a welodd yn theatr y Mermaid gyda'i ferch a'i ddarpar fab-yng-nghyfraith, Humphrey

Carpenter, o *Journey's End* R. C. Sherriff, perfformiad y dywed iddo wneud argraff arno (cf. *ADA*, l.c.) er mai cysgu trwyddo a wnaeth yn ôl Humphrey Carpenter! (Cyf. HC).

151 Cyf. JO.

152 Rwy'n ddiolchgar i Glyn Tegai Hughes am dynnu fy sylw at ei hoffter o straeon Maupassant. Dywedodd CP mewn llythyr ato (16 Ionawr 1962) ei fod wedi bod yn ailddarllen y straeon 'a chael newydd flas arnynt'.

153 *The Bangor and North Wales Weekly News*, 22 Gorffennaf 1976.

154 E.e. gw. 'Mae Cymru'n byw ar gefn ei beirdd', *Yr Herald Cymraeg*, 20 Medi 1954 (un o gyfres o bump o erthyglau am fyd llên a diwylliant Cymru gyfoes). Yno, mae'n drwm ei lach ar Gyngor y Celfyddydau sydd, meddai, 'yn llawer mwy hyddysg o ran cynnal ei swyddogion nag o ran rhoddi unrhyw gynhaliaeth i fardd neu lenor o Gymro'; ac mae'n feirniadol hefyd o'r Eisteddfod Genedlaethol am 'sbloitio'r Beirdd, trwy basiantri nad oes a wnelo ond y mymryn lleiaf â chynhyrchion chwys a gwaed y prydyddion'.

155 Cyf. IW.

156 Soniwyd eisoes am Eisteddfod Castell-nedd (1934), lle bu iddo gystadlu dan y ffugenw 'Llwyd o Wynedd'; ef hefyd oedd 'Nant y Benglog' yn Ystradgynlais (1954), 'Lwc Dda' yn Sir Fôn (1957) a 'Dinesydd' yn Nyffryn Maelor (1961) (gw. y *Cyfansoddiadau* perthnasol). Cafodd 'Ogof Arthur' (dan y teitl 'Dychweliad Arthur'), 'Yr Argae', 'Y Neithior' ac 'Awdl Foliant i Gymru' (dan y teitl 'Cymru') i gyd eu cyhoeddi yn y man (gw. CCP, 75, 148, 165, 154). Collwr sâl oedd CP; gw. 'Fy Awdl i Oedd yr Orau', *Yr Herald Cymraeg*, 30 Awst 1954.

157 *CCP*, 131–3.

158 Gw. Ernest Roberts, 'Atgofion am Caradog Prichard', *Y Faner*, 11 Ebrill 1980, a 'Cerrig Mân [:] Y Prifardd Caradog Prichard', *Llais Ogwan*, Mai 1980. Y si a led oedd mai Griffith John Roberts, ficer Conwy a bardd coronog Eisteddfod Genedlaethol Bae Colwyn, 1947, a oedd yn fuddugol.

159 Adroddir y stori hon mewn sawl man, gan gynnwys 'Colofn Mati Wyn o Lundain', *Y Cymro*, 16 Awst 1962; 'Coronau a Chadeiriau', 310; a Mari Prichard, 'Cadair 1962', *Rhaglen Eisteddfod Genedlaethol Cymru Llanelli a'r Cylch 2000*, 182. Yng Nghaerfyrddin y deffrodd CP a dal trên yn ôl i Lanelli yn ôl y fersiwn gynharaf o'r stori hon, sef eiddo Mattie, er bod ambell fersiwn yn dweud iddo fynd cyn belled ag Abergwaun. Y dydd Mercher, yn hytrach na dydd Iau y cadeirio ei hun, oedd hi mewn gwirionedd, ond er hynny roedd Mattie a Mari, a oedd yn disgwyl am y bardd, wedi dechrau anobeithio y byddai'n cyrraedd o gwbl, ac yn tybio y byddai'n rhaid i Mari gael ei chadeirio yn ei le. Yn ôl Mari, dim ond ar y funud olaf yr oedd ei thad wedi cael gwybod am ei fuddugoliaeth a

hynny am fod yr awdurdodau yn ymwybodol 'ei fod yn ddyn papur newydd a hefyd ei fod yn hoff o gymryd diod neu ddau'.

160 Ceir adolygiadau gan Hugh Bevan yn *Barn*, Tachwedd 1964, 20; gan G. G. Evans yn *Lleufer*, XX (Hydref 1964), 151–2; a chan Glyn Owen yn y *London Welshman*, Hydref 1964, 22.

161 Mae'n debyg mai'r profiad hwn a ysbrydolodd ei gerdd 'Llais a Gollais' (*CCP*, 180).

162 Er hynny mae'r ysgrifennu ei hun yn siomi mewn mannau: yn llac, yn ddiofal ac yn aml yn llithro i dir ystrydebau, fel y sylwodd ambell adolygydd, e.e. gw. Gwyn Erfyl, 'Methiant', *Taliesin*, 27 (Rhagfyr 1973), 143–6; John Roberts Williams, 'Ffrwyth y Fflyd', *Barn*, 173 (Medi 1973), 508; a Harri Gwynn yn *Y Traethodydd*, CXXXIX (Hydref 1974), 298–300.

163 Cyf. HC. Y cyfweliad hwn yw ffynhonnell y rhan fwyaf o sylwadau ac argraffiadau Humphrey Carpenter yn y bennod, ond gydag ambell un hefyd wedi'i godi o'i sgwrs yn ystod 'Gŵyl Caradog' yr Academi Gymreig.

164 Lyn Ebenezer, *Cae Marged*, 134.

165 Cyf. JEH.

166 Mae digonedd o anecdotau i ddarlunio'i natur ddigynnwrf. E.e., cofia J. Elwyn Hughes am y modd cwbl hamddenol y dywedodd CP wrtho, yn ystod un arhosiad gyda ffrindiau ym Methesda, fod Mattie'n sownd yn yr ystafell ymolchi ar ôl ei chloi ei hun i mewn yn ddamweiniol (Cyf. JEH). Yn ôl chwedl deuluol arall, o gyfnod plentyndod Mari, aeth y teulu ar goll un noson wrth yrru'n ôl i un o'r cartrefi a fu ganddynt yn yr ardal, Tan y Garth Bach, sef tyddyn ar dir fferm Tan y Garth, lle pur anghysbell ar y llethrau uwchben Gerlan, Bethesda; cysgodd Mattie a Mari, yn anfoddog, yn y car, ond cysgodd CP ei hun yn hapus braf ynghanol y cae y cawsent eu hunain ynddo, ar gadair freichiau newydd a oedd yn digwydd bod yn y car (Cyf. Mari P).

167 Daw'r sylw o lythyr cydymdeimlad Ronald Harker at Mattie yn dilyn marwolaeth Caradog; gw. LlGC, PCP, 437.

168 *The Bangor and North Wales Weekly News*, 27 Ionawr 1977.

169 LlGC, PCP, 14.

170 Ceir copi o'r pennill (gyda'r unig wahaniaeth ei fod yn sôn am 'golau clir' yn hytrach na 'pelydr clir' y gwreiddiol), a'r trosiad, yn ibid., 489. Cyfeiriwyd atynt yn ystod y gwasanaeth coffa i CP a gynhaliwyd ar 17 Ebrill 1980 yn Eglwys St Bride, Fleet Street, a hynny yn anerchiad Cliff Morgan, y ceir copi ohono yn ibid., 495.

2

Un Nos Ola Leuad – 'darlun wedi'i ystumio'

Diolch yn fawr ichi am eich llythyr addfwyn – a'ch gair caredig am y bennod a anfonais. Ni buaswn wedi sôn am honno heblaw imi ddigwydd bod mor dafotrydd ar y pryd! Sgrifennais y rhan fwyaf ryw ddau aea'n ôl a'i gado heb ei gorffen. Ond ar ôl y symbyliad o Ddinbych, af ati i'w chwpla y mis yma gan obeithio nad yw'r weledigaeth wedi pylu . . .
. . . Fy mlinder yw'r gwaith teipio. A gaf fi ei hanfon i chi fesul dwy bennod fel hyn mewn llawysgrif? Wrth ei hanfon yn ddognau rhesymol fel hyn efallai na bydd yn ormod o dreth arnoch chithau i'w darllen, ynghanol eich holl drafferthion eraill . . . A dweyd y gwir wrthych, nid yw o bwys yn y byd gennyf a gyhoeddir hi. Yr hyn sy'n bwysig gennyf fi yw cael ei chwpla'n llwyddiannus.[1]

Felly y dywedodd Caradog Prichard wrth Kate Roberts yn ystod gwanwyn 1954 mewn llythyr yn trafod nofel a oedd ganddo ar y gweill. Nid yw'n enwi'r nofel – go brin fod ganddi enw mor gynnar â hyn – ond mae'n amlwg oddi wrth ei ddisgrifiad ohoni yn y llythyr mai sôn am *Un Nos Ola Leuad* yr oedd. Roedd wedi anfon pennod at Kate Roberts am mai hi ar y pryd a oedd yn rhedeg Gwasg Gee; roedd yna hefyd gysylltiad personol rhyngddynt oherwydd fod gŵr Kate Roberts, Morris T. Williams, a oedd wedi'i gladdu erbyn hynny ers wyth mlynedd, wedi bod yn ffrind pennaf i Caradog, fel y gwelsom.

Ie, yn betrus, ymddiheurgar y cynigiwyd y llyfr a oedd yn y man i ddyfu'n un o glasuron rhyddiaith Gymraeg. Oni bai am anogaeth Kate Roberts, efallai y byddai'r egin nofel wedi aros ynghudd mewn drôr yng nghartref Caradog yn Llundain. Yn ôl tystiolaeth y llythyr hwn, roedd Caradog wedi dechrau ysgrifennu'r nofel dros flwyddyn ynghynt, yn ystod gaeaf 1952–3, ac aeth saith mlynedd arall heibio cyn i'r llyfr gorffenedig weld golau dydd yn niwedd 1961. Mae'n bosibl, felly, mai nofel a dyfodd yn ysbeidiol dros gyfnod o ryw wyth neu naw mlynedd oedd hi, ar ôl dechrau digon herciog; neu, os llwyddodd Caradog i'w chwblhau yr un mis ag yr ysgrifennodd y llythyr hwn, fel y disgwyliai, bu'r deipysgrif, am ryw reswm, yn gorwedd yn segur yn y wasg am gyfnod go hir.

Mae Caradog yn ymddangos yn ddifater iawn ynglŷn â chyhoeddi'r nofel. Ar yr un pryd, mae'n awyddus iawn i'w 'chwpla'n llwyddiannus'; i bob golwg, dyna sy'n bwysig iddo ac nid cael ei gweld mewn print. Beth, felly, oedd y cymhelliad i'w hysgrifennu? A pham nawr yn fwy nag unrhyw amser arall? Mae cliw pwysig yn nyddiad y llythyr, sef 15 Mai 1954. Bythefnos ynghynt, ar y cyntaf o'r mis, roedd ei fam wedi marw yn ysbyty'r meddwl yn Ninbych, ar ôl dros 30 mlynedd yn y sefydliad hwnnw. Gydol y cyfnod hwnnw roedd Caradog wedi mynd i'w gweld yn rheolaidd, hyd yn oed ar ôl symud i Lundain. Yn awr, yn syth ar ôl ei chladdu, mae'n addo ailgydio yn y nofel. Mae'n wir nad yw'r llythyr yn gwneud unrhyw gysylltiad rhwng y ddau beth. Nid oes unrhyw sôn am y fam yn amlinelliad Caradog o'r nofel i Kate Roberts fel 'myfyrdod brodor wedi dychwelyd i'w fro ac yn ail-fyw ei blentyndod mewn un daith o ychydig oriau ar noson olau leuad'. Yn ail hanner y llythyr, mae Caradog yn troi at ei brofedigaeth fel mater arall, cwbl ar wahân i'r pwl o ysgrifennu. Ond wrth gwrs, roedd y fam yr oedd newydd ei cholli i chwarae rhan gwbl ganolog yn ei nofel maes o law, a rhai o ffeithiau ei bywyd i gael eu hailadrodd mewn ffuglen bron yn union fel yr oeddynt. Mae'n amlwg fod Kate Roberts wedi rhoi digon o groeso i'r bennod gyntaf enghreifftiol a dderbyniodd, ac mai dyna sydd dan sylw gan Caradog wrth sôn yn y dyfyniad uchod am 'y symbyliad o Ddinbych'. Eto, mae'n anodd osgoi'r casgliad fod marwolaeth ei fam yn y dref honno'n llawn cymaint o symbyliad i ailafael o ddifrif yn y nofel.

Nid dyma'r tro cyntaf iddo dynnu ar hanes ei fam mewn gwaith creadigol. Hi a'i thynged oedd yr ysbrydoliaeth i'r tair pryddest a enillodd iddo goron yr Eisteddfod Genedlaethol deirgwaith yn olynol yn niwedd y 1920au. Cawn edrych ar y rheini'n fanylach eto; digon am y tro yw dweud bod y tair yn ymdrechion ar ran bardd ifanc yn ei ugeiniau i wneud rhyw fath o synnwyr o'r profiad alaethus a oedd newydd ddod i'w ran, sef gweld ei fam weddw yn graddol golli ei phwyll nes ei dwyn yn y diwedd i'r ysbyty yn Ninbych. Gellir dweud bod *Un Nos Ola Leuad* yn gwneud yr un peth dros 30 mlynedd yn ddiweddarach. Ond mae un gwahaniaeth pwysig: lle roedd y pryddestau'n dramateiddio ac yn dehongli'r profiad o safbwynt y fam ei hun, gan ddychmygu ei meddyliau trwblus, mae stori *Un Nos Ola Leuad* yn cael ei hadrodd o safbwynt y mab, gan ddarlunio'r effaith arno ef. Stori ei chwalfa *ef* yw hon.

Yr un yw deunydd crai'r farddoniaeth gynnar a'r nofel, ond yn y nofel, ac yntau bellach yn ei bumdegau, y gwnaeth Caradog y defnydd mwyaf uniongyrchol o'i brofiad. Mae tystiolaeth y llythyr hwn am gyfnod ysgrifennu'r nofel yn awgrymu'n gryf mai nofel a oedd wedi bod yn aros i gael ei hysgrifennu oedd hi, ac mai marwolaeth ei fam oedd y digwyddiad a ryddhaodd yr awdur i wneud hynny. Go brin mai unrhyw ymboeni am weddustra'r syniad o ysgrifennu am ddirywiad meddwl ei fam a oedd wedi'i atal rhag gwneud hynny ynghynt; petai hynny'n wir ni fyddai'r un o'r pryddestau, na'r cerddi cynnar eraill sy'n ymwneud â'r fam, wedi gweld golau dydd. Prin fod Margaret Jane Pritchard mewn cyflwr i ymateb yn synhwyrol i weithiau llenyddol ei mab, beth bynnag. Dyma'r wraig a 'roes goron fach arian Eisteddfod Caergybi ar ei phen' a chanu pennill o emyn yn sôn am goron Iesu, yn ôl tystiolaeth ei mab.[2] Ond mae'n rhaid fod ei marwolaeth yn ddiwedd cyfnod hir a phoenus iawn iddo, ac efallai ei bod yn haws iddo wedyn edrych ym myw llygad y profiad ingol a gafodd yr holl flynyddoedd yn ôl mewn ffordd na wnaethai cyn hynny. Mae'n arwyddocaol na ddychwelodd at y profiad mewn unrhyw waith creadigol ar ôl *Un Nos Ola Leuad* ychwaith; nid oes sôn amdano yn ei gyfrol o straeon, *Y Genod yn ein Bywyd*, a gyhoeddwyd yn 1964, er bod honno'n cynnwys cryn dipyn o ddeunydd hunangofiannol, ac aeth ei farddoniaeth hefyd, ar ôl y nofel, i gyfeiriadau gwahanol. Roedd

Caradog fel petai wedi dihysbyddu posibiliadau creadigol y bennod hon yn ei fywyd gydag *Un Nos Ola Leuad*, a'r cwbl a oedd ar ôl i'w wneud wedyn oedd egluro a chyfiawnhau, fel y ceisiodd wneud yn ei hunangofiant, *Afal Drwg Adda*, a gyhoeddwyd yn 1973.

Roedd *Un Nos Ola Leuad*, unig nofel yr awdur, felly'n uchafbwynt yn ei yrfa lenyddol, yn ben draw ei fyfyrdod hir ar themâu a oedd yn codi o brofiad personol. Bydd cyfle yn y penodau nesaf i edrych yn fanwl ar y themâu hynny ac ar berthynas y nofel â gweithiau eraill Caradog, ond bwriad y bennod hon yw rhoi sylw iddi ar ei thelerau ei hun. Dyma, wedi'r cwbl, ei waith enwocaf. Er mai fel bardd y gwnaeth enw iddo'i hun i ddechrau, a bod ambell un o'i bryddestau'n cael eu cyfrif gan lawer ymhlith goreuon yr ugeinfed ganrif, *Un Nos Ola Leuad* sydd wedi sicrhau lle i Caradog ar ganol prif lwyfan llenyddiaeth Gymraeg fodern.

Sylweddolodd y beirniaid cyntaf un i fynd i'r afael â'r nofel eu bod yn ymdrin â gwaith arloesol. Mewn adolygiadau a oedd ar y cyfan yn frwd dros ben eu canmoliaeth, tynnwyd sylw at newydd-deb y cynnwys a'r themâu. 'Ni bu sgrifennu cry fel hyn o'r blaen yn y Gymraeg,' meddai Tom Parry-Jones am yr hyn a ddisgrifiodd fel 'realaeth gignoeth' y portread o fyd y chwarelwyr.[3] 'Nid ysgrifennwyd yn y Gymraeg ddim sydd yn hollol debyg i *Un Nos Ola Leuad*,' meddai Pennar Davies wedyn, wrth fynd ati i drafod rhai o themâu'r nofel fel y gwelai ef hwy, sef 'gwallgofrwydd, hunanladdiad, gwyrdroad rhywiol'. Pennar Davies hefyd a sylwodd nad oedd yr olaf o'r themâu hyn wedi creu unrhyw fath o adwaith negyddol. 'Petai Caradog [*sic*] Evans wedi ysgrifennu rhywbeth tebyg yn Saesneg, buasai'r gwrthdystiad yn ddigon i siglo colofnau'r wasg Saesneg yng Nghymru,' meddai. Roedd yn iawn wrth ddweud na leisiwyd yr un brotest groch yn erbyn cynnwys rhywiol y nofel. Mae'n wir i Emrys Edwards ddweud bod y 'darnau poethion', fel y galwa hwy, yn tarfu rhyfuaint arno ef, ac i Tom Parry-Jones gwestiynu'r angen i 'roi'r geiriau drwg yng ngenau'r plant', ond ni chafwyd ddim byd tebyg i'r stormydd a ddilynodd gyhoeddi, gwobrwyo neu beidio â gwobrwyo gweithiau eraill yn gynharach yn y ganrif a fentrodd dorri'r tabŵ ar drafod rhyw mewn llenyddiaeth.[4] Yn hytrach, geiriau fel 'camp' a 'gorchest' a oedd yn britho'r adolygiadau cyntaf, fel y maent wedi britho bron pob ymdriniaeth â'r nofel ers hynny. Mae amlder yr ymdriniaethau hynny mewn cylchgronau, cyfnodolion a chyfrolau o feirniadaeth lenyddol dros y blynyddoedd yn un arwydd o boblogrwydd parhaus y nofel, ac nid oes unrhyw lyfr wedi cael aros yn hwy ar faes llafur yr arholiad Safon Uwch Cymraeg. Ond mae apêl *Un Nos Ola Leuad* yn mynd y tu hwnt i ffiniau'r byd academaidd. Mae'n sicr o fod yn un o'r nofelau Cymraeg a werthodd orau erioed. Fe ysbrydolodd gân bop, fe wnaed addasiadau teledu, ffilm a llwyfan, a phrin fod dim un llyfr Cymraeg yn cael ei enwi'n amlach fel ffefryn, i'r graddau fod un trefnydd holiadur wedi gorfod gofyn i bobl beidio â'i enwi, gan mor rhagweladwy oedd y byddai'n dod i'r brig ac er mwyn rhoi cyfle i lyfrau eraill.[5] Mae'n nofel sy'n sicr wedi dylanwadu ar ryddiaith Gymraeg greadigol a gyhoeddwyd ers hynny, yn drymach o bosibl ar waith diweddar nag ar waith o'r un cyfnod. Disgrifiodd John Rowlands hi fel 'prototeip y nofelau Cymraeg ôl-fodern a ymddangosodd yn yr wythdegau a'r nawdegau'; mae rhywun yn meddwl yn arbennig am waith awduron fel Robin Llywelyn a Wiliam Owen Roberts.[6]

Mae *Un Nos Ola Leuad* hefyd yn enghraifft brin o nofel a gafodd sylw y tu allan i Gymru, trwy gyfieithiadau. Y nofelydd o Ystradgynlais, Menna Gallie, oedd awdur y cyfieithiad Saesneg cyntaf, *Full Moon*, a gyhoeddwyd yn 1973, ac er nad yw'n gyfieithiad rhy lwyddiannus (yn rhannol oherwydd fod sawr Saesneg cymoedd y de arno), roedd yr ymateb yn y wasg Saesneg drwodd a thro yn ffafriol iawn. Swynwyd y beirniaid Saesneg gan yr un pethau ag y ffolodd y beirniaid Cymraeg arnynt – yn bennaf, y darlun byw o gymuned, y portread o blentyndod a'r modd y mae hiwmor a thrasiedi'n gweu trwy'i gilydd. Nid yn annisgwyl, roedd sawl adolygydd yn cymharu'r nofel â gwaith Dylan Thomas, yn enwedig *Under Milk Wood* a *Portrait of the Artist as a Young Dog*, ond gan gydnabod gwreiddioldeb y llyfr Cymraeg yr un pryd.[7] Mae'r ail gyfieithiad, *One Moonlit Night*, a ymddangosodd yn 1995, yn llawer mwy boddhaol na'r cyntaf, gyda Philip Mitchell, gŵr a ddysgodd Gymraeg, wedi llwyddo, ar y cyfan, yn ei nod deublyg o gadw'n driw i ystyr fanwl y gwreiddiol gan gyfleu ei ysbryd ar yr un pryd.

Yn wahanol i'r cyfieithiad blaenorol, sy'n hepgor talpiau cyfan o'r
llyfr Cymraeg, mae'r cyfieithiad hwn yn un cyflawn, ac mae bellach
yn cael cylchrediad ehangach gan ei fod wedi ei gyhoeddi, ochr yn
ochr â'r gwreiddiol, yng nghyfres Penguin, Twentieth-Century
Classics – y nofel Gymraeg gyntaf yn y gyfres. Y mae'r nofel hefyd
wedi'i chyfieithu i nifer o ieithoedd eraill – prawf fod ei hapêl yn un
eang sy'n trosgynnu ffiniau gwlad ac iaith.[8]

Mae'n amlwg felly nad tân siafins oedd y croeso a gafodd *Un Nos
Ola Leuad* pan gyhoeddwyd hi. Mae'r un mor amlwg fod myrdd o
resymau pam bod y nofel yn dal i gydio yn nychymyg pobl. Ond un
nodwedd gyffredinol ohoni – a rhan bwysig o'i hapêl a'i
harwahanrwydd – yw ei herfeiddiwch yn wyneb traddodiad ac arfer,
a'i pharodrwydd i dorri rheolau. Mae deunydd crai yn cael ei
weddnewid a'i fowldio a mwy nag un confensiwn llenyddol yn cael
ei droi ar ei ben er mwyn dweud stori sydd eto i gyd yn swnio fel
petai wedi cael ei harllwys ar bapur heb unrhyw feddwl am na dull
na modd. A dyna'r hyn y bwriedir canolbwyntio arno yn y bennod
hon, sef y ffordd y mae hynny'n digwydd: y ffordd y mae'r nofel, yn
baradocsaidd ddigon, fel petai'n ystumio ac yn igam-ogamu'i ffordd
at fynegiant o 'wirionedd' gyda'r mwyaf uniongyrchol ac unplyg
sydd i'w gael yn ein llenyddiaeth, bron fel y mae'r adroddwr ei hun
yn gwneud ei ffordd droellog, fesul tipyn, at ei ddiwedd anochel.
Mae'n ystyriaeth sydd, wrth ein harwain ar ein pennau i ganol ein
trafodaeth sylfaenol ar ffaith a dychymyg yng ngwaith yr awdur
hwn, yn cwmpasu sawl agwedd ar gynnwys a gwneuthuriad y nofel;
ac efallai y bydd rhai o'i hedmygwyr yn gwarafun mynd i'r afael fel
hyn â manylion ei mecanwaith, rhag chwalu hud y cyfanwaith. Ond
gan gofio mai twyll yw pob llenyddiaeth, mai ffug yw ffuglen, y
mentrwn dramgwyddo'r rheini yn awr.

Yr awdur ei hun sydd wedi rhoi'r gair 'ystumio' i ni, yn ei
ddisgrifiad trawiadol o'r nofel yn *Afal Drwg Adda*:

> Darlun aneglur, wedi ei ystumio gan amser a dychymyg, fel
> darlun a welir mewn crychni dŵr, oedd y cronicl hwn. Darlun
> afreal, wedi ei weld yn y cyfnos ac yng ngolau'r lloer. (16)

Dweud y mae Caradog, wrth gwrs, mai fersiwn ffuglennol o'i orffennol sydd yma. Mae'n dweud yr un peth mewn nodyn ar ddechrau'r nofel ei hun, wrth gadw at y traddodiad, ar ddechrau gweithiau ffuglen, o wadu unrhyw gysylltiad rhwng y cymeriadau a phobl go iawn:

> Er bod brith-gofion bore oes yn sail i ambell ddigwyddiad yma, ystumiwyd cymaint arnynt gan amser a dychymyg fel nad oes unrhyw gysylltiad uniongyrchol ag unrhyw berson yn yr un o'r cymeriadau, ac y mae 'eu dydd yn gelwydd i gyd'.

Ond wrth gwrs, roedd yn hysbys hyd yn oed adeg cyhoeddi'r nofel fod y gwir yn agos iawn at yr wyneb, y gwir nid yn unig am fywyd personol Caradog ond hefyd am y lle y magwyd ef ynddo a'r gymdeithas y tyfodd i fyny ynddi. Dienw yw'r 'Pentra' lle y mae'r cwbl yn digwydd, ond does yna fawr o ymdrech i guddio'r ffaith mai Bethesda a Dyffryn Ogwen sydd yma. Cofiai'r diweddar Ernest Roberts, a fagwyd ym Methesda yn yr un cyfnod â Caradog, fel y cafodd rhai o drigolion y pentref gryn hwyl, adeg cyhoeddi'r nofel, yn ceisio dyfalu pwy oedd pwy ynddi. Ymhlith y cymeriadau y gellid adnabod elfennau o bobl go iawn y pentref ynddynt yr oedd Joni Sowth, Harri Bach Clocsia, Wil Colar Starts, Preis Sgŵl a'r Canon. Roedd yna ddyfalu mawr hefyd ble oedd ble; er nad yw daearyddiaeth pentref y nofel yn cyfateb bob amser i eiddo Bethesda, mae ambell le go iawn yn cael ei enwi, naill ai wrth ei enw neu enw tebyg. Gallai Ernest Roberts dystio yn ogystal fod sail gwirioneddol i ambell un o'r straeon; roedd ganddo gof clir, er enghraifft, am gêm bêl-droed yn mynd yn ffradach wrth i gôl-geidwad y tîm lleol benderfynu rhoi'r reffarî yn ei le, fel sy'n digwydd yn y nofel.[9] Cyd-frodor arall a bwysleisiodd elfennau hunangofiannol *Un Nos Ola Leuad* oedd Emrys Edwards. Fel 'hunangofiant hyfryd o ddiffuant' y croesawodd ef y llyfr.[10] Os trown at *Afal Drwg Adda* ac atgofion plentyndod Caradog, fe gawn fod sawl hanesyn yno hefyd sy'n cyfateb i ddigwyddiadau yn y nofel. Enghreifftiau amlwg yw hanes y Canon Jones yn dod i'r ysgol i dorri'r newydd i'r prifathro fod ei fab wedi'i ladd yn y rhyfel; hanes Yncl Jack feddw, brawd mam Caradog, yn codi ofn arni ganol nos, fel y mae Yncl Wil yn codi braw ar y fam ffuglennol; y cof am weld un o hogiau Bethesda yn cyrraedd adref o'r rhyfel, yn flinedig a budr ar ôl wythnosau yn ffosydd Ffrainc, fel Elwyn Pen Rhes yn y nofel.

Mae'n ddiddorol fod Caradog ei hun weithiau fel petai'n ymagweddu at y nofel yn fwy fel hunangofiant nag fel ffuglen. Yn un peth, er pwysleisio yn y nodyn uchod ar ddechrau'r nofel mai dychmygol oedd y cymeriadau, gofynnodd i Ernest Roberts fynd trwy'r proflenni er mwyn sicrhau nad oedd perygl iddo dramgwyddo neb o drigolion yr ardal (fel newyddiadurwr, byddai hefyd yn dra ymwybodol o gyfraith enllib). Aeth hefyd ar raglen deledu gydag Ernest Roberts, yn fuan ar ôl cyhoeddi *Un Nos Ola Leuad*, i drafod y nofel a chan adael i'w gyfaill ddangos lluniau o rai o'r bobl go iawn yr oedd elfennau ohonynt yn y cymeriadau; gyda'r ddau hefyd roedd Thomas Morris o Fethesda, gôl-geidwad y gêm bêl-droed wreiddiol y cyfeiriwyd ati eisoes. Naw mlynedd yn ddiweddarach, yn ei ddarlith *Y Rhai Addfwyn*, a draddodwyd ym Methesda, cawn ef yn adrodd stori wir o'i blentyndod (stori am y 'Goits Fawr' a'i llond o 'fyddigions' yn dod i Fethesda), gan ei chyflwyno fel stori a '[d]dylai fod wedi cael ei lle yn *Un Nos Ola Leuad*'. Mae'n mynnu adrodd y stori honno, yn ei holl fanylder, yn yr un iaith lafar, blentynnaidd yn union ag a geir yn y nofel, ac yn wir fe allai'r hanesyn yn hawdd fod wedi'i godi yn ei grynswth o'r fan honno.[11] Ac wrth drafod y nofel mewn darlith arall yn 1964 disgrifiodd hi fel 'bywgraffiad pur'.[12]

Gwelir felly mor amwys yw agwedd yr awdur ei hun at ei greadigaeth. Er mor daer yr ymddengys weithiau i'n hatgoffa mai 'darlun . . . wedi'i ystumio' sydd yma, dro arall mae'n ddigon parod i arwain ei ddarllenwyr i gredu mai ffrwyth atgof yw'r cyfan.[13] Mae'n sicr yn amhosibl i'r sawl sy'n gyfarwydd â hanes cynnar Caradog gau'r cefndir hwnnw'n llwyr allan o'i feddwl wrth ddarllen y nofel. Ac eto ffuglen sydd yma. Fe allai'r awdur fod wedi dewis rhannu ei brofiad mewn ffordd fwy uniongyrchol, fel y byddai'n gwneud, yn wir, maes o law yn ei hunangofiant ffurfiol. Ond dewis ysgrifennu nofel a wnaeth y tro hwn, ac rydym yn gwneud cam dybryd ag ef os ydym yn gorbwysleisio'i ddyled amlwg i'w atgofion ar draul y ffordd greadigol y mae wedi defnyddio'r atgofion hynny.

Cystal atgoffa'n hunain i ddechrau o gynnwys y nofel. Portread o ran o blentyndod yr adroddwr sydd yma, cyfnod o ryw bum mlynedd. Ef ei hun sy'n dweud yr hanes, yn y person cyntaf a thrwy gyfrwng atgofion sy'n cael eu cyflwyno i ni blith draphlith ond sy'n arwain yn y pen draw at adroddiad ar ddau ddigwyddiad tyngedfennol. Y digwyddiad cyntaf yw dwyn mam y bachgen i'r Seilam, a'r ail yw lladd merch, Jini Bach Pen Cae, gan yr adroddwr ei hun, gweithred sy'n arwain at ei roi yn nwylo'r heddlu. Wyddom ni ddim faint o amser sydd wedi mynd heibio ers hynny, na beth fu hanes yr adroddwr yn y cyfamser, ond mae'n amlwg ei fod bellach yn oedolyn, er nad yw ef ei hun fel petai'n llawn sylweddoli hynny wrth iddo fynd ar daith unnos, unig trwy fro ei febyd. Y daith honno sy'n rhoi fframwaith i'r nofel, wrth i wahanol leoedd ddeffro gwahanol atgofion. Daw'n amlwg erbyn diwedd y daith, a diwedd y nofel, mai Pen Llyn Du yw cyrchfan yr adroddwr. Yng nghyffiniau'r Llyn y bu'r cyfarfyddiad tyngedfennol gyda Jini Bach Pen Cae, ac mae pob rheswm i gredu mai ei foddi ei hun yn y Llyn ei hun a wna'r adroddwr yn awr.

Wrth drafod drama Eugene O'Neill, *Long Day's Journey Into Night*, sydd hithau'n ddrama hunangofiannol iawn wedi'i hysgrifennu gan awdur a welodd ei fam yntau yn dioddef salwch meddwl, dywedodd un sylwebydd ei bod yn haws dweud lle mae'r ddrama'n gwyro oddi wrth y gwir na dweud lle mae hi'n driw iddo, gan mor agos y glyna at yr hanes go iawn.[14] Go brin y gallwn fynd mor bell â dweud hynny am *Un Nos Ola Leuad*. Mae yna lawn cymaint o wahaniaethau rhwng y ffuglennol a'r ffeithiol ag sydd yna o gyfatebiaethau, ac mae'n ddiddorol ystyried y prif rai.

Un o'r gwahaniaethau mwyaf yw bod profiad Caradog o wylio cyflwr meddwl ei fam yn dirywio wedi ei symud yn ôl mewn amser. Blynyddoedd olaf y Rhyfel Mawr ac yn union wedyn yw cyfnod y nofel. Rhyw flwyddyn ar ôl y rhyfel yr aiff y fam i'r Seilam, a'r bachgen erbyn hynny'n rhyw 13 oed, fe gesglir, gan fod hyn flwyddyn cyn iddo adael yr ysgol (14 oedd yr oedran cynharaf y gellid gwneud hynny fel arfer). Roedd Caradog ei hun yn 19 ac wedi hen adael cartref, yn wir wedi symud i Ddyffryn Conwy, erbyn adeg mynd â'i fam i'r ysbyty yn Ninbych. Pam gwneud y newid hwn? Un eglurhad posibl yw bod cael y rhyfel yn gefndir i'r stori yn fodd i'r awdur gywasgu mewn un nofel ddau brofiad a fu'n rhan arwyddocaol o'i ieuenctid, y 'Chwalfa fawr gyhoeddus' a'r 'chwalfa fach breifat' fel y'u geilw yn *Afal Drwg Adda* (16). Ond efallai mai'r rheswm pwysicaf dros symud y profiad yn ôl rai blynyddoedd oedd er mwyn gallu darlunio'n well y berthynas rhwng mam a mab sy'n ganolog i'r nofel a gwneud canolbwynt o'r aelwyd a rannant.

Yn wahanol i Caradog, unig blentyn yw'r bachgen yn *Un Nos Ola Leuad*, a'i unigrwydd yn cael ei gyfleu'n ddirdynnol yn yr olygfa honno yn y Seilam lle y caiff ddillad ei fam yn becyn bychan i fynd yn ôl adref gydag ef. Er gwaethaf caredigrwydd cymdogion, er bod ganddo gwmni i hebrwng ei fam i'r ysbyty, ac er bod ganddo nain yn disgwyl amdano gartref, plentyn amddifad yw'r plentyn sy'n ymollwng o'r diwedd i ddagrau. Ar ei ben ei hun y mae'n wynebu'r golled eithaf hon mewn nofel lawn colledion. Yn y cyswllt hwn mae'n ddiddorol nodi bod dau frawd Caradog, fel yntau, wedi gadael y nyth erbyn i Margaret Jane Pritchard fynd i Ddinbych. Roedd Howell yn Lloegr erbyn hynny, ac er bod Glyn yn dal yn yr ardal, mae Caradog, yn ei lythyrau at ei gyfaill Morris T. Williams ar y pryd, fel y gwelsom, yn ei bortreadu ef fel llanc anystywallt na chododd fys i'w gynorthwyo yn ei ymdrech i helpu ei fam cyn iddi fynd i'r ysbyty. Caradog, yn ôl tystiolaeth y llythyrau, a frwydrodd i gadw to uwch ei phen a hithau'n ddwfn mewn dyledion. Ef hefyd a aeth â hi i Ddinbych. Bydd cyfle eto i edrych yn fanylach ar y cyfnod hwn yn ei fywyd, fel y mae'n cael ei ddarlunio yn y llythyrau at Morris T. Williams, ond mae'n werth nodi yma mai un o'r pethau mwyaf trawiadol ynglŷn â'r dystiolaeth honno yw ymdrech barhaus a dewr Caradog i ymgodymu â'r profiad enbyd a ddaethai i'w ran, weithiau trwy fyfyrio ac ymresymu ag ef ei hun, dro arall trwy gynllunio'n ymarferol. Mae'r bachgen yn y nofel yn rhy ifanc, wrth gwrs, i ymateb yn y fath fodd; argraffiadau diddeall, a'r rheini'n gymysg â'i argraffiadau o bawb a phopeth arall, a gawn ganddo ef o ddirywiad meddwl ei fam. Nid tan y bore yn nhŷ'r bobl drws nesaf y gwawria'r gwir creulon arno – sylweddoliad a gaiff ei gyfleu yn y ddyrnod honno o frawddeg, 'Ac yn sydyn dyma fi'n dallt pob dim' (167). Ond yr un yw'r argraff o ymollwng terfynol yn *Afal Drwg Adda* ac yn *Un Nos Ola Leuad* fel ei gilydd, er bod y 'tuchan crio'n ddistaw' a ddisgrifir yn y cyntaf (68) wedi troi'n '[w]eiddi crio dros bob man' erbyn yr ail (174). Yn wyneb hyn oll mae rhywun yn cael ei demtio i gynnig un rheswm arall posibl dros wneud prif gymeriad y nofel yn blentyn, sef fod yr awdur trwy hynny'n cyfleu rhywfaint ar ei ddiffyg dealltwriaeth ef ei hun o'r profiad a gafodd. Er mor daer o benderfynol y bu i helpu ei fam, er mor ddyfal y bu'n cynllunio i achub y cartref a rhwystro'r chwalfa, ni thyciodd dim byd. Cael ei dwyn oddi arno a wnaeth hi, ac ofer hefyd fu ei holl gynlluniau i'w chael allan o'r ysbyty; ni wireddwyd ei obaith cynnar y byddai'n gwella. Tybed a oedd Caradog wrth edrych yn ôl ar y profiad 30 mlynedd yn ddiweddarach, gan ddewis adrodd y stori o safbwynt plentyn diymgeledd, yn cydnabod o'r diwedd mor sylfaenol ddiymadferth yr oedd, ac mor llwyr y'i lloriwyd?

A throi at yr ail wahaniaeth amlwg rhwng profiad yr awdur a'r stori a adroddodd yn ei nofel, mae'r adroddwr yn llofrudd sydd, yn ôl pob golwg, yn terfynu ei fywyd ei hun hefyd ar y diwedd. Fe allai Caradog fod wedi dod â'i nofel i ben gyda'r ymweliad â'r Seilam. Dyma uchafbwynt emosiynol y nofel, ac efallai y gallem, ar ddarlleniad arwynebol, dybio bod yma glo digon priodol, gyda'r plentyn druan wedi cael ei orfodi gan amgylchiadau creulon i dyfu i fyny bron dros nos. Ond wrth gwrs mae yna bresennol i'r nofel hon yn ogystal â gorffennol. Oedolyn ar daith sy'n dweud yr hanes, ac ym mhennod olaf y nofel cyrhaeddir pen y daith honno, sef Pen Llyn Du. Datgelir mai yma y lladdodd yr adroddwr Jini Bach Pen Cae, flwyddyn ar ôl mynd â'i fam i'r Seilam.

Mae'n bwysig nodi nad yw'r adroddwr ei hun yn cyfaddef iddo wneud hynny; i'r gwrthwyneb, mae'n gwadu. Ond mae'n gwadu mewn ffordd sydd fel petai'n cadarnhau ei euogrwydd. Ar ôl cofnodi ei sgwrs ef a Jini y noson honno, a dweud fel y trodd y sgwrs yn gyffwrdd, ac yna'n gofleidio a chusanu ac yn dynnu dillad, dyma a gawn ganddo:

Ond deud celwydd oeddan nhw pan daru nhw ddeud bod fi
wedi taflyd Jini Bach Pen Cae i Rafon ar ôl iddyn nhw gael hyd
i'w dillad hi ar lan Rafon. Peth dwytha ydw i'n gofio ydy'i
gweld hi'n cysgu'n braf a finna'n dechra meddwl am Preis Sgwl
yn mynd a hi trwy drws yn Rysgol a Em Brawd Now Bach Glo
yn mynd a hi i Coed Ochor Braich. A finna'n sbio arni hi a
meddwl peth bach mor dlws oedd hi, a gwddw bach mor feddal
oedd gynni hi, a hwnnw'n wyn fel llian a'i bocha hi'n gochion
ac yn boeth fel tân. A rhoi fy nwy law am ei gwddw hi a rhoid
cisan iddi hi pan oedd hi'n cysgu, a dechra'i gwasgu hi. (180)

Cyn mynd ymhellach, mae'n ddiddorol nodi bod merch o Fethesda
wedi'i llofruddio ym Môn ddechrau'r ugeinfed ganrif, yn ystod
plentyndod Caradog, a hynny mewn dull nid annhebyg i'r hyn a
ddisgrifir uchod. Lladdwyd Gwen Ellen Jones, a oedd yn ei thridegau
ac yn fam i ddau o blant, yng Nghaergybi, lle roedd hi'n byw ac yn
gweithio fel putain erbyn hynny, ar ddydd Nadolig, 1909. Dyn a
fuasai'n cyd-fyw â hi ar un adeg oedd y llofrudd, cyn-filwr o'r enw
William Murphy. Yn ôl ei dystiolaeth ei hun ar ôl ei ildio ei hun i'r
heddlu, ceisiodd Murphy dagu Gwen cyn ei llusgo i ffos a thorri ei
gwddf â chyllell. Roedd diddordeb cyhoeddus mawr yn yr achos, y
llofruddiaeth gyntaf ym Môn ers bron i hanner canrif, a chafodd
Murphy ei grogi yng ngharchar Caernarfon ar 15 Chwefror 1910. Ef
oedd yr olaf i gael ei grogi yng Nghaernarfon. O gofio'r dull yr
honnir i Jini Bach Pen Cae gael ei lladd, y ffaith ei bod yn hael ei
ffafrau rhywiol, a hefyd freuddwyd yr adroddwr a siarad rhwyfus y
fam am grogi Yncl Wil (sylwer ar yr enw) yng ngharchar Caernarfon,
mae'n gwbl bosibl fod cof yr ardal am y llofruddiaeth hon yn llechu y
tu ôl i'r digwyddiad yn *Un Nos Ola Leuad*.[15]

A throi'n ôl at y nofel ei hun, a hunan-dwyll ymddangosiadol yr
adroddwr, mae'r un peth i'w ganfod yn ei ddisgrifiad o'i ymdrech i
ddianc. Nid yw'n ei ddisgrifio ei hun fel llofrudd ar ffo, ond yn
hytrach fel rhywun sydd newydd benderfynu gadael cartref i fynd i
chwilio am waith. Rhyw ôl-nodyn o frawddeg, ar y diwedd un, sy'n
ein hatgoffa bod yr adroddwr mewn gwirionedd yn ceisio ffoi, rhag
gorfod wynebu canlyniadau anochel ei weithred. Meddai, ar ôl

dweud amdano'i hun yn mynd adref, yn ysgrifennu nodyn i'w nain, ac yn dechrau cerdded allan o'r pentref,

A faswn i ddim wedi cael fy nal chwaith heblaw i'r dyn hwnnw ddaru roid pas imi ar ôl pasio Glanabar ofyn o lle oeddwn i'n dwad a stopio'i lorri wrth ymyl Lerpwl i siarad hefo plisman. (182)

Gyda'r frawddeg yna, daw stori gorffennol yr adroddwr i ben. Dyna ddiwedd y cofio. Wedyn rydym yn ôl yn y presennol, a'r adroddwr newydd gyrraedd Pen Llyn Du, sef diwedd ei daith. Y llyn sy'n hawlio ei holl sylw yn awr. Wrth dynnu ei esgidiau, mae'n myfyrio ar enw'r llyn, yn synio y byddai 'Llyn Glas' yn well enw arno, ac yn dychmygu mai yn y llyn y mae ei deulu a'i hen gydnabod i gyd bellach, 'Huw a Moi a Em a Nain a Ceri a pawb'. Ac mae fel petai'n cael cadarnhad fod y person pwysicaf oll yno hefyd, sef ei fam:

Ew, peth rhyfadd fysa fo taswn i'n gweld Mam yn codi o'r Llyn rwan a gweiddi: Tyrd yma rhen drychfil bach. Wedi bod yn gneud dryga hefo'r hen Huw yna eto.
Mi weidda i, dest i edrach oes yna garrag atab. Mam-a-a-m. Mam-a-a-m. Mam-a-a-m. Oes wir. (182)

Yna daw'r nofel i ben gyda llith gan 'Lais' o'r llyn, llais Brenhines y Llyn Du.

Efallai mai'r dehongliad mwyaf naturiol ar y diwedd hwn yw bod yr adroddwr, yn y darn sydd yn ei lais ef ei hun, yn paratoi i'w foddi ei hun, ac mai cynrychioli'r byd newydd y mae ar fin, neu wedi, ymuno ag ef trwy hynny, y mae'r Llais. Wrth ddwyn ei nofel i ben, felly, mae Caradog wedi ychwanegu dwy drychineb at drychineb go iawn salwch ei fam, a chan ein bod yn ymdrin â deunydd mor amlwg hunangofiannol, mae'n deg, unwaith eto, gofyn pam. Un awgrym posibl yw ei fod, wrth droi ei gynrychiolydd ffuglennol yn llofrudd, yn rhoi ffurf ddramatig i'w ymateb ef ei hun i un o brofiadau mwyaf ysgytiol ei fywyd. Nid sôn am ddirprwyo yr ydym yma – nid dweud y byddai Caradog wedi hoffi dial ar rywun fel y mae'r bachgen yn y nofel rywsut yn dial ar Jini Bach Pen Cae oherwydd y cam a gafodd ef ei hun mewn bywyd – ond yn hytrach am ddiriaethu emosiynau. Lle na allai Caradog ei hun ond llyfu'i friwiau, gall y cymeriad dychmygol weithredu. Mae'n ddiddorol nad oes gyfeiriad at unrhyw *deimlad* penodol mewn perthynas â'r fam ar ôl y crio mawr ar ddiwedd Pennod 14. Am y flwyddyn ddigofnod sydd wedi mynd heibio rhwng hynny a dechrau Pennod 15, y bennod olaf, gadewir ni i ddefnyddio ein dychymyg, a chasglu mai blwyddyn o ddygymod â'r golled fu hi, heb ddim byd neilltuol i'w ddweud amdani heblaw fod y bachgen wedi gadael yr ysgol, fod ei nain bellach yn gofalu amdano ac mai Robin Gwas Gorlan yw ei ffrind gorau bellach ers i Huw symud i ffwrdd. Ond, mewn gwrthgyferbyniad llwyr, mae hanes y noson dyngedfennol ym Mhen Llyn Du yma'n llawn a manwl, ac un o'r pethau sy'n taro rhywun yw pendantrwydd symudiadau a phenderfyniadau'r bachgen yn awr, o'i gymharu â'i ddiymadferthedd ar ddiwedd y bennod flaenorol. Ar ddechrau'r bennod olaf, mae'n siarad fel rhywun sy'n gwybod ei feddwl, rhywun sydd am wrthod 'plygu i'r Drefn', chwedl Elis Ifas Drws Nesa (167). Dyma ddiwedd y sgwrs olaf rhyngddo ef a'i nain cyn iddo adael y tŷ:

> Dydw i ddim eisio mynd i Chwaral, Nain. Ma well gen i fynd yn was ffarm run fath â Robin. Mi ga i le yn Tal Cafn os â i yno i ofyn. Os na cha i, ydw i am fynd yn llongwr, run fath â Wmffra Tŷ Top.
> Cau dy geg, y trychfil bach. Chdi â dy longwrs. Mi gei di neud fel ydw i'n deud wrthat ti, a mynd hefo Elis Ifas i Chwaral fory, ne mi fynna i wybod pam.
> Gawn ni weld am hynny, medda finna, a rhoid fy nghap am y mhen a mynd allan â chlep ar y drws. (175)

'Mi â i fyny at Pen Llyn Du,' meddai wrtho'i hun wedyn, ar ôl canfod nad yw Robin Gwas Gorlan gartref i ddod allan gydag ef. Mae'n gobeithio taro ar Robin ym Mhen Llyn Du, ond wrth gwrs yn lle hynny mae'n dod wyneb yn wyneb â Jini Bach Pen Cae, ei *femme fatale*, chwedl Dafydd Glyn Jones.[16] Mae'n wir fod y plentyn mwy naïf ac ansicr ag ydoedd yn amlycach na'r llanc gwrthryfelgar yn ei sgwrs gyda Jini; mae hefyd yn wir mai hi sy'n arwain ac yntau'n dilyn yn y closio corfforol sydd rhyngddynt, ac yn y tynnu dillad. Ond ef sydd drechaf yn y diwedd. Mae'n ddiddorol nad yw ei ddisgrifiad ohono ef ei hun yn dechrau tagu Jini, a ddyfynnwyd ynghynt, yn swnio fel disgrifiad o rywun yn colli rheolaeth, er nad yw'n gwbl fwriadus ychwaith. Ac mae'n sicrach nag erioed o'i fwriad yn y darn sy'n dilyn yr uchod, lle mae'n ei ddisgrifio ei hun yn cyrraedd adref yn hwyrach yr un noson:

> . . . oeddwn i wedi penderfynu be i neud. Oeddwn i wedi penderfynu nad awn i byth i'r hen Chwaral gythral yna. Oeddwn i am redag i ffwrdd i'r môr run fath â ddaru Wmffra Tŷ Top pan oedd o'n hogyn erstalwm, a run fath â ddaru Arthur Tan Bryn redag i ffwrdd at y sowldiwrs amsar Rhyfal. Os oedd Huw yn medru mynd i Sowth a cael gwaith mewn pwll glo, mi fedrwn inna fynd i Lerpwl a cael gwaith mewn llong. (180)

Unwaith eto, mae rhywfaint o anwyldeb y bachgen bach, diniwed gynt yn aros; yn ei oedi uwchben y llun o'i fam a'i nain, yn ei frol yn y nodyn i'w nain y daw'n ôl un diwrnod 'hefo lot o bres i brynu dillad crand ichi'. Ond person gwahanol i'r plentyn yw hwn sy'n gallu cerdded allan o'r Pentra gefn drymedd nos heb 'ddim mymryn o ofn'. Nid yw fel petai'n ymwybodol ei fod newydd ladd rhywun. Mae ganddo amser i wneud brechdanau, i edrych ar lun, i ysgrifennu nodyn. Efallai fod ei gerddediad 'siarp' allan o'r Pentra yn awgrymu bod y digwyddiad gyda Jini yng nghefn ei feddwl, ond hyd hynny fel rhywbeth positif, nid negyddol, y cyflwynir yr ymdrech i ddianc. Mae ar fin cofleidio bywyd newydd, rhyddid newydd, sy'n cael ei symboleiddio, fel mewn rhannau eraill o'r nofel, gan y môr:

> . . . meddwl mor braf fydda hi cael mynd ar y llong a gweld y môr, a cofio amdanaf fi'n gweld hwnnw am y tro cynta o ben Ochor Foel wrth eistedd hefo Ceri. (182)

Ac mae'r ffordd mae'r adroddwr yn cloi stori'r gorffennol – 'A faswn i ddim wedi cael fy nal chwaith . . .' – yn ein hatgoffa ei fod bron wedi llwyddo yn ei ymdrech i ddianc hefyd.

A symud, fel y gwna'r nofel, yn ôl i'r presennol, peth positif, yng ngolwg yr adroddwr, yw cyrraedd Pen Llyn Du hefyd. Cofier mai yno yr oedd yn cyrchu y tro o'r blaen hefyd, ond i Jini Bach Pen Cae ddod ar draws ei lwybr. Ni chyfeirir ati hi wrth ei henw yn awr, ac eto mae hi yma, a glesni ei llygaid bellach yn un â glesni'r llyn:

> Iesgob, ma'r hen Lyn yn edrach yn dda hefyd. Peth rhyfadd iddyn nhw'i alw fo yn Llyn Du a finna'n medru gweld yr awyr ynddo fo. Fasa Llyn Glas yn well enw arno fo a fonta run fath â tasa fo'n llawn o llgada glas. Llgada glas yn chwerthin arnaf fi. Llgada glas yn chwerthin arnaf fi. Llgada glas yn chwerthin. (182)

Er hynny, argraff o berson yn cael ei fesmereiddio yw'r argraff gyffredinol a grëir yn y darn olaf hwn yn hytrach nag un â'i gydwybod yn ei boenydio. Mae'r cyfeiriad at weld yr awyr yn y llyn fel petai'n adleisio'r sôn cynharach am y môr. Rhyddid sy'n galw eto. Gollyngdod, nid ofn, sydd yng ngeiriau clo'r darn hwn wrth i'r adroddwr weiddi 'Mam' i weld a oes yna garreg ateb: 'Oes wir'. Cwestiwn ac ateb yw geiriau olaf un yr adroddwr, cyn llith Brenhines y Llyn Du, ac mae'r ateb yn un cadarnhaol:

> Hwn ydy'r Llais tybad? Ia, hwn ydy o . . . (182)

A throi'n ôl at brofiad go iawn Caradog, does dim rhaid chwilio ymhell am arwyddion iddo yntau fod ag awydd mawr iawn i 'ddianc' ar adegau yn ei fywyd. Yn sicr, roedd codi pac a dechrau o'r dechrau yn rhywle arall yn rhywbeth y bu'n ei ystyried droeon yn ystod y cyfnod pan oedd yn byw yn Nyffryn Conwy, yn y cyfnod ar ôl i'w fam fynd i Ddinbych. Y llythyrau at Morris T. Williams yw'r dystiolaeth, unwaith eto. Mae'r rheini'n dangos bod Caradog wedi ceisio dod o hyd i waith ar bapurau newydd yn Lerpwl, Paris a hyd yn oed Cape Town. Roedd nifer o bethau'n pwyso arno – materion yn ymwneud â'i fywyd carwriaethol ac â'i waith (gyda'r *Faner* erbyn hynny), yn ogystal â chyflwr ei fam – ac mae'r gri ganlynol, mewn llythyr at Morris T. Williams pan oedd hwnnw'n byw ac yn gweithio ym Mharis, yn nodweddiadol ddigon:

Y mae'r byd yma'n mynd yn rhy ddiawledig o ddyrys i mi
fedru aros ynddo oni chaf fynd i rywle o olwg pawb a chael
llonydd am dipyn. Sgrifennais at reolwr dy bapur di i ofyn iddo
am waith fel proofreader ond ni chefais ateb. A fedri di wneud
rhyw fath o le imi. Rhywbeth am y medraf fyw o olwg y byd yr
wyf ynddo'n awr.[17]

Er na chyrhaeddodd Caradog Baris na'r un o'r lleoedd eraill y bu'n
sôn amdanynt, fe symudodd i Gaerdydd yn y man ac oddi yno, wrth
gwrs, i Lundain. Ond mae ei waith llenyddol yn ddigon o brawf na
allodd anghofio'i fam yn Ninbych, waeth ble yr oedd; yng
Nghaerdydd yr ysgrifennodd ddwy o'r pryddestau eisteddfodol a
ysbrydolwyd gan ei fam, ac yn Llundain yr ysgrifennodd *Un Nos Ola
Leuad*. Yn Llundain hefyd, fe gofiwn, yr honna iddo wneud ymdrech
o fath gwahanol i ddianc rhag ei ofidiau, yn cynnwys y cof am ei fam,
a hynny trwy hunanladdiad. Cawn ystyried eto y stori hon a
gyflwynir yn *Afal Drwg Adda* fel y profiad y tu ôl i'w bryddest
'Terfysgoedd Daear', ond faint bynnag o sail sydd iddi, mae'n werth
ei chadw mewn cof wrth geisio gwneud synnwyr o ddiwedd *Un Nos
Ola Leuad*. Mae'n ymddangos bod adroddwr y nofel, fel adroddwr y
bryddest, yn cofleidio hunanladdiad fel dihangfa; mae'r ddau felly yn
dilyn i'w ben draw lwybr y rhoddodd Caradog ei hun, o bosib, droed
betrus arno, yn ei feddwl os nad yn llythrennol.

Mae pob llenyddiaeth yn bwydo ar brofiad mewn rhyw ffordd, er
na ellir ond dyfalu yn union sut. Nid yw'r ffaith fod pennod olaf *Un
Nos Ola Leuad* yn gwyro mewn ffordd mor amlwg oddi wrth 'y
ffeithiau' yn golygu bod yma lai o'r awdur ei hun nag mewn rhannau
eraill o'r nofel, lle mae'r hunangofiannol yn fwy amlwg. Yn sicr, ni
cheir yr argraff wrth ddarllen fod dim byd yn ffug nac yn ddieithr yn
y clo. Yn un peth, fel y gwelsom, mae'n dirwyn taith yr adroddwr i
ben. Yng nghyffiniau Pen Llyn Du y mae stori ddoe, y stori sy'n cael
ei hail-fyw, yn gorffen; ac yn y llyn ei hun y mae pen draw taith y
presennol, yn ôl pob golwg. O edrych yn ôl, mae'r ddau ben draw
wedi'u rhagfynegi mewn rhai ffyrdd. Mae fel petai ffawd wedi peri
mai Jini Bach Pen Cae yw'r ferch y mae'r llanc yn taro arni ar y noson
dyngedfennol; yr union ferch sy'n cael ei defnyddio'n gynharach yn y

nofel i fodloni chwantau rhywiol y prifathro ac, fe awgrymir, Em Brawd Now Bach Glo. Ac wrth wneud ei siwrnai olaf i Ben Llyn Du, tynnu ei esgidiau a gweiddi am ei fam, mae'r adroddwr yn dilyn yn ôl troed Em ei hun.[18] Yng nghyd-destun y nofel gyfan felly, mae'r diwedd bron yn anochel.

Dyna ni wedi cyffwrdd ar fater trefn, ac mae'n werth aros gydag ef. Un o'r pethau hynotaf am *Un Nos Ola Leuad* yw'r modd y mae hi wedi'i rhoi at ei gilydd, ac unwaith eto mae gennym baradocs. Ar un wedd, mae'r nofel fel petai'n chwarae'n gwbl fympwyol â threfn ac amser. Ac eto, mae rhyw fath o siâp ar y cyfan, siâp sy'n dod yn amlycach gyda phob darlleniad, gan ein gwahodd i bendroni ar ei arwyddocâd.

Nodwyd yn gynharach mai â chyfnod o ryw bum mlynedd yr ymdrinnir yn y nofel. Mae'n hawdd dyddio'r gadwyn o ddigwyddiadau sy'n arwain at fynd â'r fam i'r ysbyty ac sy'n cwmpasu Penodau 11, 13 a 14. Y digwyddiad cyntaf yn y gadwyn hon yw dadorchuddio'r gofgolofn i laddedigion y rhyfel, 'blwyddyn ar ôl i Rhyfal ddarfod' (120). Dyna fynd â ni i 1919, a chawn wybod ei bod yn ddydd Mercher. Y nos Sul wedyn yw noson Côr Sowth, yr ail ddigwyddiad yn y gadwyn, ac fe'n hysbysir ei bod yn fis Medi. Dyma'r noson y cyrhaedda'r bachgen adref yn llawn hwyliau, wedi cael rhyw fath o ysbrydoliaeth yn y canu emynau, dim ond i ganfod ei fam mewn cyflwr enbyd. Mae Pennod 12 yn torri ar draws yr hanes, gan fynd ar drywydd atgofion cynharach, ond ar ddechrau Pennod 13 rydym yn ôl ynghanol yr hunllef effro. Yma cawn adroddiad llawn ar y 'diwrnod hwnnw ar ôl noson Côr Sowth' (149). Dyma'r diwrnod alaethus sy'n dod ag un ergyd ar ôl y llall i droi bywyd y bachgen wyneb i wared. Yn gyntaf, canfod corff Wil Elis Portar yn nhai bach yr ysgol; yna'r newydd fod ei ffrind gorau Huw yn ymfudo; ac i gloi, mynd adref i ganfod ei fam, a fu ar goll trwy'r dydd, mewn cyflwr tebyg i'r hyn yr oedd ynddo'r noson cynt. Drannoeth yw diwrnod mynd â hi i'r Seilam, sef yr hanes a geir ym Mhennod 14. Neidir ar ddechrau Pennod 15 i noson yn ystod yr haf canlynol, sef haf 1920, noson y llofruddiaeth, a chyda'r hanes hwnnw daw'r cofio i ben. Ni allwn fod mor sicr pryd y mae'r cyfnod dan sylw yn dechrau. Ond medrwn fynd yn ôl i 1915 o leiaf: dyna'r flwyddyn ar garreg fedd Gryffudd Ifas Braich y cofia'r adroddwr ei gweld pan oedd hi'n newydd sbon. Mae'r wybodaeth yn stori trip côr yr eglwys fod y bachgen bron yn ddeg oed hefyd yn mynd â ni'n ôl i'r un cyfnod, sef blynyddoedd cynnar y rhyfel, a bwrw ei fod yn bedair ar ddeg, neu bron yn hynny, yn gadael yr ysgol yn 1919. I'r cyfnod rhwng tua 1915 a 1919 y perthyn corff yr atgofion felly, gyda thoriad clir rhwng y rhai diweddaraf, y gyfres a ddisgrifiwyd uchod, a'r rhai cynharach, anghronolegol sy'n cwmpasu deg pennod gyntaf y nofel ac sy'n cynnwys hefyd y ddeuddegfed.

Er bod yr atgofion cynharach hyn yn aml yn rhoi'r argraff o fod yn gwbl ar chwâl o ran trefn ac amser, mae astudiaeth fanylach yn dangos bod yma sawl peth sy'n tystio i gynllunio gofalus iawn, rhywbeth a oedd yn nodweddiadol o Caradog fel ysgrifennwr creadigol.[19] Wrth gwrs, mae taith yr adroddwr ynddi ei hun yn gosod rhyw fath o drefn ar y cyfan. Gwahanol leoedd sy'n sbarduno trwch yr atgofion, a'r rheini wedyn yn aml iawn yn arwain at atgof arall neu weithiau resiaid o rai sy'n gysylltiedig â'r un gwreiddiol mewn rhyw fodd neu'i gilydd. Ond y tu hwnt i hynny, ac er gwaetha'r neidio'n ôl a blaen mewn amser, y mae i'r cofio ei gerrig milltir, gan fod yr adroddwr yn aml iawn yn dweud pryd yr oedd digwyddiad arbennig mewn perthynas ag un arall. Y prif gerrig milltir yw marw'r Canon a marw Moi, ac mae'n amlwg mai'r Canon sy'n marw gyntaf gan fod Moi gyda'r ddau arall yn mynd i weld ei gorff yn yr arch. Er enghraifft, fe'n hysbysir mai 'Blwyddyn cyn i Canon farw' yr oedd trip y côr (145); a 'Blwyddyn cyn i Moi farw' y bu'r miri gyda'r mwncïod syrcas (110). Canllawiau amseryddol eraill yw dau ddychweliad Wmffra Tŷ Top i'r Pentra a salwch cyntaf y fam. Er nad yw sylwi ar gyfeiriadau fel y rhain yn rhoi gafael gwbl sicr i ni ar drefn gronolegol pethau, y mae'n sefydlu yn ein meddyliau ddyrnaid o ddigwyddiadau allweddol inni gnoi cil arnynt yng nghyd-destun y stori gyfan.[20]

Dyna farw'r Canon, er enghraifft. Mae Pennod 2 i gyd yn troi o gwmpas y Canon, ei ferch Ceri a'r Ficrej, a dyma'r bennod lle ceir yr awgrymiadau cyntaf ynghylch salwch meddwl y fam, yn enwedig ei hymateb i'r newyddion am ei farw. 'A rhywsut, fuo hi byth run fath wedyn,' meddir (29). Mae salwch a marwolaeth Moi, wedyn, yn sylfaen storïol i dalp cyfan o'r nofel. Mae Penodau 4 – 7 yn disgrifio'r cyfnod arbennig hwn heb fawr ddim crwydro, yn debyg i'r gyfres o benodau ar ddiwedd y nofel, gan symud o bennod i bennod fesul diwrnod dros benwythnos y Pasg cyn neidio rhyw wythnos at farwolaeth Moi. Dyma'r golled gyntaf i'r bachgen ei theimlo i'r byw, a geiriau'r emyn a genir yn yr angladd – 'Mae 'nghyfeillion adre'n myned / O fy mlaen o un i un . . .' – yn rhag-weld digwyddiadau diweddarach.

Perthyn i'r un rhan o'r nofel, ac i'r un clwstwr o ddyddiau, y mae'r hyn y gellir ei alw'n thema dirgelwch y tad. Yma y mae'r unig ddau gyfeiriad at y tad i'w cael, un ar ddiwedd Pennod 4 a'r llall ar ddiwedd Pennod 7. Cawn drafod y dirgelwch yn fanylach mewn man arall; digon yma yw nodi bod ymateb dryslyd y fam i dri pheth yn awgrymus. Y tri pheth hynny yw dychweliad Wmffra Tŷ Top at ei wraig; y newydd fod y bachgen wedi bod ym Mhen Llyn Du, a chwestiwn diniwed gan y bachgen ynghylch 'Tada'. Ymateb y fam i'r cwestiwn hwnnw sy'n cloi'r adran hon o'r nofel, ac mae'n ddiddorol mai'r hyn a geir yn syth wedyn, ym Mhennod 8, yw truth Brenhines yr Wyddfa, sy'n disgrifio ei stad fel stad o ddisgwyl parhaus am y 'Person Hardd'. Beth bynnag arall sydd yng ngeiriau'r Frenhines, mae ynddynt gyfatebiaeth o ryw fath ag amgylchiadau'r fam weddw. A barnu oddi wrth eiriau agoriadol Pennod 8, yr adroddwr, ac yntau'n awr yn ôl yn y presennol ac yn parhau ar ei daith trwy'r dyffryn, sy'n clywed y Llais:

> Hwn ydy'r Llais, tybad? Ynta dim ond y gwynt sy'n chwythu trwy Adwy'r Nant? (90)

Ond mae'r sôn am 'Lais' ynddo'i hun yn cysylltu â'r gorffennol y buwyd yn ei drafod yn y bennod gynt. Yno, fe gofir, mae Huw yn bwrw amheuaeth ar stori'r adroddwr am yr Olwyn Dân a fu'n siarad yn ei 'Llais' ei hun gyda Wil Elis Portar, a'r adroddwr yn ei dro yn mynegi'r amheuaeth honno wrth ei fam. Troi'n gas y mae hi, a chau ei cheg yn glep wedyn pan ofynna'r bachgen y cwestiwn am ei dad. Rhwng popeth, go brin mai hap a damwain yw gosod araith Brenhines yr Wyddfa lle mae hi, ar derfyn adran o'r nofel sy'n peri inni geisio dyfalu pwy yw ei dad a beth sydd wedi digwydd iddo; adran hefyd lle mae'r posibilrwydd o fyd arall, un sydd â'i fywyd a'i leisiau ei hun, yn chwarae llawer ar feddwl y bachgen, yn sgil nid yn unig stori'r Olwyn Dân ond marwolaeth Moi a'r ffaith ei bod yn Basg. Sylwer hefyd fod Pennod 8 yn bennod hanner ffordd – hanner ffordd trwy'r nofel a hanner ffordd trwy'r daith efallai; daw'r cyfeiriad nesaf at y 'Llais' ar ddiwedd y nofel, gyda pherchennog y llais erbyn hynny wedi troi'n Frenhines y Llyn Du.

Gellir dweud mai perthyn i ail hanner y nofel y mae salwch y fam. Er bod arwyddion cynharach fod rhywbeth o'i le, dyma pryd y daw'n amlwg nad yw hi'n ddynes iach. Mae Pennod 9 yn cynnwys yr hanes am y bachgen, er mawr ddychryn iddo, yn ei chanfod mewn cyflwr rhyfedd am y tro cyntaf. Rydym yn synhwyro bod rhywbeth mwy yn bod arni na'r 'hen gricmala yna' (97) sy'n cael y bai gan Gres Ifas Drws Nesa, ac mae angen i Nain ddod yno i fyw am dri mis. Ond ar y cyfan, oedi gydag atgofion hapus a wneir ym Mhenodau 9 a 10. Ym Mhennod 9, ar ôl adrodd stori salwch y fam, neidir yn ôl flwyddyn at hanes 'gwyrth' y fasged fwyd. Er bod tristwch colledion y rhyfel yn gysgod dros y stori hon, cofio'r noson oherwydd ei llawenydd iddo ef yn bersonol a wna'r adroddwr; y llawenydd o gael ateb ymddangosiadol i'w weddi yn y Seiat, o weld ei fam mewn hwyliau da ac o gael teimlo'n rhan o deulu bach cysurus yn nhŷ Nain uwch pryd bwyd amheuthun. Dyma noson pan mae hyd yn oed y lleuad 'yn chwerthin yn braf arna ni' (105). Mae'r digwyddiadau a ddygir i gof ym Mhennod 10 hwythau'n perthyn i gyfnod cyn salwch cyntaf y fam, yn wir cyn marwolaeth Moi. Pennod lawn anturiaethau yw hon, y cwbl yn ymwneud â bywyd y bachgen y tu allan i'r aelwyd, fel un o griw o ffrindiau; mae tair ohonynt hefyd yn gysylltiedig â Chae Robin Dafydd. Hanes Elwyn Pen Rhes yn achub ei frawd Ifor o'r afon yw'r stori gyntaf, sy'n rhagymadrodd ar gyfer yr ail stori, sef hanes Elwyn yn cael medal, y DCM, am ei ran yn y rhyfel, achlysur llawn sbloet a mwynhad i'r adroddwr a Huw a Moi. Yna ceir dwy stori'n ymwneud â'r syrcas, ac i gloi, hanes y gêm bêl-droed. Rhyw straeon tro trwstan yw'r tair olaf hyn, gyda chyffro mawr a rhyfeddod ynghlwm wrth yr olaf yn ogystal â hwyl.

Fel y gwelsom, ail salwch y fam, a'r ymateb i hynny, sy'n meddiannu gweddill yr atgofion. Ond yn torri ar draws yr hanes hwnnw, mae gennym bennod sy'n dychwelyd eto at y dyddiau dedwydd gynt. Ceir yr argraff fod yr atgofion a ddisgrifir ym Mhennod 12 gyda'r rhai cynharaf yn y nofel; mae'r stori gyntaf, hanes yr arhosiad yn y Bwlch, yn perthyn i gyfnod sbel cyn diwedd y rhyfel, gan fod Guto, cefnder y bachgen, wedi ymuno â'r fyddin 'flwyddyn wedyn'; ac fe'n hysbysir mai 'Blwyddyn cyn i Canon farw' (145) y bu trip Côr Reglwys, a ddisgrifir yn ail hanner y bennod. Wrth ystyried safle'r bennod hon yn y nofel, yr hyn sy'n taro rhywun yw bod y ddwy stori dan sylw nid yn unig yn rhai hapus ond yn rhai lle gwelir gorwelion y bachgen yn cael eu hehangu. Mae'r arhosiad yn y Bwlch, o ganlyniad i'r ddamwain yn y tŷ gwair, yn golygu ei fod yn treulio wythnos gyfan oddi cartref, heb ei fam, ac ar ôl hiraeth y noson gyntaf mae'n llwyr fwynhau'r profiad. Ynghlwm wrth y symud ffocws daearyddol, mae yna hefyd deimlad pendant o edrych ymlaen i'r dyfodol. Ar y ffordd i'r Bwlch, mae gweld yr ysgol ramadeg yn sbarduno'r sgwrs ganlynol rhwng y bachgen a'i fam:

> Esgob, ylwch Cownti Sgŵl i lawr fanacw. Edrach yn neis mae hi o fan yma, yntê, hefo'r haul arni hi?
> Ia, i fan yna byddi di'n mynd os gwnei di basio sgolarship.
> Dew, ia. Fydda i siŵr o basio. (135)

Mae yna hefyd sôn yn yr un sgwrs am 'Maenchester', lle bu'r fam yn gweini unwaith – 'Lle braf', meddai, a lle mae hi'n addo mynd â'i mab iddo 'ryw ddiwrnod'. Mae sgwrs ddiweddarach rhwng y bachgen a'i gefnder fel petai'n adleisio hyn, gyda Guto yn dangos iddo ble mae 'Shir Fôn a Bliwmaras a'r môr', gan frolio 'Bliwmaras' fel y 'lle brafia yn y byd i gyd' a chan addo ymweliad un diwrnod (144). Sôn am y môr yn hytrach na'i weld a wneir yma, ond mae'r ail stori yn cofnodi'r cyffro a'r gorfoledd o'i weld am y tro cyntaf erioed, diwrnod trip y Côr, golygfa sy'n gwneud i'r bachgen feddwl bod y nefoedd ei hun wedi agor o'i flaen. Dyma'r olaf o'r penodau hapus, ac mae'r holl edrych ymlaen ac edrych allan a geir ynddi yn eironig o gofio mai cyfyngu ar orwelion y bachgen a wneir yn yr atgofion du a ddisgrifir o hyn i'r diwedd. Gwelir ef yn rhyw ddechrau gwrthryfela yn erbyn addysg yn yr olygfa lle mae'n ffarwelio â Huw:

> Ta i ddim i Rysgol fory. Mi â i i chwara triwant, medda fi. Fedra i ddim diodda bod yno a Huw ddim yno. (158)

Fel y digwydd pethau, mae'n absennol o'r ysgol drannoeth am reswm arall, ac yntau'n gorfod hebrwng ei fam i'r Seilam. Flwyddyn yn ddiweddarach, mae'r bachgen a oedd yn edrych ymlaen cymaint at fynd i'r ysgol fawr wedi bod yno ac wedi gadael, a hynny ar y cyfle cyntaf, mae'n ymddangos. Mae apêl y môr, ar y llaw arall, yn dal yn gryf, ac yntau am fynd yn llongwr os na chaiff fynd yn was ffarm; ond buan y chwelir y gobaith hwnnw hefyd gan ddigwyddiadau'r noson, er bod y llanc yn cydio'n daer yn ei syniad gwreiddiol fel llwybr dihangfa ar ôl lladd Jini Bach Pen Cae.

Mae gosod atgofion golau Pennod 12 lle maent, tua diwedd y llyfr a chyn y cof am y chwalfa derfynol, yn rhoi'r argraff o ddyn yn mynnu rhyw hoe fach cyn wynebu'r storm, yn meddwl am yr hyn a allai fod wedi bod cyn edrych ym myw llygad yr hyn a fu. Mae'n bennod sy'n creu ymdeimlad o ehangu ac ymagor, sydd mewn gwrthgyferbyniad llwyr â'r modd y mae'r adran olaf o atgofion yn darlunio byd sy'n cyflym gau a thywyllu o gwmpas y bachgen. Ar ôl heulogrwydd Pennod 12, ceir newid tywydd llythrennol a newid cywair cyffredinol ym mharagraff cyntaf Pennod 13:

> Dechra'n ddrwg ddaru'r diwrnod hwnnw ar ôl noson Côr Sowth. Oedd dim rhyfadd iddo fo orffan yn waeth. Oedd hi'n stido bwrw glaw yn y bora a finna'n eistadd yn Rysgol a nhraed i'n wlyb achos bod fy sgidia i'n gollwng dŵr. Oeddwn i'n methu'n glir a gwrando ar be oedd Preis Sgŵl yn dreio ddeud, dim ond gwatsiad y glaw'n stillo ar ffenast run fath â tasa lot o ysbrydion drwg yn crio, a sbio ar y pylla mawr o ddŵr budur yn cae chwara. (149)

Gwaethygu y mae'r tywydd yn ystod y dydd, a gwaethygu hefyd y mae pethau i'r bachgen o hyn hyd ddiwedd y cofio.

Agwedd drawiadol arall ar saernïaeth y nofel yw'r holl ragfynegi
sydd ynddi. Crybwyllwyd eisoes y modd y mae Em Brawd Mawr
Now Bach Glo yn cael ei gyflwyno'n fuan yn y stori fel rhagflaenydd
i'r adroddwr ar ei daith i Ben Llyn Du, a'r modd y mae Jini Bach Pen
Cae ar y diwedd yn cael ei chyflwyno fel merch y mae dau wryw
wedi mynd i'r afael â hi, sef Em ei hun a Preis Sgŵl, cyn i'r adroddwr
wneud hynny. Enghraifft amlwg arall yw breuddwyd y bachgen am
fynd ag Yncl Wil i'w grogi yn Jêl Caernarfon. Ym moto Tad Dewi Siop
Gornal y gwneir y daith hon, y bachgen a'i fam yn y cefn a Thad Wil
Bach Plisman yn y tu blaen gyda'r gyrrwr, yn union fel yn achos y
daith i'r Seilam drannoeth; bryd hynny mae diflaniad y fam o fywyd
y bachgen mor llwyr a chyflym â diflaniad Yncl Wil trwy'r 'trapdôr'.
Sylwer hefyd ar ddechrau Pennod 15, y bennod sy'n adrodd hanes
diwrnod mynd i'r Seilam:

Peth cynta welais i pan agorais i fy llgada a deffro bora wedyn
oedd pry cop ar ffenast to yn treio diengyd allan trwy ffenast, a
honno wedi cau. Dyna lle oedd o'n cerddad ar hyd y gwydyr â'i
draed i fyny a'i ben i lawr, cerddad am dipyn bach a chael
codwm, a mynd yn ei ôl a cerddad a cael codwm wedyn. Ond
oedd o byth yn syrthio ar lawr achos oedd gwe pry cop run fath
a lastig yn ei ddal o'n hongian pan oedd o'n cael codwm, a dyna
sud oedd o'n medru dwad yn ei ôl ar ffenast bob tro. (162)

Petai'r darn hwn yn digwydd yn rhywle arall yn y nofel, go brin y
gwelem unrhyw arwyddocâd arbennig yn ymdrech lafurus y pry cop
i fynd o un man i'r llall; ond o'i osod yma, ynghanol y gyfres o
ddigwyddiadau sy'n chwyldroi byd y bachgen, ni allwn lai na gweld
ystyr symbolaidd ynddo, a gweld hefyd, wrth ddarllen ymlaen,
eironi'r ffaith nad oes gan y bachgen unrhyw fath o rwyd ddiogelwch
i'w atal rhag plymio i gwrdd â'i dynged. A thynged yw'r gair
allweddol. Effaith gyffredinol yr holl ragfynegi a chyfosod profiadau
sydd yn y nofel yw creu'r argraff fod y drasiedi ddwbl sy'n nodi
diwedd y cofio yn anochel. Anochel hefyd, fel y crybwyllwyd eisoes,
yw'r hyn sy'n digwydd yn y presennol, wrth i'r adroddwr gyrraedd
Pen Llyn Du, lle y bu'n cyrchu o'r dechrau; clywn lais Brenhines y

Llyn Du (wedi'i gymysgu â llais mam Huw) ar ddechrau'r nofel, a'i geiriau hi sy'n cloi'r nofel. Ar ben hynny, mae dechrau'r nofel yn rhoi rhagflas pendant inni o'r diwedd yn yr ystyr fod gwallgofrwydd yn teyrnasu yn y ddwy ran: yn y bennod gyntaf mae'r adroddwr a'i ffrindiau, mewn cwta brynhawn, yn cwrdd fesul un â'r hyn sy'n ymddangos fel llond pentref o wallgofiaid, pobol 'o'u coua' (7); erbyn y tudalennau olaf mae mam yr adroddwr wedi ymuno â'r rheini ac mae amheuaeth ynghylch ei stad feddyliol ef ei hun.

Nid yw'r nofel heb ei hundod mewnol felly. Undod ydyw, serch hynny, sy'n dod i'r amlwg mewn ffyrdd tra gwahanol i gyfanrwydd y stori gronolegol arferol. Efallai fod yma ddiwedd, ond mae'n anodd rhoi ein bys ar y dechrau a'r canol; er bod llinell storïol gref yn ymwthio trwy rannau o'r nofel, yn enwedig at y diwedd, mae'n bosibl fod meddwl mewn cylchoedd yn dod â ni'n agosach ati o ran deall y cynllun. Yn bendant, mae yma drefnu deunydd mewn ffordd wahanol er mwyn bodloni angen arbennig.

Beth, felly, oedd yr angen hwnnw? Y profiad canolog yr oedd Caradog am ei gyfleu, mae'n debyg, oedd profiad bachgen bach o weld ei fyd yn chwalu. Ar un wedd, mae'r chwalfa'n un sydyn a dirybudd. Yn sicr mae hi felly o bersbectif y plentyn. Ond nid ei bersbectif ar-y-pryd ef yn unig sydd i'r nofel, wrth gwrs. Er mai hwnnw yw'r safbwynt amlycaf, mae gennym hefyd safbwynt mwy cynnil yr oedolyn ag ydyw bellach yn edrych yn ôl ar y cyfan ac yn rhoi patrwm a chyfeiriad i'r hanes. Yr oedolyn sy'n dangos inni fel roedd arwyddion o salwch ei fam yno cyn iddo ddod yn amlwg, ac ef sy'n oedi gyda digwyddiad allweddol fel marwolaeth Moi. Nid ei fod yn gwneud dim o hyn mewn ffordd ddadansoddol – nid dyna ddull y nofel argraffiadol hon (ac efallai nad yw cyflwr meddwl yr adroddwr yn caniatáu hynny beth bynnag); ond mae'r dull a'r drefn y mae'n dewis rhyddhau gwybodaeth inni yn canolbwyntio ein meddyliau'n bennaf ar y colledion a ddioddefodd. Ynghanol atgofion sy'n perthyn i wahanol gyfnodau ac sydd fel petaent yn ymdywallt allan rywsut rywsut, mae'r colledion eu hunain yn cael eu cyflwyno i ni fesul un, yn eu trefn amseryddol gywir. Ac er bod yr adroddwr yn rhannu pethau gorau ei blentyndod gyda ni, y pethau gwaethaf sydd

drechaf yn y pen draw. Wrth ddewis gorffen stori ei orffennol gyda'r
trip i'r Seilam, a'r dial sy'n dilyn, mae'r adroddwr yn cyflwyno'i
blentyndod fel paratoad at wallgofrwydd.

Mae ei siâp a'i saernïaeth yn hawlio i'r nofel hon le ar ei phen ei
hun oddi mewn i'r traddodiad Cymraeg diweddar o ysgrifennu am
blentyndod.[21] Mewn sawl ffordd arall, mae'n ddigon tebyg i'r
portread arferol o fore oes, er enghraifft yn y ffordd y mae'r prif
gymeriad yn cael ei gyflwyno fel creadur bach chwilfrydig, hydeiml,
parod i ryfeddu; a hefyd yn y cyfuniad sylfaenol o bethau sy'n cael eu
disgrifio: achlysuron cofiadwy, bywyd bob dydd ar yr aelwyd a'r tu
allan iddi, byd chwarae a gweithgareddau cymdeithasol, cymeriadau
brith. Ac wrth ddangos y bachgen a'i ffrindiau yn cymryd diddordeb
ysol yn y ddau ddirgelwch mawr, sef rhyw a marwolaeth, mae'r nofel
yn cynnal un o themâu clasurol llenyddiaeth fodern am blentyndod.
Ond yr hyn sy'n rhoi gwedd wahanol ar y cyfan yw'r ffaith mai
trasiedi fawr yw'r stori hon yn y pen draw. Gweledigaeth sylfaenol
dywyll o fywyd sydd yma. Nid yw hynny'n gyfystyr â dweud bod y
darlun o blentyndod ei hun yn un tywyll. Mae nifer fawr o'r
digwyddiadau a ddisgrifir wedi aros yng nghof yr adroddwr
oherwydd yr hwyl a'r cyffro a oedd yn gysylltiedig â hwy; er
enghraifft, gwylio'r ffeit yn y Blw Bel, gwylio'r gêm bêl-droed,
chwilio am Em, cyfarfod Wmffra Tŷ Top, helynt y syrcas a mynd i
aros i'r Bwlch. Fel mewn cymaint o ysgrifennu am blentyndod, mae'r
defnydd cyson o radd eithaf yr ansoddair yn cyfleu'r brwdfrydedd
mawr a deimlir ar y fath achlysuron: yn y gêm bêl-droed, un o
goliau'r tîm lleol yw'r 'gôl ora welais i rioed' (116), a'r wythnos yn y
Bwlch yw 'un o'r wsnosa brafia ges i rioed yn fy mywyd' (144). Mae
lle cynnes yn y cof i bleserau symlach hefyd – cael cwmni'r fam a
hithau yn ei hwyliau gorau, er enghraifft, fel ar ddiwrnod y te yn Nhŷ
Top, neu noson adrodd hanes Wil Colar Starts – ac i garedigrwydd a
thynerwch pobl: y fam, wrth gwrs, ond unigolion eraill yn ogystal, fel
Wmffra Tŷ Top a Nel, un o ddwy forwyn y Ficrej. 'Braf', 'ffeind' a
'clên' yw rhai o eiriau mawr y nofel, yn ategu'r argraff gyffredinol a
grëir mai rhywbeth i'w fwynhau yw bore oes. Nododd Bedwyr Lewis
Jones mai peth prin yw ysgrifennu llawen am blentyndod yn

Gymraeg, ond rhaid cyfrif rhai o olygfeydd a phenodau *Un Nos Ola Leuad* ymhlith y llecynnau mwyaf golau.[22] Eto i gyd, mae'r cysgodion yn cau am yr adroddwr erbyn y diwedd, a'r ffaith fod y chwalfa sy'n cael ei disgrifio yn chwalfa mor llwyr sy'n gosod y stori ar wahân i'w chymheiriaid. Nid nad oes yn rhai o'r straeon hynny brofiadau poenus iawn, a'r rheini weithiau'n ganolog i'r stori, ond ni chawn yr un teimlad eu bod yn gwneud niwed parhaol i'r plentyn. Fel hyn, er enghraifft, y disgrifia Bobi Jones y gwahaniaeth hanfodol rhwng *Un Nos Ola Leuad* a chasgliad o straeon gan R. Gerallt Jones a gyhoeddwyd rai blynyddoedd yn ddiweddarach, *Gwared y Gwirion* (1966):

> Y mae'r dehongliad o blentyndod yn wahanol iawn . . . Er nad yw Gerallt Jones am i ni weld byd y plentyn yn baradwysaidd o ddiniwed, heb ddim ond tipyn o faw ar y penliniau a hufen iâ yn uchelgais bywyd, eto mae ei ddarlun ef o fachgendod yn un cyffredinol saff a chymharol ddi-storm; lle y mae yna hiraeth, daw oherwydd bod cleddyf unigrwydd yn suddo'n fain i'r cnawd neu oherwydd fod marwolaeth wedi chwythu'i hawel yn ddistaw blymaidd ar draws y croen hydeiml. Ond deil y byd i droi o gwmpas y plentyn o hyd, yn fyd ychydig tywyllach, ychydig lletach, ychydig dieithrach; ond aros a wna. Nid felly lleuad Caradog Prichard. Cipir y tir oddi tan ei draed ef, a chwymp y cymylau yn deilchion o gylch ei arleisiau; nid oes dychwelyd wedi'r chwalfa hon. Y mae'r ddaear wedi mynd â'i phen iddi.[23]

Ac aros yn yr un cyfnod, llyfr arall am blentyndod sy'n cynnwys ing o fath gwahanol i'r hyn a geir yn nofel Caradog yw *Te yn y Grug* (1959) gan Kate Roberts. Casgliad o straeon ydyw am ferch fach o'r enw Begw. Y peth mwyaf sy'n poeni Begw yw bod yn rhaid iddi dyfu i fyny a mynd yn rhan o fyd diflas oedolion gyda'i gyfrifoldebau a'i reolau a'i gonfensiynau. Mae'n gresynu'n fawr at hynny ac at y ffaith fod yn rhaid i'w phlentyndod hi a Winni ddod i ben – 'Piti bod yn rhaid ein newid ni '– ond mae'r gresynu ynddo'i hun yn rhyw fath o gydnabyddiaeth fod rhaid plygu i'r drefn.[24] O symud ymlaen i ddechrau'r saithdegau, mae cyfrol Jane Edwards o straeon am blentyndod, *Tyfu* (1973), yn gorffen gyda sylweddoliad y ferch fach sy'n traethu fod yn rhaid i bawb farw. Ar ddiwedd y stori 'Tyfu' ei hun, mae Nans yn ei dagrau wrth geisio rhwbio'r 'M am marw' oddi ar gledr ei llaw (80), ond unwaith eto, mae crio'n gyfystyr â chydnabod.[25] Dagrau o siom ydynt, siom am na all hi newid y sefyllfa. Fel yn achos Begw, mae dysgu dygymod â phethau, er mor anodd ydyw, yn cael ei gyflwyno fel rhan annatod o dyfu i fyny. Rydym yn weddol siŵr mai dygymod a *wna* Begw a Nans. Mae eu profiadau yn ingol ar y pryd, ydynt, ond nid yn bygwth sadrwydd sylfaenol eu byd. Mae mwy o deimlad o argyfwng yn perthyn i uchafbwynt stori'r plentyn sy'n cael ei bortreadu gan Ray Evans yn *Y Llyffant* (1986). O'r holl straeon Cymraeg am blentyndod sydd wedi'u cyhoeddi ers *Un Nos Ola Leuad*, efallai mai'r nofel hon am ferch fach o'r enw Esther sy'n dod agosaf mewn sawl ffordd at nofel Caradog. A hithau wedi'i lleoli mewn ardal amaethyddol yn ne-orllewin Cymru yn nauddegau a thridegau'r ugeinfed ganrif, mae'n debyg o ran dull argraffiadol, gwibiog y traethu (er mai yn y presennol y mae'r cyfan), o ran y defnydd diwahân o iaith dafodieithol yn y naratif a'r ddeialog, ac o ran arddull – arddull uniongyrchol iawn sy'n cyfleu ymateb plentyn i'r dim, er bod delweddau'n cael eu defnyddio mewn dull mwy bwriadus. Mae tebygrwydd hefyd o ran cynnwys: dirgelwch teuluol yn y cefndir, parodrwydd y prif gymeriad i gredu mewn profiadau cyfrin, culni ac ofergoeledd cymdeithas, cymeriadau od, islais rhywiol cyson. Yma eto mae diffyg parch i gronoleg yn ategu'r argraff fod plentyndod yn un gybolfa flêr o brofiadau ac emosiynau, ond ar yr un pryd cawn argraff bendant o blentyn yn prifio a datblygu; yn sicr mae yna symud graddol tuag at sylweddoliad sydyn a chwerw, ar ddiwedd y nofel, fod dyddiau plentyndod ar ben. Daw'r stori i ben gydag ymyrraeth rywiol ac ymateb Esther iddi, a'r ymateb hwnnw'n awgrymu bod diniweidrwydd plentyndod wedi'i golli am byth. Er nad yw hi'n llawn ddeall bwriadau'r prifathro a ymyrrodd â hi, merch fach galetach, fwy sinigaidd yw honno sy'n rhedeg allan o'r ysgol ac yn taflu blodau dros y clawdd; mae'r egin fardd a ysgrifennodd gerdd am yr un blodau y noson cynt wedi'i dagu, dros dro os nad am byth. Mae'r newid dramatig hwn yn y plentyn, o'i gyplysu gyda'r pethau eraill a grybwyllwyd, yn ei gwneud yn amhosibl darllen *Y Llyffant* heb feddwl am *Un Nos Ola Leuad*. Rhyw ori ar brofiadau ingol tyfu i fyny y mae'r plant bach eraill a hynny *wrth* dyfu i fyny; mae Esther a bachgen *Un Nos Ola Leuad* yn cael eu hyrddio allan o'u plentyndod gan ddigwyddiad nad yw'n caniatáu 'dychwelyd', a defnyddio gair Bobi Jones. Ond mae yna hefyd wahaniaeth sylfaenol rhwng y ddau lyfr. Dioddefydd yw Esther ar ddiwedd *Y Llyffant*; mae dioddefydd *Un Nos Ola Leuad* wedi troi'n ddialydd, wedi gwneud i rywun arall ddioddef oherwydd yr hyn a ddigwyddodd iddo ef ei hun. Oherwydd fod *Y Llyffant* yn dod i ben gyda phrofiad ofnadwy Esther, ac oherwydd mai o safbwynt y plentyn ei hun yr adroddir y stori gyfan heb unrhyw ymdeimlad o oedolyn yn edrych yn ôl, wyddom ni ddim a fydd yr hyn sy'n digwydd i'r ferch yn cael effaith parhaol ar ei bywyd. Ond mae bywyd prif gymeriad *Un Nos Ola Leuad* yn cael ei ddrysu am byth, a hynny sy'n pennu siâp y stori ac, yn wir, yn mynnu bod y stori'n cael ei hadrodd o gwbl. Er ein bod yn cael llawn cymaint o argraff o fod *ynghanol* plentyndod ag yn *Y Llyffant*, ac er mor gynnil y cyflwynir persbectif yr oedolyn sy'n cofio'n ôl, mae'r digwyddiadau tyngedfennol sy'n nodi diwedd y cofio yn bwrw'u cysgod hir dros bopeth. Ac mae'r ffaith fod ei gof am y digwyddiadau hynny'n gyrru'r oedolyn i weithredu *nawr* (faint bynnag o amser sydd wedi mynd heibio) yn dangos mor dyngedfennol y buont. Mae presennol yr unigolyn hwn yn annatod glwm wrth ei orffennol. Mae'r daith i'r Llyn Du yn fwy na thaith atgofus linc-di-lonc, er mai felly y mae'n ymddangos ar brydiau.

Roedd y ffordd yr oedd hi'n cefnu ar y stori gronolegol, ac yn mabwysiadu techneg sy'n aml yn nes at lif ymwybod, yn rhan o newydd-deb y nofel pan gyhoeddwyd hi. Rhan arall o'r newydd-deb oedd y ffaith ei bod yn cyfnewid yr iaith lenyddol am dafodiaith, y dafodiaith y byddai Caradog wedi'i siarad yn blentyn ym Methesda ddechrau'r ugeinfed ganrif. Fel y crybwyllwyd yn gynharach, dyma'r iaith a ddefnyddir yn y naratif a'r ddeialog fel ei gilydd, ac mae'r awdur yn ei chofnodi, bron yn ddieithriad, yn union fel yr oedd yn ei chlywed yn ei ben, gan gadw at ffurfiau llafar ('finna', 'ninna', 'fonta', 'dechra', 'bocha', 'llgada'), sillafu'n ffonetig ('sud', 'olagymlaen', 'fancw', 'dwnimbê', 'llynia') a hepgor collnodau. Mae'r eirfa yn weddol gyfyngedig ond nid yn dlawd o bell ffordd; mae stori'r bocsio yn un enghraifft wych o'r modd y cedwir o fewn terfynau iaith plentyn heb golli dim o liw a nerth y dweud, diolch i gymariaethau byw yr awdur a'i glust at rythmau. Mae'r nofel ar ei hyd yn llawn o'r cymariaethau hyn. Ofer yw dechrau eu rhestru, a hwythau i'w cael ar bob yn ail dudalen, dim ond nodi nad oes fymryn o sawr y 'ddyfais lenyddol' ar ddim un ohonynt, gan mor naturiol y swniant yng ngenau plentyn. Mae'r cystrawennau hwythau'n nodweddiadol o iaith plentyn: 'dyma fi', 'ddaru fi', a'r 'dyna pam' a'r 'wedyn' parhaus, heb sôn am y defnydd rhydd o'r cysylltair 'a', ar ddechrau ac ynghanol brawddegau, i gydio argraffiadau yn ei gilydd yn un rhibidires, neu i adael i stori gynhyrfus garlamu yn ei blaen.

Nod amgen yr iaith felly yw ei naturioldeb fel iaith plentyn. Ond prin mai dyna'r cyfan sydd i'w ddweud amdani. Unwaith eto mae busnes y ddau bersbectif yn cymhlethu pethau, hynny yw y ffaith mai oedolyn yn ail-fyw'r profiad o fod yn blentyn sydd yma. Mae'n wir mai cyflwyno'r ail-fyw hwnnw i ni y mae corff y nofel, ac ar un olwg mae'n gwbl resymegol i'r adroddwr ddefnyddio iaith ei blentyndod wrth ymgolli yn ei atgofion. Ond yr un iaith, syml ei geirfa a'i chystrawen, sy'n cael ei defnyddio yn y darnau achlysurol hynny lle y mae'r adroddwr yn siarad fel oedolyn, y darnau sydd yn y presennol (ar ddechrau amryw o'r penodau, er enghraifft). Ac fel iaith rhywun yn ei oed a'i amser mae'n magu arwyddocâd go wahanol. Mae peidio â gwahaniaethu rhwng iaith oedolyn 'heddiw' a iaith plentyn 'ddoe' yn awgrymu na fu datblygiad ym meddwl yr unigolyn dan sylw; ei fod, yng ngeiriau Ioan Williams, wedi 'troi i mewn i blentyndod tragwyddol y gwallgof'.[26] Fel y stori ei hun, mae'r iaith yn ddeublyg ei heffaith – mae'n gallu ein swyno a'n suo, ond mae hefyd ar brydiau yn ein hanesmwytho ac yn canu rhyw gloch rybuddiol.

Pwysleisio naturioldeb y dewis o iaith o'i safbwynt ef fel awdur a wnaeth Caradog ei hun. Dyna a wna yn y sylw hwn o'i ddarlith

Y Rhai Addfwyn (er ei fod, ar yr un pryd, fel petai'n cydnabod bod yna arwyddocâd arbennig, seicolegol i ddefnyddio'r un iaith yn union ar gyfer y plentyn a'r oedolyn):

> Iaith byd a personoliaeth wedi aros yn eu hunfan am hanner canrif ydyw – yr unig iaith y byddaf yn ei siarad â mi fy hun wrth ddwyn i gof yr hen ardal yma, iaith atgof ac iaith plentyndod . . .[27]

'Iaith y galon,' meddai amdani wedyn mewn darlith arall, anghyhoeddedig lle y mae'n trafod yr un peth, gan ychwanegu'r sylw canlynol:

> Wrth ddefnyddio'r iaith lafar roeddwn i'n sgrifennu i bobol yr henfro a neb arall. A doeddwn i ddim yn disgwyl i bobl y tu allan i'r cylch cyfyng hwnnw ddeall yr iaith.[28]

Mae'n ymddangos felly mai cadw'n driw i'w wreiddiau yr oedd yr awdur wrth ddefnyddio'r iaith lafar mor ddigyfaddawd, yn hytrach na cheisio profi unrhyw bwynt. Ac eto, mae'n rhaid cofio nad dyma'r unig iaith a ddefnyddiodd yn y nofel. Mae yma iaith arall, sef iaith llithoedd Brenhines yr Wyddfa ym Mhennod 8 a Brenhines y Llyn Du yn y bennod olaf. Mae hon yn iaith farddonol, ddelweddol, sy'n dwyn i gof ieithwedd Caniad Solomon yn y Beibl yn fwy na dim byd arall. Mae'n ffurfiol, urddasol a choeth, ac yn y pegwn arall i iaith gweddill y nofel. Ychydig a ddywedodd yr awdur ar goedd am ei ddefnydd o'r iaith arall hon a phrin, yn wir, y soniodd o gwbl am bresenoldeb y ddwy frenhines, ond fe aeth i'r afael â'r cwestiwn unwaith gerbron criw o fyfyrwyr ym Mangor, a hynny'n fuan ar ôl cyhoeddi'r nofel. Bryd hynny dywedodd iddo gynnwys yr iaith salmaidd fel gwrthgyferbyniad i iaith syml yr adroddwr annatblygedig ei feddwl.[29] Ond mae'n ymddangos hefyd fod Caradog, mewn blynyddoedd diweddarach, yn teimlo rhywfaint yn anesmwyth ynglŷn â'r darnau gwahanol hyn. Dyna'r argraff a gafodd yr actor John Ogwen pan oedd yn paratoi i ddarllen rhannau o'r nofel ar gyfer rhaglen deledu; pan ddywedodd ef yn gellweirus nad oedd

am ddarllen Pennod 8, ymateb unionsyth Caradog oedd cytuno a
dweud wrtho am ddiystyru'r bennod yn llwyr: 'Anghofia am honna.
Neidia dros honna. Sioe ydi honna.' Ar sail hyn, yn enwedig wedi
clywed Thomas Parry yn dweud nad oedd Caradog yn cael ei
dderbyn gan y sefydliad llenyddol Cymraeg a bod hynny'n ei frifo,
mae John Ogwen yn teimlo'n gynyddol sicr mai 'sioe', yn wir, yw
Pennod 8 a'r llith ar y diwedd; darnau wedi'u rhoi i mewn gan yr
awdur ar ôl gorffen ysgrifennu ei stori 'i wneud y nofel "gyffredin" yr
olwg yma yn llawer mwy llenyddol'.[30] Mae'n ddamcaniaeth ddifyr.
Er nad oedd ysgrifennu nofel gyfan mewn tafodiaith yn beth cwbl
newydd yn y Gymraeg – roedd Winnie Parry wedi gwneud hynny
dros hanner can mlynedd ynghynt yn *Sioned* a gyhoeddwyd yn 1906
– yr oedd yn beth go ddieithr, o hyd, yn nechrau'r 1960au. Ac er mai
croeso a gafodd yr agwedd hon ar y nofel gan y beirniaid maes o law,
ni fyddai modd i'r awdur fod wedi rhag-weld hynny. Mae'r ail o'r
ddau sylw a wnaed gan Caradog yn ei ddarlithoedd ac a
ddyfynnwyd uchod yn dangos ei fod yn credu y byddai ysgrifennu
nofel mewn tafodiaith yn cyfyngu ei hapêl.[31] Nid yn gwbl ddifeddwl
y gwnaeth y penderfyniad, felly, ac mae'n ddigon posibl, yn wir, iddo
dybio y byddai cynnwys y darnau lled-litwrgaidd yn rhoi stamp
llenyddiaeth 'go iawn' ar y nofel. Mae'n hollol ddichonadwy hefyd
mai cael eu hychwanegu ar y diwedd a wnaethant; yn sicr, nid
ysgrifennwyd Pennod 8 yr un pryd â'r saith pennod gyntaf.[32] Mater
arall yw diystyru'r darnau hyn fel dim byd ond 'sioe'; maent yn rhan
o'r nofel fel ag y mae, a chawn ddychwelyd at eu cynnwys mewn
pennod arall. Ond y peth pwysig i'w nodi yma yw i Caradog gredu
digon yn nilysrwydd yr iaith lafar i fwrw ymlaen â'i fenter, hyd yn
oed os ydyw presenoldeb iaith hollol wahanol ochr yn ochr â hi yn
awgrymu iddo gael twtsh o draed oer. Heddiw, ac ysgrifennu mewn
tafodiaith yn cael ei gyfrif yn hollol dderbyniol, yn wir yn gynyddol
ffasiynol, mewn barddoniaeth a rhyddiaith Gymraeg, mae'n hawdd
anghofio cam mor feiddgar oedd hwnnw ar y pryd. A barnu oddi
wrth rwyddineb y traethu, doedd hi ddim yn anodd i Caradog
ysgrifennu yn 'iaith y galon', ond nid yw hynny'n golygu mai ar
chwarae bach y penderfynodd gefnu ar draddodiad.

Mae popeth yr ydym wedi'i ddweud am *Un Nos Ola Leuad* hyd yn hyn yn troi o gwmpas y ffaith mai nofel seicolegol ei phwyslais ydyw, yn darlunio argyfwng unigolyn. Eto i gyd, nid bodoli mewn gwagle y mae'r unigolyn hwnnw. Y mae'n byw, fel yr oedd Caradog yn byw, mewn pentref chwarelyddol yng ngogledd Cymru – Bethesda i bob pwrpas – tua diwedd y Rhyfel Mawr. Mae'n anochel felly ein bod yn cael rhyw fath o ddarlun o'r gymdeithas honno. Ond yn y mater hwn eto, mae yma wyro pendant iawn oddi wrth ddraddodiad, a hynny am fod y darlun a gawn, yn ôl pob golwg, yn gwbl rydd o ddylanwad dau o fythau mawr cynhaliol ysgrifennu Cymraeg diweddar am fro a chymdeithas. Mae'n werth dweud gair am y ddau cyn edrych yn fanylach ar bortread *Un Nos Ola Leuad* o'r Pentra a'i bobl.

Y cyntaf yw myth y werin wledig. Byth ers i O. M. Edwards gyhoeddi *Clych Atgof* yn 1906, yn canu clodydd Llanuwchllyn ei febyd fel delfryd o gymuned glòs, ddiwylliedig a gwâr, bu gan y myth hwn afael diollwng ar y traddodiad llenyddol Cymraeg. Nid yw'n amlycach yn unlle nag yn y cyfrolau atgofion bro y gwelodd cynifer ohonynt olau dydd yn ystod yr ugeinfed ganrif. Yn dynn ar sodlau *Clych Atgof*, yn 1909, daeth cyfrol R. D. Rowland (Anthropos), *Y Pentre Gwyn*, yn cynnig darlun rhosynnog o'r pentref bach dedwydd lle y magwyd yntau, eto ym Meirionnydd (er nad yw'n enwi'r lle, sef Tŷ'n-y-cefn, ger Corwen), cyfrol a fu'n dra phoblogaidd; a chyhoeddwyd sawl un arall yn yr un mowld ar ôl hynny.[33] Edrych yn ôl ar ddyddiau plentyndod neu ieuenctid a wna awduron canol oed, neu hŷn, y cyfrolau hyn, gan dalu teyrnged i'r gymuned amaethyddol neu bentrefol y buont yn rhan ohoni. Boed yr awduron yn ysgrifenwyr adnabyddus neu'n bobl a oedd yn mynd ati i ysgrifennu am y tro cyntaf yn eu bywyd (a dyna oedd y rhan fwyaf), roedd y cyfrolau i gyd yn gwneud yr un peth yn y bôn, sef moli ffordd o fyw a aeth heibio, neu a oedd ar fynd heibio. O ran ansawdd lenyddol, maent yn amrywio o groniclau di-fflach i gampweithiau creadigol fel *Gŵr o Baradwys* Ifan Gruffydd (1963), *Hen Wynebau* (1934) a *Hen Dŷ Ffarm* (1953) D. J. Williams a *Pigau'r Sêr* J. G. Williams (1969). Ond yr hyn sydd o bwys i ni yma yw'r ymdeimlad o ddathlu sy'n clymu'r cyfan ynghyd: dathlu cymdogaeth dda, Cymreictod

naturiol a gwarineb. Pobl sy'n ei theimlo hi'n fraint eu bod wedi cael
eu magu yn y fath Gymru sy'n siarad. Yn gymysg â'r dathlu, mae
mwy na thinc o hiraeth am wynfyd ddoe i'w glywed yn gyson, a
hwnnw, fel y sylwodd Bedwyr Lewis Jones, yn troi'n synnwyr mwy
sylfaenol o golled yn y cyfrolau hynny sydd wedi'u cyhoeddi ar ôl yr
Ail Ryfel Byd am fod eu hawduron yn ymwybodol fod y bywyd
cymunedol a ddisgrifient yn prysur ymddatod a bod ei Gymreictod
anymwybodol dan fygythiad.[34] Mae'n sicr mai chwithdod yn wyneb
y newid cymdeithasol hwn sy'n egluro pam fod y cyfrolau wedi
cynyddu'n drawiadol yn y 1950au a'r 1960au, hynny a'r ffaith fod
cymdeithasau llyfrau sirol yn y cyfnod hwn yn gwahodd y math hwn
o lyfr trwy gystadlaethau. Gwelodd nifer fawr ohonynt olau dydd
tua'r un adeg ag y cyhoeddwyd *Un Nos Ola Leuad*.

    Mewn llenyddiaeth atgof sy'n ymwneud yn benodol ag ardaloedd
y llechen las, mae myth y werin wledig yn ymgyfuno ag un arall o
fythau mwyaf nerthol y traddodiad Anghydffurfiol, radicalaidd
Cymreig, sef myth y chwarelwr diwylliedig. Am fynegiant ohono ar
ei buraf ni allwn wneud yn well na throi at lyfryn o'r enw *Y Chwarel*
a'i Phobl (1960), casgliad o ysgrifau gan chwarelwr o Ddinorwig a aeth
yn weinidog, H. D. Hughes. Byrdwn y llyfryn drwyddo draw yw bod
y chwarelwr yn esiampl o'r math gorau o werinwr, ac mae'r dyfyniad
canlynol o ragair mab yr awdur, David Lloyd Hughes, yn crisialu'r
meddylfryd a'i gosododd ar bedestal:

> Yn ardaloedd y chwareli y gwelir yn fwyaf eglur ymdrech gwerin
> i'w diwyllio ei hun. Gweithwyr na chafodd gyfleusterau addysg
> o unrhyw fath yn ymgyrraedd am oleuni meddyliol ac ysbrydol;
> creigwyr caled eu dwylo yn treulio eu hamser hamdden i geisio
> deall gwirioneddau sylfaenol bywyd; yn troi yn awchus am y
> capel ar ddiwedd diwrnod hir blin o waith er mwyn diwallu
> tipyn ymhellach eu syched dibendraw am wybodaeth . . . gŵyr
> pawb am yr arferiad yn y caban bwyta ganol dydd gwaith i un
> dyn ddarllen fel y gallai'r lleill borthi eu meddyliau yn ogystal
> â'u cyrff. Darllen, gwrando, a dadlau yn y capel, y cartref a'r
> gwaith nes llunio math arbennig o ddyn; haearn yn hogi haearn
> nes cynhyrchu gwerin â min ar ei meddwl.[35]

Gweithiwr diarbed, Cristion pybyr, dyn yn dal ar bob cyfle i'w addysgu a'i ddiwyllio ei hun: dyna'r chwarelwr fel y'i cyflwynir i ni gan H. D. Hughes a'i fab, a down wyneb yn wyneb ag ef yng ngwaith awduron eraill o'r un cefndir, pobl fel Ernest Roberts ac Emyr Jones. Camarweiniol fyddai honni bod y portreadau i gyd yn gwadu bodolaeth chwarelwyr llai bucheddol, ond mae'n wir mai fel eithriadau y crybwyllir meddwon, 'cynffonwyr' (gair y chwarelwyr am gyd-weithwyr a ymgreiniai gerbron yr oruchwyliaeth) neu ddiogwn. A siarad yn gyffredinol, delfrydu'r chwarelwr a wneir a chanu clodydd 'gwerin y graith'. Ond beth am ryddiaith greadigol? A gawn ddehongliad amgen o'r bywyd dan sylw mewn nofelau a straeon? Yn sicr, o ddarllen straeon y cynharaf o'r to o ysgrifenwyr ffuglen sydd wedi cyflwyno darlun o'r gymdeithas dan sylw, gallem feddwl ein bod yn mynd i fyd hollol wahanol. Criw brith iawn yw'r chwarelwyr yn straeon Richard Hughes Williams (Dic Tryfan), brodor o Rosgadfan yn ysgrifennu yn gynnar yn yr ugeinfed ganrif, un o arloeswyr y stori fer Gymraeg ac un a fu'n chwarelwr ei hun am gyfnod byr. Mae yma baganiaid a meddwon a thlodion digon tlawd i orfod mynd i'r wyrcws; mae yma ddynion sy'n rhaffu celwyddau ac yn hwyr i'r gwaith. Mae'r rhain nid ar gyrion y straeon ond yn y canol, yn brif gymeriadau, a'r awdur yn eu darlunio gyda chydymdeimlad ond heb sentimentaleiddio. O ran ymwneud y dynion â'i gilydd, mae yma ddangos brawdgarwch a chymwynasgarwch ond hefyd ragfarn a chreulondeb. Er gwaethaf presenoldeb cyson un blaenor tirion ac eangfrydig, pobl y capel sy'n ymddwyn yn fwyaf anghristnogol weithiau. Er bod y dynion yn hel at ei gilydd yn y caban, bwyta, tynnu coes ac ymateb i argyfyngau yn eu plith eu hunain a wnânt yno, nid trafod cynnwys y papurau a chreu diwylliant. Richard Hughes Williams yw'r unig un o blith llenorion ardaloedd y chwareli y mae'r chwarel ei hun yn gwbl ganolog yn ei waith, a dim ond yn ei waith ef yr ydym yn gyson yng nghwmni dynion wrth eu gwaith. Yng ngwaith Kate Roberts, a fagwyd yn yr un pentref, rydym yn symud allan i gartrefi'r chwarelwyr ac i blith eu teuluoedd. Lle mae Richard Hughes Williams yn dangos gweithwyr yn plygu dan effaith tlodi ac afiechyd (mae'r rhan fwyaf o'i straeon yn gorffen gyda marwolaeth chwarelwr), mae Kate Roberts, yn ei straeon cynnar ac yn ei nofel *Traed Mewn Cyffion* (1936), yn canolbwyntio ar effaith y cyni ar ansawdd bywyd ac ar ysbryd ei phobl. Yr hyn sy'n dod trwodd yn ei gwaith hi yn anad dim yw dewrder stoicaidd y dioddefwyr, yn mynnu dal ati yn wyneb popeth a deflir atynt gan fywyd ac yn cynnal beichiau ei gilydd. Nid rhamantiaeth sydd yma, yn sicr, ond mae'n wir mai mewn agweddau nobl ar ei chymdeithas y mae diddordeb Kate Roberts; y modd y mae adfyd parhaus, er ei fod yn cyfyngu bywyd pobl, hefyd yn datguddio eu rhuddin. Yn hynny o beth, mae yn ei gwaith cynnar hithau elfen dawel o'r dyrchafu ar y gwerinwr sydd yng ngwaith y mawrygwyr bro. Ond yn nofelau T. Rowland Hughes y cawn y myth ar ei fwyaf amrwd; ac ef, fel un o nofelwyr Cymraeg mwyaf poblogaidd yr ugeinfed ganrif, a roddodd yr hwb fwyaf o ddigon i ddelwedd y chwarelwr da. Yn ei nofel fwyaf llwyddiannus, *Chwalfa* (1946), trodd at hanes am stori a roddai gyfle perffaith iddo bortreadu arwriaeth y chwarelwr, sef hanes Streic Fawr chwarel y Penrhyn ar ddechrau'r ganrif. Yr ochr gyfiawn yn y nofel, wrth gwrs, yw ochr y streicwyr, ac fe'u portreadir fel pobl ddewr, egwyddorol yn barod i frwydro i'r pen dros eu hawliau. Pobl capel ydynt, a'u ffydd yn gefn i'w safiad. Cawn gyfarfod ag ambell gynrychiolydd o'r ochr arall, hynny yw awdurdodau'r chwarel a rhengoedd y bradwyr, ond mae'r rhuddin – a'r dioddefaint – i gyd ar ochr y streicwyr. O safbwynt un ohonynt hwy a'i deulu yr adroddir yr hanes. Nid nad oes yma golli ffydd a simsanu a hyd yn oed fynegi amheuaeth o gyfiawnder y frwydr, ond y safbwynt sy'n llywodraethu'r stori yw mai'r streicwyr sy'n iawn ac mai pobl ddiffaith a diddiwylliant yw'r ochr arall. Prin y gwahoddir ni i gydymdeimlo â'r rheini. Nid eu stori hwy yw hon.

Mae Caradog yn rhannu'r un cefndir â'r tri awdur uchod. Roedd ei dad, fel eu tadau hwythau, yn chwarelwr. Roedd yn tyfu i fyny ym Methesda yn union yr un adeg ag yr oedd T. Rowland Hughes (g. 1903) yn bwrw'i fachgendod yntau ychydig filltiroedd i ffwrdd yn Llanberis; ac mae'n sicr fod magwraeth gynharach Richard Hughes Williams (g. 1878?) a Kate Roberts (g. 1891) yn Rhosgadfan yn sylfaenol debyg. Edrych yn ôl ar y byd a oedd ohoni yn Arfon chwarelyddol yn niwedd y bedwaredd ganrif ar bymtheg neu ran gyntaf yr ugeinfed y mae'r pedwar. Ond wrth ddarllen *Un Nos Ola Leuad* ochr yn ochr â rhai o'r llyfrau eraill gellid maddau i rywun am feddwl bod cof Caradog yn ei dwyllo. Nid yw ei ddarlun ef yn cydymffurfio o gwbl â'r math o gymdeithas a bortreadir gan Kate Roberts na Rowland Hughes. Mae'n perthyn yn nes o ran ysbryd i ddarlun cynharach Hughes Williams, er ei fod yn wahanol i hwnnw hefyd. Lle y mae'r storïwr yn dwyn i'n sylw fyd llai parchus ac odiach na'r un yr ydym wedi arfer ag ef wrth ddarllen am gymdeithas y chwarelwyr, yn y nofel rydym dros ein pen a'n clustiau yn yr isfyd hwnnw.

Mae'r chwarel yn y cefndir yn *Un Nos Ola Leuad* ond mae'r Blw Bel yn ganolbwynt llawn mor amlwg. Mae crefydd yn simsanu rhwng bod yn angor a bod yn obsesiwn. Mae yma gôr eglwys a chôr dirwest ond dim sôn am na drama nac eisteddfod. Gornest focsio ddioruchwyliaeth a gêm bêl-droed yw dau o'r achlysuron mawr cymdeithasol, a'r rheswm pam fod y gêm hithau'n gofiadwy yw ei bod hi'n troi'n gwffas. Mae yma feddwi a rhegi ac mae'n ymddangos mai clecs, nid syniadau gwleidyddol, sydd o fwyaf o ddiddordeb i drigolion y Pentra. Yn lle'r dewrder urddasol a ddengys cymeriadau Kate Roberts, Rowland Hughes ac, yn wir, rai o drueiniaid Hughes Williams yn wyneb adfyd ac afiechyd, yr hyn a gawn yw pobl yn ildio dan y straen, yn 'mynd o'u coua', yn gwneud amdanynt eu hunain. A lle nad oes gair o sôn am ryw yn y portreadau eraill, yma nid oes dianc rhag ei bresenoldeb, i'r graddau fod rhywun yn teimlo weithiau mai dyheadau a gwyrdroadau rhywiol sy'n rheoli popeth.

Mae sawl beirniad wedi trafod y pellter byd sydd rhwng *Chwalfa* ac *Un Nos Ola Leuad*, yn eu plith Dafydd Glyn Jones a Harri Pritchard Jones.[36] Wrth gymharu'r gymdeithas y canolbwyntir arni yn *Chwalfa* a'r un sy'n cael y prif sylw yn *Un Nos Ola Leuad*, mae Dafydd Glyn Jones yn eu galw'n 'Grŵp Buchedd A' a 'Grŵp Buchedd B', gan ddilyn dosbarthiad enwog y cymdeithasegydd David Jenkins. Ond mae'n prysuro i ddweud mai rebel anymwybodol yw Caradog yn hyn o beth:

. . . rhag rhoi camargraff, rhaid pwysleisio nad unrhyw
herfeiddiwch ymwybodol sy'n peri bod darlun Caradog
Prichard o ardal y Streic Fawr yn un mor wahanol i ddarlun
mwy adnabyddus, a mwy disgwyliedig, T. Rowland Hughes.
Nid oes yma unrhyw anghytuno agored â *Chwalfa*, nac unrhyw
ymgais fwriadol i'w hateb bwynt wrth bwynt . . .[37]

Nac oes, yn sicr. Ni cheir argraff o gwbl mai dryllio delwau yw'r
cymhelliad gwaelodol; nid Caradoc Evans Cymraeg mo Caradog, fel
y dangosodd Gerwyn Wiliams yn ei gymhariaeth graff rhwng y ddau
lenor.[38] Yn hytrach, awdur sydd yma sy'n cofleidio bywyd yn ei holl
amrywiaeth hurt ac yn sylweddoli mor denau y gall y ffin fod rhwng
y da a'r drwg, y dyrchafol a'r iselfryd, y pur a'r gwyrdroëdig. Yng
ngeiriau Hywel Teifi Edwards, 'gofal am bobl yn eu heisiau ac yn eu
tipyn hoen, yn eu da ac yn eu drwg' yw un o brif ogoniannau'r
nofel.[39] A dichon mai parodrwydd yr awdur i gydnabod
cymhlethdod a dryswch y natur ddynol, yn hytrach nag unrhyw
awydd penodol i ddadfythu ei fro a'i phobl, sy'n pennu natur y
darlun a gyflwynir ganddo. Eto, nid yw hynny'n golygu nad oes
rywfaint o awydd i unioni cam yn rhan o'r cyfan. Cadwn hynny
mewn cof wrth droi yn awr at y dull cynnil a dychmygus y mae'r
awdur hwn yn defnyddio hanes ei fro.

Rydym eisoes wedi crybwyll, yn y bennod gyntaf, fel yr enwodd
Caradog, yn ei hunangofiant, Streic Fawr chwarel y Penrhyn a
Diwygiad 1904–5 fel y ddau ddigwyddiad mawr a ysgubodd dros
Fethesda yn nechrau'r ganrif y'i ganwyd ynddi, gan adael eu hôl nid
yn unig ar y lle ei hun ond hefyd ar ei bersonoliaeth yntau. Wrth
gwrs, ni fyddai ef yn cofio'r naill ddigwyddiad na'r llall. Roedd streic
y Penrhyn drosodd cyn ei eni a baban bach iawn ydoedd adeg y
diwygiad; cyfnod diweddarach, wrth gwrs, sy'n cael ei bortreadu yn
y nofel. Ni sonnir gair ynddi am y streic a rhywbeth sy'n cael ei
grybwyll mewn stori wrth fynd heibio yw'r diwygiad. Ac eto, mae lle
cryf i gredu bod cryn dipyn o 'ôl eu galanas ysbrydol', chwedl
Caradog, ar y portread o'r pentref.

Gadawodd y streic dlodi enbyd ar ei hôl ym Methesda, ac
ymwneud â chymdeithas dlawd, ddiymgeledd, cymdeithas lle y

mae'r diciâu yn 'mynd a'r ifanc a'r hen fel ei gilydd', y mae *Un Nos Ola Leuad* (80). Mae hi hefyd yn gymdeithas friwedig a niwrotig, ac er nad yw yn natur y nofel i ddadansoddi hynny, mae'n anodd credu nad oes a wnelo, yn ogystal, â'r ffaith fod yr awdur wedi'i fagu mor agos at gyfnod y streic. Un a chanddo gof plentyn o'r streic oedd Ernest Roberts (ei daid, Griffith Edwards, oedd ysgrifennydd pwyllgor y streic) a dyma un o'r argraffiadau a gofnododd:

> Clywaf Dewyrth William yn rhuthro i'r tŷ ac yn cyhoeddi fod rhyw "Jac How-Get" wedi ei ladd ei hun hefo twca. Byddai rhyw si felly yn aml am rywun neu'i gilydd yn ystod y streic.[40]

Mae hunanladdiad yn ddigwyddiad yr un mor gyffredin yn y Pentra. Er mai'r rhyfel yw achos uniongyrchol y chwalfa gymdeithasol gyffredinol sy'n digwydd o gwmpas y bachgen, mae fel petai yma elfennau o Fethesda adfydus blynyddoedd blin y streic wedi treiddio i mewn i'r darlun hefyd.

Mae'n werth dychwelyd yma at un peth arall a grybwyllwyd yn y bennod ddiwethaf mewn perthynas â'r streic, sef yr obsesiwn a fu gan Caradog â'r syniad fod ei dad wedi bod yn 'fradwr'. Fel y nodwyd o'r blaen, anodd bellach yw dweud unrhyw beth gyda sicrwydd ynglŷn â rhan John Pritchard yn y streic a phryd yr aeth yn ôl i weithio. Ond dywed Caradog yn *Afal Drwg Adda* mai gweld cylchoedd du wedi'u paentio ar fedd ei dad a wnaeth iddo ddechrau hel meddyliau am y peth, 'ond heb ddweud na gofyn dim wrth neb' (12). Mae'n ymddangos mai yn ystod ei blentyndod yr oedd hyn, ac mae Caradog yn awgrymu bod a wnelo'r 'nôd bwystfilaidd' ar y bedd rywbeth â'r modd yr ymatebodd i'r profiad o weld ei fam yn 'dechrau drysu', sef yr adeg y teimlodd 'y crac cyntaf yn fy mhersonoliaeth' a throi, meddai ef, yn 'llwfryn' (36). Flynyddoedd maith yn ddiweddarach, ac yntau yn ei chwedegau, mae'n amlwg fod yr amheuaeth fod ei dad wedi bradychu'r streic yn dal i'w boeni a bu'n holi hwn a'r llall a oedd hynny'n wir.[41] Er mai gwadu'n chwyrn a wnaeth un cyn-chwarelwr a oedd yn gyfaill i'w dad – a gall Mari, a oedd yn bresennol ar y pryd, dystio i hynny – honna Caradog iddo gael cadarnhad yn y man gan Howell, ei frawd hynaf, a chan Ernest Roberts mai mynd yn ôl i

weithio cyn diwedd y streic a wnaeth John Pritchard. Fel un o'r rhai a
oedd wedi 'methu dal' (38) y disgrifiodd Ernest Roberts ef, hynny yw
un o'r cannoedd y gyrrodd tlodi llethol hwy'n ôl i weithio; ac mae'n
ymddangos bod ei agwedd ddynol ef at y mater wedi lleddfu
rhywfaint ar boen meddwl Caradog. Diflannu a wnaeth y cylchoedd ar
y bedd yn y man, a dim ond gair Caradog ei hun sydd gennym iddynt
erioed fod yno o gwbl; mae'n gwbl ddichonadwy mai ffrwyth ei
ddychymyg oeddynt, fel yr amheuai Ernest Roberts.[42] Ond hyd yn oed
os yw hynny'n wir, mae'r ffaith fod yr holl fater wedi chwarae cymaint
ar ei feddwl yn dangos pa mor ddwfn yr effeithiodd y streic, a'r
elyniaeth a dyfodd rhwng y streicwyr a'r 'bradwrs', ar seicoleg
cymdeithas Bethesda a pha mor hir y parhaodd yr effaith hwnnw. Ac
yntau'n ysgrifennu am y streic yn 1958, tystiai Emyr Hywel Owen fod
rhai pobl leol, bryd hynny o leiaf, yn dal i alw Mehefin yr unfed ar
ddeg yn 'ddydd pen blwydd y bradwrs', am mai ar y dyddiad hwnnw
yn 1901 yr aeth tua 500 o streicwyr yn ôl i'r gwaith.[43] Hyd yn oed
heddiw, mae'n ymddangos na ddiflannodd y drwgdeimlad yn llwyr;
pan lwyfannwyd cynhyrchiad theatr am y streic yn 1998, mynegodd
un wraig o'r pentref, a ddymunai aros yn ddienw, ei gwrthwynebiad
i'r hyn a welai hi, a hithau'n ferch i un o'r bradwyr, fel enghraifft
syrffedus arall o ramantu am safiad y streicwyr ac o anwybyddu
dioddefaint yr ochr arall.[44] Yn sicr, y mae i streic y Penrhyn le canolog
ym myth y chwarelwr da, fel prawf o'i barodrwydd i sefyll dros
egwyddorion ac i aberthu er eu mwyn; er mai methu fu hanes y streic,
mae darlun fel un T. Rowland Hughes yn dehongli hyd yn oed y
methiant hwnnw fel rhyw fath o fuddugoliaeth foesol, gyda'r dynion a
oedd wedi sefyll i'r pen yn cael eu gweld fel arwyr. Cynnyrch
meddylfryd felly, o bosibl, yw pryder Caradog nad oedd ei dad yn
perthyn i'r 'ochr iawn' yn y streic. Yn wyneb y cefndir hwn, go brin fod
Caradog yn gor-ddweud wrth sôn, yn *Afal Drwg Adda*, am y modd yr
oedd dylanwad y streic wedi 'ystumio' ei bersonoliaeth (13). Mae ei
ddewis o air – ie, y gair yna eto – a'r ffaith ei fod yn mynnu cryn ofod
yn ei hunangofiant i ddweud yr hanesyn uchod, yn awgrymu ei fod yn
ymwybodol iawn o rym y myth dan sylw, ac o'i beryglon. Mae'n werth
nodi mai yn y 1960au y bu'n holi a stilio ynghylch rhan ei dad yn y

streic – dim ond ychydig flynyddoedd ar ôl cyhoeddi *Un Nos Ola Leuad*. Efallai, wedi'r cwbl, fod mwy nag a dybiem o wrthryfel y tu ôl i ddarlun y nofel o gymdeithas Bethesda ar droad y ganrif; hynny yw, mai'r nofel oedd cyfle Caradog y llenor i wrthryfela yn erbyn myth yr oedd Caradog y dyn wedi dioddef dan ei rym.

Yn sicr, mae da a drwg yn gysyniadau mwy llithrig o lawer yn y byd ffuglennol a greodd ef nag yn un Rowland Hughes. 'Oedd Tada'n Fradwr?' oedd y cwestiwn a fu'n poeni Caradog, yn ôl tystiolaeth yr hunangofiant – ac fe ganfu nad oedd ateb syml iddo (36). Cwestiwn mwy sylfaenol, sef 'Pwy oedd Tada?', yw'r cwestiwn mawr sy'n cael ei ofyn heb gael ei ofyn, fel petai, yn *Un Nos Ola Leuad*; ac ni cheir ateb parod i hwnnw ychwaith. Fe wyddai'r awdur ei hun, wrth gwrs, pwy oedd ei dad: cawn rywfaint o'r cefndir teuluol yn *Afal Drwg Adda*. Ac eto, yr argraff a geir, o ddarllen rhwng y llinellau yn yr hunangofiant, yw bod yna ryw gymaint o atal gwybodaeth wedi bod. Cafodd Caradog wybod, yn y man, fanylion y ddamwain angheuol yn y chwarel, ond mae'n dweud fel y bu'n 'ceisio dyfalu lawer gwaith sut y derbyniodd fy Mam y newydd', gan greu sawl darlun gwahanol yn ei feddwl, am na chafodd 'erioed wybod yn iawn sut y bu' (14). Dyfalu heb wybod fu ei hanes yn achos busnes y tad a'r streic hefyd, ac mae'r elfennau hyn o ddirgelwch ac ansicrwydd ynglŷn â'r tad go iawn fel petaent wedi cael eu troi'n ddirgelwch mwy gwaelodol yn y nofel. Yn sicr, ceir yr argraff fod a wnelo absenoldeb y tad, lawn cymaint â thynged y fam, â'r drwg, neu'r 'crac', ym mhersonoliaeth yr adroddwr.

Mae cysgod y streic dros bortread *Un Nos Ola Leuad* o Fethesda mewn rhai ffyrdd, felly, ac mae'n bosibl fod i fytholeg y streic ran yn ei chreu. Ond beth am le'r chwarel ei hun yn y nofel? Nid yw'n ganolog, ac ni fyddem yn disgwyl hynny mewn nofel sy'n troi o gwmpas plant. Wedi dweud hynny, mae ei phresenoldeb i'w deimlo'n gryf iawn. Mae termau'r chwarel yn britho iaith y plant ac mae caniad ei chorn yn rhan o batrwm eu dydd. Mae sawl un o ddynion y pentref yn gweithio yno, gan gynnwys tad Huw ac Yncl Now Moi, ac mae marwolaeth un o'i gweithwyr mewn damwain erchyll yno wedi dod yn rhan o'r chwedloniaeth leol. Ond y peth

pwysicaf i'w ddweud am y chwarel yw bod ei phresenoldeb yn
ychwanegu at yr ymdeimlad fod y Pentra'n lle clawstroffobaidd sy'n
cyfyngu ar fywydau ei drigolion. Yn y chwarel y mae dyfodol y plant
os na lwyddant i ddianc rhagddi. Mae Huw eisiau mynd yno ond
mae mam yr adroddwr yn gweld addysg fel cyfrwng dihangfa i'w
mab ac wedi plannu breuddwyd yn ei feddwl am fywyd gwell, am
fynd 'i weld y byd a chael lot o bres' (10). Mae yntau'n cydio fel gelen
yn y freuddwyd honno hyd y diwedd. Os na chaiff barhau â'i addysg,
gall fynd i'r môr fel Wmffra Tŷ Top; rhywbeth ond mynd i'r 'chwaral
gythral yna hefo Elis Ifas Drws Nesa', sef dymuniad ei nain (180).
Mae Wmffra ac Elis Ifas yn cynrychioli dau eithaf: y llongwr di-ddal
ar y naill law yn sefyll dros ryddid a chyffro'r byd ehangach, a'r
chwarelwr solat fel petai'n ymgorfforiad o gaethiwed llethol bywyd y
Pentra. Elis Ifas, sydd â'i drwyn yn *Yr Herald* am oriau bob nos Lun,
sy'n dod agosaf yn y nofel at y portread stoc o chwarelwr diwylliedig,
ond does dim dwywaith mai Wmffra yw'r arwr. Dilyn, neu geisio
dilyn, esiampl Wmffra y mae'r bachgen ar y diwedd, ac er nad yw
gadael y Pentra'n hawdd, mae arswyd y syniad o wynebu oes yn y
chwarel fel Elis Ifas yn ddigon i'w atal rhag troi'n ôl. Yn eironig, wrth
gwrs, y mae eisoes wedi selio'i dynged ei hun erbyn hynny, a
chaethiwed o fath gwahanol sy'n ei aros.

A throi at yr ail ddigwyddiad allweddol y mae Caradog yn sôn
amdano wrth drafod bro ei fagwraeth, sef y diwygiad, mae un o
gymeriadau *Un Nos Ola Leuad* yn tystio mewn ffordd amlwg iawn i'r
agraff a wnaeth hanes y ffenomenon hynod hwn ar feddwl ei
hawdur. Y cymeriad hwnnw yw Wil Colar Starts. Gan ei fam y caiff yr
adroddwr hanes Wil Colar Starts, dyn a gawsai drőedigaeth yn ei
ddiod un noson yn ystod y diwygiad. Dyma ddisgrifiad condemniol
y fam ohono cyn y drőedigaeth:

> Hen gena drwg oedd o erstalwm, yn yr hen Blw Bel yna'n
> meddwi bob nos, a rhegi a chwffio ar Stryd a mynd i gysgu yn
> ochor clawdd tan y bora yn lle mynd adra i Rhesi Gwynion. A'i
> Fam o'n cadw gola lamp ac aros ar ei thraed trwy'r nos yn
> disgwyl amdano fo. Hen sglyfath o ddyn oedd o pan oedd o'n
> hogyn ifanc. (39)

Ar ôl y dröedigaeth roedd Wil, meddai'r fam, yn ddyn newydd:

Daeth o byth ar gyfyl yr hen Blw Bel yna wedyn, beth bynnag, ac yn lle cysgu'n hwyr a cholli caniad yn Chwaral a mynd o gwmpas heb newid ar ôl Swpar Chwaral, roedd ganddo fo golar lân bob nos a thei du i fynd i'r Seiat a'r Cwarfod Gweddi yng Nghapal Salem. (40)

Byddai'n pregethu allan ar y stryd ar nos Sadwrn gan ddweud hanes ei dröedigaeth ac er ei fod wedi mynd i lawr rhyw fymryn yng ngolwg y fam pan ymunodd â Band Salfesion, mae hi'n dal i sôn amdano fel 'dyn da', golau ei Feibl, sy'n esiampl gwiw i'r bachgen. Mae hanes go iawn y diwygiad, wrth gwrs, yn llawn straeon am bechaduriaid o fri yn troi dalen newydd, ac fe gafodd Bethesda ei siâr ohonynt. Yr enwocaf oedd dyn o'r enw William Hughes, ac mae'n amlwg mai hwn oedd cynsail Wil Colar Starts. Mae J. T. Jôb, yn ei adroddiadau ar y diwygiad y cyfeiriwyd atynt yn y bennod gyntaf, yn enwi William Hughes droeon. Disgrifia ef fel 'hen feddwyn a thyngwr a rhegwr tan gamp' cyn y diwygiad, ond fel un sydd bellach yn gallu gwefreiddio cynulleidfaoedd wrth weddïo a diolch i Dduw am ei achub rhag crafangau'r diafol.[45] Yn ôl un wraig a ddyfynnir, hithau hefyd wedi cael tröedigaeth, roedd y diafol, wrth ei cholli hi a William Hughes, 'wedi colli y gwas a'r forwyn oreu oedd ar ei fferm o i gyd'.[46] O droi at ffynonellau eraill, cawn wybod mai un o'r dynion a oedd wedi gadael y pentref i chwilio am waith ar ôl y streic oedd William Hughes, Cae Star, Bethesda, ac mai gweithio yn un o byllau glo Morgannwg yr oedd erbyn amser y diwygiad.[47] Cafodd ei dröedigaeth ar ôl bod mewn cyfarfod lle yr oedd Dan Roberts, brawd Evan Roberts, arweinydd y diwygiad, yn siarad. Syfrdanwyd pobl Bethesda pan ddaeth Wil Cae Star gartref at ei deulu yn ddyn newydd – un na thywyllai dafarn ac un a ddaeth yn y man yn weddïwr cyhoeddus huawdl. Roedd Ernest Roberts yn cofio'r sôn yn y pentref am y newid rhyfeddol yn y gŵr hwn, newid a gafodd ei adlewyrchu yn ei ymddangosiad allanol wrth iddo gyfnewid y mwffler coch a fyddai am ei ei wddf 'Sul, gŵyl a gwaith' am golar a thei gwyn. Er mai 'geirfa ddigon llwm a bratiog' a oedd ganddo i ddechrau, wrth

gymryd rhan yn gyhoeddus mewn oedfaon, erbyn y cyfnod yr oedd
Ernest Roberts yn ei gofio, roedd yn feistr ar 'blethu ymadroddion y
gair a'r emynau i'w weddïau' a'i 'iaith goeth mewn seiat ac ar y stryd
yn disgleirio fel bwrlwm afon ar ei wefusau'.[48] Fel mewn lleoedd
eraill, cael rhyw dröedigaeth dros dro a wnaeth nifer o
ddychweledigion Bethesda, ond fe lynodd Wil Cae Star at ei fuchedd
newydd; bu'n teithio o gwmpas Cymru gydag Evan Roberts cyn
ymfudo maes o law i'r Unol Daleithiau, lle y bu'n arweinydd eglwys
ym Middle Granville. Er y byddai tad Ernest Roberts, ymhen
blynyddoedd ar ôl y diwygiad, yn dweud yn aml ei fod yn difaru iddo
erioed 'eistedd i wrando ar rai fel Bwli Brain a Sam Ffa yn brygowtha
yn y capel' a hwythau erbyn hynny 'yn ôl yn y *Crown* ers talm', ateb
mam Ernest Roberts i'w 'sinigrwydd' fyddai sôn am 'wyrthiau'r
Diwygiad', a'r pennaf o'r gwyrthiau hynny oedd tröedigaeth Wil Cae
Star.[49] Mae'n amlwg fod yr hanes yn rhan o chwedloniaeth y pentref,
ac mae'n hawdd adnabod elfennau ohono yn y portread o Wil Colar
Starts yn *Un Nos Ola Leuad*. Ond beth am yr Olwyn Dân a symbylodd
dröedigaeth y cymeriad yn y nofel? Mae'n ymddangos mai
benthyciad o hanes un arall o ddychweledigion y pentref oedd y stori
ddramatig hon. Ceir sôn am hwnnw ymhlith atgofion mebyd Glyn
Penrhyn Jones, a oedd eto'n frodor o Fethesda. Sonia ef nid yn unig
am y cof byw yn y pentref am William Hughes, Cae Star, ond hefyd
am gymeriad lleol arall y clywodd ei hanes mewn perthynas â'r
diwygiad ac yr oedd ganddo ef ei hun gof amdano, sef

> . . . Ellis Pritchard ('Buns') – y porthwr-pregethwyr dihafal – a'r
> gŵr a gafodd, yn ôl T. B. Jones [cymydog i Glyn Penrhyn Jones],
> ei ddiwygiad rhyfeddol ei hun. Pan yn sefyll ar ganol y stryd
> fawr brysur un diwrnod, oddeutu 1904, fe welodd olwyn fawr
> danllyd ar ben Capel Sentars, a syrthiodd ar ei liniau fel pe ar
> ffordd Damascus ei hun, ac yna ymlwybrodd adref felly yn ei
> weledigaeth newydd ac yn hyglyw orfoleddus nes yr oedd ei
> bengliniau yn gig noeth i gyd.[50]

Mae'n deg casglu felly mai wedi cyfuno hanes dau gymeriad o
gyfnod y diwygiad y mae Caradog yn Wil Colar Starts, ac mae hynny

ynddo'i hun yn enghraifft ddiddorol o'r modd y mae dychymyg yr awdur yn bwydo ar hanes lleol.[51] Ond llawn mor ddiddorol, a mwy arwyddocaol o bosibl, yw'r defnydd sy'n cael ei wneud yn y nofel o ethos ac awyrgylch Cymru'r diwygiad. Cyfnod oedd hwn pan oedd adroddiadau am weledigaethau rhyfedd, yn enwedig rhai o dân a goleuni, yn llenwi'r papurau newydd ac yn destun sgwrs trwy'r wlad; yr enghraifft enwocaf oedd 'Golau Egryn', yr honnodd gwraig o Ddyffryn Ardudwy, ac amryw o'i chyd-ardalwyr, iddynt ei weld.[52] Yn *Un Nos Ola Leuad* hefyd, rydym mewn byd lle y mae pethau goruwchnaturiol yn bosibl, neu o leiaf yn ymddangos yn bosibl; byd lle y mae gweddi simplistig bachgen bach am fasgedaid o'i hoff ddanteithion yn cael ei hateb, lle y mae breuddwyd yn gallu rhagfynegi realiti a lle y mae'r prif gymeriad yn clywed lleisiau. Dyna noson Côr Sowth wedyn: achlysur sy'n dod â'r diwygiad yn syth i'r meddwl, yn enwedig y math o emosiwn torfol eithafol a gysylltir ag arweiniad Evan Roberts. Daw'r teimladrwydd mawr a grëir gan y morio canu yn yr awyr agored i uchafbwynt sydd bron yn hysterig a hynny mewn emyn a oedd yn un o emynau mawr y diwygiad, sef 'Y Cyfamod Disigl' ('Y Gŵr a fu gynt o dan hoelion').[53] Yna ceir gwacter llethol ac annifyr:

Oedd y distawrwydd fel tasa fo'n gwasgu arna ni, nes oeddan ni'n methu'i ddiodda fo. Oedd yr haul newydd fynd i lawr dros ben Braich a hitha'n dechra twyllu. A rhyw hen wynt oer yn dechra chwythu trwy'r coed o'n cwmpas ni, a gneud sŵn annifyr yn y dail, a gyrru ias oer trwyddan ni, run fath â tasa'r lle'n llawn o ysbrydion. A'r ochor arall i Lôn Bost, ar y dde draw'n fan acw, oedd y llechi'n symud yn hen doman Chwaral, a gneud twrw run fath â ma nhw'n neud rwan. Ond oedd Huw a fi'n meddwl radag honno mai lleisia'r bobol yn canu oedd wedi'u styrbio nhw. Ond, heblaw am sŵn y gwynt yn y dail a twrw'r llechi'n symud yn y doman, oedd yna ddim siw na miw gan neb. Dim ond pawb yn sbio fel lloua ar y dyn oedd yn arwain Côr Sowth, a golwg rhyfadd ar wynab amball un, fel tasa nhw'n disgwyl a disgwyl am rywbeth, ond na wyddan nhw ddim am be. (127)

Mae yma ymdrech fethiannus i lenwi'r gwacter wrth i Defi Difas geisio arwain y dorf mewn gweddi, ond boddir honno gan sŵn y gwynt. Ac er bod pawb yn mynd ar eu gliniau wedyn i weddïo'n breifat, mae'r unig weddi y gall y bachgen ei chofio yn 'rhy fyr i bara ar hyd yr amsar oedd y bobol ar eu pennaglinia, ac ar ôl ei gorffan hi oedd gen i ddim byd i ddeud wrtha fi'n hun' (128). Mae'r canu tawelach a geir ar ôl hynny yn ysgafnhau'r awyrgylch, ond mae'r cynnwrf emosiynol wedi gwneud Huw yn gorfforol sâl. Ac er bod y plant yn llawn o'u 'diwygiad' hwy eu hunain ar y ffordd adref, ofer, yn achos y prif gymeriad o leiaf, yw'r holl siarad a chynllunio gan mai'r noson hon, yn eironig, yw dechrau'r chwalfa yn ei fywyd. Mae hynny hefyd fel petai'n ategu'r argraff gyffredinol a geir mai rhywbeth disylwedd yw crefydd yn y nofel hon. Fel y mae sawl beirniad wedi awgrymu, mae yma ddigon o sŵn a mosiwns, ond dim llawer o ystyr.[54] Mae'r bachgen wedi cael pleser neu gysur fwy nag unwaith mewn geiriau crefyddol, boed yn emynau neu'n ddarnau o'r Beibl, ond prin fod crefydd wedi rhoi unrhyw beth iddo sy'n gymorth iddo wynebu ei dreialon.

Mae'r rhyfel, wrth gwrs, yn rhan llawer mwy uniongyrchol o gefndir *Un Nos Ola Leuad* na'r elfennau sydd fel petaent yn deillio o hanes cynharach y streic a'r diwygiad. Rhan o gynhysgaeth seicolegol y nofel yw'r rheini, ond mae'r rhyfel, neu ei effeithiau o leiaf, yn hunanamlwg yn y stori. Daw'r newyddion am ladd un ar ôl y llall o lanciau'r pentref, nes peri i Nain broffwydo y byddant 'wedi mynd i gyd, a ninna hefo nhw, cyn bydd yr hen Ryfal yma drosodd' (102). Gellir tybio hefyd fod a wnelo ymadawiad teulu Huw ag effaith y rhyfel; collodd chwarel y Penrhyn dros hanner ei gweithwyr rhwng 1914 a 1917 wrth i'r dirwasgiad a oedd wedi llethu'r diwydiant llechi ers dechrau'r ganrif ddwysáu, ac ymfudodd llawer iawn o'r rheini i chwilio am waith arall. Yn sicr mae yma argraff o gymdeithas yn cael ei bylchu i'r fath raddau fel na all hi fyth fod yr un fath eto. Ond nid dyna'r cyfan. Mae'n nodweddiadol o'r nofel, a'r modd y mae'n llwyddo i awgrymu cymhlethdod y gymdeithas a bortreadir, nad tristwch yn wyneb colledion yw'r unig agwedd ar y cyfnod sydd yma. Mae yma arwyddion hefyd o lwyddiant peiriant propaganda'r llywodraeth Brydeinig amser y rhyfel. Nid dim ond y plant sydd yng ngafael y syniad fod rhyfel yn erbyn y 'Jyrmans' yn beth da, cyfiawn ac arwrol. Mae'r werin fel petai'n dod allan yn ei chrynswth i ddathlu llwyddiant milwrol Elwyn Pen Rhes. Gwerin yw honno sydd, gallwn ddychmygu, dan arweiniad a dylanwad pobl fel Preis Sgŵl – gŵr sy'n cael pleser gwyrdroëdig mewn lledaenu straeon am greulonderau honedig yr Almaenwyr.[55] Mae'n ddiddorol nodi bod y ddau ddyn y mae Preis Sgŵl a'r Canon wedi'u *bras* seilio arnynt, sef Thomas Jervis, prifathro Ysgol y Gerlan, Bethesda, yn amser Caradog, a'r Canon R. T. Jones, Ficer Eglwys Glanogwen yn yr un cyfnod, ymhlith y rhai a fu wrthi'n fwyaf brwd yn ceisio recriwtio llanciau Bethesda ym mlynyddoedd cynnar y rhyfel. Yn ôl yr hanesydd Dafydd Roberts, roeddynt hwy ac eraill yn ymgyrchu yn nannedd cryn wrthwynebiad ac yn edliw i'r chwarelwyr a gweddill dynion ifainc yr ardal eu hamharodrwydd i'w cynnig eu hunain 'i ymladd dros ryddid a thros Ymerodraeth', chwedl y Canon.[56] Gall mai cysgod o'r gwrthdaro lleol hwn ar gorn recriwtio sydd yn yr helynt rhwng y Canon a rhai o drigolion y pentref yn y nofel, er mai asgwrn y gynnen yno yw bod pobl wedi dechrau beio Duw am y rhyfel. Ceir adlais mwy pendant o realiti yn yr olygfa ddramatig honno lle y daw'r Canon i'r ysgol i dorri'r newydd i'w gyfaill mawr, Preis Sgŵl, fod mab Preis wedi'i ladd yn y gyflafan – golygfa lle y mae'r awdur yn tynnu ar ei gof personol ef am y modd y cafodd Bob Jervis ei hysbysu bod ei fab yntau wedi'i ladd.[57] Cael ei ladd yw hanes mab y Canon yn y man hefyd. Lladdwr, a bylchwr teuluoedd, nad yw'n parchu gwahaniaethau cymdeithasol yw'r 'Rhyfal', ac nid yw'r ffaith i Preis Sgŵl ei gefnogi yn gwneud mymryn o wahaniaeth i ddwyster ei alar.

Does neb o deulu Guto Bwlch, un arall o laddedigion y rhyfel, ar ôl i alaru amdano:

> . . . chafodd o ddim ei ladd gan y Jyrmans tan diwrnod dwytha'r Rhyfal. Ond oedd Anti Elin a Catrin wedi marw erbyn hynny, ac ar ben ei hun bach basa fo yn Bwlch tasa fo wedi dwad adra. (136)

Mae Guto, eto, yn seiliedig ar berson go iawn: roedd gan Caradog gefnder o'r enw Griff, neu Guto, un o feibion ei Anti Mary, chwaer ei fam, fferm y Bwlch Uchaf, Deiniolen, ac fe'i lladdwyd yntau yn ystod wythnos olaf y brwydro yn Ffrainc.[58] Yn y nofel, nid ymhelaethir ar achos marwolaeth Anti Elin a Catrin, chwaer Guto, yn ystod y rhyfel, ond gyda'i dad wedi marw ers talwm, mae'n amlwg y byddai ymadawiad Guto i'r fyddin wedi ei gwneud hi'n anodd iawn iddynt gael dau ben llinyn ynghyd ar eu fferm fechan, yn enwedig o gofio bod Catrin yn wan ei meddwl a heb allu gweithio. Rhyfel ac effeithiau'r rhyfel sydd wedi ysgubo'r teulu hwn oddi ar wyneb y ddaear, felly, ac mae stori dadorchuddio'r gofgolofn i'r holl fechgyn lleol a fu farw ar faes y gad yn ein hatgoffa mai un chwalfa deuluol ymhlith llawer yw hon. O gofio bod y Bwlch wedi bod yn hafan mor hapus i'r adroddwr a bod ei gefnder Guto, fel y dywed Dafydd Glyn Jones, y 'peth nesaf sydd ganddo at frawd mawr', mae'r chwalfa benodol hon hefyd wedi bod yn rhan o'i drasiedi bersonol yntau.[59] Er na fynega ei ymateb i'r digwyddiad fel y cyfryw, mae'r ffordd od y mae'n cyfleu'r wybodaeth am ddiwedd teulu'r Bwlch yn y dyfyniad uchod yn dweud cyfrolau am ei sefyllfa ef ei hun. Ar un olwg llais plentyn a glywir yn y geiriau, yn dweud y gwir plaen; hynny yw, mae'n ffaith ddiymwad y byddai Guto wedi bod ar ei ben ei hun petai wedi dod adref o'r rhyfel. Ond, eto fyth, mae cysgod yr ail safbwynt hollbresennol yma hefyd, eiddo'r oedolyn, unigolyn sydd bron yn cenfigennu wrth lanc sydd wedi cael marw'n ddisymwth a thrwy hynny wedi osgoi gorfod wynebu bywyd 'ar ben ei hun bach', fel y mae ef wedi gorfod gwneud. Safbwynt rhywun â'i fyd wedi'i droi â'i ben i lawr yw hwnnw, ac mae'r rhyfel wedi cyfrannu mewn mwy nag un ffordd at hynny. Dyma'r 'chwalfa fawr gyhoeddus' a'r 'chwalfa fach breifat', y soniodd Caradog amdanynt wrth drafod y cyfnod a bortreadir yn y nofel, yn gorgyffwrdd. Yn wahanol i ddau o'i gyfoedion o ardaloedd chwarelyddol a ysgrifennodd nofelau am gyfnod y Rhyfel Mawr, Kate Roberts a Gwilym R. Jones, nid oedd awdur *Un Nos Ola Leuad* yn heddychwr; yn wir, fe wnaeth synau jingoistaidd iawn (eithr â'i dafod yn ei foch, i raddau) yn ei ddyddlyfr am ei brofiadau yn y fyddin adeg yr Ail Ryfel Byd, *'R Wyf Innau'n Filwr Bychan*.[60] Ond fel yn nofel Gwilym R. Jones, *Seirff yn Eden* (1963), a dwy nofel Kate Roberts, *Traed Mewn Cyffion* (1936) a *Tegwch y Bore* (1967), ar y dioddefaint a achosir gan ryfel y mae'r pwyslais yn

Un Nos Ola Leuad. Mae natur gyfan gwbl oddrychol y profiad sy'n cael ei gyfleu, ynghyd â'r ffaith mai safbwynt plentyn ochr yn ochr â safbwynt oedolyn dryslyd sydd yma, yn golygu nad yw'r awdur yn defnyddio'r nofel i fynegi barn o unrhyw fath am y rhyfel. Rhan ydyw'r rhyfel o wallgofrwydd cyffredinol y byd a bortreadir, yn cyfrannu at ansefydlogi'r gymdeithas y mae'r prif gymeriad yn rhan ohoni, ac yn cyfrannu hefyd at ei olwg gam ef ei hun ar fywyd.

Rydym wedi gweld, wrth ymdrin ag elfennau cefndirol, mai nofel sy'n dethol ac yn dramateiddio yn hytrach na chroniclo yw *Un Nos Ola Leuad*. Mae'r un ffydd yng ngrym dychymyg i'w gweld mewn un agwedd arall ar y nofel, sef eithafrwydd ei darlun o fywyd. Cydbwysedd yw'r gair olaf sy'n dod i'r meddwl ac fe welwyd hyn fel gwendid gan ambell un o adolygwyr y fersiwn Saesneg gyntaf o'r nofel. 'Almost all Mr Prichard's people die or go dotty, but just occasionally commonsensical daylight and humour emerge,' meddai un.[61] 'The tale goes well when the pressures are off. Too often they are on . . .' meddai un arall.[62] Mae'r beirniaid hyn yn cael trafferth i stumogi'r nofel yn ei chyfanrwydd; cânt flas ar y darnau hapus a doniol, ond mae'n amlwg fod y gweddill yn ormod ganddynt i'w lyncu.

Nid oedd yr awdur ei hun yn teimlo bod ei ddychymyg, wrth lenwi'r Pentra â phobl wallgof, wedi rhoi llam afresymol o fawr oddi wrth realiti Bethesda ei blentyndod. Dyma a ddywedodd wrth un gohebydd adeg cyhoeddi *Full Moon*:

> 'I suppose it [h.y. gwallgofrwydd] shows itself in a close community like that . . . I can think at once of at least six people who were mad in my village and my own mother spent 32 years in a mental home.'[63]

Ond wrth gwrs, nid dim ond nifer yr unigolion ansad eu meddwl yn y nofel sy'n rhoi'r argraff o eithafrwydd, ond y modd yr hoelir ein sylw arnynt. Fel y nodwyd yn gynharach, mae hynny'n arbennig o wir am y bennod gyntaf, lle y mae rhywun sy'n ymddwyn yn od neu'n fygythiol neu'n anghyfrifol i'w gael bron yn llythrennol heibio pob cornel a hynny o fewn cwmpas un diwrnod (neu'r hyn a gyflwynir fel un diwrnod) yn hanes y plant. Ac nid ydym fyth ymhell o afael y rhyfedd a'r gwyrdroëdig, y dychrynllyd a'r morbid, yng ngweddill y llyfr ychwaith.

Fodd bynnag, mae dehongli presenoldeb llethol y pethau hyn fel gwendid yn bradychu camddealltwriaeth sylfaenol o natur y nofel ac yn rhagdybio hefyd fod llenyddiaeth yn gallu cyfleu realiti gwrthrychol. Mewn gwirionedd, wrth gwrs, proses o ddewis a dethol yw creu celfyddyd o bob math, ac mae gan y llenor berffaith hawl i bwysleisio pa bynnag elfennau o'r byd o'i gwmpas a fyn, hyd yn oed ar draul elfennau eraill. Mae eithafrwydd golwg *Un Nos Ola Leuad* ar y byd yn cael ei adlewyrchu nid yn unig yn yr oedi parhaus gyda'r od a'r hurt, ond hefyd yn natur garicatiwraidd nifer o'r cymeriadau ymylol. Dyna'r Canon gyda'i graith fawr, Ceri a'i gwallt hir melyn, y wraig ffarm gyda'i 'llygaid glas a gwallt gwyn a bocha cochion' a Jini Bach Pen Cae hithau a'i gwallt melyn a'i llygaid glas hypnotig sydd wedi'u serio ar gof yr adroddwr. Ni ddywedir prin ddim am ymddangosiad allanol y cymeriadau canolog heblaw am ddisgrifio golwg y fam a Moi yn ystod eu salwch, a'r hyn a wneir bryd hynny, hefyd, yw canolbwyntio ar ryw un neu ddwy nodwedd amlwg – y fam a'i hwyneb gwelw a'i 'llgada pinna dur', a Moi a'i lygaid annaturiol o ddisglair a'r 'ddau bats coch' ar ei fochau. Mae'r cyfan yn cyfrannu at yr hyn a alwodd Gerwyn Wiliams yn 'naws ystumiedig a gormodieithol'.[64] Fel yr awgrymodd ef, nid at gydbwysedd gofalus yr oedd Caradog yn anelu. Dramateiddio gweledigaeth un unigolyn o fywyd a wneir, ac mae i'r hunllefus a'r swrrealaidd a'r ffantasïol, yn ogystal â'r solat ddiriaethol, eu lle yn y dramateiddiad.

Yn ofer, felly, yr eir at y nofel heb fod yn fodlon ei chymryd ar ei thelerau ei hun. Mae'n rhaid derbyn bod y stori gyfan yn cael ei hadrodd o un safbwynt cwbl oddrychol, safbwynt un y mae ei gof fel petai'n cael ei ddynnu fel magned at y rhyfedd a'r brawychus wrth iddo geisio gweld sut y trodd ei fywyd ef ei hun yn rhyfedd a brawychus. Mae'r goddrychedd digyfaddawd hefyd yn golygu na allwn ddisgwyl i'r awdur ymyrryd yn y stori i egluro na chyfiawnhau dim. Bu hyn eto'n broblem i un adolygydd ar y fersiwn Saesneg gyntaf, a oedd am wybod pam fod y fam yn gwallgofi a sut yr oedd ei gafael anghyffredin ar ei mab yn effeithio ar ei gyflwr meddyliol ef. Cwynai fod unrhyw atebion posibl i'r cwestiynau hyn yn cael eu colli yn y 'general uproar'.[65] Ond eithriadau mewn gwirionedd yw'r rhai hynny o blith beirniaid niferus y nofel hon sydd wedi eu llesteirio gan syniadau cyfyng am realaeth mewn llenyddiaeth a chan awydd i gael eglurhad llawn a llythrennol ar bopeth. Mae'n ddiddorol mai beirniaid Saesneg yw'r eithriadau hynny – pobl na sylweddolant, efallai, fod grym y straeon Cymraeg cynharaf sydd ar glawr, sef y Mabinogi, yn dibynnu ar lawer iawn o orliwio bwriadol, digwyddiadau anghredadwy a dirgelwch. Er gwaetha'r ffaith mai naturiolaeth gadarn fu prif ddiriogaeth y nofel Gymraeg o'r dechrau, fe wyrodd *Un Nos Ola Leuad* ddigon oddi wrth y naturiolaeth honno i'n hatgoffa bod dulliau eraill o ddweud stori ac o ennyn ymateb darllenydd. A phwysleisio hygrededd y nofel a wnaeth y rhan fwyaf o sylwebwyr, gan weld yn ei darlun afreal, chwedl ei hawdur, ddyfnderoedd o wirionedd profiad a gwirionedd emosiynol. Yn y pen draw, Caradog Prichard a agorodd y drws i nofelydd fel Robin Llywelyn yn y 1990au, nofelydd sy'n camu'n hy i fyd ffantasi ond sydd eto'n dweud llawn cymaint os nad mwy am y byd o'i gwmpas nag ysgrifenwyr llai hedegog eu dychymyg.

*   *   *

Ystumio, tanseilio, torri rheolau, cefnu ar gonfensiynau, beth bynnag yr ydym am ei alw, mae digon ohono yn *Un Nos Ola Leuad*. Ond pa mor fwriadol yw'r cyfan – dyna'r cwestiwn sydd wedi bod yn hofran yn gyson uwchben ein trafodaeth. Hynny yw, ai llifo allan o ysbryd Caradog a wnaeth y nofel, 'fel dwfr o ffynnon, neu wê'r pryf copyn o'i fol ei hun', chwedl Pantycelyn, neu a chwaraeodd ei ben fwy o ran yn y cyfan? Mae'n gwestiwn amhosibl ei ateb yn derfynol. Peth bwriadol, wrth gwrs, oedd penderfynu cymysgu ffaith a ffuglen, ac o gofio bod yr awdur yn gynlluniwr manwl, go brin mai mympwy oedd trefnu'r deunydd fel y gwnaed. O ran y defnydd o iaith lafar, waeth pa mor naturiol i Caradog oedd ysgrifennu nofel yn nhafodiaith ei fro, byddai'n sicr, fel un a ddarllenai ryddiaith greadigol gyfoes yn y Gymraeg, yn ymwybodol ei fod yn mynd yn groes i'r norm; ac efallai'n wir, fel yr awgrymwyd, fod presenoldeb ychydig o iaith fwy llenyddol ynghanol ac ar ddiwedd y nofel yn arwydd ei fod yn ystyried ei fod yn gwneud peth eithaf mentrus wrth droi cefn arni. Byddai'r awdur, heb amheuaeth, yn ymwybodol hefyd o'r confensiynau llenyddol a'r mythau y soniwyd amdanynt: y traddodiad o ysgrifennu bro, myth y werin ddiwylliedig, a'i chwaer-fyth, myth y chwarelwr egwyddorol.[66] Gwelsom sut y bu'n ymrafael yn ei fywyd personol â dylanwad pwerus y myth olaf hwn, fel y cafodd ei amlygu iddo yn hanes swyddogol unochrog y Streic Fawr. Ond efallai mai awdur yn ymryddhau o hualau sydd yma yn hytrach nag un sydd wedi penderfynu peidio â chydymffurfio. Y mae gwahaniaeth rhwng y ddau beth; yng ngeiriau Dafydd Glyn Jones, llenor oedd Caradog a fynnodd 'ymdroi yn ei fyd ei hun, a dilyn ei berwyl ei hun, nid mewn anwybodaeth o opiniynau, rhagdybiadau a mythau cyffredin y Gymru lenyddol Gymraeg, ond heb ei feddiannu ganddynt'.[67] Ac mae'n anodd osgoi'r casgliad fod a wnelo natur hynod hunangofiannol ei waith lawer â'i annibyniaeth lenyddol. Yn achos *Un Nos Ola Leuad*, yn sicr, roedd am fynegi pethau poenus o bersonol ac ar yr un pryd, rywsut rywfodd, am roi pellter rhyngddo ef ei hun a'r pethau hynny trwy roi gwedd newydd arnynt; felly roedd yna ddeuoliaeth a oedd yn sicr o yrru ei feddwl ar drywydd gwahanol i'r arfer. Ni fyddai casgliad o atgofion manwl-gywir, yn talu teyrnged uniongyrchol i'w fro enedigol, yn ateb pwrpas, nac yn cynnal momentwm, y stori wir a oedd ganddo i'w dweud; ond mae'n amlwg na fynnai, ychwaith, nofel gwbl realaidd, gronolegol o'r math a oedd hyd hynny wedi teyrnasu yn Gymraeg, ac felly roedd yn rhaid iddo dorri ei gwys ei hun. Dyna a wnaeth, ond gan wneud i'r cyfan swnio'n gwbl reddfol a naturiol; dyma nofel anhunanymwybodol os bu un erioed. Nid ffrwyth hir arfer mo'r naturioldeb hwn ychwaith, o gofio mai dyma unig nofel yr awdur, ond mae'n fwy na phosibl fod a wnelo'r peth â hir fyfyrdod yr awdur ar ei ddeunydd cyn iddo feddwl am ei droi'n nofel. Yr oedd, wedi'r cyfan, wedi byw gyda'r profiad ers cryn ddeugain mlynedd, wedi ei droi a'i drosi yn ei feddwl, wedi creu barddoniaeth ohono. Yr oedd cynnwys y nofel – neu'r rhan fwyaf ohono – yn ei ben a'i enaid ers talwm; a phan ddaeth yr adeg iddo ei roi ar bapur, mewn rhyddiaith y tro hwn, hawdd credu i'r deunydd hwn, wrth ymarllwys allan, greu siâp a ffurf ei lestr ei hun, fel ffrwd nerthol o ddŵr yn creu ei lwybr ei hun.

Beth bynnag oedd prosesau creu *Un Nos Ola Leuad*, a pha mor ymwybodol bynnag oedd yr awdur ohonynt, canlyniad y cwbl oedd clamp o nofel – un hudol yn ei darlun o blentyndod ac ysgytiol yn ei phortread o chwalfa'r byd hwnnw; ysgytiol hefyd yn y modd y mae chwalfa bersonol y prif gymeriad yn cael ei hadleisio mewn chwalfa gymdeithasol ehangach gan adael argraff o ddadfeiliad cyffredinol cymuned sydd ar drugaredd amgylchiadau y tu hwnt i reolaeth – a dirnadaeth – ei haelodau. Dim llai na gorchest yw llwyddo i gyfleu'r cwbl hyn, heb air o athronyddu na sylwebu nac 'egluro', a heb rithyn o sentimentaleiddiwch ychwaith, mewn naratif a gyflwynir yn gyfan gwbl o safbwynt un unigolyn, sef adroddwr sydd wedi'i ddal mewn rhyw dir neb hunllefus o stad feddyliol, rhwng ei orffennol fel plentyn diniwed a'i bresennol fel oedolyn o droseddwr. Ac fel y dangoswyd, y mae'n nofel arloesol yn y Gymraeg, yn un a barodd na fyddai 'pentre gwyn' llenyddiaeth Gymraeg fyth eto yr un fath, chwedl Hywel Teifi Edwards.[68]

Trwy'r cyfan, y peth sylfaenol sy'n cael ei fynegi mor ddirdynnol yn *Un Nos Ola Leuad* yw profiad o golled, a cholled o ryw fath neu'i gilydd sydd wrth wraidd pob un o brif themâu gwaith yr awdur hwn. Mae'r themâu hynny'n cwmpasu'r nofel, rhyddiaith greadigol arall, y farddoniaeth a'r hunangofiant, ac atynt hwy y trown ein sylw nesaf.

NODIADAU

1 LlGC, PKR, 1024 (16 Mai 1954).
2 Gw. nodyn CP ar ddechrau *Canu Cynnar* wrth gyflwyno'r gyfrol 'i holl ddeiliaid Ysbyty'r Meddyliau Claf yn Ninbych'.
3 Tom Parry-Jones, 'Llyfrau Newydd', *Lleufer*, XVIII (Gwanwyn 1962), 47.
4 Dyfynnir Pennar Davies o *Taliesin*, 4 (ni nodir blwyddyn ond 1962, mae'n debyg), 99, ac Emrys Edwards o 'Erstalwm, yn Pesda efo Caradog', *Yr Herald Cymraeg*, 19 Chwefror 1962. Fel enghreifftiau o weithiau cynharach a enynnodd ymateb llawer mwy chwyrn gellir rhestru pryddest T. H. Parry-Williams, 'Y Ddinas', yn 1915, pryddest Prosser Rhys, 'Atgof', yn 1924, awdl Gwenallt, 'Y Sant', yn 1928, nofel Saunders Lewis, *Monica*, yn 1930 a drama Kitchener Davies, *Cwm Glo*, yn 1934. Wrth geisio egluro mudandod y ceidwaid moesau adeg cyhoeddi *Un Nos Ola Leuad*, cynigiodd Pennar Davies, ymhlith rhesymau eraill, fod y Cymry yn dysgu adnabod celfyddyd a pharchu artist; ac eto roedd yn ysgrifennu cyn 1965, pan lanwyd colofnau lawer gan brotestiadau yn erbyn yr elfen rywiol yn nofel John Rowlands, *Ienctid yw 'Mhechod*. Mae'n destun trafodaeth ynddo'i hun pam fod nofel sy'n cynnwys dyrnaid o olygfeydd caru naturiol wedi tramgwyddo cymaint mwy na nofel ac ynddi sôn am drawswisgwr, fflachiwr, llosgach, ymyrraeth rywiol a thrais rhywiol. Ar wahân i'r cwynion wrth-fynd-heibio a nodwyd am gynnwys *Un Nos Ola Leuad* gan yr adolygwyr Emrys Edwards a Tom Parry-Jones, daw'r unig un arall y llwyddwyd i ddod o hyd iddi o gyfnod diweddarach; cyfeiriad ydyw mewn llythyr a ddyfynnir yn gyfan gan CP yn ei golofn yn y *Bangor and North Wales Weekly News*, 26 Gorffennaf 1973. Yno mae pump o 'ardalwyr y Llan', sef Llanllechid, Dyffryn Ogwen, yn ymateb yn chwyrn i golofn gynharach (7 Mehefin 1973) lle yr oedd CP wedi cwyno (a'i dafod yn amlwg yn ei foch), ar ôl bod ar wyliau yn y pentref, nad oedd tawelwch chwedlonol cefn gwlad i'w gael yno. Ac yntau ar y pryd yn rhentu tŷ capel Peniel, roedd CP wedi'i ddisgrifio'i hun yn ceiso ysgrifennu'i golofn ynghanol sŵn adar a phlant, gan ddychmygu mai gweinidog ydoedd yn ceisio paratoi pregeth ond yn cael ei rwystro gan sŵn plant, ac yn llunio 'hen bregeth sâl'. Ymateb trwynsur yr 'ardalwyr' i'r pwynt penodol hwn oedd nodi nad oedd raid iddo boeni am lunio pregeth ar gyfer Capel Peniel, gan fod 'pregethau grymus eisoes wedi eu traddodi o'r pwlpud hwn, rhai mwy safonol, a moesol, na "Un Nos Oleu Leuad".' Wrth ymdrin yn gymodlon â'r llythyr, dywed CP ei fod yn 'well o lawer na'r llythyr personol a dderbyniais o'r un ffynhonnell', sy'n awgrymu bod hwnnw'n fwy condemniol byth!
5 Cafwyd y dystiolaeth hon gan Bethan Evans, a wnaeth yr holiadur ar ran Cynllun Hyrwyddo Llenyddiaeth Gwynedd yn 1997.

6 John Rowlands, *Un Nos Ola Leuad (Caradog Prichard)*, (Aberystwyth, 1997), 3.

7 E.e., gw. 'C.H.H.', 'A Boyhood in North Wales', *The Oxford Times*, 19 Ionawr 1973; Derek Stanford, 'A Welsh Idyll', *The Scotsman*, 13 Ionawr 1973; W. J. Nesbitt, 'The Don from Whitby', *The Northern Echo*, 12 Ionawr 1973; Alan Kersey, 'Dewi Corner Shop and his Welsh mates', *Cambridge Evening News*, 10 Chwefror 1973; Julian Symons, 'In search of an author', *The Sunday Times*, 7 Ionawr 1973. Gw. hefyd n. 63 isod.

8 Mae manylion y cyfieithiadau fel a ganlyn: cyfieithiad Menna Gallie, *Full Moon* (London, 1973); cyfieithiad Philip Mitchell, *One Moonlit Night* (Edinburgh, 1995); cyfieithiad Jean-Yves le Disez a Carys Lewis, *Une Nuit de Pleine Lune* (Arles, 1990); cyfieithiad Philip Mitchell, *One Moonlit Night* / *Un Nos Ola Leuad* (London, 1999); cyfieithiad Christel Dormagen, *In Einer Mondhellen Nacht* (Munchen, Zurich, 1999); cyfieithiad Dafna Levy (Tel Aviv, 1999; ni chafwyd y teitl); cyfieithiad Ismael Attrache, *Una Nocha de Luna* (Madrid, 1999); cyfieithiad Alexandros Panousis, Μια νύχτα με φεγγάρι (Athen, 2000); cyfieithiad Frank Lekens, *In de Maneschijn* (Amsterdam, 2003); cyfieithiad Karsten Sand Iversen, *En Månelys Nat* (Arhus, 2004). Rwy'n ddiolchgar i Sioned Rowlands a Heidi Kivekas, Llenyddiaeth Cymru Dramor, am ddarparu'r rhestr hon.

9 O ran y cymeriadau sy'n dwyn cysylltiad â phersonau o gig a gwaed, yn ôl Ernest Roberts roedd llanc a elwid yn Joni Sowth ym Methesda am ei fod yn siarad fel deheuwr ar ôl treulio cyfnod yn gweithio yn un o'r pyllau glo. Roedd hefyd gymeriad a elwid yn James Pandy, dyn a oedd, yn ôl y sôn, yn ei arddangos ei hun o flaen genethod bach fel y gwna Harri Bach Clocsia o flaen plant *UNOL*; dywed J. Elwyn Hughes, yntau'n frodor o Fethesda, fod ei fam yn cofio'r cymeriad hwn hefyd. Ymdrinnir â'r berthynas rhwng y Canon, Preis Sgŵl a Guto Bwlch a phobl go iawn yn ddiweddarach yn y bennod hon. Ymhlith y lleoedd gwirioneddol sy'n cael eu henwi yn y nofel, mae tafarn y Blw Bel (sef siop Bells heddiw) a Rheinws (sef siop Y Siswrn Arian heddiw). Dro arall mae lleoedd wedi cael eu hailenwi; e.e., gallai Parc Defaid fod yn un o ddau barc, sef Parc Moch neu Barc Mawr/Parc Meurig, a gall mai Cae Robin Dafydd yw Dôl Ddafydd, y cae rygbi presennol. Ffynonellau'r wybodaeth uchod, a'r sôn am y gêm bêl-droed a oedd yn sail i'r un yn y nofel, yw Cyf. ER; Ernest Roberts, *Cerrig Mân* (Dinbych, 1970), 32; Cyf. JEH.

10 Emrys Edwards, 'Erstalwm, yn Pesda efo Caradog'.

11 *YRhA*, 11–14.

12 Gw. adroddiad ar y ddarlith a draddodwyd i Gymdeithas Llywarch Hen, Coleg Prifysgol Gogledd Cymru, Bangor, ar 4 Chwefror 1964: T. Alun Davies, 'Llef Un yn Llefain', *Y Dyfodol*, 19 Chwefror 1964. Daw amwysedd agwedd CP at ei greadigaeth ei hun i'r amlwg hefyd yn ei ymateb i

lythyrwr o Ddinorwig a ysgrifennodd i'r *Herald*, adeg cyhoeddi'r nofel, yn hollti blew ynglŷn â dau fanylyn yn y stori a oedd, fe ensyniai, yn dangos bod cof yr awdur yn ei dwyllo (roedd y manylyn cyntaf yn ymwneud â gweithio yn y chwarel ar ddydd gŵyl, a'r ail yn ymwneud â'r graig ar ffurf dynes sydd i'w gweld ar lethrau'r Wyddfa). Er bod CP, yn ei ateb yn y rhifyn dilynol, yn atgoffa'r llythyrwr o hawl y storïwr i 'ddweud celwydd', eto i gyd mae'n bwrw ati i ymdrin â'r pwyntiau dan sylw gan ddyfynnu, bron yn ymddiheurgar, eiriau'r hen ŵr ym mhryddest Wil Ifan 'Bro fy Mebyd', 'Dydw i ddim yn siwr o ddim byd erbyn hyn'. (*Yr Herald Cymraeg*, 26 Chwefror 1962; 5 Mawrth 1962). "Dw i ddim yn siŵr o ddim byd, erbyn hyn' yw'r geiriad yn y gwreiddiol; gw. Wil Ifan, *Bro fy Mebyd a Cherddi Eraill* (Dinbych, 1996), 108.

13 Dyfynnir o *YRhA*, 13.

14 Christine Dymkowski yn ei rhagymadrodd i Eugene O'Neill, *Long Day's Journey Into Night* (London, 1991), xv.

15 Ceir crynodeb o'r hanes yn Steve Fielding, *North Wales Murder Casebook* (Newbury, 1995), 25–8. Gw. hefyd 'Y Llofruddiaeth yng Nghaergybi', *Y Genedl Gymreig*, 4 Ionawr 1910; 'Llofrudd Caergybi', ibid., 15 Chwefror 1910; 'The Holyhead Murder', *North Wales Observer*, 7 Ionawr 1910. Yn ôl yr ail o'r adroddiadau hyn, anfonwyd deiseb o Gaernarfon at yr Ysgrifennydd Cartref yn gofyn iddo newid y gosb ar y sail fod Murphy yn wallgof, ond cafwyd ateb negyddol. Rwy'n ddiolchgar i J. Elwyn Hughes am fy rhoi ar y trywydd hwn.

16 Dafydd Glyn Jones, 'Rhai Storïau am Blentyndod' yn J. E. Caerwyn Williams (gol.), *Ysgrifau Beirniadol IX* (Dinbych, 1976), 266.

17 LlGC, PKR, 3250 (24 Mehefin 1925).

18 Mae Emyr Llywelyn wedi trafod y gyfatebiaeth rhwng Em a'r adroddwr, gan ddadlau, yn wir, mai'r un person ydynt; gw. 'Em – y Doppelganger', *Y Faner Newydd*, 3 (Gwanwyn 1997), 18–19.

19 Ceir nodiadau cynllun ar gyfer *Un Nos Ola Leuad* mewn llyfr nodiadau yn LlGC, Llsgr. 22396C; ar gyfer y ddrama 'Ple'r Aethost Ti Gariad?', a drafodwyd yn y bennod ddiwethaf, yn LlGC, PCP, 909; ac ar gyfer 'Gwrthgiliad', gwaith anghyflawn ac anghyhoeddedig a drafodir yn fanylach yn y bedwaredd bennod, yn LlGC, PCP, 517 a 518.

20 Gw. hefyd Menna Baines, 'Un Nos Ola Leuad (ii)', *Barn*, 350 (Mawrth 1992), 21–2; John Rowlands, *Un Nos Ola Leuad*, 11–14.

21 Am restr o rai o'r llyfrau, gw. Dafydd Glyn Jones, 'Rhai Storïau am Blentyndod', 255. Gellir ychwanegu at y rhain bellach deitlau mwy diweddar fel Ray Evans, *Y Llyffant* (Llandysul, 1986); Bernard Evans, *Glaw Tyfiant* (Capel Garmon, 1990); Miriam Llywelyn, *Miri a Mwyar ac Ambell Chwip Din* (Llandysul, 1994); a Sonia Edwards, *Gloynnod* (Caernarfon, 1995).

22 Bedwyr Lewis Jones, 'Cofiannau ac Atgofiannau', yn Geraint Bowen (gol.), *Y Traddodiad Rhyddiaith yn yr Ugeinfed Ganrif* (Llandysul, 1976), 163.

23 R. M. Jones, *Llenyddiaeth Gymraeg 1936–1972* (Llandybïe, 1975), 277–8.

24 Kate Roberts, *Te yn y Grug* (Dinbych, 1959), 85.

25 Jane Edwards, *Tyfu* (Llandysul, 1973), 80.

26 Ioan Williams, *Y Nofel* (Llandysul, 1984), 62.

27 *YRhA*, 12.

28 Ceir copi o'r ddarlith yn LlGC, PCP, 533. Ni nodir ym mha le y'i traddodwyd na'r dyddiad, ond mae'n amlwg ei bod yn dyddio o'r 1970au.

29 Siarad yr oedd gyda Chymdeithas Llywarch Hen; gw. yr adroddiad o'r *Dyfodol* y cyfeirir ato yn n. 12 uchod. Meddir yno, 'Cafwyd ateb difyr i'r cwestiwn am gysylltiad y salm i Fugeiles yr Wyddfa a'r nofel. Dyn yn mynegi meddwl heb ei ddatblygu sydd yn y nofel, a chan fod "ein Cymraeg ni yn gywirach ei safon" na Chymraeg llafar yr ysgrifennwyd y salm fel math ar wrthgyferbyniad rhwng y ddwy iaith. "Yr annysgedig yn clywed llais mewn iaith na fyddai'n siarad ynddi, llais Duw, arglwydd neu feistr".' Cf. sylw CP yn ei golofn yn y *Bangor and North Wales Weekly News*, 9 Ionawr 1975, mai meddwl yr oedd wrth ysgrifennu'r darnau am emyn Pantycelyn sy'n cychwyn â'r geiriau 'O! Llefara, addfwyn Iesu' (*Llyfr Emynau a Thonau y Methodistiaid Calfinaidd a Wesleaidd*, Rhif 205, 'Geiriau'r Iesu').

30 Cyf. JO. Cafodd Huw Tudor, a oedd yn actio'r bachgen yn y cynhyrchiad radio gwreiddiol o *Un Nos Ola Leuad*, yntau yr argraff fod y darnau yn peri embaras i CP (Cyf. HT). Darlledwyd yr addasiad hwn rywbryd yn ystod 1964, a hynny'n fyw o Neuadd y Penrhyn, Bangor. CP ei hun a luniodd yr addasiad; mae'n cyfeirio at ei waith arno yn 'Annwyl William John' (18 Gorffennaf 1964).

31 Yn ôl Gwilym R. Jones, dyma'n union oedd ymateb cyntaf Kate Roberts, fel cyhoeddwr, i'r nofel, er iddi ddod i ddotio ati maes o law; pryderai fod ynddi ormod o dafodiaith ac na fyddai neb ond pobl Bethesda yn ei deall (Cyf. GRJ).

32 Gw., eto, yr adroddiad ar yr anerchiad i Gymdeithas Llywarch Hen yn *Y Dyfodol*.

33 Mae Hywel Teifi Edwards yn trafod llyfr Anthropos ac eraill tebyg iddo mewn erthygl dreiddgar sy'n cydnabod apêl y math hwn o ysgrifennu atgofus ac yn gresynu, yr un pryd, at ei gyfyngiadau o ran y darlun a grëir o ddynoliaeth: 'O'r Pentre Gwyn i Llaregyb' yn M. Wynn Thomas (gol.), *Diffinio Dwy Lenyddiaeth Cymru* (Caerdydd, 1995), 7–41. Ymhelaetha ar y drafodaeth yn ei gyfrol *O'r Pentre Gwyn i Gwmderi* (Llandysul, 2004), gyda sylw arbennig i *Un Nos Ola Leuad* yn y bennod olaf, 170–98.

34 Bedwyr Lewis Jones, 'Cofiannau ac Atgofiannau', 156.

[35] H. D. Hughes, *Y Chwarel a'i Phobl* (Llandybïe, 1960), 15.

[36] Dafydd Glyn Jones, 'Caradog Prichard', yn *Dyrnaid o Awduron Cyfoes*, 191–6; Harri Pritchard Jones, 'Un Nos Ola Leuad', Taliesin, 63 (Gorffennaf 1988), 10–11.

[37] Dafydd Glyn Jones, 'Caradog Prichard', 195–6.

[38] Gerwyn Wiliams, 'Gwerin Dau Garadog', yn *Diffinio Dwy Lenyddiaeth Cymru*, 42–79.

[39] Hywel Teifi Edwards, *O'r Pentre Gwyn i Gwmderi*, 188.

[40] Ernest Roberts, *Ar Lwybrau'r Gwynt* (Caernarfon, 1965), 39.

[41] Y mae wedi'i awgrymu bod rhywbeth yn amheus yn y ddamwain a laddodd John Pritchard yn y chwarel, h.y. nad damwain lwyr oedd hi a bod a wnelo'r digwyddiad â'r ffaith ei fod wedi torri'r streic; gw. Harri Pritchard Jones, 'Caradog Prichard' [Darlith S4C yng Ngŵyl y Gelli Gandryll, 29 Mai 1994], *Taliesin*, 87 (Hydref 1994), 63. Ond ni ellir cynnig unrhyw dystiolaeth o gwbl i gadarnhau hyn.

[42] Ni chlywsai Ernest Roberts erioed am ddial ar fradwyr mewn ffordd mor ddi-chwaeth â hon, er gwybod yn dda gryfed oedd y teimladau yn eu herbyn yn ystod y streic ac ar ei hôl (Cyf. ER). Efallai ei bod yn arwyddocaol fod CP mewn hwyliau da pan sylwodd fod y cylchoedd honedig wedi diflannu, sef drannoeth y cyfarfod ym Methesda ym Mawrth 1963 i'w groesawu ef ac Emrys Edwards fel dau brifardd cadeiriol yr Eisteddfod Genedlaethol yn 1961 a 1962: 'Drannoeth wedi'r nos Wener hyfryd honno cerddais i fyny i'r fynwent ac at fedd fy Nhad, oedd erbyn hyn wedi cael Mam yn ôl i'w gôl. Edrychais ar gefn y garreg las lefn. Nid oedd yr un marc yn difwyno'i llyfnder. Roedd y ddyled wedi ei thalu. Roedd hi'n Sadwrn Setlo unwaith eto ym Methesda.' (*ADA*, 39). Nid oedd pob ymweliad â'r henfro yn brofiad mor bleserus iddo; fel y cawn weld eto, roedd ei berthynas â'r lle ar ôl iddo droi'n alltud yn un gymhleth tu hwnt. Tybed nad ymffurfio yn ei ddychymyg a wnaethai'r cylchoedd felly, o ganlyniad, efallai, i ryw ymweliad mwy digalon na'i gilydd?

[43] Emyr Hywel Owen, 'Rhagor o Gefndir Chwalfa', 124. Does dim modd gwybod pryd yr aeth John Pritchard yn ôl i weithio, ond mae'n ymddangos bod Ernest Roberts yn iawn nad oedd yn un o'r rhai a ddychwelodd ar 11 Mehefin (Cyf. ER), gan nad yw ei enw yn y rhestr o'r dynion hynny a gyhoeddwyd yn *Y Werin*, 13 Mehefin 1901. Yn araf iawn y dychwelodd y gweithwyr yn ystod gweddill 1901 a 1902; yn wir, ni chyflymodd y llif hyd hydref 1903, yn union cyn yr ildio ffurfiol ym mis Tachwedd (gw. R. Merfyn Jones, *The North Wales Quarrymen*, 212; 257–8).

[44] Gw. Karen Owen, 'Bargen Wael i'r Bradwyr', *Golwg* (8 Hydref 1998), 18.

[45] *Y Diwygiad a'r Diwygwyr*, 220; 259.

[46] Ibid., 260.

47 Am hanes ei dröedigaeth yn llawn, gw. Elfed, *With Christ Among the Miners* (London, 1906), 122–6; ceir hefyd grynodeb o'r stori yn Sydney Evans a Gomer M. Roberts (goln), *Cyfrol Goffa Diwygiad 1904–5* (Caernarfon, 1954), 68. Mae rhai gwahaniaethau rhwng y ddwy fersiwn.

48 Ernest Roberts, *Ar Lwybrau'r Gwynt*, 40–42.

49 Ibid., 40; 41.

50 Glyn Penrhyn Jones, *O'r Siop* (Darlith Flynyddol Llyfrgell Bethesda 1973), (Caernarfon, 1973), 14.

51 Gw. hefyd y cyfeiriad at y diwygiad yn 'Y Dyffryn' yn *YGB*, 168–9. Yn y portread hwn o Ddyffryn Ogwen mae William Hughes, Cae Star, yn ymddangos fel 'Wil Cae Mawr', sy'n cael tröedigaeth ar ôl gweld olwyn dân ar Bont y Sarnau. Ond yn ôl J. Elwyn Hughes, roedd CP yr un mor hoff o ran arall o'r chwedloniaeth ynghylch y dyn hwn, stori a oedd yn awgrymu nad oedd wedi anghofio ei hen ffyrdd i gyd. Yn ôl y stori, pan ddaeth William Hughes yn ôl i Fethesda ar ôl bod yn America a cherdded i fyny'r stryd yn ei ddillad parch, fe'i heriwyd gan ei hen gyfeillion i gwffio fel y byddai'n arfer gwneud; ac yn y diwedd fe dynnodd yntau ei gôt, torchi ei lewys a dweud, 'Ylwch chi, hogia, os dwi 'di newid fy mistar, mae'r tŵls gin i o hyd.' (Cyf JEH).

52 R. Tudur Jones, *Ffydd ac Argyfwng Cenedl* (II), 144–5.

53 *Llyfr Emynau a Thonau y Methodistiaid Calfinaidd a Wesleaidd*, Rhif 390, 'Y Cyfamod Disigl' (Hugh Derfel Hughes).

54 E.e., gw. John Rowlands, *Un Nos Ola Leuad*, 20; idem, 'Y Fam a'r Mab – Rhagarweiniad i "Un Nos Ola Leuad"', *Ysgrifau Beirniadol XIX* (Dinbych, 1993), 297–300; Ioan Williams, *Y Nofel*, 56–9; Harri Pritchard Jones, 'Un Nos Ola Leuad', *Taliesin*, 63 (Gorffennaf 1988), 12; R. M. Jones, *Llenyddiaeth Gymraeg 1936–1972*, 273.

55 Roedd parodrwydd i gredu straeon o'r fath yn ffactor pwysig yn llwyddiant ymgyrchoedd ricriwtio, fel y dywed yr hanesydd Cyril Parry, sy'n sôn am un achlysur pan dorrwyd y Prifathro Thomas Rees allan o restr aelodaeth clwb golff dinas Bangor am fynegi amheuaeth ynglŷn â chywirdeb rhai o'r sïon. Gw. Cyril Parry, 'Gwynedd yn Ystod y Rhyfel Mawr', yn Geraint H. Jenkins (gol.), *Cof Cenedl II* (Llandysul, 1987), 162.

56 Dafydd Roberts, 'Dros Ryddid a Thros Ymerodraeth [:] Ymatebion yn Nyffryn Ogwen 1914–18', *Trafodion Cymdeithas Hanes Sir Gaernarfon*, 45 (1984), 111–15.

57 Gw. *ADA*, 18–19. Am fwy o hanes Thomas a Bob Jervis, gw. E. Gwen Thomas, 'Penysarn, Môn ac "Un Nos Ola Leuad"', *Yr Arwydd*, Tachwedd 1991; 'Bob Bach Sgŵl', ibid., Rhagfyr 1991.

58 Gw. colofn CP yn y *Bangor and North Wales Weekly News*, 18 Tachwedd 1976; cf. 'Annwyl William John', (15 Ionawr 1964; 18 Gorffennaf 1964).

Brawd William John Brown, y cefnder y cyfeirir y llythyrau hyn ato, oedd Griff/Guto.

[59] Dafydd Glyn Jones, 'Rhai Storïau am Blentyndod', 265.

[60] Cf. ei golofn olygyddol yn *Y Ddinas*, Mehefin 1947, lle y dadleuodd o blaid gorfodaeth filwrol, gan honni na wnaeth gorfodaeth i wneud pethau a oedd yn groes i'r graen ddim drwg iddo ef yn y fyddin.

[61] Sally Williams, 'The Welsh in Trouble', *Evening Standard*, 9 Ionawr 1973.

[62] 'Tripping Along' (dim enw awdur), *The Times Literary Supplement*, 26 Ionawr 1973.

[63] Graham Lord, 'A Boy Bewitched By That Old Devil Moon', *The Sunday Express*, 7 Ionawr 1973.

[64] Gerwyn Wiliams, 'Gwerin Dau Garadog', 63.

[65] Donald MacCormick, 'New Novels: Self-Portrait?', *The Glasgow Herald*, 13 Ionawr 1973.

[66] E.e., mae Dafydd Glyn Jones yn nodi yn 'Caradog Prichard', 196, iddo ysgrifennu adolygiad canmoliaethus iawn ar *Chwalfa* T. Rowland Hughes (sef 'Mae'n well na Daniel Owen', *Y Ddinas*, Ionawr 1947); gellir ychwanegu iddo roi croeso cynnes iawn hefyd i *Ar Lwybrau'r Gwynt* Ernest Roberts ('Hunangofiant Bro', *Western Mail*, 4 Medi 1965).

[67] Dafydd Glyn Jones, 'Caradog Prichard', l.c.

[68] Hywel Teifi Edwards, *O'r Pentre Gwyn i Gwmderi*, 189.

Margaret Jane Pritchard, mam Caradog.

Copi o lythyr yn ei lawysgrifen gan Caradog Prichard
at ei gyfaill Morris T. Williams, ym Mharis.

Mattie yn ifanc.

Caradog a Mattie ar achlysur eu priodas ym mis Mehefin 1933. Thomas Parry, sy'n sefyll wrth ymyl Caradog, oedd y gwas priodas ond, yn ôl yr hanes, fe waeddodd plentyn o'r dorf a'u gwyliai'n cyrraedd capel Minny Street, Caerdydd: 'Hey, look! That's the bridegroom's father'.

Yng nghyfnod Caerdydd.

Caradog gyda Prosser Rhys ar faes yr Eisteddfod Genedlaethol.

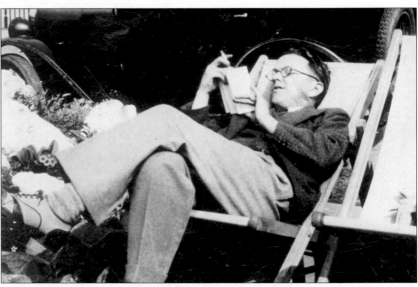

Caradog yn astudio ar gyfer ei radd yn ystod 'Swot Fortnight' yn
Aberystwyth.

Bethesda from North

Golygfa gyffredinol o dref Bethesda.

Chwarel y Penrhyn.

Côr y Streicwyr yn ystod y Streic Fawr.

Wrth ei waith yn swyddfa'r *Daily Telegraph*.

Caradog yn ystod ei ymgeisyddiaeth am Gadair Farddoniaeth Rhydychen yn 1968, gyda'i ferch Mari a chefnogwyr eraill y tu allan i'r Sheldonian Theatre. Wrth ochr Caradog y mae ei gyfaill Harold Atkins, golygydd celfyddydau'r *Daily Telegraph* a'r gŵr a drefnodd yr ymgeisyddiaeth.

Caradog yn India gyda'i gyfaill o newyddiadurwr, Ronnie Harker a brawd-yng-nghyfraith hwnnw, Frank Tatersall. Meddai Ronnie Harker am Caradog 'Some part of him remained a child, and that was the endearing, though, sometimes momentarily the infuriating thing'.

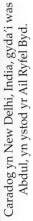

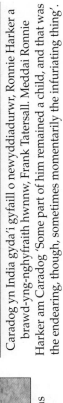

Caradog yn New Delhi, India, gyda'i was Abdul, yn ystod yr Ail Ryfel Byd.

Parti a noson lawen yng nghartref Caradog a Mattie, 4 Tachwedd 1959. O'r chwith i'r dde: ?; Caradog; Isabella Wallich o gwmni recordio Delysé; Hafina Clwyd; Gwen Edwards; Rhydderch Jones (yn eistedd); Mattie; ? (un arall o gynrychiolwyr Delysé): ?, Ryan Davies wrth y piano. Meddai Hafina Clwyd yn ei dyddiadur cyhoeddedig, *Buwch ar y Lein*, 'Noson o ganu, bwyta cawl – a phlesio Caradog wrth ganu rhan o'i bryddest i'r 'Afon'. Dyn tawel yw ef ond, yr argien, mae o yna i gyd! Erys yn ddistaw ynghanol y randibŵ ac yn sydyn daw brawddeg farddonol allan nes ein sodro i'n seddau.'

Yn y dyddiau cynnar yn Llundain.

Caradog yn ei lifrai gyda Mattie a'u cathod yn ystod yr Ail Ryfel Byd.

Caradog gyda rhai o'i gydweithwyr ar achlysur ei ymddeoliad o'r *Daily Telegraph* yn 1972.

Ar wyliau yng Ngwlad Groeg.

3

Euogrwydd

Mae ymwybod byw iawn ag euogrwydd yng gwaith Caradog Prichard. Does dim ond rhaid meddwl am deitlau rhai o'i weithiau, fel ei hunangofiant, *Afal Drwg Adda*, ynghyd â'r is-deitl, sef 'Hunangofiant Methiant', 'Penyd', pryddest Eisteddfod Genedlaethol Treorci, a 'Iawn', un o'r cerddi cynnar. Chwilier oddi mewn i'r gweithiau eu hunain ac fe gadarnheir yr argraff fod euogrwydd yn hollbresennol, yn pwyso ar yr awdur, ac ar gymeriadau ei waith, fel 'cymylau du' yr emynydd. Mae'n thema sydd hefyd yn clymu'n dynn iawn â'r themâu eraill a drafodir yn y penodau dilynol. Ac fel hwythau, mae'n thema sy'n ein gorfodi i ystyried ffaith a ffuglen, y newyddiadurol neu'r ysgrifol a'r creadigol, ochr yn ochr.

Magwyd Caradog yn eglwyswr, ac mae ei waith yn llawn o ddylanwad y fagwraeth honno arno. Cymharol ychydig o'r chwarelwyr a addolai yn yr eglwys; roedd Anghydffurfwyr yn ardaloedd y garreg las wedi ymladd yn chwyrn, yn ystod ail hanner y bedwaredd ganrif ar bymtheg, a blynyddoedd cynnar yr ugeinfed, dros ddatgysylltu'r Eglwys yng Nghymru. Ym Methesda, fel yn yr ardaloedd eraill, roedd yr Anghydffurfwyr mewn mwyafrif mawr iawn dros yr Anglicaniaid, rhai miloedd yn erbyn rhai cannoedd, ac fe ddyfnhaodd Streic Fawr y Penrhyn y rhaniad crefyddol hwn a'i droi yn rhwyg.[1] Tirfeddianwyr a phobl a oedd yn dal y swyddi uchaf yn y chwarel, er enghraifft fel stiwardiaid, oedd yr Anglicaniaid ar y cyfan. Ar yr un pryd, mae'n bwysig peidio â gorgyffredinoli: rhaid cofio bod ym Methesda yn nyddiau Caradog y fath beth â dosbarth o werinwyr a oedd yn eglwyswyr, pa un a oeddynt yn eglwyswyr trwy argyhoeddiad a thraddodiad teuluol ynteu'n gyn-gapelwyr a oedd wedi troi at yr Eglwys o ganlyniad i erledigaeth o du cyn-gyd-

Anghydffurfwyr o rengoedd y streicwyr. Mae'n rhesymol casglu mai perthyn i'r garfan gyntaf, sef eglwyswyr trwy argyhoeddiad, yr oedd teulu Caradog, gan nad oes dim i awgrymu fel arall. Y bwriad yn awr yw cael golwg ar le crefydd ym mywyd Caradog, gan ddechrau gyda'r dyddiau cynnar, cyn mynd ati i geisio gweld i ba raddau y glynodd crefydd ei blentyndod gydag ef wrth iddo fynd yn hŷn.

Dechreuwn gyda 'thystiolaeth' yr hunangofiant answyddogol. Mae'r eglwys yn hollbresennol yn *Un Nos Ola Leuad*; does dim dianc rhagddi. Eglwyswyr yw dau o'r tri chyfaill sy'n ffurfio trindod ganolog y nofel, sef yr adroddwr ei hun a Huw. Diddorol yn y cyswllt hwn hefyd yw sylwi ar un agwedd ar adeiladwaith y nofel. Mae'r 14 pennod storïol (os cawn eu galw felly gan hepgor Pennod 8 am y tro am ei bod yn wahanol) yn rhannu'n ddau grŵp cyfartal o saith pennod: un grŵp o benodau tameidiog, yn neidio o atgof i atgof ac yn ôl a blaen mewn amser, a grŵp arall o benodau mwy cyfan, cymharol ddidoriad. Ym mhob un o benodau'r ail grŵp hwn, canolbwyntir, fwy neu lai, ar un diwrnod ac fe adroddir hanes y diwrnod hwnnw'n bur lawn, heb grwydro ymhell oddi wrtho. O blith y penodau hyn wedyn, mae dwy o'r rhai mwyaf cyflawn eu hadroddiad am un diwrnod yn rhoi hanes diwrnod sy'n ŵyl Gristnogol, sef y bennod gyntaf, sy'n sôn am Ddydd Iau Dyrchafael, a'r bumed, sy'n sôn am Ddydd Gwener y Groglith. Yn y ddau achos, cawn yr adroddwr yn ceisio datrys ystyr yr ŵyl ac yna'n ceisio goleuo ei gyfeillion. Felly y dysga Huw mai 'am fod Iesu Grist wedi mynd i'r Nefoedd fel balŵn ar ddydd Iau ar ôl iddo Fo godi o-farw-fyw' yr â eglwyswyr i'r eglwys ar Ddydd Iau Dyrchafael (9). Mam yr adroddwr sy'n egluro wrtho gyntaf arwyddocâd y gwasanaeth teirawr yn yr eglwys ar ddydd Gwener y Groglith ac yntau wedyn yn disgrifio dioddefaint Crist ar y groes wrth Huw a Moi. Mae cyfeiriadau eraill yng ngwaith Caradog yn cadarnhau bod i'r gwyliau le arbennig yn ei gof plentyn. Yn ei golofn yn y *Bangor and North Wales Weekly News* yn y 1970au mae'n hel atgofion am Basg a Groglith ei febyd bob blwyddyn fel y deuant heibio. O droi at un ysgrif lle y mae'n gwneud hyn, gwelwn gynsail tebygol i'r hanes yn *Un Nos Ola*

Leuad am y bachgen yn uniaethu i'r fath raddau â Christ yn marw ar y Groes nes mynd i deimlo'n sâl. Yn y nofel, disgrifia'r adroddwr ei hun yn ymlusgo yn ei wendid i fynwent yr eglwys lle y mae ei fam yn mynychu gwasanaeth teirawr y Groglith, ac yna'n cwympo i ryw fath o dwymyn ar ben carreg fedd, wedi methu â mynd gam ymhellach. Pan ddaw ato'i hun y mae gartref yn ei wely a dywed wrth ei fam, a'i cludodd yno, fod y profiad 'run fath â codi o-farw-fyw' (59). Er bod y diwrnod yn gwella wedyn, diolch i faldod gan ei fam ac anrhegion gan Wmffra Tŷ Top, ymddengys oddi wrth yr ysgrif y cyfeirir ati uchod mai atgofion annymunol fel y cyntaf sydd drechaf ym meddwl Caradog wrth gofio'r Groglith:

> O ddyddiau plentyndod, atgofion tywyll a thrist sydd gennyf am y Groglith. Dydd galar ac ofn ydoedd. Aem i'r Eglwys i'r gwasanaeth teirawr, i gofio'r Groes a'r Dioddefaint. A byddai'r digwyddiadau a gofiem mor real a byw yn fy nychymyg nes peri rhyw arswyd o bryder ac ofn ynof a pheri imi fod yn sâl am weddill y dydd.[2]

Â rhagddo i ddweud fel y croesawai ar ôl hyn 'lawenydd a gollyngdod bore'r Pasg, i ddathlu'r Atgyfodiad, y fuddugoliaeth fawr ar angau dychrynllyd y bedd', ac fel y deuai'r Dyrchafael a'r Sulgwyn hwythau wedyn â'u 'gwynfyd a'u boddhad arbennig'. Câi darluniau'r Beibl argraff arhosol ar feddwl y Caradog ifanc fel ar feddwl y plentyn di-enw yn *Un Nos Ola Leuad*:

> Pa ddarlun ag iddo fwy o apêl i ddychymyg plentyn na'r un o'r Crist yn esgyn i'r Nef oddiar Fynydd y Gweddnewidiad? Neu eto o'r Ysbryd Glân yn disgyn fel tafodau o dân ar y cynhulliad bach hiraethus yn yr Oruwch Ystafell?[3]

I roi enghraifft o gysylltiadau dymunol y Pasg ym meddwl yr awdur, stori fach a adrodda yn *Afal Drwg Adda* ac yn y golofn papur newydd yw honno amdano ef ei hun a chyfaill yn treulio prynhawn wrth eu bodd un dydd Llun y Pasg yn chwarae yn nhŷ perthynas i'r cyfaill ac yn cael hanner ŵy wedi'i ferwi yr un i de.[4] Mae'r modd y mae

Caradog, wrth edrych yn ôl, yn gallu amseru cynifer o ddigwyddiadau trwy gyfeirio at ryw ŵyl Gristnogol neu'i gilydd yn adlewyrchu pwysigrwydd y calendr eglwysig yn ei fywyd. Gellid dweud yr un peth, mae'n debyg, am genedlaethau o blant a fagwyd yn yr ysgol Sul, ond yr awgrym yn *Un Nos Ola Leuad* yw bod yr adroddwr fymryn yn fwy chwilfrydig a gwybodus na'i ddau gyfaill ynghylch arwyddocâd y gwahanol wyliau. Fel y nodwyd, Huw yw'r holwr a'r adroddwr yw'r awdurdod huawdl yn y drafodaeth fach am y Dyrchafael. Mae'n amlwg fod stori'r croeshoelio hithau'n fwy byw i'r adroddwr nag i'r ddau arall: a Moi mewn penbleth ynghylch ymddygiad yr adroddwr yn 'stopio'n stond a sefyll heb ddeud dim byd' am hanner dydd ym Mharc Defaid ddydd Gwener y Groglith, eglurhad parod ac arwynebol Huw yw mai 'Ei fam o sy'n ddynas dduwiol' yn 'mynd i Reglwys bob Dy Gwenar Groglith' (56). Cynhyrfir yr adroddwr gan sinigiaeth y lleill i ofyn yn wawdlyd,

> Fasach chi'n leicio i rywun gnocio hoelion i mewn i'ch dwylo chi hefo morthwyl? . . . Basach reit siŵr. (56)

Ond mae Moi mor ddiddeall â chynt:

> Ddaru neb ddim, y ffŵl gwirion . . . i groeshoelio Fo ddaru nhw. (56)

Mae'r storïau wedi gafael yn sicrach o gryn dipyn, felly, yn nychymyg yr adroddwr.

Daw nifer o freintiau i ran 'hogia'r Côr' yn *Un Nos Ola Leuad* ar wahân i ambell brynhawn o wyliau o ysgol yr eglwys, fel cael dwy geiniog yr un am ganu mewn angladdau. Os y budd ariannol hwn yw mantais fwyaf bod yn aelodau o'r côr ym meddwl y plant, mae'n sicr fod y profiad yn cyfoethogi eu bywydau mewn ffyrdd eraill hefyd. Mae emynau ar flaenau eu bysedd, a phob un yn dwyn ei gysylltiadau hapus neu boenus ei hun; er enghraifft, mae emyn Ieuan Glan Geirionydd, sy'n dechrau â'r geiriau 'Mae 'nghyfeillion adre'n myned', yn magu ystyr bersonol newydd i'r adroddwr a Huw o'i ganu yn angladd Moi:

Hwnna ddaru ni ganu yng ngnhebrwng Gryffudd Ifas Braich a
Canon a'r lleill i gyd hefyd, ond canu am ein bod ni'n cael dwy
geiniog am ganu oeddan ni yn y rheiny. Oedd hi'n wahanol yng
ngnhebrwng Moi achos ffrindia Huw a finna oedd o a roedd y
geiria'n wir. (80)[5]

Dywed Caradog yn ei golofn yn y *Bangor and North Wales Weekly
News* iddo fod yn aelod o gôr yr eglwys yng Nglanogwen, Bethesda,
a hefyd yn Llanrwst yn ystod y cyfnod a dreuliodd yno, a sonia am
emynau, fel rhai Ieuan Glan Geirionydd, a fu, yn ei eiriau ei hun, yn
'canu yn fy mhen' ers y dyddiau hynny. Yn sicr, mae ei waith, yn
rhyddiaith ac yn farddoniaeth, yn llawn dyfyniadau ac adleisiau o
emynau.[6] Ar drip côr yr eglwys y caiff y plentyn yn *Un Nos Ola Leuad*
ei olwg gyntaf ar y môr, a phres y côr yw'r rhan fwyaf o'i bres gwario
ar y diwrnod mawr hwn. Mae rhan dda o fywyd cymdeithasol yr
adroddwr a Huw yn troi o gwmpas yr eglwys, felly. I fyd yr eglwys y
perthyn llawer o'u hwyl hefyd, fel chwarae pinsio a chael chwythu'r
organ, a gellid dweud yr un peth am fân gynyrfiadau eu bywyd bob
dydd, fel gweld Huws Person yn gwrthod y gwin i Gres Elin yng
ngwasanaeth y Cymun. Braint arall sy'n dod i ran bechgyn y côr – ac
sy'n gwneud Moi yn dra eiddigeddus o'r ddau arall – yw cael gweld
corff y Canon yn ei arch. A dyma ddod at arwr, unig wir arwr, yr
adroddwr.

Yn absenoldeb tad, mae gan yr adroddwr, yn y Canon, rywun i
edrych i fyny ato. O gwmpas y Ficrej, cartref y Canon, y mae rhan
ddymunol arall o'i fywyd yn troi. Mae'n mynd yno yn aml am fod ei
fam yn golchi yno – bron nad yw'r lle fel ail gartref iddo. Yn y Ficrej
caiff ddihangfa dros dro rhag tlodi ei gartref ei hun, a blas ar fywyd
gwell y mae rhyw sefydlogrwydd apelgar yn perthyn iddo, petai ond
yn y sicrwydd o frechdan i fachgen sydd ar ei gythlwng o hyd. Mae
Nel a Gwen, y morynion, yno i dynnu ei goes ac i sgwrsio â'i fam; yn
wir, hwy yw'r unig rai y gellir eu galw'n ffrindiau gweddol agos i'w
fam. Iddo yntau hefyd, mae sicrwydd cartrefol yn y Ficrej; er bod
arno ofn cerdded yno trwy'r coed wedi iddi dywyllu i nôl ei fam,
diflanna'r ofn unwaith y daw golau stydi'r Canon i'r golwg. I
goroni'r cwbl, mae merch ei freuddwydion, Ceri ddeunaw oed,

merch y Canon, yn byw yn y Ficrej. Ond i ddychwelyd at y Canon ei
hun, mae mam yr adroddwr yn meddwl y byd ohono (cawn drafod ei
pherthynas hi ag ef eto) ac mae ei mab, yntau, yn deyrngar iddo i'r
pen. Mae'n cadw'r ffaith iddo weld y Canon mewn tymer ryfedd a
dychrynllyd un noson yn gyfrinach rhag Huw a Moi hyd yn oed, ac
ar ôl clywed esboniad ei fam ar ei ymddygiad, sef bod rhai o
aelodau'r eglwys yn beio Duw am y rhyfel ac yn cadw draw
oherwydd hynny, mae'n cynllunio wrtho'i hun i ddial ar Joni Casgan
Gwrw 'am fod ei dad o'n deud wrth y bobol yn Blw Bel mai ar Dduw
roedd y bai am y Rhyfal' (26). Synhwyrir ei bod yn chwith iawn i'r
bachgen ar ôl y Canon. Mae Huws Person sy'n dod ar ei ôl yn 'un
clên' ond nid yw'n llenwi esgidiau ei ragflaenydd:

> Toedd o ddim pats i Canon. Roddodd o rioed bishyn chwech i
> mi am fethu darllan, beth bynnag. (21)

Cofia'r adroddwr yn dda, a sonia droeon, am y Canon yn chwerthin
ac yn rhoi pres iddo ar ôl gwrando arno'n camynganu wrth ddarllen
Saesneg oddi ar boster 'Penny Reading', tra oedd Preis Sgŵl yn gwgu
ar ei ddisgybl am lithro. Mae'r pwyslais ar y stori fach hon – y sonnir
amdani droeon – fel pe bai'n dangos bod y plentyn, er ei ieuenged, yn
synhwyro bod cryn dipyn o ddyngarwch yn perthyn i'r Canon.
Ategir hyn gan y modd y neidia i amddiffyn y Canon yn y sgwrs fach
a ganlyn rhyngddo ef a Huw. Meddwl am Moi y maent, a'r adroddwr
sy'n agor:

> Wyt ti'n coelio'r petha yna mae Huws Person yn ddeud am godi
> o-farw-fyw?
>   Wn i ddim, achan. Ond fasa Huws Person ddim yn deud
> c'lwydda a fonta'n Berson chwaith.
>   Mae o'n deud petha gwaeth na deud c'lwydda, Huw. Ydw i'n
> siŵr na fasa Canon byth wedi gwrthod rhoid gwin yn Cymun i
> Gres Elin Siop Sgidia run fath â daru Huws Person.
>   Dew, un rhyfadd wyt ti, medda Huw. (81)

Unwaith eto, dyma'r adroddwr yn dangos ei fod yn fwy deallus na'i
gyfeillion mewn rhai ffyrdd: rhwng ffiasgo gwasanaeth y Cymun ac

adeg y sgwrs hon, sef cyfnod o ryw wythnos, y mae'n amlwg wedi troi pethau yn ei feddwl ac wedi dysgu rhywbeth am y gwahaniaeth rhwng Cristnogaeth a rhagrith. Mae'r Canon, felly, hyd yn oed wedi iddo farw, yn gryn ddylanwad ar y bachgen, ac mae'n hawdd credu bod ystyr heblaw'r un lythrennol i'r geiriau hyn o'i eiddo am y cawr chwe throedfedd:

Fo oedd y Person mwya welais i erioed. (20)

Dywedwyd yn y bennod ddiwethaf mai'r Canon R. T. Jones, Eglwys Glanogwen, Bethesda, yw cynsail y cymeriad hwn. Soniodd Caradog droeon am y dyn hwnnw, a'i ddylanwad arno, a phwysleisiodd Ernest Roberts hefyd gymaint o feddwl a oedd gan Caradog o'r Canon Jones. Mewn ysgrif goffa i Caradog yn *Llais Ogwan*, dywed Ernest Roberts mai Eglwys Glanogwen oedd 'y lle cysegredicaf yn ei fywyd' ac mai'r Canon, 'gŵr annwyl ac uchel ei barch yn yr ardal', oedd 'ei eilun'. Gan gofio uchelgais Caradog o fynd yn berson ac am gynnwys ei awdl fuddugol, 'Llef Un yn Llefain', a roes fod ar y pryd i si 'mai'r diweddar Barchedig G. J. Roberts, Ficer Conwy oedd piau'r Gadair', fel hyn y disgrifia Ernest Roberts y cadeirio yn Llanelli:

Fe synnwyd llawer iawn o eisteddfodwyr pan gododd Caradog yng nghefn y Pafiliwn mewn ateb i alwad y Corn Gwlad, ac ef a gadeiriwyd yn gwisgo mantell y prifardd, ond tybed nad oedd honno'n cuddio gwisg offeiriadol Canon Jones, Glanogwen!

Dichon fod Ernest Roberts yn llygad ei le yn awgrymu i gof Caradog am yr offeiriad cyntaf a adnabu, a'i edmygedd ohono, chwarae ei ran yn mhortread yr awdl o'r dyn a elwir yn 'Offeryn Duw'. Fel hyn y terfyna ei deyrnged i Caradog:

Hebryngwyd gweddillion Caradog i'w hir gartref ym Mynwent Coetmor am nad oedd le ym Mynwent Glanogwen. Mae'n siwr gen i y buasai'n well ganddo gael aros yng 'Nglanogwen' gyda'i dad a'i fam a Canon Jones a Harri Bach Clocsiwr ac eraill o'i gyd-fforddolion gynt ar 'Un Nos Ola Leuad.'[7]

Efallai mai meddwl y mae Ernest Roberts yma am honiad Caradog ei hun yn *Afal Drwg Adda* fod yn well ganddo fynwent Glanogwen na mynwent Coetmor:

> Roedd hi'n wahanol ym mynwent Glanogwen, yn uwch i fyny ym mhen arall y pentref. Roedd honno'n fynwent fyw – os medra i'ch cael chi i ddeall be dw i'n feddwl. Dim ond Tŷ Corff oedd ym mynwent Coetmor. Ond roedd Eglwys yng Nglanogwen, a Canon Jones a Huws Ciwrat yno bob dydd Sul a ninnau'n canu yn y Côr ac yn cael mynd i'r Clochdy hefo William Morus ac yn cael dwy geiniog yr un am fynd i ganu mewn cnebrwng. (12)

Yn wir, mae'r dyfyniad hwn yn grynhoad taclus o'r hyn y ceisiwyd ei ddweud hyd yma, sef mor sylfaenol berthnasol oedd yr eglwys i fagwraeth Caradog, o'r safbwynt cymdeithasol yn gymaint ag o'r safbwynt crefyddol. Nid yw'n ormodiaith dweud bod bron popeth a oedd o bwys iddo'n blentyn yn gysylltiedig mewn rhyw fodd neu'i gilydd â'r eglwys.

Cristnogaeth syml, sylfaenol, gyfarwydd ei helfennau a drosglwyddir i'r plentyn yn *Un Nos Ola Leuad*. Er eu direidi aml, mae ganddo ef a'i ddau gyfaill syniad clir o'r hyn sy'n cael ei gyfrif yn ddrwg a'r hyn sy'n cael ei gyfrif yn dda, ac mae nefoedd ac uffern yn lleoedd byw yn eu dychymyg. Maent wedi'u trwytho yn y storïau Beiblaidd a glywant yn yr ysgol Sul ac mae digon o bobl yn y gymdeithas y maent yn rhan ohoni yn barod i gadarnhau eu gwirionedd, a gwirionedd eu harwyddocâd. Felly yr ymdreiddia'r grefydd i'w cyfansoddiad a dod yn beth byw, perthnasol iddynt. Mae gan yr adroddwr, er enghraifft, air rhywun fel Huws Person a gair un o forynion y Ficrej fod bywyd y tu hwnt i hwn i'r rhai sy'n credu; yn ystod hanes dadorchuddio'r gofgolofn ryfel, dywed Huws y bydd teulu a chydnabod y rhai a fu farw yn siŵr o'u cyfarfod eto, 'oll yn eu gynau gwynion ac ar eu newydd wedd', a dywed Gwen wrth y bachgen y bydd yn cael mynd i'r nefoedd am helpu ei fam (123, 21). Ymddygiad dyn yn y byd hwn sy'n penderfynu lle y bydd yn mynd yn y byd nesaf: mae Wmffra Tŷ Top, yng ngolwg nain yr adroddwr, yn siŵr o gael mynd i'r nefoedd os ef yw'r 'Ewyllysiwr Da' a adawodd y fasged fwyd ar garreg y drws, ac mae Defi Difas yn datgan â'r un pendantrwydd y bydd barn Duw yn syrthio ar gymdogion Catrin Jên os na wnânt rywbeth i'w helpu, 'run fath ag y daru o syrthio ar Eic Wilias Glo pnawn ma, ar ôl iddo fo'i hel hi allan o'i thŷ' (103, 13). Sylwer fel y caria'r plentyn yr hanes am geffyl Eic Wilias yn syrthio'n farw, ynghyd â dehongliad Defi Difas o ystyr hyn, i'w fam ac fel y cytuna hithau'n ddigwestiwn. Gwelir sut y daw'r adroddwr yn siŵr fod 'pobol dda i gyd yn mynd i godi o-farw-fyw'(9). Mae'r grefydd y dysga amdani o ddydd i ddydd fel hyn yn gysur iddo weithiau, yn ddychryn dro arall, fel y profiad o fod yn dyst i ymateb Preis Sgŵl i'r newydd am ladd ei fab yn y rhyfel; y profiad, fel y soniwyd yn gynharach, o weld y Canon yn cael rhyw fath o ffit; a'r profiad o ganu gyda Côr Sowth. Ym mhob un o'r tri achos hyn, dyfynnir geiriau o'r Ysgrythur neu o emynau, a'r rheini'n eiriau sydd, yn eu cyd-destun, yn codi arswyd ar y bachgen. Soniwyd eisoes, wrth drafod diwygiad 1904–5 yn y bennod flaenorol, am yr awgrym mai awyrgylch llethol noson Côr Sowth sy'n gwneud Huw yn sâl; digon tebyg yw effaith myfyrdod yr adroddwr ar y croeshoelio arno yntau. Weithiau, mae pleser ac annifyrrwch profiad yn agos iawn at ei gilydd; meddylier am ymateb ymwybodol ac isymwybodol y plentyn i farwolaeth Moi. Ddiwrnod claddu ei gyfaill, mae'n methu'n glir â chael y syniad ohono'n gorwedd o dan y pridd o'i feddwl, ac mae'r un darlun yn ei gadw ar ddihun y noson honno, nes iddo gysgu a dechrau breuddwydio. Yn y freuddwyd mae Moi, yn ôl pob golwg, wedi cyrraedd y nefoedd:

A dyna lle'r oedd Moi . . . yn gorfadd yn ei wely mewn stafell grand yn rhywla, ac yn gwenu'n braf arna i, a lot o angylion yn sefyll ac yn fflio o'i gwmpas o.

Dew, lle braf sy yma, medda fo pan welodd o fi. Ond cyn imi fedru deud dim byd yn ôl dyma'r angylion i gyd yn gafael yn ei wely o a dechra chwifio'u hasgelli, a gneud twrw ofnadwy dros y lle i gyd, run fath â ffesants Parc Defaid. A dyma nhw a'r gwely a Moi yn dechra codi'n sydyn ac i fyny â nhw trwy'r to, a Moi yn dal i wenu arna i tan nes aeth o o'r golwg. A welais i ddim byd arall tan imi ddeffro am chwech i fynd i nôl gwartheg Talcafn. (81)

Daw tawelwch meddwl, felly, i ran y bachgen yn y pen draw, ond nid cyn iddo brofi ofn ac amheuaeth.

O droi at gyfeiriadau uniongyrchol gan Caradog at rai agweddau ar addysg a syniadaeth grefyddol ei blentyndod, ceir eu bod yn gyson â'r agweddau a amlygir yn *Un Nos Ola Leuad*. Yn ei ddarlith *Y Rhai Addfwyn*, mae Caradog yn dwyn i gof ddarlun o'i dad a oedd yn hongian ar fur y llofft yn y cartref yng Nglanrafon, gan ddweud mai yn y llun hwn o'r tad na welasai erioed y cafodd ei 'ddelwedd gyntaf o Dduw'. Â rhagddo:

> Pan syllwn arno o'r gwely ymddangosai weithiau yn Dduw gras a chariad, ac yn haul pob addfwynder. Dro arall – a hynny pan fyddwn wedi gwneud rhyw ddrwg a'r gydwybod yn fy mhoenydio, Duw cas a cherydd a welwn yn llun fy nhad.[8]

Mynegir ymwybyddiaeth ifanc o ofnadwyaeth, o ochr arw crefydd, yn y dyddlyfr *'R Wyf Innau'n Filwr Bychan* hefyd. Wrth gofnodi prynhawn o ymarfer 'ymguddio rhag y gelyn', dywed Caradog fel y daeth atgof iddo:

> Yno'n gorwedd ar fy nhorr yn y manwellt rhwng y llwyni eithin, ni allwn lai na dwyn i gof hen ddyddiau plentyndod ar ben y Garth. Yr oedd y chwarae yn ddigon tebyg. Yr hen arogleuon. Yr hen gariad at y pridd. A'r hen gas at ddieithrwch y nefoedd las uwchben. A'r hen ofn. Onid yn y pridd a'r gwair a'r gwŷdd a'r daearol bethau y mae fy angor a'm sicrwydd a'm serch heddiw megis yr oedd yn y dechrau ac y bydd yn dragywydd? Ac onid o'r anwybod mawr uchod, cartref nefoedd ac uffern dyddiau plentyndod, y disgwyliaf heddiw, ar ei adenydd ofnadwy, y gelyn a fyn fy nistrywio?[9]

Mynegi teimladau gwrthgyferbyniol tuag at y ddaear gynefin a'r 'fythol ddieithr nef' a wneir hefyd yn y gerdd ddi-deitl sy'n dilyn yr uchod yn y dyddlyfr.[10]

Yn ôl yr hunangofiant, 'afal drwg' y teitl a roes i Caradog ei syniad cynharaf am dda a drwg, am nefoedd ac uffern. Gwir mai rhyw nefoedd ar y ddaear i'r plentyn pumlwydd a olygir wrth 'Nefoedd' tŷ Anti Jên:

... rhwng yr ogla da a'r gwres o'r grât a blas hyfryd y frechdan a'r sicrwydd fod presant pen blwydd imi ar ei ffordd o'r gegin gefn, roeddwn i yn y Nefoedd, y Nefoedd gynta imi brofi ar y diwrnod cynta rydw i'n gofio o holl ddyddiau fy wyth mlynedd a thrigain. (10)

Gwir hefyd nad enwir unrhyw uffern yn y stori fach syml hon, ond mae disgrifiad Caradog o'i deimladau wedi iddo ganfod ar ei ffordd adref fod yr afal yn ddrwg fel petai'n rhagargoel i'r bachgen o'r paradocs sylfaenol mewn bywyd yr oedd i ddod yn fwyfwy ymwybodol ohono fel yr âi'n hŷn. Yn wir, mae'n amlwg mai felly y bwriedir inni feddwl. Cofia Caradog fel y troes y siom gyntaf un honno yn llid a barodd iddo neidio ar yr afal drwg a'i sathru i'r eira, ac fel y troes y llid yn ei dro yn ddagrau a'r dagrau wedyn yn deimlad o euogrwydd ofnus ar ôl iddo gyrraedd adref. Â rhagddo i ddweud fel yr oedd y profiad yn adlewyrchiad o'i brofiad ef ei hun o fywyd byth ers hynny:

A dyna ichi, am wn i, batrwm fy mhererindod, patrwm sy'n ddigon cyffredin i bob un ohonom ni, gyda'r unig wahaniaeth fod y pwyslais yn amrywio yma ac acw. Cymysgfa ddiystyr o bleser a phoen, o ddyheu ac o ddihoeni, o ddychryn ac o ddagrau, o fethiant a llwyddiant, o gymuno â'r pur a'r prydferth, o euogrwydd ac edifeirwch. (11)

Ceir cadarnhad pellach o'r modd y mae'r awdur yn synio am arwyddocâd stori'r afal a theitl yr hunangofiant yn y golofn yn y *Bangor and North Wales Weekly News* yn fuan wedi i'r llyfr ymddangos, hyd yn oed os oes jôc fach bersonol ynghlwm â'r teitl yn ogystal:

Y teitl cyntaf a ddaeth i'm meddwl oedd "Yr Afal Drwg," gan gymryd yr afal y sonnir amdano yn y bennod gyntaf sef presant Anti Jên, fel sumbol o'r dirywiad a'r pydredd a welwn yn fy nghymeriad.

Yna, pan ar ganol ysgrifennu'r llyfr daeth anhwylder ar y gwddw a mynnodd rhyw bryfyn bach ystumrwg a maleisus dan fy nghroen imi ei alw yn "Afal Drwg Adda". Hynt y bererindod, fel y dadlennid hi wrth fynd ymlaen o ddalen i ddalen, heb wybod yn siwr beth fyddai'r cwrs terfynol na diwedd y daith, a barodd imi roddi i'r gyfrol yr is-deitl "Hunangofiant Methiant".[11]

Gellir cymharu profiad yr afal pen-blwydd ag un o atgofion plentyndod yr adroddwr yn stori 'Y Dyffryn', sy'n un o 'Chwedlau Arthur' yn *Y Genod yn ein Bywyd*, sef atgof am ei olwg agos gyntaf ar y môr. Crëir yr un awyrgylch o ddisgwylgarwch yn agoriad stori'r trip ag yn nechrau stori'r afal. Cofia Arthur (y gallwn, yn sgil y fersiynau eraill o'r un stori a geir fan arall, gymryd mai Caradog ydyw) mor eiddgar y buasai'n disgwyl am y dydd hwn:

> Yr oedd pob un ohonom wedi edrych ymlaen ers dyddiau at y daith hon – dros ysgwydd y Foel, i lawr at yr Aber, ac yna ar hyd y ffordd fawr nes dod i'r dref fach ar lan y môr. Ond amdanaf i, wyddwn i ddim p'un ai ar fy mhen ynteu ar fy nhraed y safwn gan gymaint fy nghyffro wrth feddwl am gael gweld y môr yn ei ymyl am y tro cyntaf. (166)

Yma eto, rhan ddymunol y profiad hir-ddisgwyliedig sy'n dod gyntaf – gweld 'milltiroedd o gaeau fel cwilt mawr amryliw – caeau glas, caeau coch, caeau melyn, a gwrychoedd blodeuog yn forder iddynt – a'r cwbl yn ymestyn draw i las y môr ac i'r Castell yn y Coed' (167). Wrth i'r bachgen droi'n ôl i edrych ar y dyffryn y mae newydd ddringo ohono y daw'r rhan annymunol:

> Aeth rhyw arswyd oer drwy fy nghalon. Yr oedd ysgwydd y Foel y safwn arni fel y ffin rhwng Nos a Dydd – fel rhiniog Bywyd ac Angau. O'm blaen yr oedd y dydd a'i ddisglair addewid, Bywyd a'i heulog lawenydd; o'm hôl y nos a'i hofnadwyaeth, Angau a'i dragwyddol dristwch. Ni wnai haul Gwlad yr Addewid ond prin gyffwrdd copâon y Garnedd a'r Fronllwyd, a lle y cyffyrddai â'r hen Chwarel ni ddangosai ond craith fawr hyll yn ystlys yr hen Fynydd. Dringai'r cysgodion yn ddyfal i fyny'r llethrau o'r pant a thewychu tua phen ucha'r Nant nes ymgolli o bob ffurf yn y diddymdra . . . (167–8)

Rhaid nodi na therfir ar y pleser a'r cyffro o weld yr eangderau a'r môr gan argraffiadau tywyllach fel hyn yn y fersiynau eraill o stori'r trip, ond nid yw hynny o angenrheidrwydd yn golygu na chafodd Caradog erioed mo'r profiad deublyg uchod.[12] Mae'n bosibl, wrth gwrs, mai wedi uno dau achlysur gwahanol er mwyn y stori y mae yma. Yr hyn sy'n bwysig, fodd bynnag, yw cysonder y thema: y mae yma eto agor llygaid plentyn i weld nad yw bywyd yn fêl i gyd. Mae'r modd y cyfleir y profiad uchod â disgrifiadau fel 'y dydd a'i ddisglair addewid', y 'nos a'i hofnadwyaeth' a 'haul Gwlad yr Addewid' – disgrifiadau ac iddynt gysylltiadau Cristnogol amlwg – yn cadarnhau drachefn mor gryf yr ymwthiai'r ddysgeidiaeth y magwyd Caradog arni trwodd i bob agwedd ar ei blentyndod.

Mae dwy o'r cerddi yn mynegi'r un peth – yr ymwybyddiaeth gynnar o'r gwerthoedd Cristnogol ac o'r ffin bendant rhwng da a drwg. Yn y gerdd gynnar 'Teganau', mae'r bardd yn edrych ar dri o deganau ei febyd, pob un yn cynrychioli, yn ei olwg ef, un o'r gwerthoedd y cafodd ei feithrin arnynt.[13] Mae yma ddoli a gollodd lygad ac a gafodd un arall yn ei lle yn cynrychioli cariad, castell a adeiladwyd o flociau yn cynrychioli gobaith, a llong drymlwythog yn cynrychioli ffydd. Wedi delweddu fel hyn, mynega'r bardd yn y pennill olaf ei amheuaeth a fydd y gwerthoedd sicr hyn yn parhau'n ganllaw iddo wrth iddo fynd yn hŷn:

> Pa hyd y pery'r gwynfyd hwn
> A chadw o'r Tasgwr creulon draw?
> Pa hyd yr etyl Ef ei law
> Rhag sarnu'r rhain? Ni wn, ni wn.

A throi'n ôl at stori'r afal, enwir yr un gwerthoedd yno hefyd a'u cysylltu yn yr un modd â phethau real, ystyrlon i blentyn bach: disgrifia Caradog ei hun yn cychwyn am dŷ Anti Jên,

> yn llawn ffydd a gobaith a chariad. Ffydd yn y croeso gawn i gan Anti Jên, gobaith am bresant pen blwydd, a chariad Mam wedi'i lapio'n gynnes amdanaf i'm hanfon i ar fy neges . . . (9)

Y modd y pylodd eglurder ei weledigaeth dros y blynyddoedd yw thema'r gerdd ddiweddarach 'Y Fflam' hefyd.[14] Cynrychiola'r fflam

olwg sicr plentyn ar bethau, a dweud y mae'r bardd sut y
'ffrwydrodd' y fflam yn ddirybudd i ganol ei bresennol, 'A'm hysu o
farw i fyw'. Mae'r fflam yn dwyn yn ei golau ddarn o'i orffennol yn
ôl yn fyw iddo, yn aroglau, yn ganu (canu emynau, efallai) ac, yn
bwysicaf oll, yn safonau diamwys:

> Gwelais yn newydd-glir
> Hen derfyn drwg a da,
> A gwybod gweoedd gwir
> A chelwydd pob rhyw chwa;
> Myfi oedd biau'r nerth
> I farnu oen a myn,
> Cadwedig yr allt serth,
> Colledig llawr y glyn.

Fodd bynnag, mae'r fflam yn diffodd 'cyn i'r ddedfryd ddod / Ar
union ac ar gam', hynny yw cyn i'r bardd allu troi ei golau arweiniol
ar ei amgylchiadau presennol, ac ar ddiwedd y gerdd gofynna'r
bardd i Dduw ei gyrru i'w fywyd drachefn fel y gallo wneud hyn.

Yng ngoleuni'r agweddau hyn ar fagwraeth Caradog y mae
dechrau trafod thema euogrwydd yn ei waith. Yn *Afal Drwg Adda*
addefa'r awdur fod 'haen o niwrosis' yn rhedeg trwy ei waith a
rhydd lawer o ofod i geisio esbonio beth, yn ei dyb ef, a oedd i gyfrif
am hyn (111). Sonia am 'iselder ysbryd', am y 'rhwyg yn yr enaid', a
phan drafoda'r pethau hyn nid yw teimladau o euogrwydd fyth
ymhell (157, 164, 170, 187). Cesglir bod amryw byd o bethau yn ei
boeni, a bu bron i'r rhain oll fynd yn drech nag ef ar un adeg, mae'n
ymddangos. Bydd cyfle yn y ddwy bennod olaf i edrych yn fanylach
ar wahanol agweddau ar ei boen meddwl, ond does dim dwywaith
fod teimlo'i hun yn colli gafael ar y ffydd y cafodd ei fagu arni wedi
chwarae rhan sylfaenol yn ei anhapusrwydd.

Mae Caradog yn sôn llawer yn *Afal Drwg Adda*, yn enwedig tua'r
diwedd, am golli ac adennill ffydd. Daw'n amlwg o ddarllen y rhan
honno o'r hunangofiant lle y sonia am ei gyflwr ysbrydol ei hun ei
fod yn rhoi ystyr eang i 'ffydd', gan ddefnyddio'r gair i olygu ffydd
yn yr hunan, ffydd mewn eraill, ffydd mewn gwlad a'i phobl, a ffydd

yn Nuw – hynny yw, ffydd mewn rhyw ystyr hollgynhwysol. Ar yr un pryd, mae'n deg dweud mai ystyr lywodraethol 'ffydd' ganddo yw ei ystyr yn y cyd-destun Cristnogol, er y gall yr ystyron eraill a nodir uchod gydfodoli â hon wrth gwrs. Yn gyson â'r dehongliad llydan hwn o'r gair, gwelir mai fel un broblem yr edrycha Caradog ar ei argyfwng, gan ystyried bod y gwahanol bethau sy'n cyfrannu at y broblem honno yn anwahanadwy oddi wrth ei gilydd, yn rhan o'r un cwlwm gofidiau yn y diwedd. Mae'n haws inni ddeall hyn yn awr, wedi gweld i ba raddau yr oedd bywyd Caradog ar un adeg yn troi o gwmpas yr eglwys. Ar un olwg, roedd yn anochel iddi fod yn newid byd garw arno – a hynny nid yn unig ar y Sul – pan beidiodd yr eglwys â bod yn ganolbwynt mor hanfodol i'w ffordd o fyw.

Graddol fu'r newid. Yn sicr ni thorrodd bob cysylltiad ag addoldy. Wrth sôn yn *Afal Drwg Adda* am y cyfnod a dreuliodd yng Nghaernarfon, ar ôl cael ei swydd gyntaf, dywed Caradog ei fod wrth ei fodd yn mynychu'r eglwys a'r gwahanol gapeli yno ar dro, er ei fod yn ychwanegu nad âi 'yn aml nac yn ffyddiog' (52). Fel y dywedwyd eisoes, bu'n aelod o gorau eglwysig yng Nghaernarfon ac yn Nyffryn Conwy, ond efallai, o feddwl am y nodyn o amheuaeth yn yr addefiad uchod, mai o arferiad yn fwy na dim arall yr âi i'r côr. Nid oes brin ddim sôn pellach yn yr hunangofiant am na selogrwydd na diffyg selogrwydd yn y blynyddoedd wedyn, ond os trown drachefn at y golofn yn y *Bangor and North Wales Weekly News*, cawn Caradog, mewn un ysgrif, ac yntau erbyn hyn yn Llundain ers blynyddoedd maith, yn tynnu sylw at y gwahaniaeth rhwng Sul ei blentyndod ym Methesda a Sul ei bresennol.[15] Ar achlysur derbyn gwahoddiad gan y diaconiaid i gapel y Tabernacl, King's Cross, i ddathlu chwarter canmlwyddiant W. T. Owen yn weinidog yno, mynega euogrwydd na fu ar gyfyl y capel ers amser maith. Addefa mai ei esgus hwylus cyn ymddeol oedd ei fod yn gweithio'r Sul ar y papur newydd, ond mai ei unig esgus bellach yw iddo gael ei ddwyn i fyny yn eglwyswr. Dywed fel y bu iddo fynychu'r capel yng Nghaerdydd gyda Mattie, ond ychwanega mai ei hanes ers hynny fu 'pendilio o gapel i eglwys heb aros yn yr un yn ddigon hir i gael fy ngalw yn aelod ffyddlon'. Cofia mor llawn oedd Sul ei febyd mewn cymhariaeth – 'diwrnod llawnaf cyfnod heulog bachgendod'. Er nad ar sail ei ffyddlondeb i addoldy yn unig y mae mesur ymlyniad unrhyw un wrth ei ffydd, y gwir yw bod digon o dystiolaeth i Caradog ei ganfod ei hun mewn anialwch ysbrydol ar fwy nag un adeg yn ei fywyd. Dengys y dystiolaeth hon iddo fyfyrio llawer ar ei argyfwng personol a hefyd ar hynt Cristnogaeth yr oes hon yn gyffredinol, ac mae ôl myfyrdod o'r fath yn drwm ar ei waith.

Mae un cais ar ran Caradog yn *Afal Drwg Adda* i ddiffinio ei argyfwng ef fel unigolyn yn awgrymu iddo gael ei ddadrithio gan rai agweddau ar fywyd crefyddol ei wlad, neu ei diffyg bywyd crefyddol:

> Beth, gan hynny, fu fy argyfwng i? Yn syml, hyn. Diffyg argyhoeddiad fod y Gymru gyfoes yn deilwng o ymroddiad awduron heb ddarllenwyr, diwygwyr heb ddiwygiadau a phregethwyr heb gynulleidfaoedd. (120)

Llef offeiriad yn erbyn yr 'oes bagan' yw'r llef yn ei awdl arobryn 'Llef Un yn Llefain' – oes faterol, oes wawdlyd o bopeth y saif yr offeiriad trosto, ac oes na ŵyr ystyr 'diferion edifeirwch'. Fodd bynnag, mae ffug grefydd, crefydd wag, yn waeth na dim crefydd o gwbl ym meddwl Caradog, ac fe'i ceir yn condemnio rhagrith droeon. Sôn yn hanner-chwareus, hanner o ddifrif am ragrith y mae yn ei gerdd 'Y Llwynog', lle y dywed amdano'i hun yn edrych ar groen llwynog ar war rhyw wraig yn y sedd o'i flaen yn y capel neu'r eglwys.[16] Gwrthgyferbynna'r bardd feinder synhwyrau'r llwynog pan oedd yn fyw â marweidd-dra'r dilledyn ag ydyw bellach, gan ddod i'r casgliad ei bod yn 'fendith' nad yw'r clustiau'n clywed y weddi y mae'r addolwyr ar ganol ei llefaru. Dyn sydd wedi peri dychryn i'r anifail wrth ei hela ac yna ei ladd, a dyma ddyn yn awr yn gofyn i Dduw ei gadw ef ei hun yn ddiogel 'rhag ofnau'; eironi sy'n ein hatgoffa o eiriau'r cigydd yng ngherdd R. Williams Parry, 'Gwanwyn', lle y mae'n ceisio lleddfu'i gydwybod trwy ei atgoffa ei hun mor falch y bydd y selogion Cristnogol o'i 'seigiau ar y Sul'. Soniwyd eisoes am anesmwythyd y bachgen ynglŷn â'r ffaith fod Huws Person yn gwrthod y gwin cymun i Gres Elin yn *Un Nos Ola*

Leuad; gallwn gymharu hyn ag atgof a gofnoda Caradog, eto yn y golofn yn y *Bangor and North Wales Weekly News*, lle y mae'n sôn am yr arferiad o dorri pobl allan o'r seiat:

Rwyf finnau, a llawer o'm cenhedlaeth rwy'n siŵr, yn cofio gwylio yn yr Eglwys y seremoni farbaraidd honno, sef yn ein hachos ni, gwahardd y Cymun i druan a droseddodd.[17]

Daw crefydd ragrithiol o dan ei lach yn 'Terfysgoedd Daear' hefyd, crefydd ddiystyr y bobl hynny yn y byd y mae eu hawch am reoli yn creu rhyfeloedd. Yn ail ganiad y bryddest, mae arloeswr yr hunanleiddiaid yn disgrifio'r union ddynion sy'n achosi cyflafan yn addoli yn eu gwahanol ieithoedd a'u hamryfal ffyrdd, a gwêl eu sioe o addoli yr un mor anystyrlon, yn y pen draw, â'u gweithredoedd anllad:

Megis y cyfyd o simnai ac allor dyn,
    o'i fom ac o'i wn, wamal darth ei aberthoedd
i nofio a darfod yn las, ddiymadferth un
    yng nglas yr wybren, felly y derfydd ei nerthoedd;
ac felly y gyrr tua'i Nef o'i gôr ac o'i gad,
    i dewi yn nyfnder y tawelychau sy dani,
ei ryfelgan groch a'i baderau dwys i'w Dad,
    ei leddf Gymraeg a'i Ladin a'i Hindwstani.
Yn anwar a hanner gwâr, yn wyn ac yn ddu,
    yr un, er pob llun a lliw fo i'r ddelw, yw'r hual;
yr un ydyw gormes y cnawd ar y marwol lu
    dros y ddaear gron fel yn y pentref petryal,
yn cymell pob priddyn trwy drabludd hir a thrafael
    i geisio'r duwdod sy fyth y tu hwnt i'w afael.

Mae'n gwahodd y darpar hunanleiddiad i ddod ato i weld trosto'i hun wallgofrwydd chwerthinllyd dynion. Erbyn y trydydd caniad, mae'r llefarydd wedi ufuddhau, hynny yw wedi gwneud diwedd arno'i hun, ac wedi dod yn dyst i wirionedd haeriadau'r arloeswr. Achos difyrrwch i'r arloeswr, yn yr ail ganiad, yw mor gwbl ddiymadferth yw dynion, er gwaethaf holl rwysg awdurdodol rhai ohonynt, yn erbyn pwerau naturiol y ddaear:

Hithau'r ddaearen ddoeth, fu mor hirymarhous
    yn goddef trwy'r oesoedd i'w phridd-gyneddfau gysgu,
esmwyth a gwyrdd y gorffwys dan ymdaith gyffrous
    pob arfog forgrugyn a gais â'i leng ei therfysgu;
dan golynnau'r byw, tawel y try yn ei rhod
    onid pan yrr yn eu tro o'i thanllyd goluddion
ufelog genhadon, fu'n darllaw y llid sydd i ddod,
    i ysu'i phoenydwyr yn fflamau tawdd ei rhybuddion.
Ag un ochenaid o stôr dihysbydd ei gwae
    y carth oddi ar ei dolurus fron ddynionach,
a'u brodyr, yng ngwewyr dychryn y daeargrynfâu,
    a gais gan yr Hendduw eu harwain hyd ffyrdd unionach;
cyfodant drachefn eu mosg a'u tyrau mynor
    a dychwel y nabl a'r organ a chainc y telynor.

Yr awgrym yw mai dim ond yn wyneb rhyw ddychryn neu
gyfyngder gwaeth na'i gilydd y cofia dynion am eu crefydd, ac na
fynnant ei harddel bryd arall. Rhywbeth tebyg a fynegir yn y gerdd
goffa i Prosser Rhys, lle dywed Caradog fel y mentrodd ei gyfaill i dir

    . . . nas troediodd angylion dewrfodd da,
    Y seiat a'r Cwrdd Gweddi a chrefydd hinon ha' . . .[18]

Cyfeirio y mae yma at feiddgarwch Prosser Rhys yn y bryddest a
enillodd iddo goron Eisteddfod Genedlaethol Pont-y-pŵl yn 1924,
'Atgof', cerdd a dynnodd am ei ben feirniadaeth filain rhai pobl na
chredent mai gweddus mewn barddoniaeth Gymraeg oedd crybwyll
rhyw, heb sôn am ddisgrifio'r fath beth â charwriaeth dau lanc. Gwna
Caradog yn amlwg yn ei gerdd beth a feddylia ef o 'gerydd tadau'r
meddyliau main'.

Yng ngoleuni'r sylwadaeth achlysurol hon ar gyflwr crefydd, boed
hynny ym Methesda ei blentyndod, yn y Gymru Gymraeg lengar neu
yn y byd yn gyffredinol, mae'n ddiddorol i Caradog, fel y
crybwyllwyd eisoes, fod â'i fryd unwaith ar fynd i'r Eglwys. Mae'n
sôn rhywfaint am hyn yn *Afal Drwg Adda*, gan adrodd ei hanes yn
ymweld â Warden Hostel yr Eglwys ym Mangor – 'y Person oedd a'r
diocesan scholarship yn ei gwpwrdd gwydr' (45). Ac yntau'n ansicr o'i

ddyfodol yn dilyn ffrae â rheolwr *Yr Herald*, mae'n synio y gallai fynd i'r coleg ym Mangor gyda chymorth yr ysgoloriaeth ac yna mynd yn berson, ond mae'n amlwg mai anffafriol fu'r ymateb i'w gais. Adroddir yr hanes hwn gyda dogn o hiwmor wrth i'r awdur gofio'r ystyriaethau rhamantus a materol a oedd yn rhan o apêl y syniad iddo:

> Mi fyddwn yn Berson gwisg wen a stôl goch yn sythu a phengrymu o flaen yr Allor ac yn byw fel gwrbonheddig mewn plasdy hardd a helaeth. Onid oedd personiaid yn filionêrs, yn medru fforddio dwy forwyn a gwraig weddw fel Mam i wneud y golchi iddyn nhw bob wythnos? . . . Ac wedyn fe gâi Mam fyw fel ledi yn stafell ffrynt y Ficrej. (45)

O droi, fodd bynnag, at lythyr Caradog at ei gyfaill Morris T. Williams lle y mae'n trafod yr un achlysur, ceir ei fod o ddifrif calon ynglŷn â'r bwriad ar y pryd. Ac yntau'n ysgrifennu yng ngwanwyn 1923, yn ddeunaw oed, bwriadai fynd i'r Brifysgol fis Medi'r flwyddyn honno pe câi'r ysgoloriaeth. Disgrifia ymateb petrus y warden pan aeth i'w holi ynglŷn â'r peth:

> Yr oedd ef yn ofni fy mod yn rhy ieuanc, gan y bydd raid i'r Eglwys fy nghadw am chwe blynedd cyn y caf fy ordeinio. Ofnai hefyd fy mod yn gofyn am ormod o grant . . .[19]

Er gwaethaf y rhagolygon anaddawol hyn, mae'n amlwg fod y Caradog ifanc yn bur obeithiol. Mae'n amlwg hefyd nad cwbl gellweirus yw'r sylw yn yr hunangofiant am y fam yn cael newid byd; dengys y llythyr hwn mai cadw to uwchben ei fam ddyledus a chadw'r cartref rhag chwalu oedd prif amcan ei gynllun a'i fod wedi ystyried yr oblygiadau ariannol yn bur fanwl. Dengys llythyr arall o Gaernarfon at Morris yr un flwyddyn i Caradog wneud cais ffurfiol am £80 y flwyddyn o'r Eglwys 'i fynd i'r Coleg' a'i fod yn benderfynol o fynd, er mai gwaethygu yr oedd pethau gartref ym Methesda.[20] Mewn llythyrau diweddarach eto o gyfnod Llanrwst, ceir ef yn dal i ystyried mynd i'r Eglwys ond yn methu â phenderfynu; mae'n amlwg fod Morris Williams wedi ei gynghori i beidio â mynd.[21] Mae'r llythyr lle y mae Caradog yn datgan ei benderfyniad terfynol yn erbyn y syniad yn datgelu mwy am yr hyn a barodd iddo ystyried cymryd urddau eglwysig i ddechrau. Meddai:

> Yn gyntaf hoffwn egluro iti'r bwriad a ddaeth imi i fynd i'r Eglwys. Daeth y dymuniad imi, – nid am enwogrwydd na mawredd – ond awydd gonest am gael siarad yn gyhoeddus a difeichiogi fy mron ar glustiau cynulleidfa astud. Dymuniad ydoedd hefyd am gael ehangu fy ngwybodaeth – a chael ymbalfalu, ac efallai dreiddio trwy ddyryswch problem fawr Byw a Marw. Nid awydd am fywyd braf ydoedd – ar fy ngwir. Ar yr un adeg ag y cododd y dymuniad hwn ynof daeth y siawns am layreadership Penmachno, a gwelais innau fy nghyfle. Ystyriais ac ystyriais y peth, ac wedi derbyn dy lythyr di, mi benderfynais. Gwn y gallaf siarad yn gyhoeddus heb fynd yn berson, gallaf fyw bywyd pur a da (neu geisio) yr un faint yn union heb fynd yn berson, a gallaf ehangu fy ngwybodaeth, heb fynd yn berson.[22]

Yn yr un llythyr, fodd bynnag, canfyddir rhywbeth arall sydd o bosibl yn rheswm mwy sylfaenol hyd yn oed na'r ystyriaethau uchod dros y penderfyniad i roi heibio'r uchelgais, er nad yw ef ei hun yn dweud hynny. Mae'r geiriau canlynol yn dangos yn glir gymaint o ysgytwad fu salwch ei fam, a oedd bellach yn yr ysbyty yn Ninbych, i ffydd Caradog:

> Deliais fy ngafael yn dynn yn yr hen syniad annwyl fod rhywun yn ateb fy ngweddi. Ond rhaid oedd i minnau ei ollwng. Dywedwyd wrthyf am weddïo dros rai annwyl. Gweddiais dros fy mam. Yr oedd yn ddrwg pan fuaswn yno'r tro blaenorol. Euthum i'w gweld eto rhyw dair wythnos yn ôl. Yr oedd yn hynod o ddrwg. Ni weddiais drosti. Euthum yno ymhen yr wythnos ac ymddangosai'n well o lawer er na weddiaswn.

Nid hwn yw'r unig lythyr sy'n tystio i ymrafael Caradog yn y cyfnod hwn â'r grefydd yr oedd wedi'i fagu i'w pharchu; bydd cyfle i edrych ar ragor o dystiolaeth yn y bennod olaf. Er nad yw'n sôn yn benodol am yr agwedd hon ar ei ymateb i salwch ei fam yn *Afal Drwg Adda*, mae'n neilltuo rhan helaeth o'r hunangofiant i ymdrin â'r profiad cyffredinol o deimlo ei fod yn colli gafael ar ei ffydd.[23] Yno, mewn stori fach yn perthyn i gyfnod Dyffryn Conwy, fel y llythyrau at Morris, y ceir yr awgrym cynharaf o'r croestynnu rhwng y modd y cafodd Caradog ei ddwyn i fyny a'r modd y byddai'n ymddwyn ar brydiau wrth fynd yn hŷn, ac o'r boen meddwl a barai hynny iddo. Roedd wedi bod yn nhafarn y Foelas yn ei fwynhau ei hun yn yr hyn a eilw yn 'f'Ysgol Farddol gyntaf', sef noson o gyfeddach yng nghwmni 'nythaid o feirdd-amaethwyr' Dyffryn Conwy (65, 64). Wedi'i gor-wneud hi, deffroes drannoeth yn wantan ac edifeiriol. Roedd hi'n ddydd Sul ac yntau wedi addo darllen y llith yn y gwasanaeth boreol yn yr eglwys. Aeth yno:

> Roedd sach fy edifeirwch yn trymhau o funud i funud. Gwisgais fy nghasog a'm gwenwsig a cherdded hefo'r côr i'n seddau. Yna daeth amser y llith. Cerddais yn drwm fy nghalon at y ddarllenfa. Roedd y Beibil Mawr wedi ei agor yn nhudalen y llith benodedig am y dydd, pa bynnag Sul 'gwedi'r Drindod' oedd, – rhyw bennod o Lyfr Samuel, os cofiaf yn iawn. Troais innau'r dalennau mawr yn frysiog nes cyrraedd Salm Pum Deg ac Un a'i llafar-adrodd o'm perfeddion:
>
>> Trugarha wrthyf, O Dduw, yn ôl dy drugarowgrwydd; yn ôl lliaws dy dosturiaethau dilea fy anwireddau.
>>
>> Golch fi yn llwyr ddwys oddi wrth fy anwiredd; a glanha fi oddi wrth fy mhechod.
>>
>> Canys yr wyf yn cydnabod fy nghamweddau; a'm pechod sydd yn wastad ger fy mron.
>>
>> Yn dy erbyn di, dydi dy hunan y pechais ac y gwneuthum y drwg hwn yn dy olwg; fel y'th gyfiawnhaer pan leferych ac y byddit bur pan farnech.
>>
>> Wele, mewn anwiredd y'm lluniwyd; ac mewn pechod y beichiogodd fy mam arnaf . . .
>>
>> . . . Glanha fi ag isop a mi a lanheir; golch fi a byddaf wynnach na'r eira . . .

Ac ymlaen fel yna hyd ddiwedd y Salm. O gornel fy llygad gwelwn y Rheithor ar ei fainc yn syllu'n syn arnaf. Pan oeddym yn dadwisgo yn y festri ar ôl y gwasanaeth daeth ataf a gofyn: 'Be yn y byd wnaeth ichi newid y llith am y dydd, 'machgen i?' Cedwais innau fy llygaid i lawr. 'Felna roeddwn i'n teimlo, Mr Williams.' Edrychodd yn fyfyriol arnaf. 'Wel, wel, hogyn rhyfadd ydach chi,' meddai. (65–6)

Mewn tôn ddigon ysgafn yr adroddir y stori, ond mae'r disgrifiad 'sach fy edifeirwch' ynghyd â'r dewis o salm yn awgrymu bod yma gryn ddyfnder teimlad. Roedd y patrwm hwn o ymddwyn yn anghyfrifol ac edifarhau am hynny wedyn i'w ailadrodd ei hun droeon yn hanes Caradog, ac mae'n ymddangos i'w fethiant parhaus i dorri'n rhydd oddi wrth y patrwm fynd yn brofiad hunllefus anghyffredin iddo yn y man. Yn amlach na pheidio, ieithwedd a delweddaeth ysgrythurol eu tarddiad a ddefnyddia i gyfleu'r profiad hwnnw. Llyfr Genesis, a stori Adda ac Efa yn arbennig, yw'r ffynhonnell bob gafael. Dyfynnwyd eisoes esboniad Caradog ar deitl yr hunangofiant a thrafodwyd stori'r afal pen-blwydd. Cynhelir symbolaeth yr afal mewn cyfeiriadau diweddarach yn y llyfr. Dywedir wrth sôn am ddedwyddwch byrhoedlog cyfnod Glanrafon yn hanes y teulu fod 'yr afal yn dechrau melynu a melysu' (32). Yn fuan wedyn, fel y 'pydredd' y cyfeiria Caradog at y newid cymeriad y dywed iddo ddod trosto ar ffurf gorhyder newydd ynddo'i hun wedi iddo gael neidio dosbarth yn yr ysgol, ac fel 'Llid yr afal drwg' y disgrifia'r hyn a barodd iddo ar un achlysur golli ei dymer yn llwyr yng ngŵydd ei gyflogwr ar *Yr Herald* (33, 45).

Ceir cyfeiriadau droeon at sarff hefyd. Mae'n ddiddorol sylwi bod y rheini fel arfer yn gyfeiriadau sydd rywsut neu'i gilydd yn ymwneud â'r fam. Dyma a ddywed wrth egluro sut y daeth y syniad am 'Penyd' iddo (yn 1928 pan oedd yn byw yng Nghaerdydd):

Un peth a'm poenydiai'n fawr. Roeddwn wedi colli'r ymweliadau cyson â'r Seilam yn Ninbych, a'r cyfle wythnosol i ymdrybaeddu ym mhwll fy hunan-dosturi. Un noswaith yn fy llety agorais y Beibl, a dod ar ddamwain ar draws yr adnod ryfedd hon yn Llyfr y Datguddiad:

'A rhoddwyd i'r wraig ddwy o adenydd eryr mawr fel yr ehedai hi i'r diffeithwch i'w lle ei hun, lle yr ydys yn ei maethu hi yno dros amser, ac amseroedd, a hanner amser, oddi wrth wyneb y sarff.'

Testun y Goron yn Eisteddfod Genedlaethol Treorci oedd 'Penyd'. Ac mi gefais weledigaeth. Yn lle'r ymweliadau wythnosol â Dinbych mi gawn fynd i mewn i fywyd Mam yno a'i fynegi a'i ddehongli. Cymerais dair wythnos o'm gwyliau a'm carcharu fy hun yn y llety. Y canlyniad fu'r bryddest 'Penyd' a Choron Treorci. (104)

Â rhagddo i ddweud sut y daeth 'Y Gân Ni Chanwyd' y flwyddyn ddilynol. Cyffesa mai

> ... yr un oedd y pry dan y croen, – yr ymdeimlad o euogrwydd ac o ddiawledigrwydd oherwydd y fam a yrrwyd i'r Seilam. 'Gwyn eu byd y rhai pur o galon canys hwy a welant weledigaethau,' meddwn mewn llythyr at gyfaill gyda chopi o bryddest 'Y Briodas'. Ni allwn, hyd yn oed ar ôl sgrifennu'r gerdd 'Penyd', ymguddio rhag wyneb y sarff. (104–5)

Dyma ddweud yn blaen fod y tair pryddest eisteddfodol gyntaf wedi'u hysgrifennu mewn cyflwr o euogrwydd, gyda'r ddwy olaf, a ysgrifennwyd yng Nghaerdydd, yn cael eu hystyried gan Caradog fel rhyw fath o iawn am orfod torri'r cysylltiad â'r fam. Defnyddir y sarff felly fel rhyw fath o symbol am y cof euog amdani. Wrth drafod symbol y sarff, dywed Jung,

> It is an excellent symbol for the unconscious, perfectly expressing the latter's sudden and unexpected manifestations, its painful and dangerous intervention in our affairs, and its frightening effects.[24]

Yn ôl tystiolaeth *Afal Drwg Adda*, dod i'w boeni'n ddirybudd ac annisgwyl a wna euogrwydd Caradog yntau a gwelir ei fod yn aml yn dewis ei ddarlunio trwy gyfrwng delwedd o sarff.

Mae'r cyfeiriad nesaf at y sarff yn Eden hefyd yn gysylltiedig â'r
fam. Mae'n Ail Ryfel Byd, a Caradog yn India, yn cael seibiant oddi
wrth wres a phrysurdeb New Delhi yn Simla, i fyny yn y bryniau.
Pwysleisia mor braf yw lleoliad y gwesty, gan gymharu'r profiad o
fynd yno â deisyfiad yr emynydd am gael 'esgyn o'r dyrys anialwch
i'r beraidd baradwys i fyw' (148). Adleisir emyn arall wrth
ddisgrifio'r olygfa o'r uchelfan hon, sydd 'uwchlaw cymylau gofod
beth bynnag am gymylau amser', a'r adlais hwnnw'n cynnal y syniad
o nefoedd ddaearol (149). Ond nid yw'r nefoedd hon yn aros yn
ddilychwin, mwy nag a wnaeth nefoedd tŷ Anti Jên ddiwrnod y pen-
blwydd:

> . . . roedd y seirff o bob tu inni a byr fu hoedl y beraidd
> Baradwys hon. (150)

Ac yntau'n eistedd allan yn synfyfyrio un prynhawn, daw 'un o'r
seirff i mewn i'r ardd' ar ffurf geneth Indiaidd hardd (150). Mae'r
eneth yn gofyn iddo a ydyw'n gweld 'rhywbeth Japaneaidd' yn ei
llygaid (150). Mae yntau, heb wybod ai ateb cadarnhaol ynteu un
negyddol y dymuna'r ferch ei gael, o'r diwedd yn ateb yn
gadarnhaol. Ei hymateb hithau yw torri i wylo. Yn ddiweddarach,
caiff Caradog ar ddeall mai merch wan ei meddwl ydyw, wedi dod i'r
gwesty gyda'i nyrs 'i geisio adferiad' (151). Pair hyn iddo feddwl am
ei fam a'r adnod ryfedd am y wraig â'r 'adenydd eryr' a'r sarff a'i
sbardunodd i ysgrifennu 'Penyd'. Drannoeth, ar ôl 'noson o
freuddwydio hunllefus', mae'n dychwelyd i New Delhi yn bur
ddigalon (151). Nid yw'n ymhelaethu ar achos ei iselder ysbryd, ond
mae'n ymddangos mai'r cof am ei fam sy'n ei anesmwytho.

A symud oddi wrth yr uniongyrchol hunangofiannol, mae stori yn
Y Genod yn ein Bywyd sy'n defnyddio'r un math o ieithwedd Feiblaidd
i ddisgrifio'r un math o ddadrithio, o faeddu glendid ac o golli
gwynfyd. Honno yw'r stori yn ail adran y llyfr am garwriaeth Arthur
ac Anwen, stori sy'n rhan o 'Grisiau Serch'. Mae carwriaeth y ddau
hyn yn un glòs a hapus, a naturioldeb eu cyfathrach rywiol gyntaf yn
peri iddynt feddwl y bydd iddi barhau felly. Mae yma eto, fel yn y

stori am Simla, ddisgrifio'r profiad o gyrraedd tir uchel, yn llythrennol ac yn ysbrydol. Ar un o lethrau'r Garnedd mae'r ddau yn edrych i lawr ar Fenai a Môn ac ar

> ...orwel nad oedd na daear na nefoedd ond cymysgedd amwys, gogoneddus o'r ddau. Ac amdanom, fel y safem yno fraich ym mraich, ymdaenodd rhyfeddod a rhyddid yr unigedd a'r tawelwch tangnefeddus a ddaeth inni fel gwobr y Garnedd am ei dringo. Gwyn ein byd! Onid ni oedd etifeddion y ddaear ddigymar hon, y carped gwyrdd lle rhoesom ein hunain i gydorwedd fin wrth fin a bron ar fron ar frig penllanw blwyddyn gron o garu. (113)

Ceir yma gymhariaeth ymwybodol â stori Adda ac Efa, yn gyntaf i ddarlunio'r weithred rywiol a'r paratoad ati:

> Tybiem feddu holl ddoethineb y pren afalau yn ein pennau a'n calonnau. Fel y gwelsom gynnau dir ac awyr yn ymdoddi ar y gorwel pell i gymysgedd amwys o'r ysbrydol a'r materol, o'r daearol a'r nefol, felly y rhagwelem ddydd penllanw ein serch ac ymwroli i'w gyfarfod yn eofn ac onest a naturiol pan ddelai.
>
> Ac yn hyfrydwch tangnefeddus ein cilfach ar y Garnedd yr hwyrddydd hwnnw gwyddem gyrraedd y gorwel nefol-ddaearol, y llinell derfyn – hen linell bell nad yw'n bod, chwedl Dewi Emrys – nad oedd droi'n ôl oddiwrthi. Ni bu na chrefu na pherswâd, nac ystranc nac ystryw. Dim ond mentro'n eofn i'r baradwys liwus lachar, lle nid oedd dim ond rhoddi. Ein rhoddi ein hunain i'n gilydd yn llwyr ac yn llawen ac yn haelfrydig. Ac awyr a daear yn hyfrydlais gorfoleddus amdanom. Myfi oedd rhodd gyntaf y ddaear i Anwen ac, wedi dileu o'r cof y ffiasgo feddw yng Nghaernarfon, Anwen oedd gwobr gyntaf y Cread i minnau. Ac er na bu fawr o sgwrs rhyngom fel y disgynnem o'n Paradwys, yr oedd dedwyddwch dwfn, di-edifar, fel mantell glyd amdanom. (113–114)

Ond er gwaethaf naturioldeb y profiad rhywiol, y mae'n dwyn i mewn i'w perthynas elfen nad oedd yno cynt – 'rhyw ias fechan o rywbeth tebig i ofn ... rhyw don fach o euogrwydd' (114). Ymhen

rhyw chwe mis, maent gyda'i gilydd yn yr un gilfach ar y Garnedd
drachefn, a hithau'n aeaf erbyn hyn. Nid yw'r niwl ac iselder ysbryd
Arthur yn darogan yn dda. Mae pethau'n wahanol iawn y tro hwn:

> Yna, fel barn Duw yn disgyn amdanom o ben y Garnedd,
> torrodd y storm. Nid storm o eira na glaw na gwynt ond
> rhyferthwy o wallgofrwydd. Nid wyf yn siwr hyd y dydd hwn
> beth a ddigwyddodd, ond fy mod wedi syrthio i ryw fath o
> lewyg epileptig. (118)

Daw Arthur ato'i hun i weld bod golwg ddychrynllyd ar ei gariad
dlos, ei gwallt yn 'glymau dyrys matiog' a 'rhimyn coch o waed yn
diferu i lawr at ei gwddf,' a sylweddola ei fod wedi ymosod arni yn ei
lewyg (119). Daw eu perthynas i ben, ond aflonyddir ar Arthur am
flynyddoedd wedi'r digwyddiad gan hunllefau. Dyfala mai
cymysgedd o 'euogrwydd', 'edifeirwch' a 'nerfau candryll' sy'n eu
hachosi (120). Ceir disgrifiad manylach o'r hunllef reolaidd yn
nechrau'r stori, ac mae'n werth ei ddyfynnu'n gyfan:

> Yn ei fanylion, amrywiai'r breuddwyd o wythnos i wythnos,
> ond yn ei gyfanrwydd yr un oedd y patrwm. Roeddwn yn cael
> fy erlid gan gudd-swyddogion ac o dan amheuaeth gref fy mod
> yn llofrudd. Roeddynt ar drywydd treisiwr geneth ifanc a
> ganfuwyd yn farw, ac roedd y trywydd, trwy ddirgel ac amryfal
> ffyrdd, yn arwain ataf fi bob tro. Profwn innau iasau o
> euogrwydd bob tro y croesai ein llwybrau a phan fyddai'r
> swyddogion yn fy holi. Teimlwn grafanc hir y gyfraith yn cau
> amdanaf, a deffrown mewn arswyd, fel anifail wedi ei drapio.
> Byddwn yn diferu o chwys a chymerai gryn bum munud ar ôl
> deffro i sylweddoli fy mod yn rhydd – ac yn ddi-euog, – ac mai
> breuddwyd a hunllef oedd y cwbl. Yn wir, aeth pethau mor
> ddrwg, fel y dyfalbarhai'r breuddwyd hwn o wythnos i
> wythnos ac o fis i fis, nes imi ddechrau fy holi fy hun yn
> ddifrifol yn fy oriau effro. Tybed a oeddwn i, wedi'r cwbl, mor
> ddi-euog? A oedd yn bosibl mai torment cydwybod oedd yn
> gyfrifol am y breuddwydio parhaus yma ar yr un thema? A allai
> fy mod, mewn gwirionedd, yn euog o lofruddiaeth dan ryw

amgylchiadau pan nad oeddwn yn llwyr gyfrifol am fy ngweithredoedd? Bûm unwaith ar fin ymgynghori ag un o'm cydnabod oedd ymhlith doctoriaid meddwl blaenaf y wlad. (109–110)

Nid cyfan gwbl ddychmygol yw'r stori hon yn *Y Genod yn ein Bywyd.* Disgrifir hunllef debyg iawn i eiddo Arthur mewn dyddlyfr o eiddo Caradog:

> . . . I had murdered a girl and, although I was never caught, the evidence was building up against me. I often woke up out of the dream convinced for quite a while after waking that it was the real thing. And how relieved I used to be when I found out that I was innocent.[25]

Ar 3 Tachwedd 1959, diwrnod ei ben-blwydd yn 55, yr ysgrifennodd hyn – ychydig flynyddoedd, felly, cyn cyhoeddi *Y Genod yn ein Bywyd.* Er bod Caradog yn dweud yn blaen yma ei fod, yn y freuddwyd hon, wedi llofruddio merch – yn wahanol i Arthur yn y stori, nad yw'n dweud y naill ffordd na'r llall – mae yma gynsail amlwg i freuddwyd Arthur. A bydd y cyfan yn canu cloch hefyd i bawb sy'n gyfarwydd ag *Un Nos Ola Leuad,* ac â'r darn hwnnw ar ddiwedd y nofel am gyfarfyddiad yr adroddwr â Jini Bach Pen Cae a'i ganlyniadau trychinebus. Mae blwyddyn ers i fam yr adroddwr fynd i'r Seilam, ac mae yntau, a'i fryd erbyn hyn ar fynd un ai'n llongwr neu'n was ffarm, allan un noson yn dilyn ffrae â'i nain ynglŷn â'i ddyfodol. Cychwynna i fyny i Ben Llyn Du i chwilio am Robin Gwas Gorlan, ei unig gyfaill bellach, ond ar y ffordd mae'n cyfarfod â Jini Bach Pen Cae, sy'n gweini erbyn hyn yn Nhyddyn Cae Du. Yma eto, fel yn stori Arthur ac Anwen, mae'n argoeli'n ddrwg: yn wir, crëir awyrgylch lle y mae rhyw ddrwg bron yn anochel – awyrgylch llethol, clawstroffobig. Mae'r 'ogla da' sydd ar Jini a'r 'ogla da . . . ar y gwair a'r brwyn' bron â gwneud i'r bachgen 'dagu' (177). Mae lleoliad y cyfarfyddiad â Jini yn agos at y Pen Llyn Du gwaharddedig lle nad oedd i fynd ar boen ei fywyd pan oedd yn iau, a lle y'i cafodd ei hun y diwrnod yr aeth ar goll wrth hel llus. Mae enw Jini Bach Pen Cae ei hun yn dwyn ei gysylltiadau amheus: hyhi ddiniwed, fe gofiwn, yw dewis Preis Sgŵl o blith

merched yr ysgol i fodloni ei chwantau rhywiol, a chaiff yr adroddwr
sioc o'i gweld o gwbl gan mai'r peth diwethaf a glywodd amdani oedd
ei bod wedi'i rhoi mewn gofal. At hyn, mae hi'n ei atgoffa o'r nyrs ifanc
a welodd yn y Seilam; roedd honno, fe gofiwn, wedi ei atgoffa o Jini
Bach Pen Cae. Dwg yr adroddwr i gof y diwrnod hel llus, ond nid
trwy'r un llygaid y mae'n edrych ar bethau yn awr â'r pryd hwnnw:

> Oedd yr awyr yn las run fath ag oedd hi pan oeddwn i'n
> gorfadd ar wastad fy nghefn yn y coed llus ar ben Foel Garnadd
> erstalwm. Ond oeddwn i ddim yn meddwl am lawr y Nefoedd
> tro yma. Gweld yr awyr yn llawn o llgada glas yn chwerthin
> arna fi oeddwn i, a llgada Jini Bach Pen Cae oeddan nhw i gyd.
> A toedd hi ddim mor ddistaw ag oedd hi ar ben Foel Garnadd
> chwaith. Oedd Rafon yn gneud sŵn braf run fath â tasa na lot o
> bobol yn siarad hefo'i gilydd o'n cwmpas ni ac yn deud yr un
> peth o hyd. A finna'n cofio am bendil cloc mawr Drws Nesa'n
> mynd tic-toc, tic-toc, fel tasa na ddim byd wedi digwydd
> diwrnod hwnnw. Ac oeddwn i'n medru clywad Jini'n anadlu
> wrth fy ochor i, wedi colli'i gwynt ar ôl rhedag. (178)

Mae'r cwbl – yr olwg wahanol ar yr awyr, y cof am y diwrnod y
deallodd gyntaf beth oedd natur salwch ei fam, a phresenoldeb y
ferch wrth ei ochr – gyda'i gilydd yn cyfleu cymaint o dro ar fyd sydd
wedi dod i ran y bachgen mewn blwyddyn. Hyd yn oed os ydyw
wedi colli llawer o'i ddiniweidrwydd yn y broses naturiol o dyfu i
fyny ac aeddfedu, does bosibl nad yw ei amgylchiadau arbennig ef
hefyd wedi cyfrannu at y newid hwn, wrth iddo orfod ysgwyddo
mwy a mwy o gyfrifoldeb cynamserol, yn absenoldeb y tad i
ddechrau ac yna'r fam hithau. Cofiwn eiriau'r cymydog, Elis Ifas,
wrth dorri'r newydd am ei fam iddo bryd hynny:

> Mi wnawn ni bob dim fedrwn ni i helpu, ond arnat ti'r ydan
> ni'n dibynnu rwan, cofia. (167)

Ni wyddom fawr ddim o hynt a helynt y bachgen ers hynny. Fodd
bynnag, yn yr olygfa gyda Jini, mae'r elfennau uchod – y disgrifiad

o'r awyr, y cof am y fam, a'r dewis o le a chymar – oll fel pe baent yn ein paratoi at ryw wyriad oddi wrth naturioldeb a threfn. Ni ddisgrifir yr hyn sy'n digwydd rhwng y ddau wedyn; yn union fel yn stori Arthur ac Anwen, mae yma baratoi at garu, ac yna fe daenir llen dros y cyfan, a'r cwbl a gawn yw cof anghyflawn yr adroddwr, yn awgrymu iddo golli pob rheolaeth arno'i hun:

> Hi oedd yr unig hogan ges i rioed.
> Ond deud celwydd oeddan nhw pan ddaru nhw ddeud bod fi wedi taflu Jini Bach Pen Cae i Rafon ar ôl iddyn nhw gael hyd i'w dillad hi ar lan Rafon. Peth dwytha ydw i'n gofio ydy'i gweld hi'n cysgu'n braf a finna'n dechra meddwl am Preis Sgwl yn mynd a hi trwy drws yn Rysgol a Em Brawd Now Bach Glo yn mynd a hi i Coed Ochor Braich. A finna'n sbio arni hi a meddwl peth bach mor dlws oedd hi, a gwddw bach mor feddal oedd gynni hi, a hwnnw'n wyn fel llian a'i bocha hi'n gochion ac yn boeth fel tân. A rhoid fy nwy law am ei gwddw hi a rhoid cisan iddi hi pan oedd hi'n cysgu, a dechra'i gwasgu hi. (180)

Mae'n amlwg, fodd bynnag, fod yma drais ac, yn ôl pob golwg, lofruddiaeth.[26] Mae tystiolaeth ar gael mai am lofruddiaeth yr oedd yr awdur ei hun yn meddwl, a hynny mewn llythyr o'i eiddo y cawn ei drafod yn y bennod olaf. Sut bynnag, mae popeth ar ddiwedd y nofel fel petai'n pwyntio at euogrwydd y bachgen: anghyflawnder yr adroddiad uchod, ei dôn or-amddiffynnol, ynghyd â'r wybodaeth sy'n dilyn fod y bachgen wedi ceisio, yn aflwyddiannus, ddianc o'r ardal y noson honno.

Ni thynnir cymhariaeth â stori cwymp Adda ac Efa yn *Un Nos Ola Leuad*, fel ag a wneir yn y stori yn *Y Genod yn ein Bywyd*, ond mae yma gysonder thema yn yr ymdeimlad o euogrwydd a gyfleir, yn uniongyrchol yn achos Arthur, ac yn anuniongyrchol, trwy wadiad, yn achos yr adroddwr yn y nofel. Yn y ddau achos, mae a wnelo'r euogrwydd â merch ac â phrofiad rhywiol sy'n troi'n drais.[27] Yn achos y nofel, mae tystiolaeth fod Caradog yn wreiddiol wedi mynegi'r profiad hwnnw mewn iaith gryfach nag yn y fersiwn gyhoeddedig. Y cyhoeddwyr a fynnodd newid hynny. Yn ôl Charles

Charman, rheolwr Gwasg Gee ar y pryd, mae'r frawddeg ganlynol yn rhan o olygfa'r trais yn y llawysgrif wreiddiol:

Dyna'r ffwc orau a gefais i erioed yn fy mywyd.[28]

Roedd Caradog wedi tynnu sylw Charles Charman at y frawddeg gan awgrymu ei fod ef yn penderfynu pa un ai i'w chynnwys ai peidio. Roedd yntau wedi dewis ei hepgor gan dybio y byddai'n tramgwyddo teulu Caradog ac nad oedd cael gwared ohoni'n amharu dim ar rediad y stori. Mae'n ymddangos mai yno yn lle'r frawddeg wreiddiol hon y mae'r frawddeg gynilach 'Hi oedd yr unig hogan ges i rioed' yn y darn a ddyfynnwyd uchod. Fel ag y mae, mae hwn yn sylw chwerw eironig: mae islais egr i'r ferf 'ges' o gofio mai golygfa garu yw hon sy'n troi, mae'n ymddangos, yn llofruddiaeth.

Rydym ym myd ffuglen gyda'r ddau lyfr uchod, wrth gwrs, ond mae deunydd ar gael sydd o bosibl yn dangos tarddiad yr agwedd bwysig hon ar thema euogrwydd yng ngwaith Caradog. Mae'r deunydd hwnnw i'w gael, unwaith eto, yn y llythyrau at Morris T. Williams. Mae'r llythyrau yn llawn o hynt a helynt bywyd carwriaethol y Caradog ifanc, ei lawenydd a'i siom, ei wynfyd a'i wae. Yr hyn sy'n ddiddorol i ni yma yw'r agwedd a amlygir tuag at serch. Mae yma groestynnu clir a chyson rhwng bod eisiau cadw perthynas â merch yn rhywbeth pur a glân a'r ymdeimlad fod yna fygythiad hollbresennol i hynny o du rhyw; croestynnu, mewn gair, rhwng diweirdeb ac anniweirdeb. Sylwer yn gyntaf ar natur molawd Caradog i ferch y cyfeiria ati fel 'Fy Lili', mewn llythyr cynnar o Gaernarfon:

. . . dymunwn ddweud wrthyt fod "Fy Lili" yn dal yn wyn ac yn bur o hyd. Mae hi'n deip o burdeb, Moi, ac y mae ganddi fwy o synnwyr yn ei phen nac o nwyd yn ei gwythiennau. Dyna deip go brin yr adeg sy ohoni, ynte?[29]

Disgrifio'r un ferch, a chanmol yr un rhinwedd ynddi, a wna Caradog mewn cerdd o'r enw 'Fy Lili' a amgaeir gyda llythyr arall o'r un cyfnod:

> Mae blodau fyrdd yng ngerddi'r byd
> Na ellir byth eu rhifo;
> A phawb a gymer iddo'i hun
> Y blodyn gorau ganddo.
>
> Ces innau fynd i mewn ryw ddydd
> I ganol swyn y blodau:
> A Lili heb ymagor bron
> A ddenodd fy serchiadau.
>
> Fe'i gwyliaf rhag y gwenwyn gwyllt
> A ddaw pan ymagoro
> Cans eiddo i mi yw'r lili hon
> Ac O! gwae fi pan wywo.[30]

Er nad yw'r ferch yn cael ei henwi, mae'n sicr mai Elinor oedd hon, cariad cyntaf Caradog, yr eneth o Dal-y-sarn y soniwyd amdani yn y bennod gyntaf. Fel y gwelsom, dyma'r ferch yr oedd Morris ei hun i'w dwyn oddi ar Caradog maes o law, ond gyda Caradog yr oedd hi o hyd pan symudodd ef o Gaernarfon i Ddyffryn Conwy. Enwir hi'n gyson mewn llythyrau o hyn ymlaen, ac yn un ohonynt mae Caradog yn sôn am achlysur pan aeth y ddau i ben y Cilgwyn yn Nyffryn Nantlle – min hwyr a ddisgrifir mewn modd rhamantus, yn debyg iawn i'r disgrifiad o ymweliad cyntaf Arthur ac Anwen â'r Garnedd yn *Y Genod yn ein Bywyd*. Ond wrth fynegi ei gariad at Elinor, mae'n sôn ar yr un gwynt, ac yn eironig o gofio beth oedd i ddigwydd wedyn, am yr ofn y bydd yn ei cholli:

> Ni wn beth a wnawn pes collwn, ac y mae dylanwad Rhyw mor gryf mewn bywyd nes bod perygl imi wneud hynny. Addefodd wrthyf iddi gael ei hudo gyda bachgen arall am un noson yn ystod fy arhosiad yn Aberystwyth, ac onid yw hynny'n dangos bod Rhyw yn gryfach na Chariad ... Yr unig remedi i mi ydyw brwydro dylanwad Rhyw trwy gadw mewn cysylltiad agosach ati ...[31]

Mewn llythyr diweddarach a ysgrifennodd ar ôl i'w berthynas ag Elinor ddod i ben, mae'n nodi nad oes unrhyw ystyriaethau rhywiol yn perthyn i'w gariad parhaus tuag ati – yn wahanol i'r ferch y mae'n ei chanlyn erbyn hyn:

> Y mae Elinor a'r ferch yr wyf yn mynd gyda hi yn awr (Ruth yw ei henw) yn debyg iawn, i'm golwg i, i'r ddwy hynny yn "Sons and Lovers". Ni byddaf yn meddwl am sbwnio pan fyddaf yn deisyfu am Elinor, ond yn hytrach amdani ei hun. Pan fyddwn gyda hi, byddai'n rhoddi mwy o bleser o lawer i mi i feddwl amdani pan fyddwn oddiwrthi na sbwnio hefo hi. Ac y mae fel arall yn union hefo Ruth.[32]

Meddwl y mae Caradog yma am gariadon Paul Morel, Miriam a Clara, yn nofel D. H. Lawrence, gan gymharu Elinor â'r Miriam ysbrydol, bur, a'r cariad newydd, Ruth, â'r Clara gnawdol ei hatyniad. Wrth sôn mewn llythyr arall am ferch wahanol eto, mae'n ymlawenhau ei fod o'r diwedd wedi dod o hyd i eneth y gall ei fwynhau ei hun yn ei chwmni 'heb geisio am ddim'. Mae'n cyfaddef nad felly y bu'n ymagweddu bob amser:

> Bûm gyda llawer o enethod er yr ysgariad oddiwrth Elinor, ond awn gyda phob un gyda'r unig amcan o'u treisio. A dyna f'amcan cyntaf wrth fynd gyda hon ddydd Sul, ond mwynheais fy hun yn ogoneddus heb geisio am ddim.[33]

Yn achos merch arall eto fyth, mae'n gofidio drachefn fod y berthynas yn seiliedig ar ryw, heb ddim cariad.[34] Clywir yr un nodyn o euogrwydd yn ei gyffes wrth Morris iddo gael cyfnod o 'yfed *reckless* a mercheta nwydus'.[35] Dro ar ôl tro, amlygir agwedd ddelfrydgar tuag at serch ac yna'r siom a'r euogrwydd pan chwelir y delfryd.

Mae'n gwbl glir fod stori Arthur ac Anwen yn *Y Genod yn ein Bywyd* â'i gwreiddyn yn y cyfnod hwn ym mywyd ei hawdur; gellir tybio hefyd i'r un profiadau gyfrannu rhywfaint at bryddest 'Y Briodas'. Cael ei dal ynghanol 'y gynnen gas / Rhwng Ysbryd pur a Chnawd' yw anffawd y weddw, tynged y mae wedi ei dwyn am ei phen ei hun trwy dyngu llw eithafol, ar farwolaeth ei gŵr, i'w garu am byth 'A phara'n bur i'r diwedd'. Ar ôl deng mlynedd o fyw yng nghaethiwed yr ymrwymiad hwn, daw tro ar fyd wrth iddi feddwl, o leiaf, am berthynas â dyn arall. Yn null dramatig gweddill y gerdd, personolir y demtasiwn hon:

> Sisialodd im am ddwyfraich ddur a fynnai
> Beunydd wrth naddu'r cerrig noeth
> Roi clywed imi'r angerdd a'u dirdynnai,
> Ac imi'n nodded fynwes boeth.

> A bu fy llygaid blysig i'n eu ceisio
> Ymhlith y gwŷr a ddôi o'r gwaith,
> Tra mynnai fy hudoles gennyf leisio
> A ganai hi mewn dieithr iaith.

> Am wres difarw y fflamau a ddiffoddwyd
> Pan aeth y tân o'th lygaid di,
> Ac aberth ofer dengmlwydd pur a roddwyd
> Ar allor d'enw gennyf i.

Ni ddywedir yn ddiamwys i'r weddw fod yn anffyddlon, ond mae'n amlwg i'w hiraeth am agosrwydd corfforol at ddyn ei gyrru i chwilio am garwriaeth newydd, ac yn ei meddwl hi mae hynny'n gyfystyr â thorri ei gair i'w gŵr marw. Gyda chydwybod euog y dychwel i gadw ei hoed feunosol wrth y bedd. Ddeng mlynedd eto'n ddiweddarach, yn rhan olaf y gerdd, cawn hi mewn cyflwr dryslyd, yn dychmygu bod ei gŵr wedi dychwelyd i'w hailfeddiannu.

Fel yr awgryma'r teitl, cynhelir thema euogrwydd yn y dilyniant i'r 'Briodas', 'Penyd'. Canfyddwn y weddw bellach yn y gwallgofdy, a'i meddyliau'n dal i droi'n ddi-baid o gwmpas ei gŵr. Mae'n dal i ddisgwyl wrtho, ac ar dro yn dychmygu ei weld, ond fel ar ddiwedd 'Y Briodas', cilio rhagddi a wna. Mae hithau'n synio mai'r disgwyl ofer hwn yw ei chosb am ei fradychu ac na chaiff yr aduniad a geisia nes bydd y penyd ar ben:

> Er imi'n isel droi
> O blith y byw,
> A dannedd cêl yn cnoi
> I'm dwyfron wyw,

Ac im, o ddwfn y cur,
  Ei geisio'n ffôl,
Nid oes ond cariad pur
  A'i dwg yn ôl.

Aros yr awr a fyn
  Ei ddifraw glai,
Awr fy mhureiddio'n wyn
  O'm creulon fai . . .

Problem fawr gweddw'r pryddestau yw ei methiant i gydnabod naturioldeb ei theimladau a'i dyheadau. Cawn edrych yn fanylach ar hyn yn y bennod olaf, ond mae lle i'w gymharu ag ymchwil barhaus Caradog, yn ôl tystiolaeth y llythyrau, am y cariad perffaith, yn enwedig o gofio bod y llythyrau a'r bryddest gyntaf fel ei gilydd yn perthyn i gyfnod Dyffryn Conwy. Mae fel petai Caradog, er iddo seilio'r portread ar y fam, wedi priodoli rhai o'i syniadau a'i fyfyrdodau ei hun i'r weddw, gan chwyddo a dramateiddio'r rheini at bwrpas adrodd stori. Mae'n werth edrych ar un llythyr arall sy'n crisialu'r agwedd ddelfrydgar tuag at serch. Llythyr ydyw wedi'i ysgrifennu ar ôl i Caradog ganfod bod Morris ei hun mewn perthynas ag Elinor. Er bod llythyrau eraill o'r un cyfnod yn trafod hyn, a'r rheini'n amrywio o ran emosiwn o ddicter i oddefgarwch maddeugar, mae'r llythyr rhyfedd hwn, a neilltuir yn gyfan i'r mater, fel pe bai'n cynrychioli gair terfynol Caradog ar y 'Broblem', fel y'i gelwir. Yn fwy na'r llythyrau eraill, hyd yn oed, mae'n dyrchafu'r mater i ryw lefel aruchel; nid ymrafael cyffredin rhwng dau lanc am un ferch a ddisgrifir, ond yn hytrach, a defnyddio gair y llythyrwr ei hun, 'frwydr' dyngedfennol a honno'n rhan o batrwm ehangach sy'n cynnwys nid yn unig y triongl, Caradog, Morris ac Elinor, ond mamau'r ddau ffrind yn ogystal:

> Wel yn awr at y Broblem. Cymerwn yr holl, – neu'r prif wrthrychau sy ynddi, – Tydi a Minnau, Elinor, Dy Fam, a Fy Mam. Yr wyt yn fy ngharu i, ond a wyt yn sicr mai myfi a geri? (Dyna gyfeillgarwch). Yr wyt yn caru Elinor, ond a wyt yn sicr

mai Elinor a geri? (dyna gariad mab a merch). Yr wyt yn caru dy fam, ond a wyt yn sicr mai dy fam a geri? (dyna gariad dyn a'i feddwl wedi datblygu, tuagat ei fam). Yr wyf innau'n dy garu dithau, ond a wyf yn sicr mai tydi a garaf? Yr wyf yn caru Elinor, ond a wyf yn sicr mai Elinor a garaf? Yr wyf yn dyfod yn fwy sicr bob dydd y dof i garu mam, a hynny â'r un cariad ag y ceri di dy fam. Ond a fyddaf yn sicr mai fy mam a garaf? Sut y gelli di na minnau ddweyd ein bod yn caru Elinor, heb gael ond rhyw 5% o'i chwmni personol. Sut y gelli di na minnau garu ein gilydd, heb inni fod yn "bored" ar ein gilydd weithiau petaem yn cyd-fyw â'n gilydd am byth. Sut y medri di a minnau garu merched mewn oed fel ein mamau. A wyt yn fy nilyn? Dyma sy gennyf. Oni weli di ryw Ddelfryd mawr y tu ôl i'r cwbl. Onid yw'r un delfryd yn wrthrych ein cariad ym mhrydferthwch Natur. Rwan, yr ydym ni ill dau wedi gweld y Delfryd yma mewn merch, mewn cyfaill, mewn mam ac mewn Natur. Yr wyt ti, mae'n ddigon amlwg, wedi ei weld i raddau helaethach na mi. Y mae dy gariad at dy fam yn dangos hynny. Ac onid yw'r Delfryd yma rywbeth sy "goruwch Dirgelwch Natur a thudraw"? Ydyw, a gelli di a minnau, ar sail hyn, fod, pob un, yn saer ein nef ein hunain, ac y mae honno'r un un. Ffwl ydwyt ti, yn dy dwyllo dy hun, pan ddywedi nad oes ysbryd Cariad yn bodoli ac yn llywio ein bywydau ato'i Hun.[36]

Yn ôl Caradog mae cariad angerddol Morris at ei fam, at ei gyfaill ac at ferch yn profi ei fod 'yn nwylo'r Ysbryd Cariad yma heddyw ac yn dduw dy hun cyn belled ag y geill duw fod yn ddyn'. Cred mai'r un a ddylai gael priodi Elinor yw hwnnw a all sylweddoli ynddi'r 'Delfryd' o gariad y sonia amdano, rhywbeth sy'n mynd y tu hwnt i'r 'eilunaddoliaeth' gyntaf. Gan Morris y mae'r siawns orau yn awr o dan yr amgylchiadau, meddai; ac mae'n datgan yn arwrol ei fwriad ef ei hun i sefyll o'r neilltu i roi cyfle iddynt, gan geisio ei siawns ei hun gydag Elinor dim ond os methant hwy ill dau â sylweddoli'r Delfryd yn ei gilydd. Hyd yn oed os prioda Morris Elinor, bydd yntau, meddai (yn fwy arwrol byth!), yn dal i'w charu, gyda chariad a fydd 'erbyn hynny goruwch pob gormesol nwyd'. Dyma wahaniaethu eto rhwng 'Ysbryd pur a Chnawd' fel ag a wneir yn 'Y Briodas'. Yr un yw'r awgrym wrth i Caradog, ymhellach, ofyn i Morris ymrwymo i beidio, cyn priodi Elinor, â 'gwneud dim iddi sy'n "anfoesol" (ys dywed confensiwn)'. Mae'n amlwg oddi wrth gyfeiriadau eraill yn y llythyr mai rhywbeth Cristnogol yw'r 'Ysbryd Cariad' hwn y sonia amdano, fel yr 'Ysbryd' sy'n llefaru yn y bryddest. Effaith y derminoleg Gristnogol hon, fel gyda symbolaeth Gardd Eden yn y stori yn *Afal Drwg Adda* ac yn y stori yn *Y Genod yn ein Bywyd*, yw dyrchafu profiad cyffredin i wastad uwch. Ffrae draddodiadol dros ferch sydd yma mewn gwirionedd wedi'i gwisgo â thipyn o ramant, ond y mae'r modd y gweir hynny'n help inni ddeall natur ffansïol bardd 'Y Briodas' a 'Penyd'.[37] 9 Ionawr 1926 yw'r dyddiad ar y llythyr ac mae'n dra phosibl fod 'Y Briodas' eisoes ar waith yn y cyfnod hwn, o gofio bod Caradog yn dweud yn *Afal Drwg Adda* i'r bryddest ddechrau ymffurfio yn ei feddwl cyn iddo benderfynu ei hanfon i Eisteddfod Genedlaethol Caergybi yn 1927. Yma, fel yn y cerddi, rydym ym myd ymrwymiadau a llwon difrifol, byd lle y mae ymddiriedaeth – gair mawr y llythyr – yn cyfrif uwchlaw popeth. Dichon fod y dwyfoli hwn a'r gwahaniaethu pendant rhwng y 'Delfryd' a'r 'gormesol nwyd' y mae Caradog mor awyddus i ymgadw rhagddo, hefyd yn arwyddion pellach o afael ei fagwraeth arno. Mae fel petai'r fagwraeth honno, gyda'i chôd moesol pendant, ei diffiniadau o dda a drwg, o weddus ac anweddus, wedi plannu ynddo yn anad dim ryw awydd gwaelodol i roi trefn ar bob agwedd o'i fywyd, ac i barhau i arfer y ddisgyblaeth lem yr hiraetha amdani mewn cerdd fel 'Y Fflam' neu yn hanes ei ymrafael â phroblem alcohol yn *Afal Drwg Adda*. Mae'r llythyr hwn o bosibl yn dangos ar ei amlycaf a'i fwyaf llythrennol yr ymchwil am lendid sydd i'w chanfod mor aml yng ngwaith Caradog ar ryw ffurf neu'i gilydd, ynghyd â'r croestynnu anochel, o ganlyniad, rhwng y delfryd a realiti. Gyda'r fath ddisgwyliadau uchel gan fywyd, roedd Caradog yn sicr o 'fethu' yn ôl ei safonau ei hun. Ceir yr argraff fod hynny wedi chwarae ei ran yn llawer o'r euogrwydd a gyfleir, boed hynny mewn gwaith creadigol neu mewn ysgrifennu hunangofiannol.

Mae'n werth dal sylw ar un agwedd bellach ar y llythyr, sef y cip dadlennol a geir ynddo ar berthynas Caradog â'i fam ar ôl iddi fynd i

Ddinbych. Mae yma ddryswch amlwg yn ei deimladau tuag ati. Yn y darn o'r llythyr y dyfynnir ohono uchod, lle y mae Caradog yn cwestiynu natur cariad y gwahanol 'wrthrychau' perthnasol at ei gilydd, mae'n datgan ei sicrwydd cynyddol y daw i garu ei fam â'r un cariad ag y cara Morris ei fam yntau. Mewn rhan arall o'r llythyr, mae'n crybwyll y 'ffaith nad wyf yn caru mam'. Cymharer â'i addefiad mewn llythyr arall, yr un mwyaf digalon efallai yn yr holl gasgliad, lle y dywed ei fod yn ysgrifennu 'o waelodion uffern', gyda phopeth fel petai'n mynd o chwith iddo, yn ei waith ac yn ei fywyd carwriaethol. Meddai yno:

> Ni theimlaf ronyn o gariad tuagat fy mam, a methaf â'th ddeall di'n dywedyd mai dim ond dy fam a deimli'n angor iti.[38]

Ceir arwyddion clir eraill o'r un croestynnu rhwng ei fethiant i garu ei fam, yn y cyflwr y mae hi ynddo, a'i ddyhead taer i wneud hynny, a'r cliriaf oll ohonynt yw'r datganiad syfrdanol a ganlyn mewn llythyr a ysgrifennodd yn fuan iawn ar ôl yr un uchod. Mae'n trafod ei gariad ddiweddaraf ac ar ôl dweud ei fod yn ei fwynhau ei hun yn ei chwmni a'i bod yn help i'w gadw rhag mynd i yfed, â rhagddo fel hyn:

> Ond ar wahân i bob cwestiwn o serch, yr wyf yn awr wedi penderfynu na phriodaf nes cael mam o'r gwallgofdy neu yn ei bedd. Teimlaf mai ganddi hi y mae'r hawl gyntaf arnaf gan fod y ddau arall wedi priodi, ac fe'm caiff hefyd. Felly, os gallaf sut yn y byd, mi setlaf i lawr yn Llanrwst i wneud cartref iddi. Nid wyf ond newydd sylweddoli'r siom – a'r dadfaelio uffernol a brofodd hi ynghanol ei gobeithion, ac y mae rhywbeth yn dweyd wrthyf y dof i'w charu eto ryw ddydd os daw o'r gwallgofdy yna.[39]

Soniwyd am yr elfen o euogrwydd a oedd, yn ôl Caradog, yn rhan o'r cymhelliad i ysgrifennu'r pryddestau sy'n troi o gwmpas y fam. 'Cymhlethdod euogrwydd' yw'r enw a rydd ar y peth yn narlith *Y Rhai Addfwyn* – cymhlethdod a'i poenydiodd, meddai, ar hyd ei oes.[40] Gwelwyd mai mewn ffordd annelwig braidd y cyfeiria at y teimlad – nodi'r euogrwydd a'i gadael ar hynny a wna fel rheol. Yng ngoleuni'r teimladau dryslyd ynglŷn â'r fam a ddatgelir yn y llythyrau, fodd bynnag, prin fod bodolaeth cymhlethdod fel hwn yn syndod. Dengys y dyfyniad olaf uchod o'r llythyrau mor hynod o gryf oedd ymdeimlad Caradog o gyfrifoldeb tuag at ei fam ar un adeg. Ymddengys mai siarad o gywilydd y mae yma, cywilydd iddo fod mor hir yn dod i gydymdeimlo â'i fam yn ei thrueni. Mae'r llw syfrdanol i beidio â phriodi nes cael ei fam o'r ysbyty neu yn ei bedd (ac ni ellir llai na'i gymharu â llw gweddw'r 'Briodas' i beidio â bradychu ei gŵr marw) hefyd yn cadarnhau'r argraff gyffredinol a geir fod ymwneud yn rhy agos â merched rywsut yn symbylu'r euogrwydd. Gwelsom fel y mae'r cof am y fam yn tarfu'n annisgwyl ar Caradog yn India ac fel y daw atgofion cysylltiedig â'r fam ac â'r Seilam i'r bachgen yn *Un Nos Ola Leuad*, yn yr olygfa gyda Jini Bach Pen Cae. Disgrifir y ferch yn India – 'un o'r merched prydferthaf a welais erioed' – fel 'un o'r seirff', fe gofir (150); Jini Bach hithau yw temtreg y bachgen yn y nofel. A chaniatáu mai ffuglen yw'r enghraifft olaf, mae lle i dybio, ar sail tystiolaeth y llythyrau, fod yr euogrwydd y sonia Caradog amdano yng nghyswllt ei fam yn brigo i'r wyneb mewn sefyllfaoedd fel hyn oherwydd fod presenoldeb benywaidd arall weithiau'n gwneud iddo deimlo'n annheyrngar i un a fu unwaith mor ganolog yn ei fywyd. Mae'n bosibl fod yma ymdeimlad deublyg o wadu wrth ymhél â merched a rhyw: gwadu magwraeth y mae'r fam yn brif gynrychiolydd iddi, a gwadu'r fam ei hun, disodli'r ddynes a fu'n bopeth iddo, ac yntau'n bopeth iddi hithau, ym mlynyddoedd cyntaf ei fywyd.[41] Nid yw'n anodd credu y byddai hyn yn ddigon i daflu cysgod dros unrhyw berthynas â merch arall, ac yn wir dros ryw ei hun.

Rydym eisoes wedi sôn am un hunllef a gâi Caradog yn rheolaidd. Yn yr un dyddlyfr, mae'n sôn am hunllef arall a'i poenai ac mae honno hefyd yn berthnasol wrth drafod perthynas yr awdur hwn â merched ac â'i fam. Ac yntau newydd freuddwydio'r 'horrible dream' y noson cynt, fel hyn y'i cofnoda yn y dyddlyfr:

> I dreamed that I was in bed with my mother and ravishing her
> . . . After that dreadful intercourse in which she, being insane,

even in the dream, took no part, she got up, and went to some
kind of stove where, with the motions of one beating a carpet,
she was beating what appeared to be a poached egg. And when
I looked round the largish room I found there were about half a
dozen youngish mothers lying there asleep with their babies.[42]

Yn betrus y cofnoda'r freuddwyd:

Does one dare to record such things, even for one's own eyes?

Nid ymdrecha i ddadansoddi'r freuddwyd, dim ond ei chofnodi,
chwedl yntau, 'for all it may be worth to psychiatry'. Fodd bynnag,
mae'n torri ar draws rhediad y freuddwyd fel y'i disgrifir uchod i
egluro ynghylch ei fam: fel yr aethpwyd â hi i Ddinbych ac yntau'n
ddim ond 18 oed (19 oed ydoedd mewn gwirionedd), fel y bu farw
yno yn 1954 ac fel y cymerodd ef ei gwendid meddwl yn thema i'w
bryddestau eisteddfodol. Disgrifia hefyd yr effaith arno ef:

Throughout those years I brooded over her insanity, regularly
visiting the hospital, trying to hold some kind of conversation
with her, scheming how I could free her from the thraldom of
her dark world. But, to add insult to injury, – whose insult to
whose injury, it is now difficult for me to say – she became
blind. After each visit I made for the nearest pub and got
deliberately and roaringly drunk. How absurd it all seems here
and now.

Mae'r gair hwn o gefndir ynddo'i hun fel petai'n dadlennu rhywfaint
o gydwybod euog ynglŷn â'r fam wael. Mae yma awgrym, yn yr
amwysedd ynghylch pwy a frifwyd ac a sarhawyd fwyaf, i Caradog
deimlo ar un adeg mai ef a oedd wedi'i wadu gan ei fam. Hawdd
credu bod teimladau cymysg a phoenus iawn yn dod i ran rhywun
wrth weld perthynas mor agos yn colli adnabod arno. Hawdd credu
hefyd mai canlyniad anochel ymdrech ar ôl ymdrech ofer i
gyfathrebu â'r perthynas fyddai teimlad o wrthodedigaeth. Ymateb
Caradog ar y pryd, yn ôl tystiolaeth y dyddlyfr hwn, oedd meddwi er
mwyn anghofio. Onid oedd y cyfan – y gweld bai ar ei fam

ddiymadferth ac yna'r meddwi – yn rhwym o hau hadau euogrwydd? Ac os felly, onid yw'n demtasiwn casglu mai deillio o'r euogrwydd hwnnw yr oedd y freuddwyd am dreisio'r fam? Gwell gwneud fel y gwna Caradog, efallai, a gadael hynny i 'psychiatry'. Ond yn sicr roedd ei berthynas â'i fam ar ôl iddi fynd i'r ysbyty yn un gymhleth. Bydd cyfle yn y bennod olaf i edrych ar ddarlun *Un Nos Ola Leuad* o'r berthynas hon.

A chymryd gyda'i gilydd y darn ar ddiwedd *Un Nos Ola Leuad*, breuddwyd y llosgach yn y dyddlyfr, y freuddwyd (a'r esboniad arni) yn *Y Genod yn ein Bywyd* ac yng nghysgod honno yr amlinell o freuddwyd debyg yn y dyddlyfr, ceir bod profiad gwyrdroëdig o ryw yn elfen sy'n gyffredin iddynt i gyd. Cofier hefyd yr ofn real iawn a ddadlennir yn rhai o'r llythyrau a drafodwyd fod rhyw'n difetha popeth. Rhwng popeth, ac o gadw mewn cof y cyfeiriadau niferus sydd yng ngwaith Caradog at golli diniweidrwydd plentyndod, ceir yr argraff fod yma anesmwythyd cyffredinol ynglŷn â rhai agweddau ar ryw. Diddorol yn y cyswllt hwn yw cofio bod Caradog, fel y nodwyd yn y bennod agoriadol, ymhlith amddiffynwyr mwyaf huawdl Prosser Rhys adeg yr helynt a ddilynodd wobrwyo pryddest 'Atgof' yn yr Eisteddfod Genedlaethol ym Mhont-y-pŵl yn 1924. Mewn llythyr o'i eiddo yn *Y Brython* mae'n ymateb yn chwyrn i gyhuddiad gan lythyrwr arall yn erbyn Prosser Rhys.[43] Dweud y mae'r Parchedig W. A. Lewis yn y rhifyn blaenorol fod Prosser Rhys yn un o'r 'bodau hynny a eilw'r Sais yn *freaks of nature*', os ydyw mor gaeth i ryw ag yr awgryma ei gerdd.[44] Dyma ateb herfeiddiol Caradog:

> Dywedwn innau mai freak ydyw Mr Lewis onid yw'n gaethwas iddi ei hun, ac yn llawn cymaint caethwas ag y mynn Mr. Prosser Rhys inni gredu. Freak llenyddol hefyd ydyw dyn fel Mr Lewis os mai dyma'i syniad am ryw, ac am fywyd yn ei gysylltiad â'r bardd.

Mae ei gerdd goffa i Prosser Rhys, 30 mlynedd yn ddiweddarach, yn rhyw fath o barhad o'r amddiffyniad hwn; yno, mae Caradog, fel y crybwyllwyd, yn cymharu eangfrydigrwydd bardd 'Atgof' â chulni rhagrithiol rhai Cymry a brotestiodd yn erbyn realaeth y gerdd. Cyfeiria'n gynnes yn y pennill canlynol at berthynas Prosser a Morris, sail disgrifiad 'Atgof' o garwriaeth dau lanc, gan uniaethu 'llanc gwalltfelyn' y bryddest yn amlwg â Morris:

Ac yntau'r llanc gwalltfelyn fu'n fwy na brawd a châr
Pan oedd eu dydd yn bersawr a'u byd yn hanner gwâr;
Chwi wrychoedd bach Ffordd Fethel, bendithiwch gymun dau,
Chwi Goed Glynllifon, cedwch eu llw dan dewfrig cau.

Ceir cyfeiriad pellach at 'Atgof' yn ddiweddarach yn y gerdd, y tro hwn at ddefnydd y bryddest o'r gwahanol arogleuon sy'n gysylltiedig i'r adroddwr â phrofiadau rhywiol ei lencyndod:

Trwy gryf atgofus sawyr y pridd a'r mawn a'r gwair
Canfu orfoledd creu, a'r Cnawd a wnaethpwyd yn Air . . .

Mae tôn edmygus i'r gerdd goffa drwyddi draw, a'r edmygedd yr ymdeimlir ag ef yn y rhan hon yw edmygedd y bardd o allu ei gyfaill i wneud rhywbeth na allai ef ei hun, o bosibl, ei wneud mor hawdd, sef cydnabod ysfeydd rhywiol fel rhan naturiol o fywyd, eu cydnabod a'u mynegi'n ddilestair. Ar achlysur diweddarach, canmolodd Caradog John Rowlands am wneud yr un peth yn ei nofel *Ienctid yw 'Mhechod* (1965). Darllenasai'r nofel fel un o'r beirniaid yng nghystadleuaeth y fedal ryddiaith yn Eisteddfod Genedlaethol Abertawe, 1964, a thynnodd sylw at yr olygfa garu enwog rhwng y gweinidog priod a'i gariad, gan ddweud na chafwyd, hyd y gwyddai, 'erioed yn Gymraeg ddisgrifiad tebyg, nac yn sicr mo'i ragorach, o'r act rywiol'.[45] Oedd, roedd Caradog yntau'n boenus ymwybodol nad oes wadu grym rhyw: cofiwn ei sylw yn un o'r llythyrau at Morris am gryfder dylanwad rhyw mewn bywyd. Mae gwedd ddychrynllyd ar y dylanwad hwnnw yn dod i'r amlwg yn *Un Nos Ola Leuad* a hefyd, mewn modd ychydig ysgafnach, yn 'Grisiau Serch' yn *Y Genod yn ein Bywyd*, y gadwyn o hanesion carwriaethol y mae stori Arthur ac Anwen yn rhan ohoni a lle y mae hanner y merched a ddygir i gof, sylwer, yn buteiniaid. Ar yr un pryd, roedd yr agwedd nwydwyllt,

afreolus ar ryw fel petai'n gyson groes graen i Caradog a cheir yr
argraff ddigamsyniol fod y croestynnu hwn wedi cyfrannu'n helaeth
at yr euogrwydd yr ymdeimlir ag ef yn ei waith.[46]

Dyna ystyried, felly, rai o'r elfennau yr ymddengys iddynt
gyfrannu at yr argyfwng ffydd y dywed Caradog iddo fynd trwyddo,
sef yr elfennau hynny sy'n amlygu fwyaf ddylanwad ei fagwraeth
arno. Gwelsom i'r cof am y fagwraeth honno brofi'n llyffethair iddo
ar adegau, ond efallai mai'r cof hwn hefyd, yn y pen draw, a ddaeth â
thawelwch meddwl iddo drachefn. Yn ôl tystiolaeth *Afal Drwg Adda*,
fe ddaeth amser pan allodd Caradog ailafael o ddifrif yn y
gwerthoedd y bu mewn perygl o'u colli wrth i'w blentyndod bellhau.
Trwy'r ailafael hwn, a gaiff ei fynegi'n ddiamwys ar ddiwedd yr
hunangofiant, yr argraff a geir yw iddo ddod yn fwy atebol i wynebu
treialon megis y gwaeledd a'r iselder ysbryd a ddaeth i'w ran.

Wedi bod trwy gyfnod anodd y llawdriniaeth ar ei wddf, pan
ddioddefodd gryn dipyn oddi wrth iselder a theimlo ei fod wedi colli
ei ffydd a'i hunanhyder i gyd, mae ymweliadau Caradog â Bethesda,
ynghyd â'r sôn am briodas arfaethedig ei ferch, yn fodd i godi ei
galon. Mynegir profiad o ailwerthfawrogi yn llawn werth a
pherthnasedd gwreiddiau a magwraeth, lle gynt y bu meddwl am
bethau felly, fe dybir, yn achos anesmwythyd ac euogrwydd:

> Mae 'na ffrwd fach loyw a pharablus yn rhedeg trwy'r caeau ar
> y llechwedd tu ôl i Bryn Awel a bu cerdded at honno'n brofiad
> gwiw. Yno mi ges ddarganfod eto hen swyn 'cae'r hogiau bach
> oedd yn deall iaith glan yr afon.' Doeddwn i ddim wedi clywed
> yr iaith ers hanner can mlynedd. (201)

Wrth gloi, edrycha Caradog ymlaen at y briodas sydd i ddod ac, yn ei
eiriau ei hun, at y 'wyrth a gyflawnir ynddi . . . pryd y troir dŵr hen
anghrediniaeth bwdr yn win llawenydd y Ffydd' (204). Disgrifia'r
achlysur pan ddaeth Humphrey Carpenter i mewn i'w ystafell wely
yn y llety lle yr oedd yn aros adeg Eisteddfod Genedlaethol
Hwlffordd, 1972, fel 'un o'r troeon rhagluniaethol hynny sy'n dwyn
llewych ffydd, gobaith a chariad i'r dywyllaf nos' (202). Cofier mai'r
rhain yw'r gwerthoedd a enwir wrth gyflwyno stori'r afal ar

ddechrau'r hunangofiant, wrth gyfleu'r teimlad braf sy'n rhagflaenu'r siom a'r dadrith. Mae'n haws inni yn awr weld arwyddocâd teitl y llyfr a deall yn union beth sydd gan Caradog yn y gymhariaeth, a ddyfynnwyd ynghynt, rhwng patrwm stori'r afal a phatrwm bywyd fel y'i profodd wrth fynd yn hŷn.

Ceir Caradog yn mynegi'r un profiad o ailafael yn ei farddoniaeth hefyd, ac yn arbennig mewn dwy gerdd. Cerdd yn perthyn i gyfnod Caerdydd yw 'Dyrchafael'.[47] Merch yw gwrthrych y gerdd, ac mae yma sôn am golli golwg ar gariad fel un o hanfodion Cristnogaeth. Bu'r bardd ar gyfeiliorn 'mewn dinas o wacter / Heb y rhin sy ddinas barhaus', ond mae direidi, anwyldeb a thlysni'r ferch a ddaeth i'w fywyd (dyma'r cyfnod y cyfarfu â Mattie) yn peri ei fod yn dod i werthfawrogi cariad o ddifrif drachefn:

> Mi dystiaf i'w newydd ddyrchafael
> Ac i'w newydd wedd yn fy nhlos.

Cerdd o gyfnod Llundain, mae'n debyg, yw'r ail, sef 'Llais yr Iesu'. Clywed canu geiriau'r emyn, 'Mi glywais lais yr Iesu'n dweud . . .', yw cyfrwng ailganfod ffydd y dyddiau pell y tro hwn:

> Ac ar ymylon cwsg i'm sedd
> Daeth Ffydd yn ysgafn droed
> A chodi 'Nghrist o'i newydd fedd
> Yn bedwar ugain oed.[48]

Yn y cerddi hyn, felly, disgrifir gwireddu'r dyhead a fynegir yn y telynegion y soniwyd amdanynt ynghynt, 'Y Fflam' a 'Teganau', dyhead am ddwyn yn ôl ddarn o'r gorffennol pan oedd dysgeidiaeth yr eglwys yn wir berthnasol i fywyd bob dydd. Diddorol yw sylwi ar hoff ddelwedd Caradog yn y cerddi i gyfleu'r deffro hwn o syrthni difater i ymwybyddiaeth fyw o grefydd, sef delwedd o atgyfodiad ac esgyniad Crist. Fe'i defnyddir mewn modd amlwg yn 'Llais yr Iesu' ac mae awgrym ohoni yn nheitl ac yn ieithwedd 'Dyrchafael'. Yn iaith *Un Nos Ola Leuad* y deuir â hi i mewn i delyneg 'Y Fflam', pan ddisgrifia'r bardd effaith fflam y cof arno:

Ffrwydrodd trwy'r ffenestr fflam
A'm hysu o farw i fyw.

Cofiwn mor fyw yw'r dyrchafael i'r bachgen yn y nofel, ac fel y cymhwysa ef y ddelwedd i ddisgrifio ei brofiad ef ei hun o ddod ato'i hun ar ôl bod yn sâl un Dydd Gwener y Groglith:

Mae o run fath â codi o-farw-fyw. (59)

Efallai ei bod yn demtasiwn, wrth grynhoi, i sôn am dri phrif gyfnod ym mywyd Caradog cyn belled ag y mae ei ffydd ac, i ganlyn hynny, ei ffydd ynddo ef ei hun, yn y cwestiwn: cyfnod dysgu am y ffydd, cyfnod ei cholli a chyfnod ei chanfod drachefn. Ond gorsymleiddio enbyd fyddai hynny. Yn un peth, mae'r cerddi uchod, sy'n cyfleu'r ailgydio, yn perthyn i gyfnod cynharach na'r hunangofiant, gyda'r gyntaf yn dyddio o rywbryd yn y 1930au, pan oedd Caradog yng Nghaerdydd. Hefyd, mae'n anodd gwybod faint o goel i'w roi ar y profiad a ddisgrifir ar ddiwedd yr hunangofiant o ailafael terfynol fel petai. Un funud mae Caradog yn ddwfn yn y felan, a'r funud nesaf, mae'n hapus fel y gog, yn llawn 'ffydd, gobaith a chariad', a hynny, fel y gwelwyd, diolch i gyfres o gyd-ddigwyddiadau, yn bennaf y newydd am briodas ei ferch, yn hytrach nag unrhyw ymrafael mewnol am atebion i'w ofidiau. Mae'r cyfan rywsut braidd yn rhy rwydd a chyfleus. Mae'r ansoddeiriau diog ac ystrydebol sy'n tueddu i fritho'r llyfr ar ei hyd yn cael eu pentyrru fwyfwy tua'r diwedd, yn enwedig 'hyfryd' a 'rhyfeddol'. Faint o ddiwedd hapus er mwyn diwedd hapus sydd yma, ac yn wir faint o effaith y cyffur gwrth-iselder a gafodd yr awdur yn y cyfnod hwn sydd ar y cyfan? 'Pigiad y Pab' yw enw Caradog ar y cyffur hwnnw, ar ôl i'w feddyg ddweud wrtho bod yr un stwff wedi cadw'r Pab mewn iechyd a hwyliau am dair blynedd! Ac fe ddylai'r nodyn ysgafn hwn ynddo'i hun, efallai, ein rhoi ar ein gwyliadwriaeth rhag cymryd y cyfan ormod o ddifrif. Na, prin fod diweddglo taclus *Afal Drwg Adda* yn taro'n gwbl argyhoeddiadol ar ôl yr hyn sy'n swnio fel hunanddadansoddiad poenus o onest. Os oes modd sôn am gyfnodau o gwbl, mae'r union ffaith fod yng ngwaith Caradog yn gyffredinol ddatgelu ymwybod mor gyson â phechod, yn profi nad oedd y toriadau rhyngddynt yn rhai glân, ac nad oedd y cyfan wedi'i golli'n llwyr hyd yn oed yn y cyfnod gwaethaf. Mae'r patrwm o bechu ac edifarhau yn rhedeg fel llinyn arian trwy'r gwaith. Gwelsom fel y parhaodd rhai o symbolau'r ffydd Gristnogol – yn neilltuol felly gardd Eden, sarff a ffrwyth gwaharddedig Llyfr Genesis – yn bethau byw iawn yn ymwybyddiaeth Caradog ar hyd ei fywyd, a'r ieithwedd ysgrythurol y daethai mor gyfarwydd â hi yn blentyn oedd ei ddewis gyfrwng, bob gafael, i ddisgrifio'r gwyriad oddi wrth y ffydd a'i ganlyniad poenus. Gwelsom hefyd sawl arwydd o'i ddyhead gwaelodol i fyw bywyd disgybledig. Roedd y dyhead hwn yn achos un gyffes ar ôl y llall wrth Morris T. Williams ynglŷn â'i ymddygiad ac yn destun rhai o'r cerddi. Roedd hefyd, yn ôl pob golwg, yn un o gymhellion y bwriad cynnar i fynd yn offeiriad, ac mae'n werth nodi bod y syniad hwnnw'n dal i apelio at Caradog yn llawer diweddarach yn ei fywyd.[49] A gellir tybio mai'r un hiraeth ysol am gaethiwed trefn a phatrwm a yrrodd Caradog, yn ystod y profiad hunllefus o gael ei ddiddyfnu oddi ar alcohol mewn cartref nyrsio yn Llundain, yn ôl at ei hoff Lyfr Gweddi Gyffredin. Yn *Afal Drwg Adda* mae'n cymharu'r gweledigaethau dychrynllyd a ddaeth iddo bryd hynny â chynnwys rhan o'r Llyfr Gweddi, sef y Cominasiwn, 'neu gyhoeddiad digofaint a barnedigaethau Duw yn erbyn y pechaduriaid' (176). Yno, meddai, mae'n canfod ystyr a diben i erchylltra'i brofiad:

Nid pethau hawdd i'w sgrifennu yw'r pethau hyn. Nid pethau difyr i'w darllen chwaith. Ond rhaid eu cofnodi oherwydd y rhyfeddod sydd ynddynt. Rhyfeddod y canfod bod barnedigaethau'r Arglwydd Dduw mor unffurf trwy'r canrifoedd, bod y rheolau'n ddigyfnewid ers dyddiau Adda, a bod gwobrau gwir a difrifol edifeirwch yr un heddiw ag oeddynt yn nyddiau awdur y Cominasiwn. 'Canys, er bod ein pechodau ni cyn goched â'r ysgarlad, hwy a ânt cyn wynned â'r eira; ac er eu bod fel y porffor, eto hwy fyddant cyn wynned â'r gwlân.' (179)[50]

Euogrwydd am na lynodd bob amser at ddysgeidiaeth ei fagwraeth, euogrwydd ynglŷn â rhai agweddau ar ei ymddygiad, euogrwydd annelwig ynglŷn â'r fam ac, yn deillio'n rhannol o hynny, euogrwydd ynglŷn â'i ymagweddu at ferched. Cyfuniad o'r rhain, mae'n ymddangos, a roddodd fod i'r gydwybod friw sydd mor hyglyw ei llais yng ngwaith Caradog – yn ei farddoniaeth, yn ei hunangofiant ac yn ei ffuglen hunangofiannol. Ond nid dyna'r cwbl o'r gofidiau a barodd i'r awdur hwn fynnu cofnodi ei 'fethiant' yn *Afal Drwg Adda*. Mae un agwedd ar fywyd Caradog nas trafodwyd hyd yma yn cynnig inni wedd arall, a honno yn wir yn wedd hanfodol, ar yr ymdeimlad cyffredinol o euogrwydd ac annigonolrwydd, sef ei alltudiaeth hir o fro ei febyd ac o'i famwlad. Fodd bynnag, mae'r alltudiaeth honno, gan mor ddwfn yr ymdreiddia hithau i bob rhan o'r gwaith, yn thema ynddi ei hun. Hi yw testun y bennod nesaf.

NODIADAU

1 Dywed R. Merfyn Jones yn *The North Wales Quarrymen*, 64, i tua 4,000 fynychu capeli Anghydffurfiol ym Methesda ar nos Sul yn Rhagfyr 1872 o'i gymharu â rhyw 500 o Anglicaniaid a aeth i'r eglwysi.

2 *The Bangor and North Wales Weekly News*, 3 Mai 1973. Sylwer nad oes sôn am y Pasg yn UNOL, dim trafod o gwbl ar yr atgyfodiad – hyn er galw'r ŵyl yn y golofn papur newydd 'i bwy bynnag a gredo . . . yr ŵyl bwysicaf yng nghalendr y Cristion'. Ar yr un pryd, mae CP yn cofio yn yr ysgrif fel y byddai'r dydd 'i feddwl ifanc ac anaeddfed' yn 'llawn amheuon a chwestiynau' nas atebid heb brofiad helaethach o fywyd. Gall mai dweud rhywbeth am y bachgen yn UNOL y mae'r awdur trwy beidio â sôn am y Pasg, a bod absenoldeb unrhyw gyfeiriad at ŵyl 'Gobaith', fel y'i disgrifir yn yr ysgrif, o'i gwrthgyferbynnu â'r Groglith, gŵyl 'Ofn', yn arwyddocaol o gofio mai nofel ddiobaith yw hon.

3 Cf. *UNOL*, 19–20.

4 *ADA*, 29; *The Bangor and North Wales Weekly News*, 3 Ebrill 1975.

5 Yr emyn yw 'Galar ar ôl Cyfeillion' (Evan Evans, neu Ieuan Glan Geirionnydd), *Llyfr Emynau a Thonau y Methodistiaid Calfinaidd a Wesleaidd*, Rhif 676.

6 Gw. y *Bangor and North Wales Weekly News*, 9 Ionawr 1975, lle y dywed CP am y darnau o emynau sydd wedi glynu yn ei gof a lle y sonia am yr atgofion a ddwg rhai o'r darnau hynny iddo, gan addunedu i ddysgu gweddill pob emyn. Mae dyfyniadau o emynau yn britho'r golofn yn gyffredinol; felly hefyd *UNOL* ac *ADA*.

7 Am gyfeiriadau CP at y Canon R. T. Jones, gw. *ADA*, 12, a'i golofn yn y *Bangor and North Wales Weekly News*, 18 Medi 1975. Gw. hefyd adroddiad gan Mattie Prichard yn ei cholofn yn *Y Cymro*, 6 Rhagfyr 1962, ar achlysur dathlu hanner canmlwyddiant y Canon Enoch Jones yn ficer Eglwys St Benet, Llundain, lle yr oedd CP, wrth gynnig y llwncdestun, wedi sôn am 'ddylanwad dau Ganon Jones yn ei fywyd, sef, yn ystod ei blentyndod ym Methesda, y Canon R. T. Jones, ficer Glanogwen, ac yn ystod ei ailblentyndod ym Methesda, y Canon Enoch Jones'.

Ceir ysgrif goffa Ernest Roberts, 'Cerrig Mân', yn *Llais Ogwan*, Mai 1980. Mae'r un ysgrif i'w chael hefyd, gyda mân newidiadau, yn *Y Faner*, 11 Ebrill 1980 ('Atgofion am Caradog Prichard').

Efallai fod cysgod yr heddychwr George M. Ll. Davies dros y portread o'r Canon hefyd. Soniwyd yn y bennod gyntaf fel yr aeth CP i'w holi ar ran *Y Faner* yn ystod ei ddyddiau cynnar fel newyddiadurwr. Ar ddiwedd yr erthygl a ddeilliodd o'r cyfweliad hwnnw, dywed CP iddo ymadael â Maenan Hall, lle yr oedd yr heddychwr yn byw ar y pryd, gan deimlo bod 'dylanwad personoliaeth ryfeddol Mr Davies yn glynnu wrthyf o hyd'. Yn *ADA*, wrth gofio'r achlysur, dywed rywbeth nad yw'n sôn amdano yn yr erthygl, sef fod y dyn wedi mynd i ryw fath o 'ber-lewyg' yn ystod yr ymweliad, gan ddechrau cerdded yn ôl ac ymlaen yn adrodd o'r Ysgrythur fel petai wedi anghofio popeth am y cyfweliad, a 'rhyw oleuni dieithr ar ei wedd a thân dieithr yn ei lygaid' (94). Mae hwn yn ddisgrifiad trawiadol o debyg i'r darlun yn y nofel o'r Canon 'yn cerddad yn olagymlaen, olagymlaen heb stop o un pen i'r stydi i'r llall a dobio'i ben efo'i ddyrna', a'i 'lygaid o fel tasa nhw'n goleuo mellt', a'r bachgen, wrth ei wylio trwy'r ffenestr, yn dychmygu ei fod yn adrodd yr un geiriau dwyfol ag y'i clywsai'n eu dweud yn yr eglwys (24–5). Ac mae disgrifiad deublyg ei ystyr yr adroddwr o'r Canon fel 'y Person mwyaf welais i erioed' fel petai'n cael ei adleisio yn un o'r ymadroddion ysgrythurol a ddaeth i feddwl Caradog, yn ôl yr hyn a ddywed yn *ADA*, pan gyfarfu â'r heddychwr, sef 'Y Person Mwyaf Hardd' (94).

8 *YRhA*, 6.

9 *'R wyf Innau'n Filwr Bychan*, 31–2.

[10] Ibid., 32.

[11] *The Bangor and North Wales Weekly News*, 21 Mehefin 1973.

[12] Gw. *UNOL*, 145–8, a'r *Bangor and North Wales Weekly News*, 31 Awst 1975.

[13] *CCP*, 72.

[14] Ibid., 111.

[15] *The Bangor and North Wales Weekly News*, 7 Hydref 1976.

[16] *CCP*, 99. Cf. *UNOL*, 70, lle y ceir hanes gwasanaeth y Cymun: '. . . y llwynog ar ffyr Leusa Tŷ Top oedd yn mynd a'n sylw ni bora yma. Roeddan ni'n medru gweld ei ben o'n chwerthin arnan ni oddiar ei hysgwydd hi, a'i lygaid duon o'n sgleinio fel sêrs.'

[17] *The Bangor and North Wales Weekly News*, 10 Mai 1973.

[18] 'Edward Prosser Rhys', *CCP*, 120. Anfonodd CP y gerdd hon i gystadleuaeth cerdd goffa Prosser Rhys yn Eisteddfod Genedlaethol Aberystwyth, 1952, lle y gosododd y beirniad, Dewi Morgan, hi'n isaf o bedair; atebodd CP feirniadaeth Dewi Morgan fod yma 'fwy o iaith na meddwl' trwy gyhoeddi'r gerdd yn *Y Cymro* gyda nodiadau eglurhaol (15 Awst 1952).

[19] LlGC, PKR, 3219 [Gwanwyn 1923].

[20] Ibid., 3220 [1923].

[21] Ibid., 3241 (dim dyddiad); 3242 (dim dyddiad).

[22] Ibid., 3240 (dim dyddiad).

[23] Gw. yn arbennig benodau 10, 13, 14, 15 ac 16.

[24] C. G. Jung, *Symbols of Transformation* (London, 1956), 374.

[25] 'One Round Year' (3 Tachwedd 1959) yn LlGC, Llsgr. 22396C.

[26] Mae Dafydd Glyn Jones yn ei erthygl 'Rhai Storïau am Blentyndod', wrth drafod elfennau mabinogaidd neu chwedlonol *UNOL* fel stori blentyndod, yn nodi bod yr adroddwr ar ddiwedd y nofel 'yn cyflawni dwy o'r amodau sy'n digwydd yn gyffredin ym mhroses graddio bachgen yn ŵr. Ennill rhyw goncwest rywiol yw un. Cymryd bywyd ei gyd-ddyn yw'r llall.' (268)

[27] Mae'n bosibl fod elfen o'r un peth yn y gerdd 'Genesis' (*CCP*, 89). Adleisir yma stori'r creu wrth gyflwyno pob pennill yn y ddwy ran gyntaf gyda'r geiriau 'Yn y dechreuad . . .', ac mae'n amlwg fod y gerdd wedi'i seilio ar stori'r cwymp a ddilynodd fwyta 'o bren gwybodaeth da a drwg' (Genesis, 2:17). Mae'r disgrifiad argraffiadol o'r profiad o fywyd a gyfleir yn cynnwys rhai pethau sy'n peri meddwl ar unwaith am stori'r afal a'i symbolaeth yn *ADA* a thema colli diniweidrwydd. Yn yr ail ran, yn gyson â stori Anwen ac Arthur yn *YGB* a stori'r adroddwr a Jini Bach Pen Cae ar ddiwedd *UNOL*, awgrymir mai fel peth anllad y profir rhyw: 'A chwant oedd yn y chwys / A choch oedd y chwant'.

[28] Datgelwyd hyn mewn llythyr gan Charles Charman at Dafydd Glyn Jones (4 Mawrth 1988) a'i gadarnhau mewn cyfweliad preifat â'r awdur presennol (15 Ebrill 1988). Yn ôl Charles Charman dyma'r unig dro, yn ei

gof ef, i unrhyw lawysgrif gan CP gael ei newid, gan mor ofalus a chywir ydoedd fel awdur.

29 LlGC, PKR, 3217 (? Ebrill 1923).

30 Ibid., 3218 (21 Ebrill 1923). Cyhoeddwyd y gerdd hon, gyda newidiadau mân iawn, yn y golofn 'Wales Day By Day' yn y *Western Mail*, 30 Hydref 1923.

31 LlGC, PKR, 3237 (dim dyddiad).

32 Ibid., 3254 (?5 Awst 1925).

33 Ibid., 3248 (*c.* 1925). Cf. ibid., 3258 (*c.* 1925), lle yr honna CP ei fod yn caru merch yn angerddol ond fod ei ansicrwydd pa un a yw'n 'eneth bur . . . yn forwyn' ai peidio yn ei boeni.

34 Ibid., 3265 (7 Mawrth 1926). Cf. ibid., 3250 (24 Mehefin 1925), lle yr adrodda CP ei hanes, wrth deithio ar y trên i Ddinbych, yn cyfarfod â merch 'hynod o dlws a swynol, ond cythraul mewn croen, yn ysmygu ac yn yfed. Euthum am dro gyda hi yn y pnawn, ac i de gyda hi at rai o'i pherthnasau yn Ninbych. Wedyn, cyn mynd am y tren, aethom ill dau i dafarn a chydyfasom. Ac yn y tren wrth ddychwelyd, chwaraeais hi! Ac yr wyf yn awr ynghanol uffern . . .'

35 Ibid., 3268 (22 Mehefin 1926).

36 Ibid., 3262 (9 Ionawr 1926).

37 Amgaeir gyda'r llythyr ei hun gerdd ddi-deitl, sef y gerdd a gyhoeddwyd yn ddiweddarach, gydag ambell newid, o dan y teitl 'Menai a Mi' (*CCP*, 62). 'Anfonaf hi am y bydd, efallai, yn help iti ddeall fy llythyr,' meddai CP mewn nodyn uwch ei phen. Mae'n amlwg mai'r helynt ynglŷn ag Elinor a oedd wedi ysbrydoli'r gerdd; enwir hi yn yr ail bennill yn y fersiwn lawysgrif, er bod 'Elinor bur' wedi'i newid yn 'forwynig bur' yn y fersiwn gyhoeddedig. Mae'n amlwg hefyd mai Morris yw'r cyfaill y cyfeirir ato yn nhrydydd pennill y ddwy fersiwn, ac mae'r pennill olaf yn defnyddio'r un iaith â'r llythyr wrth i CP sôn am fod 'Yn hunan-ordeiniedig Dduw / Yn medru caru'r Diawl ei hun'.

38 LlGC, PKR, 3250 (24 Mehefin 1925).

39 Ibid., 3252 (Gorffennaf 1925).

40 *YRhA*, 22.

41 Ynglŷn â'r fam fel prif gynrychiolydd ei fagwraeth, gallwn gymryd fod cryn dipyn o'r gwir yn narlun *UNOL* o'r fam, unig riant y bachgen, fel un sy'n chwarae rhan ganolog yn ei addysg grefyddol a moesol; hi yw ei brif ffynhonnell gwybodaeth a'i awdurdod terfynol ar y rhan fwyaf o bethau. Cofier hefyd fod Margaret Jane Pritchard yn athrawes ysgol Sul, o bosibl ar ei mab ei hun.

42 'One Round Year' (3 Tachwedd 1959).

43 *Y Brython*, 11 Medi 1924.

44 Ibid., 4 Medi 1924.

45 *Cyfansoddiadau a Beirniadaethau Eisteddfod Abertawe 1964*, 112.

46 Efallai y gellir cymharu hyn ag euogrwydd Huw, prif gymeriad drama John Gwilym Jones, *Ac Eto Nid Myfi* (Dinbych, 1976). Yr euogrwydd hwn yw un o anawsterau sylfaenol carwriaeth Huw ag Alys. Gw. yn arbennig yr olygfa yn yr ail act lle y mae agweddau gwahanol y ddau at ryw, ac yn arbennig at ryw mewn perthynas â chredo grefyddol, yn gwrthdaro. Nid yw Huw'n deall ffydd syml, unplyg, ddigwestiwn fel eiddo Alys, ffydd sy'n caniatáu iddi fwynhau cyfathrach rywiol heb deimlo'n euog. Mae ei fagwraeth capel yn rhan annatod o gyfansoddiad Huw, ond gwanychu y mae ei ffydd wrth iddo fynd yn hŷn. Eto, mae rhyw elfen biwritanaidd y mae a wnelo hi â'i fagwraeth yn mynnu dal ei gafael yn Huw gan ei lesteirio, fel mai peth fel hyn yw caru iddo: 'un munud yn gorohian yng nghampau blysig fy nghnawd a'r munud nesaf yn llipryn dagreuol o ffieidd-dod' (59).

47 *CCP*, 69.

48 Ibid., 125. Yr emyn y dyfynnir ohono yw *Llyfr Emynau a Thonau y Methodistiaid Calfinaidd a Wesleaidd*, Rhif 471, 'Llais yr Iesu' (cyfieithiad H. Bonar).

49 Yn ôl Mari Prichard, bu'n meddwl o ddifrif am ailhyfforddi ar gyfer yr Eglwys rywbryd yn ystod y 1950au hwyr neu'r 1960au. 'Roedd ganddo rhyw fath o deimlad, o hyd, mai dyna'r peth iawn i'w wneud. Erbyn hynny, roedd ei fam, wrth gwrs, wedi marw, felly nid mater o'i phlesio hi oedd o bellach; roedd yr awydd yn gymysg gyda'r ffantasi o gael ymadael â'r *Daily Telegraph* a pheidio â bod yn was cyflog'. (Cyf. Mari P.)

50 Roedd y ddelwedd hon o achubiaeth yn amlwg wedi gafael yn dynn iawn yn nychymyg CP. Dyma'r ddelwedd yn un o'r adnodau a adroddodd George M. Ll. Davies yn ystod yr ymweliad a wnaeth y fath argraff arhosol ar CP (cf. n. 7 uchod): 'Deuwch yr awr hon ac ymresymwn, medd yr Arglwydd; pe byddai eich pechodau fel ysgarlad, ânt cyn wynned â'r eira; pe cochent fel porffor, byddant fel gwlân' (*ADA*, 94). Ac fe'i defnyddiodd hi ei hun yn yr adran salmaidd sy'n cloi *UNOL*: 'Cawodydd f'edifeirwch a'm golchodd yn wynnach na chwerthin baban; a'm glanhaodd yn lanach na bref yr oen' (183).

4

Alltudiaeth

Pan fo'r gwŷr mawr, pan fo'r gwŷr mân,
Yn sôn am fynnu Cymru fwy,
Gad imi'n llonydd ger fy nhân
A'm dôr ynghau pan guront hwy.

Gofyn i Dduw am ras i godi ei olygon uwchlaw pethau'r byd y mae
Caradog Prichard yn y gerdd y mae'r pennill hwn yn ddyfyniad
ohoni – mynegi deisyfiad i adnabod gogoniant creadigaeth Duw fel
yr unig wir ogoniant. Cerdd grefyddol yw 'Cyfod Fi, Dduw' ond
mae'r un pennill hwn yn digwydd taro ar un o themâu mawr gwaith
Caradog, sef alltudiaeth.[1] Yng ngoleuni'r thema honno mae'r
'llonydd' y mae'r bardd mor daer i'w gael yn y gerdd gynnar hon yn
magu arwyddocâd lletach, oherwydd y gwir yw na chafodd Caradog
lonydd gan Gymru. Er treulio ymhell dros hanner ei oes y tu allan
iddi, ni allodd erioed lawn ddygymod â'i alltudiaeth. Mae ei waith yn
dangos hynny'n glir. Yn wir, petai wedi gallu cadw 'dôr ynghau' rhag
gwlad, ardal ac iaith ei fagwraeth, prin y byddai ei waith yr hyn
ydyw. Y tebyg yw na fyddai ei hanner wedi ei ysgrifennu o gwbl.
Mae modd gweld corff y gwaith fel un ymdrech fawr ar ran yr awdur
i ddod i delerau â'i alltudiaeth.

Heb ddeall pwysigrwydd y thema hon, prin y gellir dechrau deall
y dyn na'i waith. Lle bynnag y trown, mae hi yno, ran amlaf ar ffurf
cyferbyniad sylfaenol rhwng lleoedd: rhwng Bethesda a Llundain,
Cymru a Lloegr. Mae pellter mawr i'w deimlo rhwng y lleoedd hyn o
hyd wrth ddarllen y gwaith, a hynny mewn ystyron heblaw'r un
ddaearyddol. Wrth fynd ati i geisio deall yr ystyron hynny rydym yn
ffodus fod Caradog wedi trafod ei alltudiaeth cyn amled wrth

lythyra, newyddiadura a dyddiadura ag wrth lenydda. Os yw'r ymdriniaeth lenyddol â'r thema yn rhoi inni amgyffred o deimladau Caradog am alltudiaeth, mae'r cyfeiriadau eraill yn datgelu llawer am achos y teimladau hynny. Rhwng y cyfan, ceir darlun pur lawn o Caradog yr alltud, darlun sy'n dangos effaith ddiamheuol ei alltudiaeth arno fel dyn ac fel llenor.

Afal Drwg Adda sy'n darlunio'r pellhau gliriaf ar un olwg. Yno, mae Caradog yn ei ddisgrifio'i hun yn cael ei ddiwreiddio fesul cam: o Fethesda i Gaernarfon, o Gaernarfon i Ddyffryn Conwy, o Ddyffryn Conwy i Gaerdydd ac o Gaerdydd i Lundain. Llenor Cymraeg yn gorfod dilyn ei waith fel newyddiadurwr i Loegr ac yn methu'n glir â dychwelyd: dyna'r argraff gyffredinol a roddir yn yr hunangofiant. Ond mewn gwirionedd, mae'n sefyllfa fwy cymhleth na hynny, a dylid cofio rhai pethau. Yn gyntaf, mai dyn oedrannus yn edrych yn ôl ar ei fywyd sy'n siarad yn *Afal Drwg Adda*. Yn ail, na ddaeth Caradog erioed yn ôl i Gymru i fyw a hynny er gwaethaf llawer o sôn am ddychwelyd a sawl ymdrech honedig.

Nid amau dilysrwydd teimladau Caradog ynglŷn â'i alltudiaeth a wneir wrth gymharu gweithredoedd a meddyliau fel hyn, ond ceisio dangos bod yma baradocs a hwnnw'n baradocs sylfaenol berthnasol i'r thema dan sylw. Roedd yma ddyn a oedd, ar un llaw, yn edrych yn ôl yn gyson at ei wreiddiau ac a oedd, ar y llaw arall, wedi gwneud nyth digon cysurus iddo'i hun yn ei gynefin newydd. Ni allai'r fath sefyllfa lai na pheri bod ymateb yr alltud i'w alltudiaeth yn fwy cymhleth na mymryn o hiraeth: roedd yn anorfod fod yno elfen o euogrwydd hefyd. Trafodwyd eisoes euogrwydd Caradog am iddo deimlo ei fod wedi gollwng gafael ar bopeth a oedd yn dda ynghylch ei blentyndod. Mae'r euogrwydd arall hwn – ynglŷn â throi ei gefn ar Gymru – yn perthyn yn y bôn i'r un hiraeth am symlder plentyndod. Fel yr oedd Caradog yn hiraethu am unplygrwydd ei fagwraeth yn yr eglwys, yr oedd hefyd yn hiraethu am fywyd mewn cymdeithas uniaith Gymraeg lle yr oedd bod yn Gymro mor syml a naturiol ag anadlu. Dywedwyd yn y bennod ddiwethaf fod euogrwydd Caradog ynglŷn â'i fam, yn ôl ei addefiad ei hun, yn rhan o'r cymhelliad cynnar i farddoni. Gwelsom hefyd fel yr oedd yr euogrwydd ynghylch ei ymddygiad yn ei boeni o bryd i'w gilydd nes mynd, yn ôl ei dystiolaeth ei hun, yn fwrn arno ar un adeg tua diwedd ei oes. Ond mae'n sicr fod yr euogrwydd dan sylw yma, yr euogrwydd ynghylch 'gwadu' gwlad ac iaith, yn rhywbeth a'i canlynodd hyd yn oed yn fwy cyson ar hyd y daith – yn ddim mwy na rhyw fud-boen ar adegau, mae'n wir, ond dro arall yn wewyr sy'n rhwygo trwy ei waith. Fwy nag unwaith, soniodd am 'sach' ei euogrwydd. Yn nechrau'r 1970au y defnyddiodd y ddelwedd Feiblaidd hon i gyfleu cryfder y teimlad, wrth iddo edrych yn ôl ar yr hyn sy'n cael ei ddisgrifio fel y cyfnod mwyaf 'euog', sef tua diwedd y tridegau yn Llundain.[2] I gael darlun teg, fodd bynnag, mae'n rhaid chwilio hefyd am arwyddion cynharach o'r cyflwr meddwl. Ac o wneud hynny, yr hyn a welir ar unwaith yw bod yma'r gymysgedd fwyaf dryslyd o agweddau a llawer iawn o groes-ddweud. Ond o ganol y dryswch cwyd dwy nodwedd amlwg a chyson, sef anesmwythyd ynglŷn â'r gwaith bob dydd ac, yn dilyn o hynny, anniddigrwydd mwy sylfaenol ynglŷn ag un cwestiwn mawr, sef faint o Gymro yw Cymro alltud. Cymerwn hwy fesul un.

(i) BYW RHWNG DEUFYD: YR ALLTUD A'I WAITH

Ei waith aeth â Caradog i ffwrdd fesul cam i Lundain. Fe allai unrhyw waith fod wedi gwneud hynny. Ond mae lle i gredu i alwedigaeth Caradog fel newyddiadurwr chwarae rhan fwy arwyddocaol yn ei alltudiaeth na dim ond ei hebrwng ar y daith dros Glawdd Offa. Mae nifer o bethau'n awgrymu bod cysylltiad agos rhwng natur y gwaith a'i stad anfodlon fel alltud. Roedd rhai agweddau arbennig ar waith newyddiadurwr yn wrthun i Caradog, ac mae'n ymddangos i hynny chwarae ei ran yn yr anniddigrwydd a fu'n ei ysu o'r 1930au ymlaen, ac yn enwedig ar ôl symud i Lundain.

Cyn edrych yn fanylach ar hynny, fe dalai inni ystyried pa mor hapus oedd Caradog yn ei ddyddiau cynnar fel dyn papur newydd. Yr argraff gyffredinol a geir yn *Afal Drwg Adda* yw ei fod wedi mwynhau ei brentisiaeth ar *Yr Herald Cymraeg* yng Nghaernarfon, er gwaethaf ei amgylchiadau personol enbydus ac er nad oedd llawer o

Gymraeg rhyngddo ef a'i gyflogwr. Fel y gwelwyd yn y bennod
agoriadol, roedd gweithio mewn swyddfa lle yr oedd cymeriadau
mor ddifyr yn taro i mewn bob dydd yn agoriad llygad iddo, a daeth
dau o'i gyd-weithwyr, Morris T. Williams a Gwilym R. Jones, yn
bennaf cyfeillion iddo. Mae hanes y pedair blynedd a dreuliodd yn
Nyffryn Conwy yn fwy cymysg. Dyfynnwyd o'r blaen sylw Caradog
fod y cyfnod hwn 'gyda'r dedwyddaf a'r truenusaf' yn ei hanes, a
chrybwyllwyd y profiadau a'i gwnaeth yn amser mor gymysg iddo:
ar un llaw, cael cyfle i wneud cyfeillion newydd, dechrau ymhél
fwyfwy â barddoni, dod i adnabod ei gariad cyntaf, a chael cyfle i
ohebu yn hytrach na golygu; ar y llaw arall, gorfod mynd â'i fam i
Ddinbych, colli ei gariad, a diflasu'n llwyr ar ei waith. O ran y modd
y bu'r gwaith yn bleser ac yn fwrn iddo, mae'r dystiolaeth lawnaf i'w
chael, drachefn, yn llythyrau Caradog ar y pryd at Morris T. Williams.
Yn ei lythyr cyntaf o Lanrwst mae Caradog yn mynegi cryn
frwdfrydedd, gan ymfalchïo yn y ffaith ei fod wedi cael ei wneud
yn 'full blown riportar', yn gyfrifol am ohebu mewn ardal eang ar ran
Yr Herald Cymraeg a'r papur arall a oedd dan ei adain, *Papur Pawb*, ac
yn croesawu cymorth beic i hwyluso'r gwaith.[3] Ond o hynny ymlaen,
cymysg iawn yw ei argraffiadau, yn enwedig wedi iddo ddechrau
gweithio i'r *Faner*, yn fuan ar ôl cyrraedd Dyffryn Conwy. Er mai fel
gohebydd y penodwyd ef gan *Y Faner*, mae'n ymddangos iddo yn y
man droi'n gasglwr hysbysebion i'r papur hwnnw ac i'r *Cambrian
News*, a oedd piau'r *Faner*.[4] Er ei fod yn sôn unwaith neu ddwy am
fwynhau prysurdeb y gwaith newydd hwn, mewn llythyr arall mae'n
fwy petrus o lawer:

> Dy gyngor i mi yw am imi geisio ymberffeithio fel journalist. Ni
> wn a wyt yn sylweddoli fy mod, yn fy ngwaith presennol, bron
> wedi torri fy nghysylltiad yn hollol â gwaith journalist. Heblaw
> nad wyf yn caru fy ngwaith presennol, ofnaf mai methiant a
> fyddaf gydag o.[5]

Dywed yn yr un llythyr ei fod yn casáu'r teithio sy'n rhan o'r gwaith
a'i fod yn poeni nad yw'n gwneud cynnydd o gwbl yn y swydd. Fel y
gwna mewn amryw o lythyrau eraill, mynega awydd cryf i symud

o'r ardal. Yn y llythyr hwn, canlyn Morris i Lerpwl yw ei fwriad a chael gwaith fel darllenydd proflenni ar un o'r papurau yno. Mewn llythyr diweddarach, wedi'i ysgrifennu ar ôl i Morris fynd i Baris i weithio, mae'n fwy digalon fyth. Dyma'r llythyr hollol ddiobaith y cyfeiriwyd ato yn y bennod ddiwethaf, lle y mae Caradog yn dweud ei fod yn ysgrifennu 'o waelodion uffern'. Mae'n mynegi syrffed ar ei fywyd yn gyffredinol: collodd ei gariad Elinor (i Morris ei hun), teimla'r hen euogrwydd cynefin am ymhél yn rhywiol â merch a gyfarfu ar y trên i Ddinbych, ni all deimlo unrhyw gariad at ei fam, ac mae wedi colli pob ffydd ynddo ef ei hun:

> Yr wyf wedi blino ar bopeth yma ac yn gweld fy hun yn mynd yn fethiant gyda'm gwaith ac yn fethiant moesol. Arnaf fi y mae'r bai . . .[6]

Erfynia ar Morris i geisio dod o hyd i ryw fath o waith iddo yntau ym Mharis; dywed y gallai fynd yn ddarllenydd proflenni i ddechrau, gan nad ydyw, meddai, 'yn gymwys i'r un gwaith arall, megis reporter &c'. Y mae am ymadael nid yn unig â Dyffryn Conwy ond â Chymru, a mwy na thebyg â Phrydain hefyd:

> yr wyf yn awr ynghanol uffern, heb obaith i gael dyfod ohoni oni allaf gael mynd o'r wlad yma.

Mewn llythyrau eraill, mae ychydig yn fwy cymhedrol ei dôn, yn sôn am feistroli llaw-fer ac yna mynd i weithio ar bapur Saesneg. Fel yn *Afal Drwg Adda*, mae'n amlwg iddo fwynhau'n fawr y profiad o weithio am gyfnod byr ar y *Cambrian News* yn Aberystwyth. 'Yr wyf yn hoffi Aberystwyth yn fawr ac wedi cael blas ar waith y gwir riportar am y tro cyntaf,' meddai mewn un llythyr oddi yno, gan ychwanegu'n obeithiol, 'Efallai y byddaf yn aros i lawr yma'n barhaol'.[7] Ac yntau wedi bod yn trafod â Bertie Read, perchennog y *Cambrian News* ar y pryd, ei gynllun oedd mynd ar y papur hwnnw i ddechrau ac yna ar y *South Wales News*, ond mae'n amlwg mai cael ei siomi a wnaeth.

Yn Nyffryn Conwy, felly, er gwaethaf pyliau o ddigalondid mawr ac er bod diffyg profiad, oherwydd y newid yn natur ei swydd, yn tanseilio ei hyder yn ei waith, mae'n ymddangos bod Caradog yn weddol bendant yn y bôn mai i gyfeiriad newyddiaduraeth y mynnai fynd. Ac fe gafodd ei ddymuniad yn 1927, yn dilyn ei fuddugoliaeth yn Eisteddfod Caergybi, pan gafodd swydd fel gohebydd ar y *Western Mail* yng Nghaerdydd. Ond fel cam gwag yn y pen draw y disgrifia'r cam hwn yn *Afal Drwg Adda*:

> . . . daeth gwahoddiad oddi wrth Syr William Davies, Golygydd y *Western Mail*, imi ymuno â'r staff yng Nghaerdydd. Ac wedi peth petruso fe'i derbyniais, gan dawelu cydwybod â'r ffaith fy mod, er yn gadael papur wythnosol Cymraeg am bapur dyddiol Saesneg, a hynny am ddwbl cyflog y Faner, yn aros yng Nghymru. Buan y dadrithiwyd fi. (99)

Ac mae disgrifiad yr hunangofiant o gyfnod Caerdydd yn ymhelaethu ar y dadrithiad hwn. Mae'n ymddangos nad oedd Caradog yn hoffi'r bywyd dinesig nac yn mwynhau ei waith: 'diflas' yw ei ddisgrifiad o hwnnw (104). Erbyn y cyfnod hwn, yn anffodus, nid oes gennym fawr ddim llythyrau i droi atynt er mwyn cymharu ei deimladau ar y pryd â'i deimladau wrth edrych yn ôl mewn blynyddoedd diweddarach: nid yw'r ychydig lithoedd a ysgrifennodd Caradog at Morris, a oedd bellach yn gweithio nid nepell oddi wrtho yn Nhonypandy, yn sôn dim am y gwaith. Fodd bynnag, fe ysgrifennodd lythyr ym mis Gorffennaf 1932 at T. Gwynn Jones, y bardd, llythyr sy'n ategu'r argraff nad oedd swydd gohebydd wrth ei fodd. Mae'n amlwg oddi wrth y llythyr fod Caradog â'i lygad ar swydd gyda phapur undeb athrawon, y *Schoolmaster and Women Teachers' Chronicle*, fel golygydd cynorthwyol. Dyma sut yr eglura pam fod arno awydd newid:

> Gan y gwyddoch chwi'n dda am gynnwrf perfedd papur newydd a'r rhuthr sydd yn y gwaith – gwn y deallwch pan ddywedaf na bydd y swydd yn unrhyw fantais ariannol imi, eithr y caf, rwy'n gobeithio, dipyn mwy o hamdden i ymhel â phethau mwy cydnaws.[8]

Beth oedd y 'pethau mwy cydnaws' a oedd yn galw mor daer? Barddoni yn bennaf, gallwn fentro. Dyma, felly, y dystiolaeth gynharaf fod Caradog yn poeni bod yna groestynnu rhwng newyddiaduraeth a llenydda; yn poeni nid yn unig nad oedd y cyntaf yn gadael llawer o amser i'r ail, ond hefyd fod y ddwy grefft yn sylfaenol anghymharus. Dyma rywbeth a oedd i'w boeni fwyfwy fel yr âi'r blynyddoedd heibio.

Erbyn amser y llythyr nesaf at T. Gwynn Jones, ddwy flynedd yn ddiweddarach, mae Caradog yn byw yn Llundain; eglura iddo dynnu ei enw oddi ar y rhestr fer ar gyfer y swydd uchod pan gafodd gynnig gwaith ar y *News Chronicle*.[9] Ychwanega nad yw'n edifar, ac mae hynny'n cyd-fynd â'i honiad yn *Afal Drwg Adda* iddo fod yn 'ddigon hapus yn y gwaith am gyfnod' (107). Ac yntau wedi'i roi yng ngofal tudalen Gymreig argraffiad Cymru o'r *News Chronicle*, roedd ganddo gyswllt beunyddiol â'i famwlad. Er hynny, yr hyn a ddaw nesaf yn yr hunangofiant yw'r datganiad canlynol, yn llais yr alltud euog:

> Ond teimlwn ias o euogrwydd ac o chwithdod. Roedd rhywbeth ar goll. Roeddwn bellach nid yn unig yn alltud o Ddyffryn Conwy a Dyffryn Ogwen, ond yn alltud o Gymru. Roeddwn yn gyflawn alltud. Roeddwn hefyd yn teimlo fy mod wedi taflu o'r neilltu y dalent a roddwyd imi, – y dalent delynegol a roes fod i bryddestau'r 'Briodas' a 'Penyd'. Ac wedi ei chyfnewid am iaith papur newydd. Roedd sach f'euogrwydd yn trymhau. (107)

Yn *Afal Drwg Adda*, o'r cyfnod ar ôl mynd i Lundain ymlaen, cawn Caradog yn mynegi ei anfodlonrwydd â'i fyd yn gyson. Rhaid cofio, unwaith eto, mai dyn yn edrych yn ôl ar gyfnod go hir sydd yma ac yn gweld y cyfnod hwnnw fel cam mewn un cyfeiriad cyffredinol, sef ymbellhad oddi wrth y gwreiddiau. Mae'n ffodus felly fod gennym drachefn, erbyn y cyfnod hwn, dystiolaeth gyfoes llythyrau a dyddiaduron i'w gosod ochr yn ochr â'r hyn a ddywedir yn *Afal Drwg Adda*. O gyfnod yr Ail Ryfel Byd y daw'r rhan fwyaf o'r dystiolaeth honno ac mae'n cyd-fynd, ar y cyfan, â thystiolaeth yr hunangofiant.

Yn yr hunangofiant, mae'r bodlonrwydd newydd ar y *News Chronicle* yn troi'n syrffed yn y man. Nid oes yma fanylu ar amser, ond ymddengys fod pethau'n ddrwg erbyn adeg y rhyfel. Mae

3 Tachwedd 1938 yn ddyddiad tipyn mwy arwyddocaol yn *Afal Drwg Adda* na dechrau mis Medi 1939 pan dorrodd y rhyfel. Dyma pryd y dywed Caradog iddo gyrraedd uchafbwynt dychrynllyd yr hyn a ddisgrifia fel 'niwrosis' ac a ddarlunia fel rhyfel bychan yn ei feddwl (111, 114, 120). Ar y diwrnod hwnnw, dywed Caradog iddo, yn ystod rhyw ffit ryfedd, angof, geisio cyflawni hunanladdiad trwy ei daflu ei hun ar gledrau'r trên tanddaearol yn Llundain. Nodir fod y dyddiad yn cyfateb i ddyddiad ei ben-blwydd yn 34 oed ac mai dyna oedran ei dad pan gafodd yntau ei ladd yn y chwarel. Fel y nodwyd yn y bennod gyntaf, nid oes modd cadarnhau gwirionedd y stori hon, ond gwir neu beidio, mae'r hanesyn fel y'i hadroddir yn yr hunangofiant yn berthnasol i thema alltudiaeth. Arwydd o bwysigrwydd y digwyddiad ym meddwl Caradog yw'r ffaith iddo dorri ar draws rhediad cronolegol rheolaidd ei hunangofiant i neilltuo pennod gyfan – Pennod 10 – i geisio dadansoddi ac esbonio'r hyn a oedd wedi arwain ato a hefyd, maes o law, at bryddest yr hunanleiddiad, 'Terfysgoedd Daear', yn 1939. Mae yma aros i drafod yn fanwl gyfnod cythryblus iawn a'i effaith ar y gwaith creadigol. Y bennod hon, ar un olwg, yw craidd yr hunangofiant.

Daw'n amlwg fod Caradog yn credu mai rhyw euogrwydd mawr oedd y teimlad a'i llethai ac mai ei waith oedd un o'r prif resymau drosto. Nid yn unig ei fod yn cyflawni ei waith trwy gyfrwng y Saesneg ond ei fod hefyd, wrth ddefnyddio cymaint ar yr iaith honno, wedi dod i gredu ei bod yn well na'r Gymraeg 'fel cyfrwng mynegiant a chyfathrebu':

> Bu hyn yn achos tyndra parhaus ac yn gyfraniad sylweddol i'r niwrosis y cyfeiriais ato. Cymraeg oedd yr iaith anwylaf ond Saesneg yr odidocaf. (120)

Os trown at ohebiaeth Caradog at wahanol bobl adeg y rhyfel ac yn fuan wedyn, cawn mai syrffed yw'r teimlad sy'n cael ei fynegi amlaf yng nghyswllt gwaith. Os oedd y rhan fwyaf o sifiliaid a oedd wedi troi'n filwyr yn dyheu am ddychwelyd i normalrwydd a threfn gyfarwydd eu gwaith bob dydd, mae'n amlwg nad oedd gan Caradog fymryn o hiraeth am y *News Chronicle*. Yr argraff o bob cyfeiriad yw i'w ddwy flynedd yn y lluoedd arfog fod yn rhai cymharol hapus iddo. Meddai yn *Afal Drwg Adda,*

> ... mi dderbyniais i'r alwad yn llawen a chael, yn ystod y tymor cyntaf o ymarfer, wyliau fu ymhlith y rhai dedwyddaf a mwyaf llesol i gorff ac ymennydd a gefais erioed. (125)

Mae darlun *'R Wyf Innau'n Filwr Bychan* o'r cyfnod cynnar a dreuliodd yng ngwersyll milwrol Donnington, yn ystod hydref 1942, ar y cyfan yn cadarnhau ei honiad. Meddai yn y dyddlyfr hwnnw, ar ôl ychydig ddyddiau a fu'n amlwg wrth ei fodd,

> Teimlaf yn gryfach, gorff ac ymennydd, nag y teimlais ers blynyddoedd. Bu'r driniaeth a gefais hyd yma yn hollol effeithiol. Heddiw, er enghraifft, euthum allan yn y crys bach a'r llodrau cwta am saith, a rhedeg tair milltir a'i FWYNHAU. Ar ddiwedd y rhedeg yr oeddwn yn barod i dair milltir arall, ond bod gwanc am frecwast yn drech na'r awydd am redeg ychwaneg. Y Nefoedd Fawr! Deufis yn ôl ni allai ffortiwn fy nghymell i redeg mewn llodrau cwta i Hampstead Heath ac yn ôl cyn brecwast. Ond diolch am y wyrth. Un o bleserau bywyd erbyn hyn yw rhedeg a phrancio dros y caeau yn hanner noeth, dyfod yn ôl yn diferu o chwys a threulio'r hanner awr nesaf yn y "shower bath" dan gawodydd iraidd o ddŵr oer. Gwyn fyd y gŵr sydd â'i drig ymhlith pobl iach, lawen, a'r gwaed yn rhedeg yn ifanc a chynnes yn eu gwythiennau. Yr wyf yn iau o ddeng mlynedd, o leiaf, er pan ddeuthum i'r Fyddin, a phe gofynnid imi ei gadael heddiw am "Civvy Street," byddwn yn Wrthwynebydd Cydwybodol pendant. Mae arnaf eisiau rhagor o'r cyffur yma.[10]

Mae'n brolio'r un bywyd, mewn iaith gryfach, mewn llythyr o Donnington at Morris:

> ... yr wyf yn teimlo'n ddwywaith gymaint o ddyn. Dyma'r bywyd, 'machgen i. Dawnsio mewn cachu buwch am saith y bore mewn crysbais a llodrau byr, a gweithio hefo caib a rhaw am saith o'r gloch y nos, a gwneud pob cythraul o orchwyl rhwng y ddau

saith. Byddaf yma am y chwech wythnos nesaf ac yna symud i
ryw uned fel y R.W.F. [Royal Welch Fusiliers] – ac yna "I'r Aifft, i
Ffrainc, i Ganaan" ond nid i "hir hedd," oblegid 'does na ddim
cythraul yn y byd ond henaint yn mynd i'm lladd i.[11]

Dyma Caradog mewn hwyl heriol, ddewr, yn barod i wynebu unrhyw
beth. Efallai i wythnosau o ymarfer corfforol caled, anghyfarwydd
wneud i gannoedd o ddynion deimlo yr un fath. Ond yn achos
Caradog (milwr trychinebus yn ôl y sôn!), mae'n ymddangos bod
croesawu'r bywyd newydd mor frwd â hyn yn arwydd, hefyd, o'i
syrffed ar ei waith arferol. Mae mwy nag awgrym yn *Afal Drwg Adda*
iddo ymadael â'r *News Chronicle* dan gwmwl. Sonia am 'wermod o
ffrae' rhyngddo ef a dyn o'r enw Jim, pennaeth ei adran ef o'r papur.[12]
Ni fanylir, ond mae hwn yn un o nifer o gyfeiriadau sy'n dangos bod
Caradog wedi cael llond bol ar y gwaith, neu o leiaf ar y criw a'r
amgylchiadau yno. Mewn llythyr arall at Morris, ychydig cyn iddo
gael ei alw i'r fyddin, dywed fod sôn am gwtogi staff y *News Chronicle*
a'i fod yn disgwyl cael y droed. Nid yw'n poeni:

A dweyd y gwir wrthyt, ni bydd yn edifar gennyf, oblegid rwyf
wedi syrffedu ar y lle.[13]

Ni newidiodd cyfnod o bedair blynedd oddi wrth y gwaith mo'i
feddwl. I'r gwrthwyneb, mae fel petai'r syniad o ddychwelyd yn
mynd yn fwy a mwy o fwrn arno. Erbyn y cyfnod yn India, mae'n
mynegi ei ddiflastod yn gyson iawn yn ei lythyrau at Mattie. 'I hate
the Fleet St. lot for some reason and would like to get away from
them,' meddai mewn llythyr yn gynnar yn 1946.[14] 'I really don't want
to go back to that sordid Fleet St. life,' meddai wedyn ymhen
deuddydd mewn llythyr arall.[15] Daw'r cwynion hyn bob yn ail â
chanmoliaeth ddigamsyniol i'r bywyd newydd yn India. Gwelsom o'r
blaen na fu ei gyfnod yno'n fêl i gyd, ond mae'n amlwg iddo fwynhau
rhai agweddau arno, ac un o'r pethau a fwynhaodd fwyaf oedd y
llonydd i roi pìn ar bapur. Mae'r llythyrau'n llawn cyfeiriadau, fel y
crybwyllwyd, at gyfnodau o ysgrifennu – ar gyfer y *Western Mail* a'r
Daily Mail, ond hefyd ar nofel Saesneg o'r enw 'David'. Ar ddechrau

1946, ac yntau'n agosáu at ddiwedd ei gyfnod yn India, dywed Caradog ei fod yn benderfynol o orffen 'David' a'i fod am gymryd mis Ebrill i'w hailysgrifennu – hynny'n awgrymu bod un drafft, o leiaf, bron yn gyflawn.[16] Mae'n rhyfedd nad yw Caradog yn sôn gair am 'David' yn *Afal Drwg Adda*. Gall fod, wrth gwrs, nad oedd yn credu bod gwaith nas cwblhawyd, yn ôl pob golwg, yn werth ei grybwyll. Ar yr un pryd, o gofio am ei gyffes anesmwyth am y Saesneg yn disodli'r Gymraeg fel yr iaith 'odidocaf' yn ei olwg, mae'n anodd osgoi'r syniad mai yn fwriadol, ac o gywilydd, y celodd y bennod hon yn ei yrfa fel llenor. Ond er na chyhoeddodd unrhyw beth creadigol a ysgrifennodd yn India, ar wahân i soned y cyfeiriwyd ati o'r blaen, yr argraff yw iddo ymarfer tipyn ar ei ddawn ysgrifennu yno. Cafodd gryn dipyn o amser iddo'i hun yn ystod y ddwy flynedd – 'peace and quiet . . . beyond comprehension,' meddai mewn un llythyr – ac roedd meddwl am golli hwnnw yn ei wneud yn fwy cyndyn fyth o ddychwelyd at y *News Chronicle*.[17]

Ond yn ôl at y papur hwnnw yr aeth, 'fel ci at ei chwydfa,' fel y dywed yn *Afal Drwg Adda* (160). Mae'n ymddangos nad oedd pethau'n fymryn gwell rhyngddo ef a'i benaethiaid, a'r ffaith ei fod wedi ysgrifennu i'r *Daily Mail* o India wedi suro'r berthynas ymhellach. Yr un argraff a geir mewn llythyr a ysgrifennodd at R. Williams Parry yn weddol fuan ar ôl dychwelyd i Lundain:

> Mae arnaf awydd mawr iawn dyfod i fyw i'r hen fro ers pan ddychwelais o India ac y mae bywyd yn Llundain yn mynd yn atgasach bob dydd. Yr wyf yn cynllunio bob sut i losgi fy nghychod yn Stryd y Fflyd a thorri'r cadwyni pres, a hwyrach y daw rhyw Ragluniaeth garedig i helpu gwneuthur hynny rhyw ddydd.[18]

Nid oedd rhagluniaeth o blaid Caradog, fodd bynnag, ac mae lle i ofyn pa mor frwd yr oedd ef ei hun, yn y bôn, dros ymadael â Llundain a dychwelyd i'r 'hen fro'.[19] Yn fuan ar ôl ysgrifennu'r llythyr uchod, derbyniodd swydd is-olygydd ar y *Daily Telegraph*, swydd a oedd i'w gadw yn Fleet Street am chwarter canrif arall. Wele baradocs arall, ynteu; anghysondeb, eto, rhwng gair a gweithred na allai ond cymhlethu a dwysáu'r ymdeimlad o euogrwydd sy'n dod yn gynyddol amlwg o hyn ymlaen.

Dyma gamu felly o swyddfa papur Rhyddfrydol ar draws y stryd i weithio ar y newyddiadur mwyaf Torïaidd ohonynt i gyd. Sonia Caradog yn *Afal Drwg Adda* am 'ffrynt urddasol' swyddfa'r *Telegraph* – neu'r 'Torygraph' fel y'i gelwir gan rai – ac yn sicr y mae'n un o adeiladau mwyaf trawiadol Fleet Street. Er bod y papur ei hun bellach wedi symud oddi yno i Canary Wharf, mae ei hen gartref yn dal i lygad-dynnu'r twristiaid sy'n tyrru i'r rhan hon o Lundain i weld Eglwys Gadeiriol St Paul neu'r Old Bailey neu'r tŷ lle y bu Dr Johnson yn chwysu ar ei eiriadur. Yn nyddiau Caradog, byddai'r ymwelwyr edmygus wedi gweld gohebwyr a golygyddion y *Telegraph*, yn eu cotiau glaw llaes a'u hetiau caled, a'u hambarelau tywyll yn rholyn wrth eu hochr, efallai, yn cerdded i mewn ac allan trwy'r drysau troi mahogani mawr. Un a fu'n gweithio ar y papur yn ystod yr un cyfnod â Caradog, y colofnydd Michael Wharton, neu 'Peter Simple', piau'r disgrifiad canlynol o'r fynedfa:

> The marble entrance-hall and, the part standing for the whole, the mahogany reception desk of the *Daily Telegraph*'s neo-Egyptian building in Fleet Street – slab-faced, solid and lofty for those times before the London skyscrapers overtopped St Paul's and proclaimed the empire of imaginary money – was known to all the staff, of whatever degree, as 'the Lodge'. It was so called because it was the entry to the domain of the dynasty of newspaper magnates who had founded and still owned the newspaper, the Berry Family, originally from South Wales, the head of which had borne, since 1941, the title of Viscount Camrose.[20]

Ie, Cymry o Ferthyr Tudful a oedd piau'r cyfan, ond Seisnig iawn, a snobyddlyd, oedd yr awyrgylch. Cyn-ddisgyblion ysgolion preifat oedd llawer o'r staff, fel y tystiai tei sawl un, yr acenion crand, a'r arfer o gyfarch pawb wrth ei gyfenw. Yn ôl Sydney Reynolds, a fu'n gweithio ochr yn ochr â Caradog yn niwedd y 1960au a dechrau'r 1970au fel is-olygydd newyddion, ac a oedd ei hun yn gynnyrch ysgol fonedd, roedd y gwahaniaeth rhwng ymddygiad y Cymro a rhai o'r newyddiadurwyr eraill yn drawiadol.

> Caradog kept a low profile. He didn't saunter in with a rose in his lapel, wearing the old school tie, whereas some of the others had all the trappings of being snobs. The man who worked alongside Caradog as the second parliamentary sub-editor, Baron de Spon, wore a gold watch-chain and was a terrible snob.[21]

Ac eto mae Sydney Reynolds yn cofio Caradog fel rhywun a gâi ei barchu gan ei gyd-weithwyr ac a edrychai'n ddigon cartrefol yn eistedd wrth fainc fawr yr is-olygyddion. Yno byddai wrthi, fel pawb arall, gyda'i bensel a'i siswrn a'i botyn glud, yn marcio ac yn torri ac yn gludio deunydd – y 'parli copy' fel y'i gelwid – a fyddai wedi cyrraedd y swyddfa'n gynharach dros y ffôn, oddi wrth ohebwyr yn Nhŷ'r Cyffredin. Gwaith Caradog oedd rhoi siâp terfynol ar y deunydd hwn, yn barod ar gyfer yr argraffwyr. Dyma ei ddisgrifiad anghyhoeddedig a diddyddiad ef ei hun o noson yn y swyddfa (er nad ysgrifennwyd mohono, yn amlwg, yn ystod y prysurdeb arferol):

> All is peace. It is Friday night and I am sitting at my desk in the subeditors' room of the Daily Telegraph. It is the Parliamentary Desk and I am the Chief Parliamentary Subeditor. But Parliament is in recess and I have very little to do except handle a few random stories . . . Presently perhaps, the Chief Sub Editor will come up to me and in a deferential, almost apologetic tone, ask me to handle the "lead," which is the main story of the night and will appear, with my headlines and trimmings, in the first 2 columns of the paper's Page One.
> Meanwhile I sit at my desk and between these spells of light duties, I survey my sanctuary. My desk is in a corner under a window through which the late evening sun streams in . . .[22]

Er gwaethaf tôn hamddenol y darn hwn, roedd bod yn is-olygydd seneddol yn galw am adnabyddiaeth fanwl o drefn y senedd ynghyd â dealltwriaeth o gefndir y dadleuon, ac os byddai unrhyw ansicrwydd byddai'n rhaid ffonio'r gohebydd neu ymgynghori â llyfrgell doriadau'r papur i gadarnhau ffeithiau. Dro arall byddai

Caradog â'i drwyn yn y *Style Book* i wneud yn siŵr ei fod yn cadw at ganllawiau golygyddol caeth y *Telegraph*. Roedd yn gwbl drylwyr wrth ei waith, ac nid yw Sydney Reynolds yn cofio iddo erioed gael cam gwag: roedd y Cymro fel petai'n gyson ymwybodol ei fod yn ysgrifennu yn ei ail iaith, ac mewn ieithwedd a oedd yn ddieithr iddo, ac felly'n sicrhau bod y cyfan ar flaenau ei fysedd. Ni ddylem roi gormod o bwys, felly, ar ddarlun Caradog, yn ddiweddarach yn y disgrifiad y dyfynnir ohono uchod, ohono'i hun fel rhywun ar wahân i'w gyd-weithwyr. Sonia yno am 'this gulf' sydd rhyngddo ef ei hun a hwy, a hynny oherwydd ei fod ef yn 'involved with the mystique of bardism which makes me invisible so long as I keep my mouth shut'; hynny yw, oherwydd ei fod ef, mewn gair, yn fardd. Ond mae'n sicr â'i dafod yn ei foch yma i raddau, a phetai mewn gwirionedd yn greadur breuddwydiol a oedd yn disgwyl am yr awen yn hytrach na chanolbwyntio ar ei briod waith, ni fyddai wedi para wythnos yn y swydd. Roedd rhai o'i gyd-weithwyr yn ymwybodol ei fod yn fardd: mae Sydney Reynolds yn cofio llun ohono'n cael ei gadeirio yn Llanelli yn cael ei basio o gwmpas, a bu ffug-gadeirio hwyliog yn y swyddfa wedyn, gyda chleddyf pren a thuserau.[23] Ond i'w gyd-newyddiadurwyr, dyn papur newydd medrus a chraff ydoedd yn gyntaf oll, a hynny oedd sail eu parch ato. Mae tystiolaeth ar gael i gadarnhau hyn, a hynny ar ffurf llythyrau byrion o ddiolch gan gyd-weithwyr a phenaethiaid am waith da ar wahanol straeon, a rhai o'r rheini am y gwaith a wnâi Caradog ar benwythnos i'r *Sunday Telegraph*. Ceir un yn 1956, er enghraifft, gan gyd-weithiwr nad yw'n nodi ei enw, yn diolch am ei 'exceptionally meritorious work during the Suez Crisis'.[24] Ceir un arall gan Desmond Albrow, un o olygyddion y *Sunday Telegraph*, rai blynyddoedd wedyn, yn addo tâl dwbl am 'a very professional job' ar stori yn ymwneud â'r Torïaid.[25] Yr un golygydd sy'n gofyn fel hyn i Caradog ddod i mewn un dydd Sadwrn i ofalu am hanes rhyw achos llys:

> Sorry to muck you up like this but you are one of the few subs I've got who understands the real mechanics of court procedure and Telegraph style.[26]

Canwyd ei glodydd ar ôl ei farwolaeth hefyd. 'As a journalist he was supreme,' meddai Peter Eastwood, rheolwr-olygydd y papur yng nghyfnod Caradog, mewn llythyr cydymdeimlad at Mattie, ac mewn teyrnged o'i eiddo a ddarllenwyd mewn gwasanaeth coffa i Caradog yn Fleet Street, roedd yn cofio sydynrwydd y Cymro wrth lunio erthygl a phennawd. Canmolodd Colin Welch, gohebydd ar y *Telegraph*, allu golygyddol Caradog ar yr un achlysur:

> Whatever I wrote, if it went through his hands, got into the paper as it should, every alteration an improvement whether of style or fact or clarity.[27]

Oedd, roedd Caradog wedi'i drwytho ei hun yn y 'mechanics' ac yn arddull ffurfiol y papur. Cofier, eto, ei gyffes mai'r Saesneg oedd yr iaith 'odidocaf' ganddo – er ei fod, mewn man arall, wedi galw Saesneg papur newydd yn 'iaith goman a chaled'.[28] Ac mae'n bosibl fod y cydymffurfio yn mynd ymhellach, a hyd yn oed yn cynnwys ei ffordd o siarad: nid oedd ei acen Gymreig yn un gref iawn, yn ôl Sydney Reynolds. Efallai nad oedd yn gwisgo het galed na thei ysgol fonedd, ond roedd Caradog felly, dros y blynyddoedd, wedi ymgartrefu i ryw raddau yn y byd estron hwn.

Ni wnaeth hynny'n ddibrotest ychwaith. Yr union adeg yr oedd yn derbyn y nodiadau uchod o ddiolch a chanmoliaeth gan rai o'r gweithwyr a oedd uwch ei ben, roedd hefyd yn cwyno yn ei ddyddiaduron fod y gwaith yn ddiflas. 'Llyfn ac anniddorol,' meddai amdano, a hynny ddau ddiwrnod ar ôl ei gilydd, yn Chwefror 1963.[29] Ar achlysur arall, yn gynharach yn y flwyddyn, ar ôl bod yn y swyddfa yn gweithio ar y *Sunday Telegraph*, mae'n cwyno fel hyn:

> Teimlo, fel erioed, fod y gwaith yn hollol ddibwrpas a dyheu am ryw waith a roddai ryw nod i fywyd. Nid yw hwn hyd yn oed yn cyflawni ei unig amcan sef talu'r rhent.[30]

Mae Mari'n cofio'i thad yn ymagweddu at y gwaith fel carchar, a hynny i ryw raddau'n gellweirus ('Off to the penitentiary now') ond dro arall o ddifrif calon. Mae hi hefyd yn cofio fel yr oedd yn casáu un dyn yno. Y gŵr hwnnw oedd Peter Eastwood, a enwyd eisoes fel rheolwr-olygydd y papur pan fu farw Caradog. Cyn dod yn olygydd, roedd Peter Eastwood wedi bod yn olygydd nos y *Telegraph*, ac nid Caradog oedd yr unig un a'i casâi. Arswydai pawb o'r is-olygyddion rhagddo, gan mor llym ydoedd ac mor barod i weld beiau yn eu gwaith. Nid oedd wiw i neb anghytuno ag ef, ac yn ei ysgrif goffa i Eastwood – o dan bennawd a'i disgrifiai fel y 'night-editing Beast of Peterborough Court' – adrodda Sydney Reynolds hanes un a fentrodd dynnu'n groes iddo:

> Once, Eastwood rounded on an Indian foreign sub, Brij Mohan, over the spelling of some obscure village on the sub-continent and actually got a protest: "But sir, I come from that village, so I know how it's spelt." "Change it" insisted Eastwood through clenched teeth. He was of the never-wrong school.[31]

Ffarweliodd yr Indiad â'r *Telegraph* yn fuan wedyn. Oedd, roedd angen magu croen caled wrth weithio i ddynion fel y rhain, a oedd â'u bryd o hyd ar ddringo'n uwch, waeth ar gyrn pwy y sathrent. Pan ddyrchafwyd Eastwood i'r swydd yr oedd wedi bod yn ei chwennych ar hyd yr amser, fel rheolwr-olygydd, daeth Andrew Hutchinson, mab y nofelydd Saesneg A. E. Hutchinson, i gymryd ei le fel golygydd nos, a buan y gwelodd y staff fod hwn yn yr un llinach â'i ragflaenydd. Un noson, daeth tri o'r is-olygyddion yn ôl o dafarn gyfagos yn llawn ysbryd gwrthryfel, a gwagio'r fasged sbwriel ar ben Hutchinson. Efallai fod Caradog yn dyst i'r digwyddiad; hyd yn oed os nad ydoedd, byddai'r hanes wedi rhoi modd i fyw i Caradog fel un o'r 'subs' dirmygedig. Nid mater bach oedd goroesi yn y fath hinsawdd elyniaethus, ac mae Sydney Reynolds yn rhyfeddu bod Caradog wedi gallu aros yno am chwarter canrif a chadw'n driw iddo ef ei hun – er gwaethaf rhyw fesur o gydymffurfio allanol, fel y soniwyd – trwy'r cyfan:

> To have spent that long in that cesspit of characters like Eastwood and Hutchinson and survived it, and to have kept his sensitivities as a poet, is quite amazing.

A gâi Caradog unrhyw bleser yn y gwaith? Os y câi, prin yw'r arwyddion. Efallai fod tinc bach o falchder yn ei ddisgrifiad, a ddyfynnwyd yn gynharach, o brif stori'r dydd yn ymddangos ar dudalen flaen y papur 'with my headlines and trimmings', ac mae Mari'n ei gofio'n dangos ambell bennawd clyfrach na'i gilydd iddi hi a'i mam, yn enwedig os oedd ynddo'r math o chwarae ag ystyr gair yr oedd Caradog mor hoff ohono. Ar wyliau gyda'r teulu ym mhentref Rhyd-wyn, Môn, prynai Caradog fwy neu lai bob un o bapurau Fleet Street, a'u darllen ar lan y môr ym Mhorth Swtan: hynny eto'n awgrymu bod yr inc yn y gwaed i fwy graddau nag yr oedd yn fodlon cyfaddef. Ond ni cheir ganddo yn unlle unrhyw arlliw o'r rhamant a gysylltir â byd papurau newydd yn yr oes gyngyfrifiadurol hon: dim sôn am arogl hyfryd y metel poeth wrth iddo gael ei droi'n deip (arogl a lynai wrth eich dillad a'ch dilyn adref, yn ôl Sydney Reynolds), neu'r cyffro o weld y tudalennau'n rhubanu oddi ar y peiriannau argraffu mawr. Cofio sŵn y peiriannau hynny, i lawr yng ngwaelod yr adeilad, y mae Michael Wharton yn ei lyfr:

> . . . every day at about half past three in the afternoon, the great presses began to roll with a distant roar which pervaded and gently shook the whole building. There was a slight vibration, like a ship's engines; the promise of a voyage never fulfilled, let alone begun, but always mysterious and pleasurable to anyone as addicted to illusions as I was.[32]

Yn ofer, fodd bynnag, y chwiliwn am unrhyw argraffiadau tebyg gan Caradog. A dychwelyd drachefn at ei ddisgrifiad prin, anghyhoeddedig o'i amgylchiadau gwaith, y mae'n sôn yno am y 'rapid and continuous turnover of staff in this room', gan ei ddarlunio'i hun fel un o'r ychydig rai a oedd wedi aros gyda'r papur am gyfnod hir; ac nid yw fel petai'n gweld bai ar y lleill, y to iau, am beidio ag aros:

> They come, as I came, to see and conquer; they get narked and disillusioned or bitter by ambition, and flit away to some other pasture for an extra guinea or two. Sic transit gloria mundi. Bent, bowed and deglorified. I and a few others stay as this young stream swirls about our feet and passes on.

Beth a'i cadwai yno, felly? Yr arian yn un peth: fel is-olygydd
arbenigol byddai Caradog yn cael cyflog digon parchus, er nad un
enfawr o bell ffordd, ac roedd ei angen bob ceiniog i fyw yn Llundain,
yn enwedig a Mattie heb fod mewn gwaith sefydlog.[33] Mae'n debyg
hefyd fod sicrwydd gwaith cyfarwydd yn ei wneud yn amharod i
ymadael, er gwaethaf llawer o sôn am wneud hynny. Yn ystod y
blynyddoedd cynnar ar y *Telegraph*, mae'n ymddangos, y bu Caradog
yn meddwl fwyaf o ddifrif am ddychwelyd i Gymru. Manyla yn *Afal
Drwg Adda* ar dri achlysur pan fu'n ystyried y peth. Yr achlysur
cyntaf oedd pan gafodd gynnig golygyddiaeth *Y Cymro*; adrodda fel
y bu ond y dim iddo gytuno cyn cael traed oer ar y funud olaf.[34] Yr ail
gynllun oedd creu syndicet er mwyn prynu papurau'r *Herald* – ei
feithrinfa fel newyddiadurwr – yng Nghaernarfon, a symud i fyw i
Nefyn (oherwydd fod Mattie wedi ffansïo tŷ yno), ond i'r gwellt yr
aeth hwn hefyd. Y trydydd abwyd oedd gwahoddiad yn 1957 i fod
yn un o gyfarwyddwyr Television Wales and West (TWW), cwmni a
oedd newydd ei ffurfio i ymgeisio am drwydded i wasanaethu
Cymru a de-orllewin Lloegr. Ond tynnu'n ôl a wnaeth Caradog
drachefn. Bu'n chwarae â'r syniad o ddychwelyd wedi hynny hefyd,
ac mae'n debyg iddo fynd am rai cyfweliadau.[35]

Erbyn y 1960au, fodd bynnag, roedd fel petai'n derbyn nad oedd
cael swydd yng Nghymru yn bosibilrwydd ymarferol; y nod bellach
oedd cael ymddeol er mwyn canolbwyntio ar lenydda yn ei famiaith.
Ac yr oedd hwn yn gyfnod o brysurdeb creadigol hynod yn ei hanes.
Yn 1964, yn 'Annwyl William John', y casgliad o lythyrau at ei ewythr
a grybwyllwyd droeon o'r blaen ac y bu Caradog yn meddwl ei
gyhoeddi, mae sôn am weithio ar *Y Genod yn ein Bywyd* ac at droi *Un
Nos Ola Leuad*, a oedd newydd gael derbyniad mor dda, yn ddrama
radio.[36] Dim ond yn sgil cyfeiriadau at y gwaith creadigol hwn y ceir
unrhyw sôn yn y llythyrau am y gwaith bob dydd, ac anfoddog
unwaith eto yw'r dôn. A'r tro hwn, yn gymysg â'r diflastod, fel yn
nyddiau'r *News Chronicle* gynt, mae'r hen ofid ynglŷn â mater yr iaith
yn codi'i ben drachefn. Meddai Caradog, wrth sôn am ei waith ar *Y
Genod yn ein Bywyd*:

Credaf y gallaf ddweud mai fy mhrif bleser yw sgrifennu Cymraeg, a phe cawn i'r modd a'r hamdden wnawn i ddim byd arall. Does gen i ddim dileit o gwbl mewn sgrifennu yn Saesneg, er mai Saesneg sy'n talu'r rhent. Ac os ca i riteirio rywdro sgrifenna i'r un gair arall o Saesneg.[37]

Chwe mis yn ddiweddarach, wrth weithio ar *Un Nos Ola Leuad*, y ddrama radio, mae'n sôn eto am yr un pleser ac yn dyheu am allu byw ar y pleser hwnnw:

Fel pob dim a wnaf yn Gymraeg, mae hwn yn waith pleserus. Gresyn fawr na fedrwn i fyw arno! Bûm yn llygadu un neu ddwy o swyddi yng Nghymru yn ddiweddar (fel y bûm lawer gwaith o'r blaen) ond rhaid wynebu'r ffaith galed bellach ei bod wedi mynd yn rhy hwyr i newid, ac nad oes dim i edrych ymlaen ato ond, trwy lwc hwyrach, cael riteirio a chael mwy o hamdden i wneud y pethau mae fy mryd fwyaf arnynt.[38]

Mae Caradog yma'n rhoi'r argraff ddigamsyniol fod llenydda yn ei famiaith yn llawer nes at ei galon na newyddiadura yn ei ail iaith. Ac mae'n ymddangos nad y ffaith mai yn Saesneg y gwnâi ei waith bob dydd oedd yr unig beth a oedd yn pwyso arno. Roedd hefyd yn poeni am natur amharhaol ac arwynebol y deunydd a âi trwy ei ddwylo. Yn wir, roedd weithiau fel petai'n tybio mai rhywbeth cwbl ddiwerth oedd dilyn gyrfa a oedd yn dibynnu ar bethau'r dydd a'r funud, a bod y peth yn ymylu ar frad – brad yn erbyn ei gefndir fel Cymro ac fel bardd. Mae ambell arwydd o'r pryder hwnnw i'w ganfod yn gynnar yn ei yrfa, yn wir cyn iddo erioed ymadael â Chymru. Cafodd un o'r pyliau hyn o euogrwydd ar ôl cael 'sgŵp' yn Eisteddfod Genedlaethol Treorci, 1928, ar gyfer ei bapur y pryd hwnnw, y *Western Mail*. Yn yr eisteddfod roedd John Morris-Jones wedi collfarnu awdl Gwenallt i'r 'Sant', gan ddweud bod y bardd yn 'ymdrybaeddu mewn trythyllwch', ac roedd Caradog wedyn, yn ei het bapur newydd, wedi mynd ati i gorddi'r dyfroedd trwy gael offeiriad, y Canon Maurice Jones, i gondemnio'r beirniad a chefnogi Gwenallt a hynny heb ddarllen y gerdd na'r feirniadaeth gyfan.[39] Fel hyn y disgrifia Caradog sut y teimlai ar ôl cael ei stori:

Wrth ysgrifennu'r golofn flasus honno mi gefais i brofiad sy wedi ei ailadrodd ei hun lawer gwaith er hynny. Rhyw ias o euogrwydd na doeddwn i ddim yn gwneud y peth iawn. Rhyw dyndra rhwng fy nheyrngarwch i ddilysrwydd a gonestrwydd y bythol bethau, a theyrngarwch i'r papur oedd yn talu imi am y gwynt ffuantus 'roeddwn i'n ei werthu iddo.[40]

Dweud celwydd a chael ei dalu am hynny – dyna'r gwrthuni. Mynega Caradog yr un gofid mewn sawl man arall, wrth sôn yn llawer diweddarach am ei waith yn Llundain. Mae'n cyfeirio ato'i hun yng ngholofn y *Bangor and North Wales Weekly News,* er enghraifft, fel un wedi 'ymwerthu' i'r wasg Saesneg. Dyfynnu y mae, meddai, ddisgrifiad un 'beirniad gwyllt' dienw o'i alwedigaeth.[41] Pa un ai a ddywedwyd hynny erioed mewn gwirionedd ynteu ai cydwybod Caradog piau'r disgrifiad, mae'r awgrym o fateroldeb yn ymhlyg eto yn y disgrifiad yn *Afal Drwg Adda* o fywyd yn Stryd y Fflyd fel 'ras llygod mawr' (141). Felly hefyd yn y cyfeiriad at y 'cadwyni pres' yn y llythyr at R. Williams Parry a ddyfynnwyd ynghynt. Yr awgrym yn y llythyr hwnnw yw bod aros yn Llundain ac yn Fleet Street yn gyfystyr â bod yn faterol.

Ysgrifennwyd y llythyr at Williams Parry yn 1946, a dyma'r arwydd cynharaf fod Caradog yn poeni am foesoldeb gweithio yn Llundain. Ugain mlynedd yn ddiweddarach, rhoddodd fynegiant i'r euogrwydd ynghylch materoldeb mewn gwaith creadigol, yn y stori hir 'Dilys ac Alys' sy'n ffurfio rhan gyntaf *Y Genod yn ein Bywyd.* Nid yw Caradog wedi gwneud llawer o ymdrech i guddio'r ffaith fod llawer ohono ef ei hun yng nghymeriad Dewi, y newyddiadurwr sy'n adrodd y stori. Mae popeth yma – y fagwraeth eglwysig ym mro'r chwareli, y llithro ar ddamwain i fyd papurau newydd, y symud o un papur i'r llall ar ôl dechrau hapus yn Nyffryn Conwy, gwastadrwydd diuchafbwynt yr yrfa, y freuddwyd am bapur newydd dyddiol Cymraeg ac, yn bennaf oll, y feirniadaeth ar natur fas, ddibwys y gwaith. Yng ngenau Arthur, cyfaill Dewi, y rhoddir yr awgrym cyntaf o'r feirniadaeth honno wrth iddo ddweud bod Dewi 'yn llygad y ffynnon am bob rhyw hen fân siarad' (15). Troi y mae'r stori o gwmpas honiad Prys, y trydydd yn y triawd cyfeillion, fod plentyn iddo ef wedi dod i'r byd mewn ffordd oruwchnaturiol ar ôl i'w gariad farw mewn damwain car. Cyndyn o goelio yw Dewi, ac mae Prys yn rhoi'r bai am hynny ar ei waith, sydd, yn ei farn ef, wedi caledu ei ffrind yn erbyn profiadau ysbrydol:

> Rwyt ti . . . wedi ymhél gormod â phethau o'r fath [materion goruwchnaturiol] yn dy brofiad ar y papurau, ac wedi cyfarfod â llawer o ffug a chelwydd, mae'n reit siŵr gen i, i fedru cadarnhau a datblygu yn y ffydd fel y gwnes i. (67)

Cytuno a wna Dewi, ac mewn man arall, mae'n cyfaddef fel y mae holl 'gelwyddau' ei yrfa wedi gwneud 'anghredadun' ohono (64).

Does neb yn y stori hon yn lleisio'r farn fod y gwrthwyneb hefyd yn wir weithiau, hynny yw bod newyddiaduraeth yn gallu datgelu celwyddau a rhagrith, ac nid yw hynny'n safbwynt a fynegir yn unman gan Caradog ei hun ychwaith. Ar y celwyddau a'r materoldeb a'r diffyg sylwedd y mae'r pwyslais yn gyson.

Ar y cyfan, darlun negyddol iawn o'i waith a geir gan Caradog felly. Ac eto, mae'n anodd gwybod i sicrwydd beth yn union a oedd yn ei anesmwytho mewn gwirionedd – ai'r gwaith ei hun ynteu'r ffaith fod y gwaith hwnnw wedi gwneud alltud ohono. Yn sicr roedd elfennau yn y gwaith a oedd yn porthi ei anniddigrwydd cyffredinol. Ond mae'n arwyddocaol efallai mai un o freuddwydion Caradog tra oedd ar y *Telegraph* oedd sefydlu papur dyddiol Cymraeg. Meddyliodd yn bur fanwl am y syniad hwn, a dywedodd y byddai'r gwaith o roi'r fath bapur ar ei draed yn rhoi 'impetus and pleasure' iddo.[42] Efallai y gallai, felly, fod wedi setlo yng Nghymru petai'r cyfle iawn ym maes newyddiadura, yr unig faes yr oedd wedi'i hyfforddi ynddo, wedi codi. Ond ni ddaeth y cyfle hwnnw, a chyfaddawd Caradog yn y pen draw, fel y dywed yn *Afal Drwg Adda*, oedd 'setlo i lawr i fod yn Sais yn y gwaith ac yn Gymro gartref' (169). Roedd hi'n haws dweud na gwneud. Yn eironig o feddwl am ei adduned yn 'Annwyl William John' i beidio ag ysgrifennu gair o Saesneg ar ôl ymddeol, daeth mwy a mwy o Saesneg i ddyddiaduron Caradog ar ôl iddo ymadael â'r *Telegraph*.[43] Diddorol yw'r nodyn a ganlyn, yn ei famiaith, yn un ohonynt:

Darlith benigamp gan Ben Jones ar ddyfodol yr Iaith Gymraeg.
Ond pam yn Saesneg? Hoelen arall yn ei harch? Pam fy mod i'n
sgrifennu yn Saesneg? Hoelen arall?[44]

Ac yntau'n ysgrifennu'r uchod rhyw flwyddyn cyn ei farw, roedd
Caradog yn boenus ymwybodol fod gweithio cyhyd trwy gyfrwng y
Saesneg wedi peri bod yr iaith honno wedi dod yn iaith yr un mor
naturiol iddo, os nad mwy felly, na'r Gymraeg. Mae'n dweud yn *Afal
Drwg Adda* mai 'Cymraeg a Saesneg bob yn ail' fyddai hi rhwng ei ferch,
Mari, ac yntau (62). Saesneg yw iaith ei holl lythyrau at Mattie, neu o
leiaf y rhai sydd ar gadw. Mae'n ffaith hefyd iddo gyfieithu llawer o'i
waith, gan gynnwys ei bedair pryddest eisteddfodol, i Saesneg –
gweithgarwch amser hamdden i gyd, nid gweithgarwch gorfodol.[45] Yr
eironi arall, ac yntau wedi dyheu cymaint am y rhyddid i ysgrifennu'r
hyn a fynnai, yw mai yn ystod y cyfnod yr oedd mewn gwaith llawn
amser yr ysgrifennodd Caradog bron y cyfan o'i waith llenyddol, a
chryn dipyn ohono yn Llundain. Yr unig beth a gyhoeddodd ar ôl
ymddeol oedd *Afal Drwg Adda*. Ar ôl ei farw y cyhoeddwyd *Cerddi
Caradog Prichard*, a phrin iawn yw'r cerddi o gyfnod ei ymddeoliad yn y
gyfrol honno. Rydym wedi trafod o'r blaen y modd yr oedd cystadlu'n
porthi awen Caradog, ond mae'n ymddangos ei fod hefyd yn greadur a
ffynnai ar brysurdeb. Ysgrifennodd ddarnau o 'Terfysgoedd Daear', er
enghraifft, rhwng pyliau o olygu ar y *News Chronicle*, a'r gweddill yn
oriau mân y bore ar ôl cyrraedd adref o'r swyddfa.[46] Tra oedd yn y tresi,
roedd fel petai llenydda'n cynnig dihangfa angenrheidiol iddo rhag
undonedd y gwaith; ond roedd hefyd, efallai, yn fodd i gadw'r Cymro
ynddo yn fyw. Ar ôl ymddeol, roedd llai o symbyliad, a'r teimladau
briw ynglŷn â bod yn alltud wedi lliniaru erbyn hynny o bosibl.

(ii) BYW DAN BENYD: YR ALLTUD A'I WLAD

Rydym wedi canolbwyntio hyd yn hyn ar le ei yrfa yn hynt a helynt
ac yn seice Caradog fel alltud. Wrth inni ledu'r drafodaeth i drafod ei
berthynas â'i wreiddiau ac â'i wlad enedigol, mae'n werth oedi tipyn
gyda'r stori o *Y Genod yn ein Bywyd* y buom yn ei thrafod uchod,

'Dilys ac Alys'. Mae'n amlwg mai trafod alltudiaeth oedd un o
fwriadau Caradog yn y stori hon, er mor amherthnasol yw hynny
mewn gwirionedd i hanes rhyfedd y plentyn goruwchnaturiol. Efallai
mai Dewi sy'n cynrychioli Caradog y dyn papur newydd, ond mae'r
tri chyfaill fel ei gilydd yn alltudion o Gymru yn byw yn Llundain;
un, Prys, wedi ymddeol yno, a'r ddau arall wedi dilyn eu gwaith yno,
Dewi fel newyddiadurwr, Arthur fel masnachwr. Mae sgwrs rhwng
Dewi a Prys ar ôl marw Arthur yn datblygu'n drafodaeth ar
alltudiaeth, a llais cydwybod Caradog i'w adnabod yn hawdd, yn
enwedig wrth i Prys sôn am wastraff bywyd Arthur, mab ffarm, ac
yntau wedi 'troi ei gefn ar Gymru a bywyd iach cefn gwlad am fyd
salw prynu a gwerthu, ac ymgolli ym mywyd gwag a diwreiddiau'r
ddinas' (38). Y cwestiwn canolog yw faint o'r bai am gyflwr Cymru a
Chymreictod sydd ar ysgwyddau y rhai a ymadawodd â'r wlad. Ateb
amddiffynnol Dewi yw nad oes gan lawer o bobl ddewis, os ydynt
am wneud gyrfa iddynt eu hunain, ond mae Prys yn barotach i weld
bai arnynt. Dod i ben yn swta ddigasgliad a wna'r drafodaeth pan
lusgir ni'n ôl gan Prys at y stori swyddogol. Ond mae'r ffaith fod y
drafodaeth yma o gwbl – fel rhyw 'aside' go faith – yn dangos
cymaint ar feddwl Caradog yr oedd y pethau hyn. Yng ngenau Prys y
mae'r geiriau mwyaf dadlennol oll efallai, wrth iddo'u cyhuddo ill tri
o roi eu lles eu hunain o flaen lles eu gwlad:

> Troi'n cefnau ar Gymru ddaru'r tri ohonom. Ac i beth? I ddim
> ond rhedeg ar ôl rhith o fywyd esmwythach a cheisio cyrraedd
> rhyw nod oedd mor ansylweddol a diflanedig â ffynnon rith yn
> yr anialwch. Ac ar hyd y blynyddoedd, magu rhyw boen
> tragwyddol yn ein boliau, rhyw hiraethu a dyheu am gael mynd
> yn ôl i'n cynefin. (38)

Dyma ddarlun hyll o alltudiaeth fel cyflwr dewisol, a'r ymadrodd
'magu rhyw boen tragwyddol yn ein boliau' yn awgrymu bod
rhywbeth yn anonest ac yn ffug hyd yn oed yn yr hiraeth. Darlun
tebyg iawn a geir yn y gerdd gyrhaeddgar honno, 'Yr Alltudion'.[47]
Yno, delweddau o buteiniaid a gwartheg aur sy'n dwyn i mewn yr
elfen o fateroldeb. Mae'r disgrifiad llym o'r edifarhau ysbeidiol a

ddaw ar dro i ddifetha hwyl yr alltudion mor ddiraddiol ag yn y stori:

> Bob tro yr elo'r aflwydd hwn i'w hynt
> Cripiwn dan y cynfas i'r lle agored
> I farchnata i'n gilydd gamweddau'r gwyll
> A chymharu dolur â dolur
> Wynt wrth wynt.
> Talwn ein degwm o ddiolch am y gwared
> A throi i fargeinio â'r nesaf hudoles hyll
> Am ei chyfran a'i cholur.

Yn ôl *Afal Drwg Adda*, perthyn y gerdd i'r 1930au, y cyfnod rhwng symud i Lundain a dechrau'r rhyfel, a'r cyfnod y teimlodd Caradog ei fod yn 'gyflawn alltud' (107). Dyma, felly, dystiolaeth gwbl gyfredol o'r anniddigrwydd, a'r mynegiant mwyaf poenus o onest ohono efallai yn ei holl waith. Ac yntau wedi rhoi darlun mor debyg mewn rhyddiaith gryn 30 mlynedd yn ddiweddarach, prin y gellir amau dyfnder y teimlad y tu ôl iddo. Roedd ganddo gryn feddwl o'r gerdd hon. Mae'n ei thrafod yn un o'r llythyrau mwyaf dadlennol yn 'Annwyl William John':

> Mae tipyn go lew o grefftwaith yn y gân honno, ac mae'n cyfleu hefyd chwerwder a siom a dadrith pob enaid sydd wedi troi ei gefn ar ei gynefin. Byddwn yn sôn yn ddigon ysgafn am y Cymry Alltud, ond y gwir amdani yw bod pob un ohonom sydd wedi gadael bro'i gynefin yn alltud yn ystyr lawn a chreulonaf y gair. Waeth pa mor fydol-lwyddiannus fyddom, waeth pa mor hapus yn ein bywyd teuluol, pobl yn byw dan benyd alltudiaeth ydym. Ac mae'r dyheu a'r hiraethu am y cynefin yn ein cnoi'n ddistaw bach yn feunyddiol ac yn feunosol, er weithiau heb inni bron wybod ei fod yno. Ac mae'r gerdd y soniais amdani'n rhoi mynegiant go rymus i'r dolur distaw yma.[48]

Fodd bynnag, dim ond yr un waith hon y gallodd Caradog fynegi profiad y Cymro – a'r brodor – alltud mor gryf ac mor gyfan â hynny. Mae 'Yr Alltudion' fel angor mewn môr o ansicrwydd. Er mor gyson y mynega Caradog yr euogrwydd y soniwyd amdano, y tu hwnt i feio ei yrfa dro ar ôl tro, a rhaffu gwrthgyferbyniadau digon ystrydebol rhwng ei fywyd yn Lloegr a'r un a ddeisyfai yng Nghymru, cymysglyd ac anwadal yw ei agwedd at ei alltudiaeth. Mae'n agwedd sy'n newid o hyd, ar drugaredd teimladau mympwyol, ac mae'n ddigon posibl mai achos hynny yn ei dro yw diffyg un weledigaeth ystyrlon o Gymreictod. Faint o Gymro yw Cymro alltud: dyna'r cwestiwn mawr sy'n poeni Caradog, ond prin ei fod yn cael gafael ar ateb sy'n ei foddhau ef ei hun heb sôn am neb arall. Er nad yw fyth yn blino trafod y mater, yn enwedig mewn erthyglau papur newydd, rhyw bwll tro o drafodaeth ydyw mewn gwirionedd.[49]

'Mwy o Geidwadwr na dim arall,' meddai Caradog amdano'i hun fwy nag unwaith ac mae'n ddisgrifiad digon teg – yn dal y duedd wleidyddol gyffredinol ar y naill law a'r dihidrwydd cynhenid ar y llaw arall.[50] Yr oedd, wrth gwrs, yn gweithio ar bapur newydd Torïaidd. Fodd bynnag, nid oes cymaint ag un enghraifft ohono'n dweud iddo erioed bleidleisio i'r Torïaid; yn wir, mae'r Rhyddfrydwyr – plaid ei wraig – yn cael gair da ganddo weithiau, a chawsant ei bleidlais o leiaf unwaith.[51] Roedd Lloyd George yn arwr mawr ganddo, ac mae sôn iddo unwaith gael ei daflu allan o westy yn Llundain am weiddi 'Three cheers for Lloyd George'.[52] Ond daw ei deyrngarwch i'r adain dde ac elfennau adweithiol, yn wir, i'r golwg ambell waith, er enghraifft wrth iddo sôn yn y *Bangor and North Wales Weekly News* am un o gynadleddau blynyddol y Rhyddfrydwyr: er ei fod yn canmol yr areithiau, mae wedi'i siomi gan siarad 'gor-Ryddfrydol' am y sipsiwn a'r 'cymrodyr croenddu'.[53] Mae ambell beth a ddywed Caradog wrth fynd heibio yn datgelu agweddau digamsyniol Dorïaidd: er enghraifft, mae'n ymddangos ei fod yn chwyrn yn erbyn streicio, o leiaf yn ei henaint, ac nid oes amheuaeth ei fod yn credu'n gryf yn yr angen am ddosbarth uwch o bobl mewn cymdeithas i'r gweddill gael edrych i fyny ato.[54] Ar achlysur dyrchafu Goronwy Roberts i Dŷ'r Arglwyddi, dywed yn y *Bangor and North Wales Weekly News* ei bod yn hen bryd i'r Cymry, a fu'n 'werin lom a gwastad' yn rhy hir, greu 'cenhedlaeth o uchelwyr o blith y rheiny yn ein plith sydd wedi eu dyrchafu eu hunain trwy fuchedd a gweithredoedd da i haeddu ac i dderbyn ein gwrogaeth'.[55] Meddylier hefyd am y parch at y Canon a'r Ficrej yn *Un Nos Ola Leuad*. Deillio o'r un gred, mae'n debyg, y mae ei ddiddordeb obsesiynol bron yn y teulu brenhinol, rhywbeth sy'n amlwg iawn yn ei golofnau yn y *Bangor and North Wales Weekly News* a'r *News of the World*. Ar ddechrau un golofn yn y *Bangor and North Wales Weekly News*, mae Caradog yn disgrifio ei syniad ef o 'nefoedd', sef morio yn y Caribî gyda merch y Frenhines![56] Cyflwyniad yw'r datganiad cellweirus hwn i golofn gyfan yn ceisio cyfiawnhau diddordeb y werin yn y teulu brenhinol, yn arbennig ym mhriodas y Dywysoges Anne a'r Capten Mark Phillips a oedd newydd fod. Mae'n condemnio rhai fel William Hamilton, yr Aelod Seneddol Llafur o'r Alban, am geisio difetha llawenydd y cyhoedd fel y gwnaethai rhai Cymry adeg arwisgo'r Tywysog Charles, ac mae'n canmol y tywysog hwnnw am fynd i'r coleg yn Aberystwyth a dysgu peth Cymraeg. I Caradog yn bersonol, roedd unrhyw ymwneud â'r teulu brenhinol yn fater o lawenydd mawr. Mae'n debyg mai un o uchafbwyntiau ei fywyd oedd cael ei gyflwyno i'r Fam Frenhines mewn cinio Gŵyl Dewi gan Gymdeithas Cymry Llundain, ac yntau wedi ysgrifennu cân i'w chyfarch. Testun balchder arall iddo oedd fod y Frenhines ei hun wedi eistedd yn y gadair a enillodd yn Eisteddfod Genedlaethol Llanelli.[57] Yn y golofn yn y *Bangor and North Wales Weekly News*, ei ddiddanwch mawr ar ddechrau bob blwyddyn yw llunio ei restr ei hun o bobl sydd, yn ei farn ef, yn deilwng o anrhydeddau'r Frenhines, ac mae'n debyg y byddai wedi bod wrth ei fodd yn derbyn un ei hun.[58]

Mae'n un o ddeuoliaethau personoliaeth Caradog ei fod yn greadur encilgar ac eto'n ffynnu ar sylw a seremonïaeth. Roedd ef ei hun yn ymwybodol o'r peth; wrth adrodd hanes cyfnod Dyffryn Conwy yn yr hunangofiant, dywed fod 'dau gymhelliad cryf yn brwydro â'i gilydd, y naill i fod yn Neb a'r llall i fod yn Rhywun' (88). Yr ail gymhelliad, mae'n rhaid, ynghyd â'i synnwyr digrifwch, a wnaeth iddo ymgeisio am Gadair Farddoniaeth Prifysgol Rhydychen mewn etholiad ym mis Tachwedd 1968. Yn ogystal â dangos awch am sbloet, a pharodrwydd i gael tipyn o hwyl, mae'r hanes yn dadlennu dyhead nodweddiadol am rywbeth a oedd y tu hwnt i'w afael – gyrfa academaidd yn yr achos hwn.[59] Yn ôl *Afal Drwg Adda*, breuddwyd Caradog, pe llwyddai i gael y gadair a oedd i'w dal am bum mlynedd, oedd 'cael Rhydychen yn fath o ganolfan i fynd o gwmpas colegau Cymru i ddarlithio ar farddoniaeth' (170). Adroddwyd yn *Cherwell*, papur Prifysgol Rhydychen, ei fod yn bwriadu gwneud astudiaeth o farddoniaeth Gymraeg y ganrif hon a chyflwyno'r gorau ohoni mewn cyfieithiad i'r rhai hynny a oedd heb yr iaith.[60] Y nod oedd 'to correct the woeful ignorance of the English upper-classes about the Welsh cultural traditions', ategodd cefnogwr o Sais (a oedd, tan hynny, mae'n debyg, yn hollol anwybodus ei hun am y diwylliant Cymreig!). Er mai dim ond 29 o bleidleisiau a gafodd Caradog o'i gymharu â bron i 400 i'r ymgeisydd buddugol, sef y bardd Saesneg Roy Fuller, ei ymgyrch ef a gafodd fwyaf o sylw o ddigon a barnu oddi wrth yr adroddiadau yn y wasg. Ceir lluniau a disgrifiadau lu o'r modd y cyrhaeddodd Caradog Rydychen ddiwrnod yr etholiad yng nghwmni llond bws o gefnogwyr – 'complete with closed circuit television, bar and mini-skirted barmaid'– cyn ciniawa mewn steil yn y Randolph Hotel.[61] Criw brwd o gyd-newyddiadurwyr Caradog ar y *Telegraph* oedd y tu ôl i'r ymgyrch, a chyfrannodd Mari, ei ferch, a oedd ar y pryd yn fyfyrwraig yn Rhydychen, at y cyhoeddusrwydd trwy blastro posteri'n dweud 'Prichard for Poetry Prof' hyd y lle a chanu telyn ar y bws a'r tu allan i'r Sheldonian Theatre, y man pleidleisio.[62] Rhwng popeth, Caradog oedd targed mwyaf tebygol condemniad hallt un arall o'r ymgeiswyr, y bardd a'r nofelydd John Wain, ar holl firi'r etholiad. Meddai hwnnw yn yr *Oxford Times*,

> My guess is that this is the last election which will be held under these conditions of unscrupulous publicity and free for all razz-ma-tazz.[63]

Mae'n amlwg mai ymgyrch Caradog sydd dan y lach gan ohebydd y *Guardian* yntau, wrth iddo nodi, gyda chryn ryddhad, mai Roy Fuller gafodd ei ethol:

> In electing him, the MA's have probably saved their privilege of electing a poetry professor. Had at any rate one of the other

candidates been elected, the university might well have decided that the chair was becoming more involved with the art of public relations than that of poetry . . .[64]

Roedd ymgyrch lachar y Cymro wedi codi cywilydd ar ei hen ffrind, Gwilym R. Jones, golygydd *Y Faner*: ar ôl gwylio'r cyfan ar y teledu, cwynodd ef yn ei golofn 'Ledled Cymru' fod peth fel hyn yn 'darostwng galwedigaeth y bardd yn y gymdeithas Gymraeg i lefel pantomeim', a diolchodd nad oedd gan Brifysgol Cymru Gadair Barddoniaeth Gymraeg.[65] Go brin fod Caradog ei hun yn disgwyl ennill, ond mae'n ddigon posibl serch hynny fod ei ymgeisiaeth yn fwy na jôc, yn enwedig o gofio'i awydd i roi'r gorau i newyddiadura a gwneud rhywbeth a oedd yn ei olwg ef yn fwy gwerth chweil.

Brenhinwr, eglwyswr, dyn yn meddwi ar seremonïaeth ac yn ymagweddu'n aml fel Tori traddodiadol. O ran yr olaf, fodd bynnag, prin yw'r dystiolaeth fod Caradog yn cymryd diddordeb byw yng ngwleidyddiaeth ei blaid o ddydd i ddydd. Mae'n wir ei fod, yn ei golofn yn y *Bangor and North Wales Weekly News*, yn crybwyll etholiadau ac ymgyrchoedd etholiadol cenedlaethol a lleol, ond nid yw'n dangos diddordeb mawr yn y polisïau nac fel petai'n malio rhyw lawer am ganlyniadau etholiadol. Drwodd a thro, ceir yr argraff mai Tori o draddodiad yn hytrach nag o argyhoeddiad ydoedd – un o deip, efallai, o gofio o ba ardal yr hanai. Er bod Streic Fawr y Penrhyn wedi magu arwyddocâd mythaidd bron yn y traddodiad radicalaidd Cymreig, mae'n hawdd anghofio am yr haen wydn o Dorïaeth a oedd yn perthyn i'r dosbarth gweithiol yn ardal Bethesda. Nid oedd y toriad yn lân o bell ffordd rhwng Torïaeth Seisnig y tirfeddianwyr a rhyddfrydiaeth Gymreig y gweithlu tlawd; dangoswyd hynny gan y rhwyg a greodd y Streic yn y gymdeithas. Roedd y teyrngarwch i deulu'r Penrhyn yn treiddio'n ddwfn i rengoedd y chwarelwyr; roedd perchnogion y chwarel, wedi'r cwbwl, fel y pwysleisia'r haneswyr John Davies a Merfyn Jones, yn gyflogwyr paternalistaidd, gyda'u ffafrau lluosog i'r gweithwyr.[66] Eu harian hwy, er enghraifft, a roes ysbyty i'r chwarelwyr, a gallai dynion a oedd wedi gwasanaethu'n hir ddisgwyl pensiwn neu waith ysgafn ganddynt ar ôl ymddeol. Ufudd-dod oedd pris y ffafrau hyn a gellid dial ar weithwyr gwrthryfelgar, fel y gwnaed lawer gwaith pan ddechreuodd Rhyddfrydiaeth godi'i phen yn chwarter olaf y bedwaredd ganrif ar bymtheg. Cymysgedd o deyrngarwch ac ofn, felly, fel y dywed Merfyn Jones, a oedd yn sicrhau pleidlais nid yn gymaint i'r Torïaid fel plaid ag i un teulu pwerus iawn.[67] Felly y cadwodd y tirfeddianwyr Torïaidd afael dyn ar rai adrannau o'r gymdeithas ym Methesda ar adeg pan oedd Gwynedd yn gyffredinol yn troi'n gadarnle i'r Rhyddfrydwyr.

Yn erbyn y cefndir hwnnw, nid yw Torïaeth Caradog yn gymaint o syndod ag yr awgryma Gwilym R. Jones mewn cyfeiriad beirniadol arall eto at ei gyfaill yn *Y Faner*. Ar drothwy etholiad cyffredinol Chwefror 1974, ymateb y mae'r golygydd i'r modd yr oedd Caradog, yn y *Bangor and North Wales Weekly News* yr wythnos cynt, gyda'r gyffes arferol o fod yn fwy o Geidwadwr na dim arall, wedi annog pleidlais i'r Torïaid yng Nghymru, i 'seneddwyr o stamp Geraint Morgan yn Ninbych a Wyn Roberts yng Nghonwy'. Mae Gwilym R., y cenedlaetholwr, yn synnu ato, un o blant bro'r chwareli fel ef ei hun, 'yn cefnogi unrhyw fudiad sy'n sefyll drôs gyfalafiaeth ac imperialaeth'. Fodd bynnag, mae ymgais Caradog i'w ateb yn ei golofn nesaf yn y *Bangor and North Wales Weekly News* yn ddadlennol am ei fod yn cadarnhau'r argraff gyffredinol mai ymdeimlad digon annelwig o berthyn a'i cadwai'n deyrngar i'r Blaid Geidwadol yn hytrach nag unrhyw argyhoeddiad gwleidyddol dwfn. Yn ddigon nodweddiadol, nid bwrw iddi i amddiffyn a thrafod ei wleidyddiaeth a wna wrth geisio esbonio pam ei fod yn Geidwadwr a heb fod yn genedlaetholwr, ond mynd ati i chwilio'i gefndir a'i amgylchiadau personol am ateb. Llwfrdra neu deimlad o oferedd; chwarter canrif o weithio ar bapur newydd Torïaidd; y cof am weld gwaith 'eithafwyr' ar fedd ei dad: dyna'r rhesymau posibl y mae'n eu cynnig mewn *apologia* digon tebyg i'r un yn *Afal Drwg Adda*.[68] Â rhagddo, ychydig yn fwy amddiffynnol, i sôn am storm fach arall yr oedd wedi'i chreu ynghynt trwy amau doethineb *Y Faner* yn cyhoeddi cerdd gan Euros Bowen i ferthyron Abergele.[69] Wedi dilorni 'ffasiwn' beirdd y dydd yn cyhoeddi marwolaeth yr iaith Gymraeg gan 'riddfan uwch ei chorpws', mae'n croesawu datblygiad fel yr ysgolion Cymraeg cyn cloi trwy waredu at 'y mudiad i hyrwyddo dwy-ieithrwydd' ac at y syniad o hunanlywodraeth.

Mae'r golofn hon yn ei chyfanrwydd yn berthnasol wrth drafod agwedd Caradog at Gymru a'r Gymraeg, a hynny am ei bod yn dangos y fath gymysgedd o deimladau a safbwyntiau sydd ganddo. Mae'n ddrych o'i amheuon cyson ynglŷn â dwyieithrwydd a hunanlywodraeth; ac mae ei syrffed ar farddoniaeth am dynged yr iaith yn gyson â'i gŵyn aml yn yr un golofn yn erbyn cenedlaetholdeb y wasg Gymraeg.[70] Ni fynnai Caradog, a defnyddio ei ymadrodd ef ei hun yn y gerdd 'Cyfod Fi, Dduw', glywed gormod o 'sôn am fynnu Cymru fwy'. Ond y peth mwyaf nodweddiadol oll yn y golofn yw'r modd y mae'r awdur yn tyrchu i'w orffennol fel petai rhyw ateb terfynol i'w Geidwadaeth a'i wrth-genedlaetholdeb yn gorwedd yno. Cymharer â'i resymeg od wrth drafod ei alltudiaeth yn 'On Looking Into My Welsh Mirror', yr ymgom Saesneg ag ef ei hun a geir yn ei gasgliad papurau ac a ysgrifennwyd rywbryd yn ystod 1964 neu 1965:

> I was never at heart a good Welsh Nationalist. Besides, I was terrified of going back to the misery and poverty from which I had escaped.

Personol iawn bob gafael, a niwlog braidd, yw esboniadau Caradog ar ei wleidyddiaeth, yn hytrach na'u bod yn deillio o unrhyw athroniaeth glir. Yn ei golofnau yn *Y Ddinas* a'r *Bangor and North Wales Weekly News*, mae'n aml yn crybwyll mater Cymru a'r iaith ond fel arfer yn ei ollwng yn swta ddigasgliad, dim ond i ddychwelyd ato yn y man fel ci at asgwrn. Rhwng hyn a'r oedi ar bwnc cenedlaetholdeb yn *Afal Drwg Adda*, mae'n deg tybio mai euogrwydd yr alltud sydd yma eto yn ei ddynnu yn ôl ac yn ôl at y pwnc. Dylid cofio, fel y nodir yn yr hunangofiant, mai yn ystod llencyndod Caradog yn Nyffryn Conwy, yn y 1920au, y sefydlwyd Plaid Genedlaethol Cymru a bod rhai o'i gyfeillion agosaf ar y pryd yn llawn o'r deffroad – pobl fel Gwilym R. Jones, Gwilym T. Williams, Prosser Rhys a Morris T. Williams. Er na chafodd Caradog, yn ôl *Afal Drwg Adda* a'r sgript radio 'Y Daith yn

Ôl', mo'i ysbrydoli gyda'r dynion hyn ac er iddo golli'r cysylltiad agos
â hwy ar ôl mynd i ffwrdd, ni phylodd ei edmygedd ohonynt am ddal
ati ac ni allai lai na chymharu eu gweithgarwch a'u sêl hwy â'i
ddiymadferthedd ef ei hun.[71] Yn y golofn y cyfeirir ati uchod, sonia
am y 'rhwyg yn yr enaid' sy'n destun cymaint o drafod yn *Afal Drwg
Adda*; ac mae'n amlwg fod y methiant i gofleidio cenedlaetholdeb yn
rhan o'r ymdeimlad a oedd ganddo o fod wedi gwadu Cymru.[72]

Diddorol yng nghyd-destun y 'rhwyg' hwn yw portreadau dau
newyddiadurwr o Caradog mewn dwy erthygl Saesneg sydd,
rhyngddynt, yn cyffwrdd â chryn dipyn o wir. Ar yr olwg gyntaf,
mae'n anodd credu mai'r un dyn sydd yn y ddwy ac eto mae yma
gysondeb, a hynny yn y darlun o ddyn yn rhoi mwy o bwys ar
deimlad nag ar reswm. Erthygl o'r wythnosolyn *John Bull* yn nechrau
1937 yw'r gyntaf, yn trafod achos llosgi'r Ysgol Fomio a oedd wedi
bod yn yr Old Bailey ychydig wythnosau ynghynt. Mae'r awdur, y
newyddiadurwr enwog Hannen Swaffer, yn amlwg yn gweld
bygythiad i'r drefn yng nghanlyniad yr achos.[73] Ei ofn yw gweld y tri
charcharor, Saunders Lewis, D. J. Williams a Lewis Valentine, yn
tyfu'n arwyr a'u cenedlaetholdeb yn cydio yn nychymyg y Cymry
nes arwain at sefyllfa fel un Iwerddon. Yn ddigon annisgwyl, mae'n
ymddangos mai 'my friend Caradog' sydd wedi rhoi'r syniad hwn yn
ei ben, yn ystod sgwrs dros ginio ddiwrnod yr achos (roeddynt yn
sicr yn gyfarwydd â'i gilydd; ysgrifennodd Caradog stori am
Swaffer).[74] Mae Swaffer yn nodi cymhariaeth a wnaethai Caradog â
brwydr cenedlaetholwyr Gwyddelig fel Charles Stewart Parnell yn
erbyn landlordiaeth yn niwedd y bedwaredd ganrif ar bymtheg, a'r
modd yr oedd honno wedi tanio brwydr yn erbyn y Mesur Gorfod
gan greu anhrefn a chwerwder parhaol yn y wlad. Dyfynnir casgliad
herfeiddiol y Cymro ynghylch achos yr Ysgol Fomio:

> "What we do know" . . . "is that we now hate the English with
> sullen, inarticulate hatred. It is not the small enmity of
> individuals but the deep-rooted hate-consciousness of the
> introvert who has survived centuries of dominion, who still
> speaks a language of his own and carries it as a yoke."

Os gallai Caradog weithiau ymddangos mor wrth-genedlaetholdeb â Swaffer ei hun, yn y fan yma mae'n amlwg iddo gael ei ysgubo, yng ngwres y foment ac yng nghwmni un o genedl arall, i huodledd anarferol o wlatgarol. Mae'n mwy na hanner cyfiawnhau'r casineb tuag at Saeson ac yn sicr yn ei gyfrif ei hun yn y 'we' diamwys. Faint bynnag o ddyfnder a oedd i'r teimladau hyn, roedd gan Caradog feddwl uchel iawn o un o dri Penyberth – Saunders Lewis, ei eilun fel y'i geilw yn 'On Looking Into My Welsh Mirror'.[75] Yno ac yn *Afal Drwg Adda*, mae'n dweud fel yr oedd Saunders Lewis wedi ei gynghori i ymadael â Chaerdydd pan oedd yn gweithio yno ac i fynd yn ôl i'w gynefin yng ngogledd Cymru. Er bod Caradog, yn yr hunangofiant ac yn yr ymgom fel ei gilydd, yn dal na allai ddychwelyd, mae'n amlwg i'r cyngor aros yn ei feddwl ar hyd y blynyddoedd, fel petai llais Saunders yn un â llais ei gydwybod ef ei hun.

Fodd bynnag, llawer mwy nodweddiadol na'r siarad a roddodd fod i'r erthygl yn *John Bull* yw'r agwedd a amlygir yn yr ail erthygl, sef portread o Caradog yn y *Guardian* yn 1965.[76] Y tro hwn eto, mae'n gyfnod arwyddocaol yng ngwleidyddiaeth Cymru; mae'r erthygl yn cyfeirio at adroddiad pwyllgor Syr David Hughes Parry ar statws cyfreithiol yr iaith Gymraeg (yr adroddiad a arweiniodd maes o law at Ddeddf Iaith 1967) ac yn crybwyll agoriad swyddogol argae Tryweryn. Yr hyn sydd wedi taro'r awdur, Geoffrey Moorhouse, yw bod dyn sy'n gymaint o Gymreigiwr mor ddigynnwrf ynglŷn â'r digwyddiadau hyn. Wrth drafod hyn, mae'r erthygl yn ategu'r argraff a geir mor aml, fel y gwelsom, gan Caradog ei hun:

> It's not that Caradog Prichard is indifferent to the fate of his own language. It's just that he is unable to think of it in terms of status and legality. Welsh is something to use and to be preserved for its own sake and not as a stick to beat the English politicians with. This is the attitude of a poet and a bard . . .

Canfyddir agwedd debyg iawn mewn sylw od, ond nid annisgwyl, a wna Caradog am Blaid Cymru yn *Y Ddinas* dros bymtheng mlynedd ynghynt. Meddai yno:

Nid oes gennym awydd gweld y Blaid Genedlaethol yn dyfod
yn llwyddiant politicaidd. Oblegid pe digwyddai hynny, fe
lithrai hi i rych y pleidiau eraill. Yn ei chyni ieuanc ac yn ei sêl
anaeddfed y mae gwerth y Blaid Genedlaethol i Gymru.[77]

Ond efallai mai colofn yn y *Bangor and North Wales Weekly News*, eto,
sy'n dangos gliriaf mai sentiment cwbl ar wahân i fyd gwleidyddiaeth
yw teimlad Caradog dros yr iaith Gymraeg, o leiaf tua diwedd ei oes.
Yno, mae'n canmol yr Ysgrifennydd Gwladol, Peter Thomas, am
benderfynu sefydlu Comisiwn i ddiogelu a hybu'r iaith, ond ar yr un
gwynt yn gofyn a yw'r 'hen wraig yn dymuno cael ei hachub' a thybed
nad oes arni angen 'gorffwys' yn ei henaint a'i gwendid.[78] Wrth holi
Caradog, mae Geoffrey Moorhouse yn cyffwrdd yn graff â rhagor o'r
deuoliaethau sy'n ei amgylchynu: y freuddwyd am ddychwelyd i
Gymru ochr yn ochr â'r penderfyniad i beidio bob tro y daw cyfle; y
freuddwyd arall am fod yn ddarlithydd prifysgol yng Nghymru er ei
fod am weld ei ferch ei hun yn mynd i Rydychen neu Gaergrawnt.
Awgrymir mai alltudiaeth Caradog sydd wedi diffodd y tân yn ei fol
dros yr iaith a'r wlad; ni wyddai'r awdur am gyffes Caradog, a
ddyfynnwyd ynghynt, na fu erioed yn genedlantholwr yn ei galon.

Mae'n bwysig nodi na fu Caradog bob amser mor llugoer ei
agwedd tuag at fater statws y Gymraeg ag yr ymddengys weithiau,
yn enwedig erbyn cyfnod ei alltudiaeth. Gwnaeth safiad cynnar a
chyhoeddus dros yr iaith yn 1929, pan gynhaliwyd cyfarfod croeso
iddo yng Nghaerdydd fel bardd coronog Eisteddfod Genedlaethol
Lerpwl. Yn y cyfarfod, a gynhaliwyd gan Arglwydd Faer a
Chorfforaeth Caerdydd yn Neuadd y Ddinas, cyflwynwyd llun y
Prifardd i ddinas Caerdydd ar ran y *Western Mail*, ac wrth gydnabod
mynegodd Caradog ei siom nad oedd unrhyw Gymraeg i'w glywed
yn y cyfarfod, ac awgrymodd y dylai'r Maer fedru'r iaith.[79] Cafwyd
ambell fflach yn ddiweddarach, hefyd, o'r awydd hwn i weld
cyfiawnder i'r iaith. Yn 1948 amddiffynnodd yn chwyrn bolisi
Gorsedd y Beirdd o gyfyngu'r aelodaeth i siaradwyr Cymraeg, ac yn
1955 roedd yn danbaid ei wrthwynebiad pan roddwyd cadair
Eisteddfod Gadeiriol Llundain am gerdd Saesneg.[80] Ambell dro, ef
oedd y cyntaf i gefnogi gweithredoedd cenedlatholgar, er enghraifft

wrth glodfori enillwyr coron a chadair Eisteddfod yr Urdd am wrthod rhoi cyfweliadau Saesneg i'r wasg, ac wrth hanner canmol Cymdeithas yr Iaith am ddechrau'r ymgyrch arwyddion.[81] Camgymeriad, felly, fyddai honni bod Caradog yn erbyn cynnydd y Gymraeg. Tecach yw dweud bod ei agwedd yn un amwys. Mae'r ymadrodd 'never at heart a good Welsh Nationalist', ynddo'i hunan, fel pe bai'n cyffwrdd â'r amwysedd hwnnw. Mae'r 'at heart' yn amodi rhywfaint ar y dweud ac, yn wir, yn ein harwain i feddwl bod Caradog, ar un adeg o leiaf, yn rhyw gymaint o genedlaetholwr. Rhwng popeth, mae'n debyg fod Geoffrey Moorhouse yn llygad ei le wrth synio bod gweithgaredd cenedlaetholwyr yn dal i bigo cydwybod ei wrthrych.

Mae dau o weithiau creadigol Caradog fe pe baent yn rhoi llais i'r gydwybod euog hon. Trafodwyd eisoes stori 'Dilys ac Alys' yn *Y Genod yn ein Bywyd*. Os yw'r modd yr eir yn y stori honno ar ôl y 'sgwarnog genedlaethol', chwedl Prys, yn ddatgelu ansicrwydd barn yr awdur am fater Cymru, mae gwaith anghyflawn, anghyhoeddedig o'r enw 'Gwrthgiliad' yn cadarnhau'r argraff honno.[82] Dechrau'r gwaith yn unig sydd yma, gydag un cynllun yn dangos bwriad i ysgrifennu darn o ryddiaith bob yn ail â cherdd. Mae'r darn sydd ar gael yn darllen fel hunangofiant ac, mewn mannau, fel hunangofiant Caradog. Gŵr 70 oed o'r enw Huw Lloyd sy'n siarad, ac yntau newydd ymddeol o'i swydd fel porthor mewn llyfrgell rywle yn Lloegr. Disgrifia ei blentyndod tlodaidd ond diddan fel mab i chwarelwr yn Eryri ac yna gyfnod hapus mewn coleg prifysgol yng Nghymru lle y gwnaeth gyfeillion a chyfarfod ei wraig. Yn sydyn, fodd bynnag, mae'n rhoi'r gorau i'r cofio ac yn dechrau ei wawdio ei hun am ysgrifennu rhagair celwyddog. Aiff ati i ddatgelu'r celwyddau fesul un: ni chafodd blentyndod hapus ac yntau'n tyfu i fyny yng nghysgod meddwyn o dad, ni fu yn y coleg, ni fu ei briodas yn un hapus. Yn dilyn soned yn sôn am y profiad anodd o gofnodi'r gorffennol, eir ymlaen â'r stori – y gwir y tro hwn – gyda disgrifiad o dafarn y bu Huw Lloyd yn ei chadw yn Eryri.[83] Mae'n ymddangos mai dyma cyn belled ag yr aeth Caradog gyda'r gwaith, ond mae yma ddigon i ddangos mai alltudiaeth Cymro yw 'gwrthgiliad' y teitl. Disgrifia Huw Lloyd ei hun fel

. . . un o'r miloedd Cymry sydd wedi gadael eu gwlad ac wedi
eu difreinio, fel bradwr, os mynni, i'n plant yma sydd heddiw'n
breuddwydio ac yn dioddef, fel y breuddwydiem ac y
dioddefem ninnau hanner canrif yn ôl, oherwydd bod eu cenedl
yn marw o dan eu trwynau.

Fel yn *Afal Drwg Adda*, mae yma (yn y rhagair ffug) sôn am
weithgarwch ffrindiau clòs ieuenctid gyda'r 'Blaid', gweithgarwch y
mae Huw Lloyd yn rhan ohono. Yn nes ymlaen, disgrifir
dedwyddwch cyfnod yn cadw siop yng nghefn gwlad Cymru yn cael
ei ddifetha gan fewnlifiad o Saeson sy'n newid iaith y lle. Rhag y
rheini – y 'locustiaid' – y mae Huw Lloyd yn dianc i gadw tafarn
mewn pentref nad yw eto 'wedi ei ddarganfod a'i lygru'. Mae un
cynllun yn dangos bwriad i gynnwys pennod am y Blaid a cherdd o'r
enw 'Y Cenedlaetholwyr', ac mae nodiadau eraill yn crynhoi
ymadawiad Huw Lloyd â'r Blaid:

> Huw Lloyd yn graddol gymrodeddu â'r Saeson ac yn cilio o'r
> Blaid. Gweld ei diffygion ac ymwrthod â hi. Gwerthu'r siop i
> Saeson a phrynu tafarn y Gorse . . . Penderfynu bod yn niwtral –
> ac yn ddyn pob plaid . . . Pangau cydwybod . . .

'Progression to self-destruction' meddai nodyn uwchben un cynllun
ar gyfer 'Gwrthgiliad', gan adleisio is-deitl *Afal Drwg Adda*,
'Hunangofiant Methiant'. Mae cyfeiriad ar ddiwedd cynllun arall at
lythyr gan Huw Lloyd at y crwner yn awgrymu mai gwneud
amdano'i hun y mae yn y pen draw. Digon o dystiolaeth, felly, fod
alltudiaeth ac euogrwydd yn themâu arfaethedig.

Mewn gwaith creadigol fel hyn mae Caradog fel petai'n gallu
wynebu ei alltudiaeth yn well. Mewn erthyglau papur newydd mae'n
aml yn rhy hunanamddiffynnol i allu edrych yn wrthrychol ar ei
sefyllfa ac mae'n rhy hawdd ganddo weithiau ei dwyllo ei hun i
gyflwr meddwl y gellid ei weld fel un digon hunangyfiawn. Nid oes
dim yn dangos hyn yn gliriach na'r pethau a ysgrifennodd yn
Y Ddinas pan oedd yn olygydd arno yn y 1940au a'r 1950au. Yn ei
lithoedd golygyddol nid yw byth yn colli cyfle i ganu clodydd Cymry

Llundain yn y dull 'Gorau Cymro, Cymro oddi cartref'. Yn wir, bron
nad yw sôn am eu gweithgaredd diwylliannol yn obsesiwn ganddo,
ac ar y sail hwnnw y mynna'n aml mai Llundain yw gwir brifddinas
Cymru.[84] Ymddengys mai ei fyrdwn mawr yn y llithoedd hyn yw
cyfiawnhau alltudiaeth Cymry Llundain a hynny trwy brofi eu bod yn
cynnal eu Cymreictod oddi cartref. Ceir un o'r datganiadau mwyaf
ysgubol i'r perwyl hwn mewn erthygl yn rhifyn mis Tachwedd 1946:

> Peidiwch chi, bobol Cymru, â'n galw yn alltudion. Nid alltudion
> mohonom. Yr ydym yn rhy agos atoch i fod yn alltud. Pobl
> ydym ni, Gymry'r ddinas, a dynnwyd yma gan alwad y bywyd
> llawn, bywyd cyfoethog yn ystyr orau'r gair. Gadawsom Gymru
> am fod y bywyd hwnnw wedi diflannu i raddau helaeth, o'i
> threfi a'i phentrefi. Os yw'r ddinas yn gallu bod yn greulon, y
> mae'r pentref yn gallu bod yn llawn mor greulon. A fynnech ein
> cael yn ôl i Gymru? Os felly, nid oes ond un ffordd amdani.
> Ewch ati i ail-adeiladu. Cedwch gyfoeth y wlad yn ei threfi a'i
> phentrefi. Gwnewch hwy'n werth i ieuenctid a'i hyder a'i obaith
> a'i freuddwyd i aros ynddynt.
>
> Yn y cyfamser, rhaid i ni Gymry'r Ddinas, adeiladu caer a
> fyddo'n Ddinas Noddfa inni ... Tra bod yn rhaid troi
> oddicartref, ein nod ni Gymry'r Brifddinas fydd cadw yn ddisigl
> y gaer Gymreig hon ... yn noddfa rhag pob gwynt estron a gais
> ein diwreiddio. Mewn gair, yn Gartref Oddicartref. Ac o'r gaer
> hon ni chollwn y cyfle lleiaf i wasanaethu'r fro a'r bobl y mae
> ein cartref ysbrydol yn eu plith.

Flwyddyn yn ddiweddarach, mewn erthygl olygyddol Saesneg,
mae'n mynd â'r molawd i Gymry Llundain gam ymhellach. Wedi
disgrifio pob Cymro Llundain fel 'an ambassador of a little nation',
honna Caradog fod ganddynt fel pobl

> ... keener race-consciousness and a greater pride of ancestry
> than the people whose lot it has been to stay at home. One of the
> Welsh poets has sung to the effect that it is worth becoming an
> exile once in a while, just to learn to love Wales the more. The
> London Welsh have certainly learned.[85]

Dweud yr hyn yr oedd y rhan fwyaf o'i ddarllenwyr Llundeinig am ei glywed yr oedd Caradog yn Y Ddinas, o bosibl, a gellid ei gyhuddo o bedlera hen ystrydebau gwag am y Cymry alltud. Eto, mae bodolaeth cerdd fel 'Yr Alltudion' yn dangos ei fod, yn y bôn, yn gwybod yn iawn fod elfen o hunan-dwyll mewn siarad fel hyn.

Gwelir yr un hunan-dwyll ar waith yn y modd y glyna Caradog wrth y syniad o ddychwelyd i Gymru i fyw. Byth a beunydd mae'n sôn am fynd yn ôl. Yn Afal Drwg Adda, mae'n neilltuo cryn ofod i drafod sawl ymgais i wneud hynny yn ystod y blynyddoedd cynnar ar y Daily Telegraph. Aros yn Llundain a wnaeth, ond mae'n ddiddorol fod y syniad o ddychwelyd yn ddelfryd mawr cynhaliol ganddo; llwydda i'w berswadio ei hun yn aml mai dyna fyddai'r ateb i bob problem. Ond unwaith eto, mae ef ei hun, dro arall, yn dryllio'r ddelfryd. Bryd hynny, fe'i cawn yn cyfleu'r agwedd, hollol groes, mai dadrithio a wna dychweliad pob alltud. Dyma un enghraifft o'r safbwynt hwn, o'i anerchiad fel llywydd Eisteddfod Dyffryn Conwy yn 1974:

> Mae rhyw hen air yn dweud nad yw'n bosibl i frodor ddychwelyd i'w gynefin. Dyna fu fy mhrofiad innau yn Nyffryn Ogwen lawer tro.[86]

Fel prawf fod y profiad 'yn un cyffredinol', sonia am dristwch cydnabod iddo o Fethesda a oedd wedi dychwelyd yno i ymddeol ar ôl cyfnod i ffwrdd. Fel Goronwy Owen ym Môn, cawsai hwnnw ei fod bellach yn ddieithryn yn ei fro ei hun, a'r 'hogia', yn ei eiriau ef ei hun, 'i gyd wedi marw neu wedi mynd yn flaenoriaid' (byddai'r dweud ei hun wedi apelio at synnwyr digrifwch Caradog). Tua'r un adeg yn y Bangor and North Wales Weekly News, mae Caradog, ar ôl ymweliad â Bethesda, yn sôn eto am anhawster dychwelyd yno i fyw.[87] Un rheswm posibl, meddai, yw'r sioc o ganfod nad yr un yw'r lle na'r bobl bellach a bod 'hyd yn oed yr hen fynyddoedd fel pe baent yn fy ngwrthod fel dieithryn'. Dichon mai ystyriaethau fel y rhain a oedd yn bennaf cyfrifol, ynghyd â'r ffaith i'w iechyd dorri, am y ffaith na allod erioed ymsefydlu yn y bwthyn a fu ganddo ar rent yn Llanllechid, ger Bethesda, yn ystod ei flynyddoedd olaf; fe'i rhoddodd, yn hytrach, ar fenthyg i'w gyfaill, Elis Aethwy.[88]

Fodd bynnag, yn yr achos hwn eto, yn y gwaith creadigol y ceir yr ymagweddu gonestaf. Yno, er bod llawn cymaint o sôn am ddychwelyd ag yn y gwaith arall, mae Caradog yn llai parod i ramantu'r syniad; yn wir, mae dadrith y profiad yn thema gyson. Mae sawl enghraifft yn *Y Genod yn ein Bywyd*. O blith y rhain, stori 'Y Dyffryn' sydd fwyaf amlwg hunangofiannol, gyda'r adroddwr yn disgrifio dwy olwg ar ddyffryn ei fagwraeth. Y tro cyntaf, bachgen bach ydyw, yn cael golwg ddigon dychrynllyd ar y lle ar ôl gweld, am y tro cyntaf, olygfa harddach o ben 'ysgwydd y Foel' (167). Yr ail dro, yn sefyll yn yr un lle, mae'n ddyn mewn oed sydd wedi gweld llawer mwy ar y byd. Unwaith eto, mae'r gwahaniaeth rhwng dwy olygfa – yr un o'i flaen a'r un y tu ôl iddo – yn ei daro, ond fod profiad blynyddoedd bellach wedi ei liniaru:

> Erbyn hyn ciliasai hud yr olwg gyntaf ar y wlad heulog ac nid oedd cysgodion y Dyffryn yn peri cymaint o arswyd. (168)

Er mai wedi ateb galwad ddi-baid yn ôl i'w gynefin y mae'r adroddwr, sylwer nad oes yma ymgais i wadu cysylltiadau llai cysurus y lle – effaith ryfedd a digon dychrynllyd diwygiad 1904–5, gwrthryfel gweithwyr, helynt blin y Streic Fawr, colledion y Rhyfel Byd Cyntaf. Mae yma gyfochredd diddorol rhwng profiad y bachgen a phrofiad yr oedolyn. Ar ôl mwynhau trip ysgol i lan y môr, yn ôl yn ei wely gartref, 'dan gysgod yr hen Chwarel ddu', y profa'r plentyn bleser y dydd lawnaf (171). Ac felly hefyd yr oedolyn alltud ar ôl 'ateb yr alwad' yn ôl i'w gynefin: 'yma, yng nghysgodion fy Nyffryn, y profaf wir hyfrydwch y blynyddoedd heulog a fu' (hynny yw, y cyfnod ers ymadael) (171). Nid dianc yn ôl o'i alltudiaeth y mae hwn yn gymaint â chael ei gymell yn ôl i'w gynefin – a hynny nid i aros, ond i gael cadarnhau gwerth yr alltudiaeth. Roedd Caradog wedi mynegi rhywbeth tebyg iawn ychydig flynyddoedd cyn cyhoeddi *Y Genod yn ein Bywyd*, yn sgript radio 'Y Daith yn Ôl' a ddarlledwyd yn 1958. Yno, mae Caradog, yn llais 'Adroddwr', yn gwneud taith undydd ddychmygol yn ôl i'w orffennol, taith sy'n mynd ag ef i bob rhan o Gymru y bu'n byw ynddo ac sy'n dod i ben ym Methesda ei blentyndod. Yn y fan honno, yn wahanol i'r atgofion dymunol am

Gaernarfon a Dyffryn Conwy, at bethau digon tywyll y cyfeirir drachefn – y Streic a'r Rhyfel Mawr unwaith yn rhagor, a hefyd yr Eglwys 'ffroenuchel'. Bellach, fe nodir, mae'n nosi, ac meddai'r Adroddwr, gan adleisio 'Y Briodas',

> Ydi, mae'r daith i fyny'r Nant yn hir, a gwell rhoi'r gorau iddi yn y fan yma. Mae'r niwl a'r caddug yn gordoi'r Hen Ddyffryn ... Maen nhw fel pe'n dweud wrtha i nad oes croeso imi mwy ac mai ei throi hi'n ôl am Lundain sydd orau imi. Oddiyno'n unig y medra i weld yr Hen Ddyffryn yng ngolau dydd bellach. O Baker Street y ca i'r olwg orau ar Lôn Ty Popty. Ac yn Charing Cross y caf stelc ar Groeslon y Gerlan mwy.

Casgliad lled-gysurlon yr Adroddwr ar y diwedd yw mai'r Dyffryn sydd wedi newid, nid ef ei hun. Ar yr un pryd, mae wedi gorfod mynd yn ôl am sicrwydd o'r newid – wedi ei yrru, mae'n debyg, gan yr un teimlad ag a ddisgrifir yn y gerdd 'Aflonyddwch'.[89] Yno, disgrifia'r bardd ei anniddigrwydd fel un yn teimlo tynfa gref at ddau le hollol wahanol, sef Llundain ac ardal ei fagu, gyda'r naill le yn galw pan fydd ef yn y llall. Ac yntau ar lan afon Llafar (yn Nyffryn Ogwen), bydd yn siŵr o hiraethu am fod wrth ymyl afon Tafwys; ond ynghanol 'rhuthr y ddinas' bydd galwad y cwm Cymreig heddychlon yn gryf:

> Ond O, paham wrth chwarae'n wirion
>   Ar lannau Llafar y gorthrymir fi
> Gan hiraeth cêl am Dafwys dirion
>   Ac orig ar y cob yn gwylio'i lli?
>
> Ac O, paham, yn rhuthr y ddinas,
>   Y blysiaf nefoedd fach yng nghil y Cwm
> Yn noddfa o sŵn cerbydau atgas
>   Sy'n torri ar hedd prynhawn o hafddydd trwm?
>
> Canys wrth orffwys gyda'r blodau
>   Ar lethr y Cwm dan felyn haul prynhawn
> Fe ddaw i'm galw yn ôl gatrodau
>   Y ddinas hudol a'i llawenydd llawn.

Mae'r bardd, erbyn y pennill olaf, yn ymbil am waredigaeth rhag ei
stad rwystredig:

> O, pam na roir im ddewis rhyngoch,
>   Y Strand a Llafar, Tafwys a Chil y Cwm,
> Neu ffoi o'ch gŵydd hyd pan ollyngoch
> Eich gafael arnaf yn y beddrod llwm?

Eto i gyd, mae holl batrwm y gerdd, gyda'i chyfochri cyson, fel
petai'n awgrymu bod cael troed mewn dau fyd, ynddo'i hun, yn
rhyw fath o gynhaliaeth i alltud.

Mae'n wir fod y stori sy'n dilyn 'Y Dyffryn' yn *Y Genod yn ein
Bywyd* yn rhoi golwg hollol wahanol ar yr alltudiaeth. Hanes
perthynas stormus yr adroddwr â Llundain yw 'Y Ddinas Ddolurus'
– hanes ei ddenu yno fesul cam gan ei chyfoeth a'i llewyrch cyn cael
ei ddadrithio'n llwyr gan fateroldeb ac unigrwydd bywyd yno.[90]
Mae'n wir hefyd mai edrych ymlaen at ddychwelyd adref i'w gynefin
yn Arfon y mae'r adroddwr ar ddiwedd y stori. Ac eto ynghanol y
stori mae un disgrifiad sy'n fwy cyson â'r darlun diurddas arferol o
ddychweliad yr alltud:

> . . . canfyddwn y palmantau aur, a dychwelyd i'r hen fro yn hen
> wŷr parchus wedi riteirio, i glochdar yn ein hail blentyndod am
> gyfoeth llechweddau'r grug. (175)

Gwawdio rhagrith yr alltud a wneir yma, mewn ieithwedd sy'n
adleisio cerdd 'Yr Alltudion'.

Mae un stori arall yn y llyfr yn trafod rhywfaint ar alltudiaeth – 'Y
Ddafad Goll', un o grŵp o straeon am gyfnod yr Ail Ryfel Byd a
bywyd milwr. Yn wahanol i'r straeon eraill, nid yr adroddwr ei hun
yw'r alltud amlwg yma, ond yn hytrach dderyn brith o Wyddel y
daeth ar ei draws yn y fyddin – Paddy, sy'n amlwg wedi'i seilio ar
gymeriad go iawn a ddisgrifir yn *'Rwyf Innau'n Filwr Bychan*.[91] Ef yw
'dafad goll' y teitl, yn hiraethu ac yn rhamantu yn Lloegr am ei
gartref – fferm yn Iwerddon, yn ôl ei honiad ei hun. Ond o dipyn i
beth, aiff yr adroddwr i amau mai creadigaeth dychymyg Paddy yw'r

fferm, i'w gynnal yn ei alltudiaeth, amheuaeth a gaiff ei chadarnhau
un diwrnod pan ddatgela cydnabod i'r Gwyddel wrtho mai potsiar o
fri oedd Paddy, ac iddo gael carchar am hynny unwaith. Ond ar
ddiwedd y stori, heb wybod i ddim gael ei ddatgelu ynglŷn â'i
orffennol, dal at ei gelwydd y mae Paddy. Mae'r gymhariaeth rhwng
sefyllfa Paddy a Caradog ei hun yn amlwg. Synia'r adroddwr am
Paddy 'mai yn y Fyddin y cafodd ei fywyd esmwythaf a'i fod yn ei
fwynhau'n fawr ar brydiau' (155). Cofiwn i Caradog yntau, yn ôl
tystiolaeth *'R Wyf Innau'n Filwr Bychan*, sylweddoli ymhen amser mai
ei gyfnod yn y fyddin oedd 'un o gyfnodau dedwyddaf fy mywyd'.[92]
Ond y tebygrwydd mwyaf arwyddocaol yw agwedd orfrwdfrydig
Paddy at ei gartref – yr agwedd sy'n peri i'r adroddwr feddwl mai
'rhithlun yn anialwch llwm ei fywyd' yw fferm y Gwyddel (156).

Mae sawl peth yng ngwaith Caradog yn dangos ei fod ef ei hun, yn
ei alltudiaeth, yn sylweddoli bod pellter lle ac amser yn gallu arwain at
ramantu ynghylch gwreiddiau. Yn 'Y Garnedd' a 'Dieithrwch', y ddwy
yn gerddi cymharol gynnar, wyneba Caradog y newid sydd wedi
gwneud ei hen ardal yn ddieithr iddo.[93] Yn y ddwy gerdd, mae fel
petai'n synhwyro'r newid o bell, heb fod angen mynd yno i'w weld. Yn
'Y Garnedd', llun papur newydd o'r mynydd hwnnw yn Nant
Ffrancon sy'n cynrychioli'r newid: nid yr un yw Garnedd heulog, ddof
y llun â'r lle drycinog yng nghof y bardd. Ni chaiff, meddai, fyth mo'r
gân y mae'n ei cheisio 'Heb sŵn y gwynt a sŵn y glaw'. Braidd yn
ddiobaith yw'r cais yn y pennill olaf am ddarn o ddoe yn ôl:

> Pell, pell wyt heno, Garnedd foel,
>   Pell fel hen Fynydd yr Olewydd,
> A'r chwedl a fu sy'n herio coel
>   Yn nistaw fedd y papur newydd.
> O!'r ddiymadferth, moes i mi
> Ochenaid o'th drist enaid di.

Yn y soned 'Dieithrwch' mae sŵn mwy terfynol eto i'r newid.
Dychymyg y bardd piau'r darlun o'r hen fro y tro hwn: gwêl y
'bwthyn clyd' a fu unwaith yn gartref iddo ef bellach yn gartref yr un
mor glyd i eraill, a'u plant yn chwarae ei 'hen chwaraeon' ef. Ond

gyda'r nos y daw'r arwydd creulonaf nad yw bellach yn perthyn yma
(mae'n ddiddorol sut y mae cysur gwynt a glaw 'Y Garnedd' yn troi'n
wawd yn y gerdd hon):

> . . . A chyda'r hwyr
> Daw pelydr y ffenestri hyd y fro
>   I wawdio a'u hanwylai ddyddiau gynt.
> O un i un diffoddant . . . Yn ei dro
>   Daw'r glaw i chwerwi'n greulon oergri'r gwynt
> Nad mi fy hyn wyf i fy hun yn hwy,
> Na bro fy mebyd fro fy mebyd mwy.

Weithiau mae Caradog yn disgrifio dychwelyd i'r hen fro nid yn
unig fel siom ond fel camgymeriad enbyd ei ganlyniadau. Mae 'Trwy
Borth y Bedd' yn enghraifft yn y farddoniaeth, cerdd sy'n dwyn yr is-
deitl 'Taith Sentimental yn Nyffryn Mebyd'.[94] Gallai'r gair
'sentimental' ein harwain i gredu mai cerdd yn gwyngalchu'r
gorffennol sydd yma, ond nid felly; y cywair hunllefus braidd a
drewir yn y teitl ei hun yw cywair y gerdd ar ei hyd. Aeth y bardd,
meddai wrthym, i 'guro wrth borth y bedd', sef 'Drws y Nant / Lle
tardd yr afon o'r Llyn Du', ac ysbryd sy'n ateb: 'porthor gwag ei
wedd'. Mae hwnnw'n galw'r bardd yn ôl 'dros ddeugain haf' i'w
febyd, a dilyna yntau'n ufudd ar hyd cwrs yr afon:

> Dilynais heibio i'r chwarel chwyrn
> A'i llechi glas yn lluchio'u glud
> Dros friw diriondeb dwylan werdd.

> Nes dod i gysgod diwyd gyrn
> Simneiau teiau'r pentre mud
> A thafarn segur a di-gerdd.

> Ffarwelio ennyd â lli trist
> Yr afon wrth y drysau cefn
> A throi i'r 'Vaults' a'i pharlwr oer.

Yn y dafarn ddigysur hon mae ysbryd arall, uwchben ei ddiod, yn
atgyfodi'r gorffennol gan alw

Adroddwyr a chantorion meddw
I sugno llawen chwedl o'r llaid.

Mae'n orffennol sy'n anniddigo onid yn codi ofn ar y bardd:

Dihengais allan cyn awr cau
A brysio gyda'r afon lawn
Ymhell o sŵn y gorffwyll gôr.

Diolch am gael dychwelyd i'r presennol, yng nghwmni'r afon, a
wneir yn y pennill olaf:

A gorfoleddwn yma ein dau
Am atgyfodiad hyfryd iawn
Ar lannau Menai las a môr.

Y pennill hwn, yn sôn am droi cefn ar Fethesda drachefn, yw'r unig
bennill cadarnhaol yn y gerdd. Profiad afreal ac annifyr yw
dychwelyd at wreiddiau yn 'Trwy Borth y Bedd', a'r peth gorau i'w
wneud yw dianc oddi yno drachefn, yn union fel ar ddiwedd sgript
radio 'Y Daith yn Ôl', lle mae'r adroddwr yn dehongli'r 'niwl a'r
caddug' fel rhybudd i'w throi hi'n ôl am Lundain.

Roedd agwedd Caradog at Fethesda yn un gymhleth felly. Ar un
llaw, ni allai ganmol digon ar y lle, ac ar y cychwyn a gafodd yno. Ar
y llaw arall, mae'n amlwg fod y cof am amgylchiadau trist a diflas ei
ymadawiad yn aros, ac weithiau'n peri bod dychwelyd yn brofiad
anodd. Yn ôl Mari, roedd patrwm eithaf cyson i ymddygiad ei thad
yn ystod gwyliau mynych y teulu yn yr ardal. Byddai yn ei elfen am
ryw ddiwrnod, gan fwynhau cerdded y stryd yn ail-gwrdd â hen
gyfeillion ac yn hel atgofion gyda hwy uwchben paned mewn caffi,
ond ar ôl hynny, yn amlach na pheidio, byddai'n syrthio i'r felan, ac
roedd yn rhaid dechrau meddwl am ei throi hi'n ôl i Lundain. Er na
rannai ei thad ei deimladau ar y fath achlysuron, câi Mari'r argraff
fod y croeso cyffredinol a gâi ei thad ynddo'i hun yn gwneud iddo
deimlo'n euog: roedd fel petai'n methu dygymod â chael ei drin fel
un o blant disglair y fro a wnaeth yn dda iddo'i hun yn Llundain bell
a llewyrchus, ac yntau'n gwybod bod Bethesda o hyd yn lle digon

tlodaidd. Roedd fel petai rhywbeth yn ffug iddo, nid yn y croeso ei hun, ond yn y syniad ei fod yn cael ei drin fel arwr ac yn y pellter anochel a greai hynny rhyngddo ef a'i gyd-frodorion gynt. Dywedodd ef ei hun, yn 'On Looking Into My Welsh Mirror', i hiraeth ei yrru i ogledd Cymru yn aml iawn ar un cyfnod, ond ei fod, ar ôl cyrraedd Bangor neu Gaernarfon, yn teimlo'n fwy unig yno nag a wnaethai erioed yn Llundain.

Yn sicr, mae'n ymddangos mai dim ond i ffwrdd oddi wrth ei wreiddiau y gallai Caradog ysgrifennu amdanynt. Meddai'r drych sy'n gwawdio hiraeth ac euogrwydd Caradog yn 'On Looking Into My Welsh Mirror':

> "You know quite well that you can only do some creative work in Welsh when you are away from Wales and sitting in your own imaginary native land between the four walls of your London home."

Cofier hefyd am ei sylw yn 'Y Daith yn Ôl' mai o Lundain y câi'r 'olwg orau' ar ei fro enedigol bellach. Roedd yn ysgrifennu hyn yn 1958, ac yntau wrthi eisoes, fe wyddom bellach, yn llunio darn o waith lle y byddai'r olwg hon o hirbell ar Fethesda ei blentyndod, ac ar ei brofiadau yno, yn esgor ar ddarlun unigryw. Nid nofel am alltudiaeth fel y cyfryw yw *Un Nos Ola Leuad,* ac eto gellir dadlau ei bod yn nofel y mae a wnelo hi bopeth ag alltudiaeth ei hawdur. Nofel am ddyn yn mynd yn ôl at ei wreiddiau wedi cyfnod i ffwrdd yw hi, wedi'r cwbl, ac yn ceisio rhoi trefn yn ei feddwl ar y tryblith profiadau a gafodd yno. Dywedodd Caradog ei hun mai un o'r pethau a'i cymhellodd i'w hysgrifennu oedd y profiad o deimlo'n ddieithryn yn ei fro enedigol. Yn narlith *Y Rhai Addfwyn* y ceir y datgeliad hwn, wrth iddo sôn, unwaith eto, am ei 'ymdeimlad o fod yn annheilwng ac annigonol, yr ymdeimlad o fethiant', bob tro y daw yn ôl i ardal Bethesda, ac am ran ei euogrwydd ynghylch siomi ei fam trwy fethu arholiad y 'Senior' yn hynny.[95] Disgrifia un achlysur penodol pan deimlodd ei fod wedi'i esgymuno o'r gymdeithas, ac er nad oes yma amcan o ddyddiad, mae'n amlwg fod hyn ar ôl i'w fam fynd i'r ysbyty yn 1923:

Cofio cerdded un pnawn i fyny o'r Lôn Bost heibio Coetmor am
Rachub yng nghwmni Ifan Rich – Evan Richard Hughes, un
arall o'm heilunod ar gae'r beldroed erstalwm – ni chofiaf i ble'r
oeddwn yn cyrchu. Ond yn sydyn, fel brathiad cyllell, daeth
imi'r sylweddoliad nad oeddwn yn perthyn i'r gymdeithas yma
mwy. 'Doedd gen i ddim cartref yma. 'Roeddwn fel un wedi ei
dorri allan o'r Seiat. Daeth panic i gydio ynof a'm hysgytio. Ni
roddais un arwydd allanol o'r cynnwrf. Ond gwyddwn fod
rywbeth ynof wedi ei ladd ac wedi marw yn ddioddefus.
'Doedd gen i ddim hawl i fod yma mwy.[96]

Â rhagddo i ddweud fel y ceisiodd fynegi'r ing hwn yn *Un Nos Ola
Leuad* wrth ddisgrifio'r bachgen yn ymadael â'r ardal ar ôl lladd Jini
Bach Pen Cae. Dyfynna'r darn o ddiwedd y nofel lle y mae'r bachgen
yn cerdded o'r 'Pentra' gefn drymedd nos gan wybod, er gwaethaf y
tywyllwch, lle yr oedd 'bob carrag ar Pafin bob ochor i Stryd, a bob
polyn lamp a bob polyn teligraff, a bob sinc'.[97] Diddorol yw agwedd
y bachgen at y tywyllwch:

Ac oedd hi'n braf cael gadael Pentra yn y twllwch, heb weld
siopa na Rysgol na Reglwys na tai na dim byd. Achos taswn i
wedi gadael yng ngola dydd mi fasant wedi codi hiraeth arnaf
fi, a ella baswn i wedi torri nghalon cyn cyrraedd Parc Defaid a
wedi troi'n ôl adra a mynd i weithio'n chwaral hefo Elis Ifas.[98]

Rhyddhad sydd yma o gael dianc – fel yr oedd yn rhaid i lofrudd
ddianc – heb deimlo gormod o chwithdod. Mae'r 'twllwch' yn
dywyllwch llythrennol, wrth gwrs, ond gellid dweud ei bod yn nos ar
y llanc yn ddelweddol hefyd, yn yr ystyr fod cysgod ei weithred anllad
drosto a bod hynny, yn ogystal, yn troi'r ymadawiad yn un afreal.
Nid yw'r clymau arferol yn dal wrth yr un sy'n ffarwelio, nac yn atal
ei gam. Yn yr un modd, yn sydyn, ac o dan amgylchiadau annaturiol,
y 'collodd' Caradog ei le ym Methesda. A'i frodyr eisoes wedi
ymadael, diwrnod mynd â'r fam i Ddinbych oedd diwrnod chwalu'r
cartref yn derfynol. Dyn sy'n teimlo'n euog, euog, 'fel un wedi ei
dorri allan o'r Seiat', sy'n dychwelyd i'w fro yn y darn a ddyfynnwyd

o *Y Rhai Addfwyn*; plentyn diniwed newydd droi'n llanc euog sydd ar ffo ar ddiwedd *Un Nos Ola Leuad*.

Gellir bod yn sicr, felly, fod peth o rym emosiynol *Un Nos Ola Leuad* yn tarddu'n benodol o brofiad Caradog fel alltud. Ond mae'n dra phosibl fod y profiad hwnnw wedi gadael ei ôl ar y nofel mewn ffordd arall hefyd, sef yn ei darlun o'r gymdeithas sydd dan sylw. Trafodwyd y darlun deifiol hwn, a'r gwahaniaeth rhyngddo a'r darlun arferol o froydd chwarelyddol Cymreig megis Bethesda, mewn pennod o'r blaen. Fodd bynnag, mae'n werth nodi yma fod y fath ddarlun amgen a thanseiliol yn anodd ei gysoni gydag agwedd anghwestiyngar ei hawdur, ar brydiau, tuag at Gymreictod gwerinol lleoedd fel Bethesda. Dyma'r dyn a allai fwynhau diwylliant traddodiadol, swyddogol ei famwlad gystal â neb. Dyma'r Cymro Llundain cydymffurfiol. Gwrandewch arno'n rhamantu drannoeth un o'r nosweithiau llawen a gynhelid yn 7 Carlton Hill, ac yntau wedi cyrraedd adref o'i waith am hanner nos i ganfod llond tŷ o bobl yn llowcio cawl, a'r adloniant yn ei anterth:

> The atmosphere last night was that which prevails on thousands of hearths in Wales every night, and is completely un-English. It remains so, and nothing can change it despite the continual talk of alien influences . . . Perhaps my appreciation of this Welsh tonic lies in the fact that I get so little of it, although I am part of the essence of it.[99]

Y werin yn creu diwylliant yn barhaus o gylch y tân: dyma'r math o ddarlun clyd y bydd Caradog yn aml yn ei gonsurio iddo'i hun, fel rhyw fath o gysur yn wyneb meddyliau trist am ei wlad. Mewn colofn olygyddol ddiwedd blwyddyn yn *Y Ddinas*, mae'n rhestru gwaeon Cymru yn ystod y flwyddyn a aeth heibio cyn codi ei galon yn rhyfedd o sydyn wrth feddwl am ganu a chynhesrwydd 'the simple Welsh hearth'.[100] Ond tipyn o gamp yw dod o hyd i'r un aelwyd 'syml' yn *Un Nos Ola Leuad*, gyda thrais a gwyrdroadau rhywiol a gwallgofrwydd mor gyson bresennol, a does yma ddim un teulu cnewyllol taclus. Unwaith eto, roedd fel petai Caradog yn gallu ymddihatru oddi wrth y rhamant a'r hunan-dwyll arferol mewn gwaith creadigol, hyd yn oed waith mor amlwg hunangofiannol â'r llyfr hwn. Fel 'darlun afreal' y disgrifiodd ef y nofel, ond does dim dwywaith ei fod yn ddarlun brwnt o onest ar yr un pryd. A fyddai Caradog wedi gallu bod mor onest ynglŷn â rhai agweddau llai cymeradwy ar y gymdeithas a'i magodd pe bai wedi aros yn ei hen ardal? A fyddai wedi ysgrifennu'r nofel o gwbl petai wedi aros yng Nghymru a chael ei gofleidio gan y sefydliad llenyddol Cymraeg? Cwestiynau na ellir mo'u hateb i sicrwydd yw'r rhain, ond mae'r gwahaniaeth trawiadol rhwng ystrydebu achlysurol Caradog y Cymro alltud am y bywyd pentrefol Cymreig a phortread chwyldroadol newydd Caradog y nofelydd o'r un bywyd, yn cymell rhywun i'w gofyn o leiaf.

Roedd sawl peth i gadw Caradog yn Llundain. Gwaith, wrth gwrs; waeth pa mor ddiflas yr oedd hwnnw iddo ar adegau, fe'i galluogai i fwynhau safon byw da (nid rhywbeth i'w gymryd yn ganiataol gan un a oedd wedi profi mwy na'i siâr o'i gyni), i fyw mewn rhan lewyrchus o Lundain, i dalu am addysg breifat i'w ferch ac i foddhau ei hoffter ysbeidiol o wario ar foethau. Daeth cael gwasanaeth iechyd effeithiol ar garreg y drws yn gynyddol bwysig iddo tuag at ddiwedd ei oes.[101] Mae'n amlwg fod Mattie, 'brenhines Cymry Llundain' fel y'i galwyd, yn ei helfen yn y brifddinas, a chanddi lu o ffrindiau yno, ac nid ar chwarae bach, efallai, y byddai hi wedi symud yn ôl i Gymru. Ac er mor aml y mynegai Caradog yr awydd i ddychwelyd, roedd fel petai'n derbyn yn y bôn, yn enwedig wrth fynd yn hŷn, nad oedd hynny i fod. Mae'n debyg y byddai'n ormodiaith dweud bod ei alltudiaeth yn ddewisol, ond yn sicr ceir yr argraff yn aml ei bod yn alltudiaeth gynyddol anorfod. Dros y blynyddoedd roedd Caradog wedi magu teimladau cymysg a digon poenus ynglŷn â Bethesda, ac ynglŷn â Chymru a Chymreictod, fel nad mater syml o ddod o hyd i swydd neu dŷ oedd dychwelyd; roedd yn fater hefyd o wynebu cymhlethdodau emosiynol.

Gydag amser, felly, mae'n debyg fod aros yn Llundain yn ymddangos yn dipyn haws. Ac o fod wedi gwneud y penderfyniad ymwybodol neu isymwybodol hwnnw, roedd yn rhaid i Caradog geisio cadw'i Gymreictod yn fyw mewn ffyrdd eraill. Roedd ymweliadau cyson yn un ffordd – y gwyliau yn Nyffryn Ogwen, y bererindod ddefodol i'r Eisteddfod bob mis Awst. Ffordd arall oedd trwy ymfwrw i waith tawel, y tu ôl i'r llenni, gyda Chymry Llundain, wrth olygu eu papur ac ysgrifennu cerddi ac ati ar eu cyfer yn ôl y galw, a thrwy fynychu eu gweithgareddau, rhywbeth a wnâi yn selog, yn ôl ei fynych gyfeiriadau at nosweithiau llawen, cyngherddau Cymreig a dathliadau Gŵyl Dewi yn *Y Ddinas* a'r *Bangor and North Wales Weekly News*. Ond mae'n debyg mai'r ysgrifennu creadigol oedd y gweithgaredd Cymraeg a esmwythai fwyaf ar ei gydwybod fel un a deimlai mor aml ei fod wedi gwadu ei wreiddiau. Nid yn unig yr oedd am ysgrifennu, ond yr oedd am gael ei weld yn llwyddo hefyd; nid rhywbeth yn perthyn yn unig i'w ieuenctid a'i brentisiaeth farddol oedd cystadlu mewn eisteddfodau, ond rhywbeth y daliodd ati i'w wneud ymhell i'w ganol oed. Cofier iddo ymgeisio am gadair y Genedlaethol bedair gwaith cyn ei hennill yn 1962. Dywedodd yn *Afal Drwg Adda* fod hon, ei fuddugoliaeth eisteddfodol olaf, yn bwysig iddo, am ei bod yn 'brawf . . . nad oedd y cwbl wedi ei golli . . . yn gyfiawnhad o'm dull o fyw, – yn dawel, heb uchel geisio nac isel ymgreinio' (109). Na, nid oedd yn uchelgeisiol yn ei waith bob dydd efallai, ond roedd gwneud marc yn y byd llenyddol Cymraeg yn amlwg yn parhau'n bwysig iddo, ac yn fwyfwy felly, mae'n ymddangos, am nad oedd yn byw yng Nghymru. Mae'n neilltuo llawer o ofod yn ei hunangofiant i drafod ei fuddugoliaethau – a'i aflwyddiannau – eisteddfodol yn fanwl, ac yn dyfynnu o'i waith ei hun yn ddiddiwedd. Mae'r 'Hunangofiant Methiant' yn cynnwys cryn dipyn o hunanlongyfarch hefyd!

Rhwng popeth, mae pob lle i gredu bod ei alltudiaeth wedi bod yn un o gymhellion cryfaf Caradog i ysgrifennu. Ysgrifennodd rai pethau lled greadigol am Lundain, gan sôn droeon am 'hud' y lle, ond ysgrifennodd lawer mwy am Fethesda a Chymru – am y profiad o fod yno ac am y profiad o beidio â bod yno. Weithiau roedd alltudiaeth yn destun ymwybodol; dro arall, fel yn *Un Nos Ola Leuad*, roedd yn y cefndir, ond yn ddylanwad grymus, gellid tybio, ar yr hyn a oedd yn cael ei ddweud a'r ffordd yr oedd yn cael ei ddweud. Dyheu am gael dewis yr oedd Caradog yn y gerdd 'Aflonyddwch', fel y gwelwyd –

dewis rhwng 'Y Strand a Llafar, Tafwys a Chil y Cwm'; ond efallai ei fod yn beth ffodus iddo, fel llenor o leiaf, na chafodd ddewis, ac iddo gael ei dynghedu i fod â throed mewn dau fyd.

NODIADAU

[1] CCP, 58.
[2] Gw. ADA, 107 a 110–22; YRhA, 7.
[3] LlGC, PKR, 3224 (dim dyddiad).
[4] Gw. ibid., 3243 (dim dyddiad, ond cynnar yn 1925, mae'n ymddangos; llythyr o'r Eye and Ear Hospital yn Lerpwl ydyw).
[5] Mynegir y mwynhad, e.e., yn ibid., 3260 (?17 Rhagfyr 1925); daw'r dyfyniad o ibid., 3254 (?5 Awst 1925).
[6] Ibid., 3250 (24 Mehefin 1925).
[7] Ibid., 3236 (18 Awst 1924).
[8] LlGC, PTGJ, G4565 (27 Gorffennaf 1932).
[9] Ibid., G4566 (27 Awst 1934).
[10] 'R Wyf Innau'n Filwr Bychan, 46.
[11] LlGC, PKR, 3289 (30 Medi 1942).
[12] ADA, 125. Gw. hefyd ibid., 145 a 160.
[13] LlGC, PKR, 3288 (8 Mai 1941).
[14] LlGC, PCP, 136 (6 Ionawr 1946).
[15] Ibid., 137 (8 Ionawr 1946).
[16] Ibid., 138 (9 Ionawr 1946).
[17] Dyfynnir o ibid., 63 (19 Awst 1944).
[18] LlGC, PRWP, 403 (12 Mehefin 1946).
[19] Eto i gyd, dylid nodi iddynt brynu bwthyn yno yn ystod y rhyfel, sef 5 Fron Bant, Gerlan.
[20] Michael Wharton, A Dubious Codicil (London, 1991), 1.
[21] Cyf. SR.
[22] LlGC, PCP, 541.
[23] Gw. Byron Rogers, 'The King wears a bedsheet', The Daily Telegraph, 30 Gorffennaf 1994.
[24] LlGC, PCP, 603 (21 Tachwedd 1956).
[25] Ibid., 603 (19 Chwefror 1963).
[26] Ibid., 27 (Mehefin 1963).
[27] Ceir llythyr cydymdeimlad Peter Eastwood yn ibid., 436. Roedd y sylw arall ganddo, ac eiddo Colin Welch, yn rhan o anerchiad Cliff Morgan yn y

gwasanaeth coffa yn Eglwys St Bride, Fleet Street, ar 17 Ebrill 1980, y ceir copi ohono yn ibid., 495.

28 *YRhA*, 8.

29 LlGC, PCP, 1 (4 a 5 Chwefror 1963).

30 Ibid., 1 (3 Ionawr 1963).

31 'Peter Eastwood, night-editing Beast of Peterborough Court, where stylebook rules: "Change it"', *The Guardian*, 14 Mehefin 1991.

32 Michael Wharton, *A Dubious Codicil*, 5.

33 Y cyflog gwreiddiol, yn ôl ei gytundeb gwaith cyntaf, dyddiedig 2 Hydref 1946, oedd £2,250 y flwyddyn ynghyd â £10 4s 6d yr wythnos am waith ar y *Sunday Telegraph*. Ond roedd yn gofyn yn gyson am godiad neu am fenthyciad (gw. amrywiol lythyrau yn LlGC, PCP, 601).

34 Ceir hanes y tri chynllun yn *ADA*, 166–9. Yno synia Caradog mai diffyg hunanhyder a barodd iddo wrthod cynnig *Y Cymro*, ond yn ôl Mattie doedd y cynnig o dŷ yng Ngobowen, sydd dros y ffin yn Sir Amwythig, ddim yn apelio ychwaith (Cyf. MP).

35 Ni ellir cadarnhau hyn, ond yn ôl Mattie bu golygyddiaeth *Y Cloriannydd* a'r *South Wales Evening Post* dan ystyriaeth (Cyf. MP).

36 Mae'r llythyrau, deuddeg ohonynt i gyd, ar gael ar ffurf proflenni hirion, ac mae pob un ohonynt yn cyfarch William John, sef cefnder CP o Ddeiniolen a oedd gryn ugain mlynedd yn hŷn nag ef. (Ei enw llawn oedd William John Brown. Mae gan CP gerdd iddo, 'William John' (*CCP*, 182), ac yn LlGC, PCP, 602, ceir deunydd yn ymwneud â'i farwolaeth ac â phrofi ei ewyllys ynghyd ag englyn a ysgrifennodd CP i'w roi ar ei garreg fedd.) Mae'r llythyrau'n rhychwantu ymron i flwyddyn, rhwng mis Ionawr a mis Tachwedd 1964. Anfonodd CP y llythyrau at Wasg Gee yn 1966, yn fuan ar ôl marw ei gefnder, yn y gobaith o'u cyhoeddi. Yn ôl Charles Charman, rheolwr y wasg ar y pryd, bwriadai CP anfon rhagor ond ni ddaethant. Barnodd Charman nad oedd yma ddigon o ddeunydd i'w gyhoeddi ac nad oedd y cynnwys yn ddigon diddorol (cyfweliad preifat, 15 Ebrill 1988). O ddarllen y llythyrau, gwelir na fu peidio â'u cyhoeddi yn golled fawr, er eu bod yn ddadlennol weithiau. Hynt a helynt ei fywyd bob dydd a gofnoda CP; mae'n trafod, ymhlith pethau eraill, ei oedran ac yntau bron yn drigain, ei ymdrech i roi'r gorau i ysmygu, sgwrs gyhoeddus a roddodd ym Mangor, a'i frawd Glyn, na wyddai ei hanes ers iddo fynd i Ganada.

37 'Annwyl William John' (8 Ionawr 1964). Nid enwir *Y Genod yn ein Bywyd*, ond mae'r disgrifiad yn dangos mai rhan o'r casgliad hwnnw o straeon sydd dan sylw, er mai am 'nofel' y sonnir.

38 'Annwyl William John' (18 Gorffennaf 1964).

39 'Coronau a Chadeiriau', 304.

40 Ibid., l.c.

[41] *The Bangor and North Wales Weekly News*, 21 Mai 1976.

[42] Dyfynnir o nodiadau a geir ymhlith ei bapurau yn LlGC, Llsgr. 22396C, ac sy'n dangos iddo feddwl o ddifrif am y syniad a'i fod yn bur obeithiol y gellid ei wireddu, yn enwedig yn wyneb y ffaith fod Roy Thomson wedi prynu'r *Western Mail* ac wedi dechrau ei gyhoeddi o Gaerdydd. Gw. hefyd CP, 'Papur dyddiol Cymraeg: A yw'n bosibl?' yn y *Western Mail* (8 Ionawr 1966), lle y mae'n mynnu bod papur o'r fath, ac iddo gylchrediad o 10,000, yn ddichonadwy ac yn rhan synhwyrol o'r ymdrech i gael statws swyddogol i'r iaith. Cf. 'Llygad y Ffynnon', LlGC, PCP, 523, stori neu sgets anghyflawn am bapur newydd dyddiol Cymraeg dychmygol.

[43] Gw. ibid., 5 (1972); 6 (1973); 8 (1974); 11 (1977); 12 (1978); 13 (1979); 14 (1980); 15 (darn o ddyddiadur yn dwyn y teitl 'One Merry Month of May', yn sôn am yr un cyfnod ag a ddisgrifir fesul diwrnod ar ddiwedd *ADA*, 193–5).

[44] LlGC, PCP, 13 (14 Mawrth 1979).

[45] Ceir ymhlith ei bapurau gyfieithiadau ac addasiadau fel a ganlyn. Ibid., 489: cyfieithiad o'r pennill sy'n dechrau 'Mae'r daith i lawr y Nant yn hir' o bryddest 'Y Briodas' (canfuwyd hwn, ochr yn ochr â fersiwn Gymraeg sydd fymryn bach yn wahanol i'r fersiwn gyhoeddedig, mewn llyfr costau o eiddo CP, wedi'i ysgrifennu ychydig cyn ei farw, mae'n debyg, a chyfeiriwyd ato yn anerchiad Cliff Morgan yn y gwasanaeth coffa yn Eglwys St Bride, Fleet Street, y ceir copi ohono yn ibid., 495). Ibid., 497: cyfieithiadau o 'Y Briodas', 'Penyd', 'Y Gân Ni Chanwyd' a 'Terfysgoedd Daear'. Ceir yma hefyd ddisgrifiad mewn rhyddiaith Saesneg o amgylchiadau gwaith CP ar y *News Chronicle* a'r modd y bu iddo ysgrifennu 'Terfysgoedd Daear' tra oedd yn gweithio yno; cf. *ADA*, 106–8, 115. LlGC, PCP, 503: cyfieithiad o bum pennill cyntaf 'Y Briodas', yn cadw'r odl. Ibid., 516: bras-gyfieithiad o ddwy bennod gyntaf *ADA*. Ibid., 530: 'A Look at the Moon', cyfieithiad o ddarn o stori 'Grisiau Serch' yn *YGB*, sef hanes y noson efo Eirlys (97–102).

[46] Gw. y disgrifiad o'i amgylchiadau gwaith ar y *Chronicle* y cyfeirir ato yn y nodyn uchod.

[47] *CCP*, 102.

[48] 'Annwyl William John' (6 Chwefror 1964).

[49] Gw., e.e., 'Defaid Dewi', *Western Mail*, 28 Chwefror 1964, erthygl sy'n agor gyda'r cwestiwn, 'Pa bryd y mae Cymro'n peidio â bod yn Gymro?'; hefyd adroddiad Saesneg diddyddiad mewn toriad papur newydd yn LlGC, PCP, 555, am anerchiad CP fel gŵr gwadd i Gymdeithas Gogleddwyr Aberdâr. Yno roedd wedi dweud bod tri math o alltud o Ogledd Cymru – dyn sy'n mynd i ffwrdd ac yn aros i ffwrdd, dyn sy'n mynd ac yn dychwelyd yn waglaw, a dyn sy'n mynd ac yn dychwelyd gyda phethau

gwerth chweil gwlad ei alltudiaeth. Mae'r ddau ddarn yn dangos angen obsesiynol i drafod a chyfiawnhau alltudiaeth.

50 *The Bangor and North Wales Weekly News*, 27 Medi 1973; 24 Ionawr 1974.

51 Gw., e.e., ibid., 7 Mawrth 1974; 3 Hydref 1974. Gw. ibid., 7 Mawrth 1974 am y cyfeiriad at bleidleisio i'r Rhyddfrydwyr yn etholiad cyffredinol cyntaf 1974. Safodd Mattie mewn sawl etholiad lleol ar ran y Rhyddfrydwyr, a chafodd ei dewis i sefyll dros Gaernarfon yn etholiad cyffredinol 1964, ond bu'n rhaid iddi dynnu'n ôl pan benderfynodd y blaid beidio ag ymladd am y sedd Lafur.

52 Gw., e.e., ibid., 1 Mai 1975 a 7 Awst 1975; 'Roeddwn Innau'n Nabod Lloyd George', *Western Mail*, 7 Mai 1966. Adroddir stori'r taflu allan o'r gwesty mewn erthygl bapur newydd am CP (sydd heb enw awdur) ar achlysur cyhoeddi'r cyfieithiad Saesneg cyntaf o *UNOL*: 'Carry on, Caradog', *Sunday Telegraph*, 31 Rhagfyr 1972.

53 *The Bangor and North Wales Weekly News*, 23 Medi 1976.

54 Ynglŷn â'r agwedd at streicio, gw. ibid., 9 Ionawr 1975; *ADA*, 36.

55 *The Bangor and North Wales Weekly News*, 28 Mawrth 1974.

56 Ibid., 22 Tachwedd 1973.

57 Am ddisgrifiad o'r diwrnod pan gyfarfu CP y Fam Frenhines, gw. Mattie Prichard, colofn 'Mati Wyn o Lundain', *Y Cymro*, 21 Mawrth 1957. Yn ôl tystiolaeth y golofn hon a chyfweliad preifat (Cyf. MP), gwnaeth Caradog ei hun yn barod oriau lawer cyn pryd, ac ar ôl yr achlysur 'roedd fel un yn dyfod allan o berlewyg'. Sonia CP am gyswllt brenhinol ei gadair yn y *Bangor and North Wales Weekly News*, 26 Chwefror 1976.

58 *The Bangor and North Wales Weekly News*, 31 Rhagfyr 1975 a 6 Ionawr 1977. Gw. hefyd ibid., 8 Ionawr 1976, lle y mae CP yn datgan bod angen system anrhydeddu Gymreig.

59 'Roeddwn wedi rhyw hanner rhoddi fy mryd ar yrfa academig Gymraeg. Ond buan y sylweddolais nad oedd gennyf mo'r ddawn na'r dyfalbarhad i ddatblygu'n ysgolhaig,' meddai yn *ADA*, 106. Ac wrth siarad â'r drych yn y darn anghyhoeddedig 'On Looking Into My Welsh Mirror', mae'n sôn eto am y freuddwyd, a'r gobaith y byddai'r fath yrfa'n caniatáu amser iddo wneud gwaith creadigol, ond â rhagddo i ddweud iddo roi heibio'r syniad ar ôl cael argraff wael o'r bywyd academig yng Nghaerdydd fel 'more of a rat race than I had imagined' oherwydd y 'bitter and even malicious bickerings and squabbles that went on between the Celtic scholars almost throughout the first half of this century . . .'

60 *Cherwell*, 20 Tachwedd 1968.

61 Dyfynnir o'r *Oxford Times*, 22 Tachwedd 1968. Mae'r papurau eraill a roddodd sylw i'w ymgyrch yn cynnwys *The Times*, 22 Tachwedd 1968, a'r *Daily Telegraph*, 22 Tachwedd 1968. Dim ond graddedigion MA o Rydychen

sydd â'r hawl i bleidleisio yn yr etholiad, a dim ond traean cefnogwyr CP a oedd â phleidlais. Daeth yn chweched allan o'r un ar ddeg o ymgeiswyr, ac mae'n ddiddorol nodi iddo gael mwy o bleidleisiau na'r bardd o'r Ariannin, Jorge Luis Borges. Ceir llythyr ganddo yn diolch i'w gefnogwyr yn y *Daily Telegraph*, 25 Tachwedd 1968.

[62] *The Times*, 22 Tachwedd 1968.

[63] *The Oxford Times*, 22 Tachwedd 1968.

[64] 'Solid result for poetry election', *The Guardian*, Tachwedd 25, 1968.

[65] *Y Faner*, 28 Tachwedd 1968.

[66] John Davies, *Hanes Cymru* (London, 1990), 467; R. Merfyn Jones, *The North Wales Quarrymen 1874–1922*, 120–1.

[67] R. Merfyn Jones, ibid., 52.

[68] Ceir sylwadau Gwilym R. Jones yn 'Ledled Cymru', *Y Faner*, 15 Chwefror 1974, ac eiddo CP yn y *Bangor and North Wales Weekly News*, 24 Ionawr 1974 a 28 Chwefror 1974. Gw. hefyd *ADA*, 110–122.

[69] 'Merthyron cyntaf y mudiad cenedlaethol', *Y Faner*, 24 Gorffennaf 1969: cerdd i Alwyn Jones a George Taylor, y ddau aelod o Fudiad Amddiffyn Cymru a laddwyd ger Abergele gan eu bom eu hunain y noson cyn Arwisgo Tywysog Cymru ar 1 Gorffennaf 1969. Yn ôl yr hyn a ddywed yn y *Bangor and North Wales Weekly News*, roedd CP wedi holi'r bardd a'r golygydd ynglŷn â phriodoldeb ysgrifennu a chyhoeddi'r gerdd, ac wedi cael dau gyfiawnhad gwahanol yn atebion: Euros Bowen yn dweud mai dyma ei ddull o roi saliwt filitaraidd i'r ddau ('Saliwt' yw enw'r gerdd yng nghyfrol Euros Bowen, *Achlysuron* (Llandysul, 1970)), a Gwilym R. Jones yn dweud bod y ddau wedi gwrthdystio yn erbyn sioe filitaraidd yr Arwisgo. I CP, roedd hyn yn enghraifft o 'anghysondebau'r cenedlaetholwyr'.

[70] Am ei sylwadau am ddwyieithrwydd a hunanlywodraeth, gw., e.e., y *Bangor and North Wales Weekly News*, 30 Mai 1974, 17 Hydref 1974, 4 Rhagfyr 1975; *Y Ddinas*, Mai 1995 (golygyddol); ac am genedlaetholdeb y wasg, gw. y *Bangor and North Wales Weekly News*, 17 Ionawr 1974, 8 Mai 1975, 5 Mehefin 1975.

[71] Gw. *ADA*, 57–8, 91, a'r *Bangor and North Wales Weekly News*, 8 Tachwedd 1973. Mynegir yr edmygedd, e.e., yn ei ddarlith i'r Cymmrodorion, 'Coronau a Chadeiriau', 314, lle y mae'n cloi trwy ofyn am faddeuant Morris T. Williams a Prosser Rhys, dau o Waddolwyr y Gymdeithas a dau a oedd bellach wedi'u claddu, am 'beidio ag ymlynu ac ymroddi i'r bythol bethau mor ddyfal ac mor ddewr ag y gwnaethant hwy hyd y diwedd.'

[72] *ADA*, 164, 170.

[73] Hannen Swaffer, 'Has Wales found its De Valera?', *John Bull*, 30 Ionawr 1937. Yn yr Old Bailey, ar 9 Ionawr 1937, dedfrydwyd tri aelod o Blaid

Genedlaethol Cymru i naw mis o garchar am losgi adeiladau'n perthyn i'r llywodraeth ar dir Penyberth, ger Penrhos, Pwllheli, fel protest yn erbyn y penderfyniad i sefydlu ysgol fomio yno.

74 Mae'n sicr mai Hannen Swaffer yw 'Y Gaffer' yn y stori o'r un enw yn *YGB* – stori lle y mae'r adroddwr, Arthur, yn disgrifio achlysur pan ddaeth ar draws y Gaffer a mynd yn ei gwmni i weld drama ac yna am bryd o fwyd yn 'un o westai mwyaf ac enwocaf y ddinas' (163). Mae'n stori wir: cf. disgrifiad Mattie Prichard o bryd o fwyd ar ôl bod mewn drama yng nghwmni Swaffer yn y Savoy, yn 'Mati Wyn o Lundain', *Y Cymro*, 5 Medi 1960. Yn ôl Mattie, roedd CP yn cerdded yn ôl a blaen i'r gwaith gydag ef ar un cyfnod (Cyf. MP).

75 Gw. hefyd deyrnged gan CP i Saunders Lewis ar achlysur ei ben-blwydd yn 80 yn y *Bangor and North Wales Weekly News*, 8 Mawrth 1973; ac yn ogystal *ADA*, 119, lle y mae'n galw Saunders 'y cywiraf a'r dwysaf o'n haml broffwydi'.

76 Geoffrey Moorhouse, 'Dreaming of Principality', *The Guardian*, 25 Hydref 1965.

77 *Y Ddinas*, Ionawr 1948 (golygyddol).

78 *The Bangor and North Wales Weekly News*, 4 Hydref 1973.

79 Codwyd yr wybodaeth hon o Dafydd Ifans (gol.), *Annwyl Kate, Annwyl Saunders [:] Gohebiaeth 1923–1983* (Aberystwyth, 1992), 61. Dyfynnir yno o adroddiad ar yr achlysur yn *Y Faner*, 22 Hydref 1929.

80 Gw. llithoedd golygyddol *Y Ddinas*, Awst 1948 a Mehefin 1955.

81 *The Bangor and North Wales Weekly News*, 20 Mehefin 1974 a 4 Gorffennaf 1974.

82 LlGC, PCP, 517; ibid., 518.

83 Enw'r soned yw 'Edifeirwch', sef fersiwn ychydig yn wahanol o 'Awr Wan', y gyntaf o'r ddwy soned a gyhoeddwyd dan y teitl 'Dwy Ffarwel' (*CCP*, 179).

84 Am enghreifftiau o'r canmol, gw. *Y Ddinas*, Hydref 1946 (golygyddol cyntaf CP) ac Ebrill 1953 (golygyddol) lle y mae'n rhoi'r bai mwyaf am ddiboblogi cefn gwlad Cymru ar ysgwyddau'r rhai sydd wedi mudo oddi mewn i'r wlad. O ran galw Llundain yn brifddinas Cymru, gw. y cyntaf o'r ddau olygyddol y cyfeirir atynt yma, a hefyd olygyddol Awst 1953; cf. y golofn yn y *Bangor and North Wales Weekly News*, 6 Mawrth 1975.

85 *Y Ddinas*, Rhagfyr 1947 (golygyddol).

86 LlGC, PCP, 533.

87 *The Bangor and North Wales Weekly News*, 30 Hydref 1975.

88 Sonnir am y tŷ hwn, sef Bryn Awel, tŷ capel Peniel, Llanllechid, yn *ADA*, 200–201, ac ysgrifennodd CP gywydd gofyn amdano yn cyfeirio at y ffaith fod gwaharddiad ar gadw ci yno. Gw. 'Bryn Awel' (*CCP*, 177).

[89] *CCP*, 126.

[90] Trewir yr un tant – sef pwysleisio gwacter atyniadau'r ddinas – yn y gerdd 'Bardd Uwchaled' (*CCP*, 114), sef cerdd yn cyfarch y bardd gwlad Thomas Jones, Cerrigellgwm, ar achlysur ei ymweliad cyntaf â Llundain ac yn ei gynghori i frysio'n ôl 'i dir y Foelas' cyn iddo gael ei 'ddal gan hud y ddinas'.

[91] '*R Wyf Innau'n Filwr Bychan*, 5, 10–11, 12, 19, 20–21, 31, 35–6, 49, 51.

[92] Ibid., 6.

[93] *CCP*, 63 a 68.

[94] Ibid., 106. Cyhoeddwyd y gerdd hon gyntaf yn *Y Llenor*, XXVIII (1949), 1–2; dim ond mân wahaniaethau sydd rhwng y ddwy fersiwn.

[95] *YRhA*, 22–3.

[96] Ibid., 23.

[97] Ibid., l.c.; *UNOL*, 181.

[98] *YRhA*, 23–4; *UNOL*, l.c.

[99] 'One Round Year' (5 Tachwedd 1959) yn LlGC, Llsgr. 22396C.

[100] *Y Ddinas*, Rhagfyr 1946 (golygyddol).

[101] Gw. *ADA*, 190–1; *The Bangor and North Wales Weekly News*, 1 Mawrth 1973.

5

Gwallgofrwydd, Hunanladdiad a Byd Arall

Mewn llythyr at ei gyfaill Morris T. Williams unwaith, soniodd Caradog Prichard fel hyn am delyneg gan y bardd A. E. Housman:

> Y delyneg oreu a ddarllenais, – mewn Cymraeg a Saesneg yw honno'n disgrifio'r bardd yn edrych i lawr i'r dŵr ac yn gweld rhywun yno "Wishing that he were I". Dyna'r syniad mwyaf barddonol a ddaeth i'm golwg eto.[1]

Yn 1925 y dywedodd Caradog hyn, cyn iddo ddechrau llenydda o ddifrif, ond mae'n amlwg i'r syniad hwn ddal ei afael yn ei ddychymyg ar hyd ei oes. Mae'r dyn ar fin y llyn yn ffigwr canolog yn ei waith. Dyn rhwng dau fyd ydyw, y byd daearol hwn a'r byd arall a wêl yn y llyn, byd sydd fel petai'n ei ddenu i gymryd naid. Mae'n ddelwedd sy'n dychwelyd yn gyson yng ngwaith Caradog, yn farddoniaeth a rhyddiaith.

Os oedd hi, felly, yn ddelwedd fenthyg i ddechrau, fe ymgartrefodd yn rhwydd yn ymwybyddiaeth neu yn isymwybyddiaeth Caradog. Fe gymerodd ef y llyn a'i lenwi â'i fyfyrdodau a'i weledigaethau ef ei hun, gan greu byd sy'n gosod ei waith yn llwyr ar wahân i waith llenorion Cymraeg eraill o'r ugeinfed ganrif. Mae'n fyd sydd â'i nodweddion, ei awyrgylch a'i resymeg gwbl arbennig ei hun. Byd mewnol y meddwl ydyw, a'r prif bethau sy'n cael eu trafod yw gwallgofrwydd, hunanladdiad a phresenoldeb byd arall. Nid dim ond cyffwrdd y dirgelion hyn yn awr ac yn y man a wna Caradog; hwy yw craidd ei waith pwysicaf. Tair thema yn gwau trwy ei gilydd ydynt, yn cael eu gweithio a'u hailweithio. Gyda'i gilydd, mae'r themâu hyn yn cwmpasu *Un Nos Ola Leuad*, y pedair pryddest eisteddfodol a dyrnaid o'r cerddi eraill. Awgrymir trwyddynt fod hunanladdiad yn ddihangfa gyfiawn rhag ambell gyflwr meddyliol ac yn ffordd o gyrraedd stad well – stad sy'n dod yn rhyfeddol o fyw trwy gyfrwng delwedd y llyn.

Wrth drafod y pethau dieithr hyn, rhoddodd Caradog gryn raff i'w ddychymyg gan ymddangos yn wir, yn y farddoniaeth yn enwedig, fel petai'n rhoi penrhyddid llwyr i'w ffansi.

> Ni warafunaf awr i'm ffansi ffoi
> Hyd wyneb tonnog y ffurfafen frith . . .

meddai'r Hen Ŵr yn 'Y Gân Ni Chanwyd'. Ar yr un pryd, yng nghyd-destun corff y gwaith, yr ymdriniaeth gyfan â themâu'r meddwl claf, hunanladdiad a bodolaeth byd arall, mae rhyw hygrededd annisgwyl i bob gweledigaeth, pob dyhead, pob chwiw a fynegir. Mae'n sicr mai un o'r prif resymau am hynny yw bod y cyfan wedi tarddu o brofiad personol. Y profiad hwnnw, wrth gwrs, oedd gweld ei fam yn colli ei phwyll. Hi a'i thynged druenus – treulio 30 mlynedd olaf ei hoes mewn ysbyty – sydd wrth wraidd popeth o bwys a ysgrifennodd Caradog. Ond mewn gwirionedd mae'r gwaith a ddeilliodd o'i fyfyrdod hir ar gyflwr ei fam yn ymwneud llawn cymaint â'i argyfwng ef ei hun ag â'i threialon hithau.

Dioddefaint y fam weddw – o leiaf fel y dychmygai Caradog ei chyflwr – sydd yn y ddwy bryddest gyntaf, 'Y Briodas' (1927), a'r dilyniant iddi, 'Penyd' (1928). Yn 'Y Briodas', mae'r Wraig yn un o'r 'chwaraewyr' yn y ddrama, chwedl y bardd, yn adrodd ei phrofiad ei hun. Yn 'Penyd', yr un wraig, bellach yn y gwallgofdy, sy'n siarad trwy gydol y gerdd heblaw am y Prolog a'r Epilog, lle y mae nyrs yn siarad, gan gyfarch ymwelydd. Yna, ym mhryddest 'Y Gân Ni Chanwyd' (1929), ceir rhywfaint o newid pwyslais. Mae'r gerdd y tro hwn yn cael ei hadrodd gan ryw Lywarch Hen o ffigwr, sy'n crwydro'n anniddig ar ei ben ei hun, gan aros ar lan llyn i synfyfyrio a hel meddyliau. Mae'r wraig wallgof yma eto, ond y tro hwn ar ffurf rhyw bresenoldeb cyfrin yn y dŵr – un o weledigaethau'r Hen Ŵr, yn

ddieithr a chyfarwydd iddo ar yr un pryd. Yma, rhan o gerdd am yr
Hen Ŵr yw stori'r 'Fam' yn gwallgofi; mae ei wallgofrwydd ef ei hun
yr un mor amlwg. Ym mhryddest 'Terfysgoedd Daear', a
ysgrifennwyd ddeng mlynedd yn ddiweddarach, y ddau adroddwr
yw'r hunanleiddiad, sy'n dweud ei feddyliau cyn ac ar ôl iddo ei ladd
ei hun, a'r 'Llais' sy'n siarad o'r Llyn ac sy'n ei gyflwyno ei hun fel
arloeswr yr hunanleiddiaid. Yn ei hunangofiant, flynyddoedd yn
ddiweddarach, dywedodd Caradog yn ddiamwys mai ef ei hun sydd
yn y gerdd hon ac iddo ei hysgrifennu ar ôl cyfnod anodd yn ei
fywyd.[2] Nid oes sôn am y fam yn 'Terfysgoedd Daear'. Ond yna, yn
Un Nos Ola Leuad, a thros ugain mlynedd arall wedi mynd heibio, daw
dau bresenoldeb, dau brif lais y pryddestau, at ei gilydd. Lle yr
oeddynt, yn y farddoniaeth, yn perthyn i ddau fyd ar wahân, yn y
nofel maent am y tro cyntaf yn cyd-rannu'r un llwyfan a'u perthynas
fel mam a mab yn eglur. Yng nghwrs y nofel, mae'r naill a'r llall yn
colli arnynt eu hunain yn eu gwahanol ffyrdd, gyda mwy nag awgrym
fod gwallgofrwydd y mab yn arwain at hunanladdiad trwy foddi.

Mewn gwirionedd, felly, mae yma ddau ddarlun, dau achos ar
wahân – achos y fam ac achos y mab, y ddau â'u helyntion eu hunain,
yn mynd i gwrdd â'u tynghedau eu hunain. Fodd bynnag, mae
bydoedd y ddau'n gorgyffwrdd. Wrth drafod y naill a'r llall, yr ydym
ynghanol yr un pethau – argyfyngau meddyliol, marwolaeth a
hunanladdiad, nefoedd ac uffern. Crëir yr argraff gyffredinol nid yn
unig fod gwallgofrwydd y fam yn gysgod parhaus dros y mab, ond ei
fod ef yn dilyn yn ôl ei throed hi. A derbyn y *personae* amryfal yn y
gwaith fel cynrychiolwyr llenyddol Caradog a'i fam, dyna'r awgrym
cyson. Yn 'Y Gân Ni Chanwyd', mae'r Hen Ŵr yn dychmygu mynd i
mewn i'r llyn, sy'n cael ei ddisgrifio yma fel rhyw fath o storws lle y
mae rhan dda o'i orffennol wedi'i gadw 'yn un distawrwydd hardd':

> Minnau, o uchel rwysg fy ngorsedd faen
> (Ni ŵyr y garreg ba mor fusgrell wyf)
> Awn at fy nhras i'r deyrnas sydd ar daen
> Obry, pe gwyddwn gaffael yno'r nwyf
> Oedd im pan arglwyddiaethwn yma o'r blaen . . .

'At fy nhras', sylwer, i'r llyn a dry yn y man yn grastir sy'n gartref i'r 'Sphincs gyfriniol' – delwedd am fam Caradog. Mae'r awgrym o ddilyn y fam yn gryf iawn ar ddiwedd *Un Nos Ola Leuad*. Ar hyd y nofel, mae pererindod yr adroddwr yn ôl i fro ei febyd yn arwain yn ddi-droi'n-ôl i Ben Llyn Du. Yng ngolygfa olaf y nofel – sydd fel adlais o'r darn am y Sffincs yn y bryddest – mae'n dychmygu gweld y fam yn codi o'r llyn i'w geryddu am wneud 'dryga':

> Mi weidda i, dest i edrach oes yna garrag atab. Mam-a-a-m. Mam-a-a-m. Mam-a-a-m. Oes wir. (182)

Rywle y tu ôl i'r cyfan y mae'r pryder fod gwallgofrwydd yn gyflwr sy'n cael ei etifeddu. Mae Caradog cystal â dweud hynny yn *Afal Drwg Adda* wrth drafod ei resymau dros anfon pryddest 'Terfysgoedd Daear' i Eisteddfod Genedlaethol Dinbych yn 1939 ac yntau eisoes â thair coron genedlaethol i'w enw. Un rheswm, meddai, oedd

> ... bod y cysylltiad ag Ysbyty'r Meddwl – y Seilam – yn Ninbych yn dal yn ddolur parhaus. Yno, ymhlith y deiliaid, roedd y fam a ysbrydolodd bob un o'm pryddestau blaenorol a'r llinyn umbilical yn dal heb ei dorri. (114)

Mae'n awgrymu wedyn mai'r un oedd ei gymhelliad – torri'r cysylltiad rhyngddo a'i fam unwaith ac am byth – yn yr ymgais honedig yn yr un cyfnod i'w ladd ei hun. Cyfeirio y mae yma at y digwyddiad yn y Tiwb yn Llundain y soniwyd amdano yn y bennod gyntaf, ac er inni fwrw peth amheuaeth yno ar ddilysrwydd y stori, mae ef ei hun yn ddi-ildio yn ei ddehongliad o'r digwyddiad yn *Afal Drwg Adda*:

> Nid oes un amheuaeth gennyf nad ymgais fwriadol ydoedd, dan orchymyn yr is-ymwybod, i ymado â'r fuchedd hon yn wirfoddol. Oblegid dyma'r union adeg yr oeddwn yn troi a throsi yn fy mhen y syniad o gerdd am hunan-ddistryw. (112)

Cawn drafod y gerdd honno, 'Terfysgoedd Daear', yn fanylach yn y man ond am y tro, arhoswn gyda'r bennod ddadlennol hon o'r hunangofiant, sef y ddegfed, lle y mae Caradog yn trafod ei ymhél â seicoleg. Gellir edrych ar y bennod gyfan fel rhyw fath o gyfiawnhad ganddo o'i obsesiwn yn ei waith gyda gwallgofrwydd. Meddai,

> ... themâu sylfaenol fy nhipyn cynnyrch llenyddol, am hynny mae'n werth, fu'r meddwl claf a'i amryw gysylltiadau. Ac o ail-ddarllen y pethau a sgrifennais caf fod haen o niwrosis yn rhedeg trwy'r rhan fwyaf ohonynt. (111)

Mae'n trafod 'Terfysgoedd Daear' ac ymateb cymdeithas i bobl sâl eu meddwl ar yr un gwynt:

> Prin iawn yw mesur parch a chydymdeimlad dyn at gyd-ddyn fo'n glaf ei feddwl. Mae'r meddwl claf yn ddieithriad yn wrth-gymdeithasol a'r ymateb greddfol tuag ato yw ei roddi dan glo. Dyna pam, er yr holl dyneru a dyneiddio fu ar wasanaethau cymdeithasol yn ein dyddiau ni, bod stigma'n glynu wrth bob ymennydd claf a greddf hunan-gadwraeth yn peri bod deddf grym yn gweithredu i reoli pob ymddygiad a ystyrrir yn arwydd o wendid meddwl. Byr yn ei hanfod yw amynedd yr iach at y claf, y cryf at y gwan. A chyn pallu o amynedd y darllenydd, brysiaf i bwysleisio mai ymgais sydd yma i chwilio neu i ffansïo os mynnir, arwyddocad y cymhellion a roes fod i bryddest a gyfrifir ymhlith cerddi Cymraeg gorau'r ganrif ond sydd ar yr un pryd yn gynnyrch meddwl claf ac, yn ôl deddfau naturiol perthynas dyn a'i gyd-ddynion, yn wrth-gymdeithasol. (116)

Ar ôl cyffredinoli'n amhersonol, dyma Caradog, mewn datganiad go syfrdanol, yn honni yn blwmp ac yn blaen ei fod yn sâl ei feddwl pan ysgrifennodd 'Terfysgoedd Daear'. Ymhellach, sylwer mai ei ddiberfeddu ei hun a wna Caradog yn y bennod hon ar ei hyd; ni chyfeiria ond unwaith at ei fam, sef yn y darn a ddyfynnwyd ynghynt. Ar yr un pryd, nid oes osgoi cysgod ei thynged hithau mewn darnau fel yr uchod.

Mae peth tystiolaeth arall y tu allan i'r gwaith creadigol yn dangos bod salwch meddwl yn fygythiad real yng ngolwg Caradog. Yn ei golofn yn y *Bangor and North Wales Weekly News*, mae'n sôn am ymweliad â'r meddyg lle yr oedd wedi datgelu mai ei ofn pennaf oedd gwendid meddwl a'i fod wedi cael archwiliad o ganlyniad i anhwylderau 'gwirioneddol a dychmygol'.[3] Mae effeithiau'r 'felan fydd yn fy mygwth weithiau' yn eu hamlygu eu hunain fwy nag unwaith yn llithoedd y golofn hon a hefyd mewn dyddiaduron o'r 1960au a'r 1970au.[4] Mae addefiadau fel y canlynol, o ddyddiadur yn nechrau 1963, yn bur nodweddiadol:

> Mati a Mari'n fy nisgwyl adref yn serchog mewn ystafell gynnes, minnau fel surbwch heb ddim i'w ddweud wrthynt. Arwyddion cyntaf melancolia a manic depression? Prynais botel o donic (Methatone) gan obeithio y bydd yn fy nghodi o'r pwll.[5]

Gwyddom fod Caradog wedi mynd yn gynyddol ddibynnol ar gyffuriau gwrthweithio iselder ysbryd tua diwedd ei oes.

Er nad oes tystiolaeth benodol fod Caradog yn darllen am seicoleg, mae'n amlwg fod ganddo ddiddordeb mawr yn y pwnc. Mae'n dweud yng ngholofn y *Bangor and North Wales Weekly News* mai swydd 'meddyg y meddwl' yw un o dair galwedigaeth sy'n mynd â'i fryd.[6] Daw'r sylw ar ôl iddo fwynhau anerchiad gan gyfaill o seiciatrydd, y Cymro Linford Rees, ar achlysur ei sefydlu'n llywydd Cymdeithas Frenhinol y Seiciatryddion. Ceir awgrym arall o'r diddordeb mewn toriad papur newydd sydd yn ei gasgliad papurau. Llythyr a ymddangosodd yn *The Sunday Times* ydyw gan ddyn o'r enw Henry Bashford yn trafod salwch meddwl ac yn maentumio nad oes y fath beth mewn gwirionedd.[7] Ar sail y dybiaeth fod y meddwl yn rhywbeth mwy ac ar wahân i'r ymennydd sy'n gartref iddo, damcaniaetha'r llythyrwr nad yw gwendidau yn yr ymennydd neu yn y system nerfol yn effeithio o angenrheidrwydd ar y meddwl. O gofio'r hyn a ddigwyddodd i'w fam, mae'n dra phosibl i Caradog gael cysur yn y syniad hwn fod ysbryd person y tu hwnt i wendidau corfforol ac yn aros yr un trwy bopeth. Mae'n ddiddorol nodi dyddiad y toriad, sef 30 Mai 1954 – mis ar ôl i'w fam farw.

Yn ogystal â damcaniaethu ynglŷn â chyflwr ei feddwl ei hun yn y bennod o'r hunangofiant a drafodir uchod, ac, yn wir, yn achlysurol trwy gydol y llyfr, mae'n amlwg i Caradog bendroni llawer hefyd am yr hyn a yrrodd ei fam o'i phwyll. Mae'r ddwy bryddest gynharaf yn seiliedig ar y syniad fod a wnelo ei chyflwr â'i gweddwdod. Gweddw yn methu â dod i delerau â'i phrofedigaeth yw'r 'Wraig' yn 'Y Briodas'. Yn ei galar diymwared, mae'n ei rhoi ei hun mewn sefyllfa annaturiol o gaeth trwy dyngu llw gerbron Duw i garu ei gŵr marw a pharhau'n ffyddlon iddo am byth. Ddeng mlynedd yn ddiweddarach mae'n gwyro oddi wrth y llw trwy ganiatáu i'w meddwl y syniad o gael perthynas â dyn arall. Ddeng mlynedd arall yn ddiweddarach, mae'r 'gynnen gas / Rhwng Ysbryd pur a chnawd' yn dal i gythryblu ei meddwl a hithau'n ceisio gwneud iawn am ystyried anffyddlondeb trwy gadw'r oed rheolaidd wrth fedd ei gŵr. Erbyn 'Penyd', pryddest sy'n ddilyniant i'r 'Briodas', mae'r weddw yn y gwallgofdy, a'r esboniad tybiedig ar ei chyflwr yn cael ei roi yng ngeiriau'r nyrs:

> Dywedant mai poeni ar ôl ei gŵr
> A'i gyrrodd hi, druan, o'i cho'.

Yna, ceir yr hanes yn llawn o enau'r wraig ei hun.

Yn *Afal Drwg Adda*, synia Caradog mai brith atgof am ei fam yn sôn am ailbriodi a roddodd iddo'r syniad o ysgrifennu 'Y Briodas' am helbulon gwraig weddw. Roedd hynny, meddai, 'yng nghyfnod Glanrafon', sef y cyfnod, yn nyddiau Caradog yn ysgol y sir, pan oedd tlodi wedi gorfodi'r teulu i symud am yr eilwaith ers colli'r tad:

> Byddai hen ŵr mwyn a locsyn gafr yn addurno'i wedd siriol yn dringo'r allt bob dydd i'w gartref ymhellach i fyny'r bryn. Arhosai'n aml am sgwrs yn y drws hefo Mam a chawn innau ambell geiniog o lwgr-wobrwy ganddo. Gŵr gweddw cefnog oedd ac mae'n rhaid ei fod wedi ceisio rhoddi ei het ar yr hoel hefo Mam. Bu hithau'n trafod hefo mi y cwestiwn o ail-briodi, a chefais argraff plentyn ei bod mewn tipyn o benbleth. Ond efallai mai yn fy mhen a'm dychymyg i yn unig yr oedd y benbleth . . . Nid wyf yn siwr erbyn hyn a fu'r mater yn benbleth o gwbl i Mam. Mae'n debycach gen i mai fi, yn fy myfyrion am ramant dau enaid, ddaru greu'r benbleth; a thrwy hynny gael thema pryddest 'Y Briodas', sef ffyddlondeb gweddw i'w gŵr marw a'r ymrafael 'rhwng ysbryd pur a chnawd'. (32)

Efallai hefyd mai dyma wreiddyn un o gymeriadau *Un Nos Ola Leuad*, Wmffra Tŷ Top, a'r berthynas sy'n cael ei hanner awgrymu rhyngddo ef a mam y bachgen. Yn ddiddorol, mae gan J. O. Jones, Porthaethwy, y bu ei deulu'n gymdogion i Margaret Jane Pritchard a'i phlant pan oeddynt yn Long Street, frith gof am Caradog yn sôn i'w fam fod â chariad ar un adeg.[8] Waeth faint o sail a oedd iddi, mae'n amlwg fod yma ryw hanner stori a dyfodd yn rhan o ddychymyg Caradog ac y gallodd ei defnyddio yn ei ddwy bryddest gyntaf ac i raddau yn *Un Nos Ola Leuad*. Yn *Afal Drwg Adda*, fodd bynnag, mae'n rhoi'r bai mwyaf am ddirywiad meddwl ei fam ar yr amgylchiadau a grëwyd gan ei gweddwdod yn hytrach nag ar unrhyw helbulon carwriaethol. Ei gweddwdod a'i rhoddodd ar y plwy ac ar drugaredd gwahanol landlordiaid. Heb fawr ddim arall i fynd â'i bryd bellach, dywed Caradog yn yr hunangofiant mai yn llwyddiant ei feibion yr oedd ei gobeithion mawr. A Howell, yr hynaf, wedi mynd i'r fyddin yn erbyn ewyllys ei fam ac wedi aros oddi cartref wedyn, a Glyn wedi colli ei waith yn y chwarel ac, fe honnir, wedi dechrau yfed, dim ond ei fab ieuengaf a oedd ar ôl. Pan fethodd yntau'r Matric roedd hynny'n siom mawr iddi, meddai Caradog:

> Pan ddwedais wrthi nad oeddwn wedi pasio rhoddodd y tegell i lawr a chrïo'n ddistaw. Dyna'i thrydydd breuddwyd yn deilchion. (33)

Erbyn iddo lwyddo yn yr arholiad ar yr ail gynnig roedd yn rhy hwyr, meddai, a'i 'breuddwydion . . . wedi troi'n hunllefau' (33). 'Ac felly, dan bwys baich o euogrwydd, y gwyliais ei hymennydd yn dechrau dadfeilio,' meddai wedyn, yn nodweddiadol hunangondemniol (34). Yn yr adroddiad hwn o'i gof am yr arwyddion cyntaf o wendid meddwl ei fam, mae Caradog yn siarad fel pe na bai unrhyw amheuaeth fod ei ymddygiad ef a'i frodyr wedi cyfrannu at ei chyflwr. Mae'r un mor sicr fod ei salwch hi yn ei dro wedi effeithio'n uniongyrchol ar ei ymddygiad a hyd yn oed ar ei gymeriad yntau:

> O edrych yn ôl, credaf mai dyma'r adeg y teimlais y crac cyntaf yn fy mhersonoliaeth. Hyd yma yr oeddwn yn eofn a hunan hyderus, yn ymladdwr ffyrnig ac wedi ennill enw fel tipyn o

fwli yn yr ysgol ac ymhlith hogiau'r ardal. Ond ar ôl y sioc o ganfod Mam yn dechrau drysu daeth dirywiad amlwg yn fy nghymeriad. Cerddwn yn llechwraidd ar hyd ffyrdd y pentref fel un yn ofni ei gysgod. Ac mi ddechreuais gadw ar wahân i blant eraill a throi i mewn ynof fi fy hun. Yr oeddwn yn llwfryn wedi colli pob hunan-hyder. (36)

Mae'r hunangofiant yn llawn o gyffesion tebyg, ac o geisiadau ganddo i esbonio'r elfennau hyn yn ei natur, ynghyd â thuedd at iselder ysbryd. Caernarfon, Llanrwst, Caerdydd, India a Llundain: daw pob cyfnod â'i bwl drwg, fel petai'r awdur am fynnu ein hatgoffa o hyd mai 'Hunangofiant Methiant' yw hwn.[9] Trafodwyd yn y ddwy bennod ddiwethaf le canolog euogrwydd ac alltudiaeth yn argyfyngau meddyliol Caradog ac o ganlyniad yn ei waith. Crybwyllwyd hefyd rai o'r enwau a roddodd i'w gyflwr: rhai'n ddramatig-drosiadol fel 'y rhwyg yn yr enaid', eraill yn dermau meddygol fel 'niwrosis' a 'deuoliaeth sgitsoffrenig'. Mae ef ei hun yn cydnabod ei fod mewn maes dieithr iddo wrth ymhél â seicoleg:

> Tasg anodd, os nad, yn wir, peryglus, yw mynd ati i geisio dadansoddi'r hunan yma, pan na bo cefndir eang o wybodaeth, o ddarllen ac o ddysg, i gynorthwyo'r dadansoddiad. Rhaid i mi ddibynnu ar faes cyfyngedig iawn yn y cyfeiriad hwn a rhoddi fy mhwysau'n drwm ar brofiad personol, gyda chynhorthwy tipyn o ffansi, o ddamcaniaethu ac o ffug-athronyddu. (111)

Ffansi, damcaniaeth, ffug-athroniaeth; oes, mae'n debyg fod tipyn o'r tri yn perthyn i gynigion Caradog ar esbonio salwch ei fam a'i gyflwr honedig ef ei hun. Eto i gyd, prin y gellir gwadu dyfnder ei fyfyrdod ar bethau'r meddwl. Rhwng ysgrifennu hunangofiannol fel *Afal Drwg Adda*, ysgrifennu mwy creadigol a dychmygus fel y pryddestau ac ysgrifennu sy'n cyfuno'r ddau fel *Un Nos Ola Leuad*, ac o feddwl bod y gweithiau hyn yn rhychwantu holl yrfa lenyddol Caradog, nid gormodiaith yw dweud bod yma oes gyfan o fyfyrio ar wallgofrwydd ac, yn ei gysgod, hunanladdiad.

Tair pryddest arobryn 1927, 1928 a 1929 a ddaeth â Caradog i sylw cenedlaethol am y tro cyntaf, ond mae tystiolaeth ei fod wrthi'n troi profiad ei fam yn farddoniaeth cyn hynny. Prif ffynhonnell y dystiolaeth honno yw'r gloddfa y cawsom gymaint o wybodaeth werthfawr ohoni eisoes, sef y llythyrau at Morris T. Williams rhwng 1923 a 1928. Mae ambell gerdd, gyhoeddedig ac anghyhoeddedig, yn cael ei chynnwys gyda llythyr; dro arall mae'r llythyrau eu hunain yn cynnig cyd-destun i gerddi cynnar, neu gymorth i'w dyddio. Mae'r llythyrau a'r cerddi yn dangos mai argyfwng ei fam oedd y peth blaenaf ar feddwl Caradog yn ystod ei flynyddoedd ffurfiannol fel bardd. Rhyngddynt maent yn rhoi syniad go glir inni o'i ymateb ar y pryd i brofiad yr oedd i ddychwelyd ato gynifer o weithiau yn ei waith. A lle yr oedd dychymyg a ffansi yn sicr i chwarae eu rhan yn y dehongliad pryddestol o'r profiad, mae'r llythyrau'n dinoethi realiti creulon y profiad ei hun.

Daw un o'r llythyrau cynharaf a mwyaf dadlennol o'r cyfnod cyn i Margaret Jane Pritchard fynd i'r ysbyty. Mae Caradog yn ysgrifennu at Morris yn 1923 o'i lety ym Margaret Street, Caernarfon, ar ôl iddo ddod i'r dref i weithio ar *Yr Herald Cymraeg*, a hynny mewn ymdrech daer i gynorthwyo'i fam a oedd erbyn hyn wedi gorfod symud i'r tŷ olaf y bu'n byw ynddo cyn ymadael â Bethesda, tŷ bychan tlodaidd yng Nglanrafon.[10] Yn ogystal â rhoi cip prin inni ar gyflwr truenus y fam, dengys y llythyr gymaint yr oedd hi ar feddwl ei mab ac mor gymysglyd oedd ei deimladau yn ei chylch. Mae'n werth dyfynnu'n helaeth:

Yr oeddwn yn methu â byw yn fy nghroen neithiwr wrth feddwl am yr hen fam yn y tŷ yna ym Methesda, efallai heb ddim tân na dim. Wyddost ti, Moi, does ganddi ddim i'w wneud trwy'r dydd. Bydd yn golchi'r llawr a dyna'r cwbl. Nid oes ganddi ddim i wnio, na dim i'w ddarllen ond y Beibl, ac y mae'n darllen cymaint ar hwnnw, nes wyf yn credu ei fod yn mynd ar ei hymennydd. Nid oes yna'r un dalen yn y tŷ ond y Beibl. Y mae wedi llosgi popeth ond hwnnw. A meddwl amdani'n eistedd yn y lle ofnadwy yna ar hyd cydol y dydd heb ddim ar y ddaear i'w wneuthur, O, mae'r syniad yn gwneud imi ferwi o aflonyddwch bob nos. Ac i feddwl fy mod innau yma, yn methu â bod yn ei chwmni. Yn wir, Moi, y mae yn anodd dal. Ond ni ddylwn

gwyno fel hyn. Cofia nid cwyno ar ran fy hun yr ydwyf. Nid y fi
sy'n dioddef. Petawn i'n cael ei phoenau hi, a hithau fy mhoenau
i, rwy'n siwr na byddai hi'n hir cyn mendio. A mwya'n y byd
wyf yn feddwl amdani, cryfaf yn y byd y bydd fy
mhenderfyniad i roddi cysur iddi yn mynd. Yn wir i ti, yr wyf
wedi dymuno lawer gwaith, wrth feddwl amdani yn fy ngwely,
am iddi gael marw. Os oes yna fyd arall, beth bynnag yw
hwnnw, nid wyf yn credu y caiff waeth uffern nag y mae ynddo
ar hyn o bryd. Mae sôn, onid oes, mai yn y byd hwn y mae'r
uffern. Ond yr wyf yn methu â choelio hynny, gan ei bod hi yn
cael uffern na haeddodd erioed. Ond, bob tro, bydd dymuniad
arall yn codi ynof ar ôl y dymuniad erchyll yna, sef am gael troi
ei huffern yn Nefoedd, ac os oes yna Dduw yn bod, fe rydd ynof
y gallu i wneuthur hynny . . . Yr wyf am wneuthur ymdrech o
ddifrif, ac os methaf â rhoddi nefoedd i mam ar ôl yr uffern yma,
bydd yn anodd iawn gennyf goelio bod yna Dduw . . .[11]

Gwelir yma ragor o'r pendilio y dechreuwyd ei drafod yng nghyswllt
perthynas Caradog â'i fam ym Mhennod 3: rhwng bod eisiau cadw
cwmni iddi a methu â gwneud hynny, rhwng dymuno iddi farw a
dymuno iddi fyw, rhwng credu yn Nuw a pheidio. Yng ngoleuni'r
fath eithafion emosiynol, nid yw'n syndod fod Caradog mor
hunangondemniol wrth drafod y cyfnod hwn yn *Afal Drwg Adda*.[12]
Mae un o'i delynegion cynnar yn adleisio'r dymuniad am i'r fam gael
marw. Yn 'Iawn', ceir mab yn dychmygu ei fam yn ceisio ei fagu ef
pan oedd yn faban, a hithau'n ddiymgeledd yn ystod 'y gaea'
chwerwa' erioed':

> Craith oedd lle gynt bu gobaith gwyn,
>   Fe ddarfu pleser byw,
> A gwasgai'r weddw ei babi'n dynn,
>   Ac o'i gwefusau gwyw,
> Esgynnodd gweddi daer i'r nef,
> "Rho ddiwedd, Iôr, i'w ddyddiau ef."[13]

Ond tyfodd y baban yn fachgen iach a droes ei gefn ar gartref yn y
man, a derbyniodd hithau ei thynged fel gweddw unig drachefn. Yn y
pennill olaf, disgrifir fel y troes sefyllfa'r fam a'r mab bellach o chwith:

A neithiwr, ganol nos, 'roedd llanc
    Yn eiriol gyda'i Dduw,
A chariad nad oes iddo dranc
    Yn llosgi ei galon wyw,
Fel un ar suddo coda'i gri
"Diwedda, Iôr, ei dyddiau hi."

Ymhellach, yn yr holl sôn am nefoedd ac uffern, gwelir dechrau'r hyn a oedd i ddatblygu'n thema gref yn y gwaith creadigol – yr ymwybod â byd arall y tu hwnt i hwn, byd sy'n gallu cynnig dihangfa. Mae un arall o'r cerddi cynnar yn trafod yr un peth mewn modd tebyg iawn i'r llythyr, sef y soned 'Gwawr y Nefoedd Well'.[14] Yno, wrth gofio'r fam yn eistedd yn 'y Gadair Fawr', mae'r bardd yn ei dychmygu hi'n cael cip ar fywyd gwell:

Ac yno, cyn noswylio, daw i'w rhan
    Wobrwy ei gyrfa, – dim ond gweled gwawr
Rhyw nefoedd wedi uffern, – nefoedd well
Na nefoedd heb weld uffern ond o bell.

Yn ôl y llythyr, fel y soniwyd o'r blaen, parodd y profiad o weld ei fam yn mynd i'r fath gyflwr i Caradog ddechrau amau bodolaeth y Duw yr oedd, hyd yn hyn, wedi'i gymryd yn ganiataol; yn wir, mae'n gweld tynged ei fam fel prawf, y naill ffordd neu'r llall, ar fodolaeth Duw. Dyn â'r gwaelod wedi mynd o'i fyd sy'n siarad yma.

Mae llythyrau eraill o Gaernarfon a rhai diweddarach o Lanrwst yn dangos Caradog wrthi'n cynllunio i roi gwell byd i'w fam, a'r cynlluniau hynny'n newid bob yn ail lythyr. Mewn llythyr arall o Margaret Street, mae'n canmol fod pethau'n edrych yn well. Ac yntau wedi sicrhau tŷ ar osod yn Llanrug, mae'n ceisio perswadio'i fam i ddod yno i fyw gydag ef. Bwriada fynd i weld y swyddog elusennol i drafod ei gynllun, yn y gobaith o gael ychydig o arian ganddo ar ôl ei sicrhau y byddai'n 'cymryd mam oddiar law'r plwy . . . '[15] Yna, mae am fynd i weld pawb y mae ei fam mewn dyled iddynt gan addo ceisio clirio pob dyled. Ond mewn llythyr arall, cawn ef heb 'fawr o galon nac amynedd i wneud dim' a heb fod gartref ym Methesda ers

tro.[16] Mae'n gwaredu at y ffaith ei fod yn ennill cyflog wythnosol o
35/- ac yn methu ag anfon dim o'r arian at ei fam:

> Mae arnaf ryw ofn fy mod wedi fy nghamarwain gan yr argraff
> na fedr mam drin arian, ac yn teimlo, rywsut, fy mod wedi
> cymryd hynny'n esgus dros beidio ag anfon dim iddi, nes imi
> syrthio cyn ddyfned fel nad yw'n bosibl imi, ar hyn o bryd,
> anfon dim.

Â rhagddo i restru ei wariant wythnosol, sy'n dangos ei fod yn ceisio
talu rhent llety ei fam ym Methesda, er ei fod ar ôl gyda'r taliadau, yn
ogystal â rhent ei lety ei hun.

Mewn llythyr arall eto o Margaret Street, mae wrthi drachefn yn
cynllunio'n wyllt; gyrfa yn yr Eglwys sy'n mynd â'i fryd y tro hwn.[17]
Newydd fod ym Mangor y mae, yn cyfarfod Warden Hostel yr
Eglwys er mwyn holi ynglŷn â'r posibilrwydd o fynd yn offeiriad.[18]
Er bod y Warden wedi ei rybuddio i beidio â chodi ei obeithion
ormod, gan nodi ei fod eto'n ifanc, mae Caradog yn llawn o'r syniad
ac unwaith eto, mae ei gynlluniau'n troi o gwmpas ei fam. Ei fwriad
yw mynd i'r brifysgol ym Mangor ar ysgoloriaeth gan yr Eglwys, gan
ymrwymo trwy hynny 'i wasanaethu am nifer penodol o
flynyddoedd yn Esgobaeth Bangor . . .' Yn y cyfamser, gan iddo fethu
â chael tŷ arall, mae am geisio gwneud trefn ar y tŷ ym Methesda, 'fel
y gall fynd adref bob nos a chadw cwmpeini i'r hen fam'. Ond iddynt
fod yn ddarbodus, mae'n ffyddiog y llwyddant i gael dau ben llinyn
ynghyd. Mae'n amlwg o ddifrif:

> Yr wyf yn llawn sylweddoli fy mod, trwy gymryd y cam hwn,
> yn aberthu fy annibyniaeth, am gyfnod go hir o'm bywyd beth
> bynnag, ar ran fy mam. Yr wyf wedi rhoi ystyriaeth faith iddo,
> ac os llwydda, credaf mai dyma'r ffordd oreu y gallaf gyflawni
> fy nyletswydd iddi. Os af i'r coleg, a bod gyda hi, yr wyf wedi
> penderfynu ymgysegru'n llwyr i'r gwaith o dalu fy nyletswydd
> iddi neu'n hytrach fy nyled iddi.

Fodd bynnag, mae un rhwystr ar ei ffordd – ei frawd Glyn. Portreadir
Glyn yn ddu iawn yn y llythyrau'n gyffredinol, fel meddwyn

anghyfrifol, yn methu â chadw'r un swydd na llety, a Caradog yn ei waith yn ceisio'i gael i ymsefydlogi a sylweddoli ei gyfrifoldeb tuag at ei fam. Yn y llythyr dan sylw, dywed fod ei frawd yn 'syrthio'n is, is, bob dydd' ac ef ei hun a phawb arall 'yn syrthio'n is, is, i anobaith o fedru ei ddiwygio'. Gyda Glyn ar fin mynd gerbron llys am werthu beic a oedd ar fenthyg iddo, mae Caradog yn poeni am yr effaith ar ei fam pe câi garchar.[19] Mewn llythyr arall, honna fod Glyn yn manteisio ar gyflwr eu mam i ddwyn ei ddillad a'i esgidiau ef o'r tŷ.[20] Yn waeth byth, mewn llythyr o Lanrwst, a'r fam erbyn hyn yn Ninbych, dywed fod Glyn wedi lledaenu stori ym Methesda ei bod wedi marw yn yr ysbyty, mewn ymgais i 'ennyn cydymdeimlad a thosturi pobl tuagato'.[21]

Fel y mae ei lythyrau o Gaernarfon yn llawn o gynlluniau Caradog i achub ei fam rhag trueni ei hamgylchiadau ym Methesda, mae'r llythyrau nesaf hyn o Lanrwst yn tystio i'w benderfyniad diwyro i'w chael allan o'r ysbyty yn Ninbych. Mae un o'r rhai mwyaf ysgytwol yn disgrifio'i ymweliad cyntaf â'r lle hwnnw ers i'w fam fynd yno:

Yr wyf wedi cychwyn yno amryw o weithiau ond wedi gorfod troi'n ôl oherwydd bod y ffordd mor bell a'r hin mor anffafriol. Yr wyf wedi bod yn anesmwyth iawn tan yrŵan ac yn methu rhoi fy ngwaith yn fy meddwl na'm meddwl yn fy ngwaith. Wel, llwyddais i fynd yno dydd Mawrth diweddaf, ac O, am uffern o le ydyw. Pan sgrifennais am y "Nefoedd wedi Uffern" honno nid oedd gennyf ddirnadaeth am yr uffern yr oedd mam i fynd drwyddi. Hyd nes imi ei gweld dydd Mawrth, yr wyf wedi bod yn dymuno am iddi farw, ond Oh, ar ôl ei gweld yr wyf yn fwy penderfynol byth i fynnu iddi'r Nefoedd wedi Uffern yna. Pan welais hi, bu bron imi â beichio wylo yn ei gŵydd. Y mae wedi cyfnewid mor fawr, – wedi mynd yn deneu a gwan, ei gwallt wedi britho, wedi hacru'n arw hefyd, a heb ei dannedd. Yn ei gwely y mae ar hyn o bryd ac yn yr un stafell a hi y mae gwallgofiaid eraill a'r rheiny'n torri allan i ganu neu wylo neu siarad bob munud. Dyma'r Uffern waethaf sydd mewn bod ac y mae'n warth ar wareiddiad. Y mae enaid mam fel pe wedi ei fathru gan rhyw arswyd. Yr oedd yn falch iawn o'm gweld, a dywedodd y meddyg wrthyf fod ei chyflwr

meddyliol yn well na phan ddaeth yno i gychwyn. Pan oedd y
nyrs yn sefyll wrth droed y gwely siaradai mam am y lle fel
petai'n leicio'r lle'n iawn ac fel pe mewn ofn mawr o'r nyrs. Pan
ymneilltuodd y nyrs, dywedodd wrthyf y cawn wybod eto beth
y mae wedi dyfod trwyddo. Dywedai i'r nyrsus fod yn greulon
iawn wrthi, – eu bod wedi ei dyrnu ar ei phen ac ati. Ni
ddywedais ddim ar y pryd, ond yr wyf yn mynd yno eto yfory
(dydd Sul) i'w gweld, ac mi fynnaf wybod y gwir a chael
cyfiawnder. Wrth gwrs rhaid gwylio na wnaf ddrwg iddi hi yno,
ond yr wyf am fynnu cyfiawnder os yw'r pethau a ddywedodd
yn wir.[22]

Yn y cyfamser, mae ei argyfwng ariannol yn parhau, gyda rhai o'i
ddyledwyr ef a'i fam yn ei blagio. Er bod arno 'rhyw ofn mawr na
ddaw mam o'r uffern lle yna'n fyw', dywed ei fod am geisio sicrhau
ystafelloedd neu dŷ bychan ar eu cyfer ill dau yn Llanrwst, gan eu bod
bellach wedi colli'r tŷ ym Methesda. Fel y gall ddechrau trefnu, mae'n
awyddus i Morris Williams gael gair gyda Prosser Rhys, golygydd *Y
Faner*, i ganfod faint yn hwy y mae am gael gweithio yn Nyffryn Conwy.
Ymddengys mai lles ei fam yw'r peth mwyaf ar ei feddwl erbyn hyn a'i
fod yn barod i aberthu gyrfa dda er ei fwyn. Meddai, gan ddyfynnu eto,
fel yn nechrau'r llythyr, o'r soned 'Gwawr y Nefoedd Well',

> Ni fedraf feddwl am enwogrwydd na safle o gwbl yn y dyfodol.
> Fy amcan pennaf fydd rhoddi'r Nefoedd wedi Uffern yna i mam
> os caf y cyfle.

Mae llythyrau eraill o Lanrwst yn adrodd am wellhad a dirywiad bob
yn ail yng nghyflwr ei fam, ond trwy'r cyfan deil Caradog yn ystyfnig
yn ei obaith y daw allan o'r ysbyty, hyd yn oed ar ôl cael ar ddeall
nad yw'r argoelion yn dda:

> Yr wyf wedi cael tair ystafell yma [Yr Hen Fragdy, Llanrwst] i
> mam a minnau ac wedi dyfod yma i fyw iddynt fy hun er mwyn
> eu cadw ... Y mae'r lle'n agored imi ddod â'r dodrefn pan y
> mynnwyf. Nid wyf wedi egluro dim iddynt [y perchnogion]
> ynghylch fy mam – ni chredaf bod angen hynny ... Cyn cymryd
> y rooms sgrifennais at y doctor yn Ninbych ynghylch mam a

dywedodd nad oedd ragolwg am iddi gael dod allan am hir. Ond yr wyf yn sicr ei fod yn camgymryd ac y bydd mam yn barod i ddyfod allan yn fuan. Yr unig beth sydd gennyf i'w wneud yn awr yw cynllunio sut i gael capital i bwrcasu amryw fân angenrheidiau ac i symud y dodrefn. Buaswn yn medru gwneud yn great â rhyw ddecpunt. Yr wyf am geisio cael cyngerdd neu rywbeth o'r fath ym Methesda.[23]

Er bod y cynlluniau'n newid o dro i dro, fel yn llythyrau Caernarfon, rhydd Caradog yr argraff ei fod o ddifrif calon gyda phob un. Mewn un llythyr, mae'n datgan bwriad i adael *Y Faner* a mynd i weithio ar un o bapurau Lerpwl.[24] Er bod ei syrffed ar ei waith yn casglu hysbysebion, a'r ffaith fod Morris yntau â'i fryd ar fynd i Lerpwl, yn rhannol gyfrifol am ei awydd, mae'n ymddangos mai cynllunio y mae unwaith eto gyda dyfodol ei fam mewn golwg. Byddai Lerpwl, meddai, o fewn cyrraedd hwylus i Ddinbych a phan fyddai ei fam yn well, gallai ei symud i Sheffield at ei frawd (Howell, a oedd yn byw yno erbyn hyn) cyn symud yno ei hun yn y man. Dywed ei fod eisoes wedi cysylltu â phapurau yno i ofyn am waith. Mewn llythyr arall, mae'n sôn am fynd i fyw a gweithio yn Ninbych, gan aros ar *Y Faner*.[25]

Er na wireddodd Caradog yr un o'i gynlluniau, gwelir felly gymaint yr oedd ei fam ar ei feddwl. Ni allai feddwl am ei ddyfodol ar wahân i'w dyfodol hithau. Mae'n wir fod yma sawl cyfeiriad digon diobaith at ei chyflwr, ac ambell foment, yn wir, o gydnabod y posibilrwydd y gallai hi fod yn Ninbych am byth.[26] Er bod hynny'n awgrymu bod Caradog yn gwybod yn ei galon nad oedd gwella iddi, nid ymddengys iddo dderbyn y ffaith honno'n derfynol ar unrhyw adeg yn ystod y cyfnod dan sylw. Wrth gwrs, mae'n dra thebygol mai adlewyrchu natur ei brofiad y mae hynny – hynny yw, mai yn raddol y gwawriodd y gwir creulon arno. Mae hefyd yn bosibl fod yma elfen o wrthod derbyn y gwir. Dyna, efallai, arwyddocâd yr holl gynllunio; mae'n debyg fod ymgolli mewn prysurdeb ymarferol yn un ffordd o osgoi wynebu'r gwaethaf. Ymddengys yn y llythyrau mai cynllunio ar fympwy yr oedd Caradog mewn gwirionedd yn hytrach nag ar sail unrhyw newid arwyddocaol yng nghyflwr ei fam. Dyfynnwyd eisoes o lythyr lle y ceir ef yn gwrthod barn meddyg ar ôl gofyn amdani, a

barn annibynnol a fynega mewn llythyr arall lle y dywed wrth
Morris, 'y mae'n dda gennyf ddweyd wrthyt fod fy mam, yn fy marn
i, yn gwella'n raddol'.[27]

Mae'n arwyddocaol mai fel 'gwallgofdy' y cyfeiria Caradog at yr
ysbyty bron yn ddieithriad, gair sy'n dwyn yr un cysylltiadau
hunllefus â 'Seilam' *Un Nos Ola Leuad*. Canfyddir cynsail i'r ymweliad
â'r lle hwnnw yn y nofel yn *Afal Drwg Adda*, yng nghofnod byr
Caradog amdano'n mynd â'i fam i Ddinbych ac yna'n dychwelyd i
Fetws-y-coed ac i Gaffi Gwydyr, ei lety ar y pryd, lle y mae'n
ymollwng i grio, fel yr ymollynga'r bachgen yn y nofel y tu allan i'r
Seilam. Ni cheir yn *Afal Drwg Adda*, fodd bynnag, farn yr un ffordd
na'r llall ar y lle ei hun, er bod sôn am ymweliadau rheolaidd. Mae'r
llythyrau at Morris, ar y llaw arall, yn gondemniol iawn. Dyfynnwyd
eisoes adroddiad dirdynnol Caradog ar yr ymweliad cyntaf ar ôl
mynd â'i fam yno, lle yr honna fod y lle yn 'warth ar wareiddiad'.
Yno, disgrifia'r ysbyty dro ar ôl tro fel 'uffern', gan gyfeirio at ei gerdd
ei hun, 'Gwawr y Nefoedd Well' yr ymdriniwyd â hi eisoes – cerdd yr
oedd wedi'i hysgrifennu, felly, cyn i'w fam fynd i Ddinbych. Sonia am
ymddygiad y rhai sy'n rhannu ystafell â'i fam, yn 'torri allan i ganu
neu wylo neu siarad bob munud', gan ein hatgoffa o'r sgrechian a'r
chwerthin a glyw'r bachgen yn *Un Nos Ola Leuad*. Y mae wedi ei darfu
hefyd gan honiadau ei fam iddi gael ei cham-drin. Er nad oes rhagor o
sôn am hynny, ceir Caradog mewn llythyrau eraill hefyd yn cyfeirio at
yr ysbyty yn yr un dôn chwyrn – y 'diawl lle yna', meddai mewn un
man.[28] Nid yw'r lle fel petai fyth ymhell o'i feddwl. Mewn llythyr o'r
Eye and Ear Hospital yn Lerpwl, yn ystod ei arhosiad yno i gael
llawdriniaeth ar ei lygad, cwyna am ei segurdod diflas ef a'i gyd-
gleifion, am drefn ddigyfnewid y dydd ac am y bwyd, gan ychwanegu
bod y lle 'yn f'atgoffa o'r gwallgofdy ac yn rhoi gwell syniad imi o
uffern fy mam'.[29] Mae'n amlwg ei fod yn argyhoeddedig fod ei fam yn
cael amser ofnadwy yno, bod bywyd sefydliadol y lle yn wrthun iddo
a'i fod yn arswydo o weld ei fam yn cael ei mowldio'n rhan o'r bywyd
hwnnw. Wrth gwrs, dylid cofio hefyd iddo sôn am 'uffern' ei fam
mewn llythyr ac mewn cerdd, fel y dangoswyd, *cyn* iddi fynd i
Ddinbych; dichon ei fod, wrth lynu at yr un gair *ar ôl* iddi fynd yno,

yn golygu nid yn unig ei hamgylchiadau bob dydd ond hefyd gyflwr ei meddwl fel y dychmygai ef hwnnw. Cadarnheir y dehongliad llydan hwn o'r gair gan 'Penyd', a ysgrifennwyd rai blynyddoedd yn ddiweddarach; er bod y weddw sy'n llefaru yn y bryddest yn amlwg yn ymwybodol o'i hamgylchiadau presennol – hynny yw, o'i chaethiwed rhwng 'muriau gwallgofdy'r sir'– mae'r rhesymau dros 'uffern' ei bodolaeth yn deillio o gyfnod cynharach, cyn iddi erioed ddod yno. Mae'n deg nodi hefyd fod agwedd Caradog at yr ysbyty wedi tymheru ymhen amser; erbyn adeg ysgrifennu ei hunangofiant roedd hanner can mlynedd rhyngddo a'r profiad, a'r condemnio, fel y gwelsom, wedi troi'n rhesymu pwyllog am natur anorfod 'wrthgymdeithasol' y meddwl claf yn peri mai'r 'ymateb greddfol tuag ato yw ei roddi dan glo'. Ceir golwg garedicach ar yr ysbyty yn narlith *Y Rhai Addfwyn* hefyd, lle y dywed Caradog i'w fam gael 'seintwar' yno am 30 mlynedd olaf ei hoes, 'yn ddiogel o helbulon a threialon bywyd'.[30] Ond ymdrin yr ydym yma â'i ymateb i'r cyfan yng ngwres y foment, ac ar wahân i gydnabod caredigrwydd rhai unigolion ar staff y sefydliad, ymateb cwbl negyddol ydyw. Mae Caradog, yn y llythyrau, yn synio am yr ysbyty nid fel man lle y caiff ei fam y gofal angenrheidiol, ond yn hytrach fel lle a oedd wedi mynd â hi oddi wrtho. Yn waeth byth, mae'n amlwg iddo amau ar un adeg, o leiaf, ei bod yn cael cam dybryd yno ac, yn wir, yn cael ei cham-drin yn gorfforol. Brawychus yw'r sylw, yn y llythyr sy'n disgrifio'r ymweliad cyntaf hwnnw â'r lle ar ôl iddi fynd yno, fod 'enaid mam fel pe wedi ei fathru gan ryw arswyd'. Rhwng popeth, nid yw'n syndod mai ei chael oddi yno ac ato ef yw ei nod mawr.

Soniwyd yn y drydedd bennod am y llw a wnaethai Caradog, yn ôl un o'i lythyrau at Morris, i beidio â phriodi nes cael ei fam 'o'r gwallgofdy neu yn ei bedd'. Gwnaethai'r llw ar sail ei gred mai ganddi hi yr oedd 'yr hawl gyntaf' arno, ac yr oedd am wneud ei orau felly i aros yn Llanrwst a gwneud cartref iddi hithau yno. Ceir yma, yn yr ymdeimlad eithriadol gryf hwn o ddyletswydd tuag at ei fam, gynsail amlwg ar gyfer y berthynas rhwng mam a mab sy'n ganolog yn *Un Nos Ola Leuad* ac sydd hefyd yn thema rhai o'r cerddi. Awgrymwyd yn ein trafodaeth o'r blaen fod baich meddwl Caradog ynglŷn â'i fam yn amharu ar ei berthynas â merched yn y cyfnod hwnnw, a chrybwyllwyd enghreifftiau o achosion mewn ysgrifennu hunangofiannol ac mewn gwaith creadigol lle y mae perthynas neu gysylltiad â merch fel petai'n symbylu euogrwydd ynglŷn â'r fam. Mae ambell beth arall yn y llythyrau dan sylw sy'n cadarnhau cryfder gafael ei fam ar ddychymyg Caradog gan ddangos yr un croestynnu rhwng cariad ati hi a'i deimladau ynglŷn â merched eraill. Fel hyn y mae'n sôn am 'eneth fach dlos dros ben' y mae newydd ei chyfarfod yn yr ysbyty wrth ymweld â'i fam:

> Y mae'n weinyddes yn y sefydliad ac yn cymryd llawer o ddiddordeb yn fy mam. Genath o Dalysarn yw hithau! [h.y. fel Elinor, ei gyn-gariad y mae ei berthynas â hi, meddai ynghynt yn y llythyr, newydd ddod i ben.] Yr wyf yn mynd i edrych am mam eto dydd Mawrth nesaf ac yn mynd i dreulio'r prynhawn gyda'r ferch yma. Mi fedr hon wneud llawer o fân bethau i mam ond imi ddal fy ngafael ynddi.[31]

Mae llythyr arall yn cynnwys cyfeiriad at yr un ferch.[32] Llythyr yw hwn wedi'i ysgrifennu, yn amlwg, yn yr un cyfnod, cyfnod y soniwyd amdano yn y drydedd bennod, pan oedd perthynas Caradog ac Elinor wedi dod i ben a hithau bellach yn gariad, yn nhyb Caradog beth bynnag, i Morris ei hun. Wedi sicrhau ei gyfaill fod 'fy nydd i ac Elinor drosodd', â rhagddo fel hyn:

> Yr wyf fi'n falch fy mod wedi fy neffro o'm breuddwydion ffôl. Y mae fy serch at fy mam yn grymuso'n awr, ac yr wyf yn fwy hyderus am iddi fyw nag iddi farw. Yr wyf wedi cael gafael ar eneth o weinyddes yn y gwallgofdy. Geneth o Dalysarn yw hi. Gwn nad oes ganddi feddwl ohonof o gwbl fel cariad, ac nid oes gennyf unrhyw ddymuniad am geisio ennill ei serch. Ond byddaf yn mynd am dro hefo hi ac yn ymgomio am fy mam, ac y mae hithau'n garedig iawn wrth mam. Y mae'n canlyn rhyw fachgen arall o Ddinbych ac yn eneth nodedig o dlws.

Mae fel petai ei gydwybod, yn y fan yma, yn cymell Caradog i wahaniaethu'n glir rhwng cariad at ferch a chariad at ei fam ac i ddyrchafu'r ail i safle pwysicach; yr awgrym clir yw bod ei berthynas ef ag Elinor wedi bod yn rhwystr i'w gariad at ei fam. Yn yr un modd, mae'n awyddus i sicrhau ei gyfaill mai lles ei fam sydd ganddo mewn golwg wrth ddechrau cyfeillgarwch newydd â merch. Mae'n ei disgrifio yn y naill lythyr fel merch y mae wedi 'cael gafael arni' ac yn y llall yn mynegi penderfyniad i 'ddal fy ngafael arni': dewis go egr o eiriau a dweud y lleiaf. Mae fel petai unplygrwydd ei fwriad ynglŷn â'i fam yn nacáu unrhyw ystyriaeth o'r ferch fel cariad posibl a hyd yn oed fel unigolyn; mae'n wir fod ei thlysineb a'i charedigrwydd yn cael ei bwysleisio, ond ei defnyddioldeb fel rhywun a all helpu ei fam sy'n bwysig. Yn ddiddorol, caiff y syniad mai'r gwir gariad yw cariad rhwng mam a mab fynegiant diamwys mewn soned Saesneg yn dwyn y teitl 'Mothers' a amgaeir gyda nodyn gan Caradog at Morris.[33] (Does dim dyddiad na chyfeiriad, ond mae'r sôn am y fam yn Ninbych yn dangos bod y llythyr yn perthyn i gyfnod Llanrwst.) Mae byrdwn y nodyn yn rhoi rhywfaint o gyd-destun: mae Caradog wedi ailfeddwl ynglŷn â chynlluniau i ymweld â Morris a'i deulu yn y Groeslon ar nos Wener yr wythnos honno ac wedi penderfynu yn hytrach 'mynd i Ddinbych . . . i dreulio cymaint a allaf o'r diwrnod yno'. Mae am ymweld â'r teulu, felly, y nos Sadwrn ganlynol, ond rhag ofn iddo am ryw reswm beidio â gweld Morris bryd hynny, mae'n amgáu 'soned a wneuthum ar ôl bod acw'. Mae'n werth dyfynnu'r soned yn ei chrynswth:

We two shall walk henceforth, my Friend and I,
    Along that straight old road, and never turn;
Nor lure or lust of life shall hold the eye,
    Or idle passions in our bosoms burn.
And they, these gentle two, will go before us
    Along that straight old road, and never turn;
Led by the radiance of the two that bore us,
    We'll know that we have nothing more to learn.
Journeying forward, while the unerring Night
    Shall in the distance deep'ning shadows cast,
We'll hasten to that ever-dimming light,
    And struggle bravely on; until at last
We'll hear the heavy tread of earth-sore feet,
And love shall reign where lovers do not meet.

Mae'n sicr mai Morris a Caradog yw 'My Friend and I' y disgrifir eu perthynas â'u mamau; yn ogystal â'r cyd-destun uchod cofier am y llythyr hir ynglŷn ag Elinor y buwyd yn ei drafod yn y drydedd bennod, lle yr oedd Caradog yn cymharu cariad Morris at ei fam â'r hyn a welai fel ei gariad annigonol ef ei hun at ei fam yntau. Yr hyn a ddywedir yn glir yma yw bod y berthynas rhwng mam a mab yn goroesi unrhyw ymserchu o fath arall ar ran y mab, boed hynny mewn merch neu ym mhleserau bywyd. Mae'r ddelwedd o daith ar hyd 'that straight old road' yn peri meddwl am daith arall y soniwyd amdani – eiddo'r adroddwr yn *Un Nos Ola Leuad* tuag at Ben Llyn Du lle y mae, fe gofiwn, yn gweiddi am ei fam. Yno, ychwaith, nid oes troi'n ôl i fod:

> Mae un peth yn siŵr. Wna i ddim colli'r ffordd ar Lôn Bost heno, run fath â gwnes i'r diwrnod aethom ni i hel llus. (42)

Taith unnos yw honno, ac mae'n bosibl fod yno, hefyd, adlais o'r dynfa sydd yn y gerdd tuag at y golau gwan – 'that ever-dimming light' – a hynny yn stori dadorchuddio'r gofgolofn ryfel wrth i'r adroddwr gofio am effaith un o'r emynau a ganwyd yno:

> Tyrd Olau Gwyn ddaru ni ganu gynta. Dew, fydda i eisio crio bob tro fydda i'n canu honno:

> > Ty-yrd olau gwy-yn trwy gylchty-wy-llwch du-u,
> > Bydd o-o fy mlaen
> > Ma-ae'n nosa mi-innaumhello'm cartref cu-u
> > Bydd o-o fy mlaen.

> A meddwl am ola bach run fath â nacw sy'n dechra dangos rhwng y cymyla yn Nant Ycha. (122)

Mae lle i gymharu'r soned hefyd â 'Gwawr y Nefoedd Well', lle y mae Caradog eto'n sôn am ei fam. Mynegir yn nechrau'r soned Gymraeg hithau oruchafiaeth cariad mam a mab dros gariad honedig fyrhoedlog llanc a merch:

Fy nghalon oedd ynghlwm wrth galon un
Pan sugnwn fywyd ar ei thristaf fron,
A chwlwm fyth nas detyd Angau'i hun
Sy'n clymu 'nghalon i wrth galon hon.
Er imi, dros rhyw gyfnod nwydus, drud,
Roi calon ifanc i galonnau gau,
A rhoi i Ango aberth siglo'r crud
A'r serch a bery'n hwy na 'thra bo dau',
Daw hamdden i fyfyrdod yn y man . . .

Mae delwedd y golau yma eto yng 'ngwawr' y teitl a chlo'r soned, wrth i'r bardd rag-weld byd arall, gwell i'w fam. Cawn ddod yn ôl eto at y ddelwedd bwysig hon, sydd i'w chael hefyd yn y pryddestau cynnar, yn ogystal ag yn *Un Nos Ola Leuad*.

Mae cerddi cynnar eraill yn amlwg yn ffrwyth yr un myfyrdod ar natur cariad mam a mab. Cerdd yn mynegi syniad tebyg iawn i'r un a fynegir yn y rhan uchod o 'Gwawr y Nefoedd Well' yw 'Y Plentyn', a gyhoeddwyd yn *Y Geninen* yn 1925.[34] Unwaith eto, fel ar ddechrau'r soned, cawn ddarlun o blentyn ar fron ei fam. Y tro hwn mae hi'n canu hwiangerdd iddo, a disgrifio'r hwiangerdd, a theimladau cymysg y fam wrth ganu, a wna'r ddau bennill cyntaf. A'r tro hwn dywedir yn glir fod y plentyn heb dad:

Fel llif yr afon dros y cerrig mân
Yn murmur gyda'r nos gyfrinion fyrdd
Fe glywid ar yr aelwyd suo gân,
Ac yn y miwsig gariad bythol wyrdd.

'Roedd yn y gân lawenydd a thristâd,
Gollyngai gyfrinachau calon mam;
A phlentyn bychan ar ei bron, heb dad,
Enynnai'r cariad bythol wyrdd yn fflam.

Mae dechrau'r trydydd pennill yn adleisio dwy linell gyntaf 'Gwawr y Nefoedd Well' bron air am air, ond mai o safbwynt y fam y cyfleir yr undod y tro hwn, a hynny yn y trydydd person yn hytrach na bod y mab ei hun yn traethu yn y person cyntaf:

Ei chalon oedd ynghlwm wrth galon hwn,
A rhoddai iddo fywyd ar ei bron;
Mil drutach oedd i'w fam na'r byd yn grwn,
A'i thrysor wnai ei chalon drist yn llon.

Mae gweddill y gerdd yn ymhelaethu ar gariad y fam tuag at ei phlentyn a'r modd y mae'n ei hatgoffa o'r tad:

Fe welai yn ei lygaid gleision ef
Dynerwch llygaid gleision welai gynt;
Ac yn y glas fe welai las y nef
A brofodd pan oedd serch ar nwyfus hynt.

Parhau yn angerddolach wnai y serch
Er nad oedd ond rhyw atgo o'r nwyfiant iach[;]
O llamodd Angau rhwng y mab a'r ferch
Fe'i trechwyd yntau gan y plentyn bach.

Lle yr oedd 'Gwawr y Nefoedd Well' yn sôn am y '[c]wlwm fyth nas detyd Angau'i hun' ac am y 'serch a bery'n hwy na "thra bo dau"', mae'r gerdd hon eto, wrth gloi, yn sôn am gryfder cariad mam at ei mab, ond mae dwy linell gyntaf y pennill olaf yn cyflwyno syniad ychydig yn wahanol. Awgrymir yma mai rhyw fath o barhad o gariad y fam at y tad yw ei chariad at ei baban, ac nid rhywbeth hollol wahanol; sylwer mai 'serch' yw'r gair a ddefnyddir, a bod hwnnw bellach yn 'angerddolach' na phan oedd y tad yn fyw, hyd yn oed. Mae hyn yn ei dro yn taflu goleuni newydd ar linellau cynharach yn y gerdd; dywedir yn y pennill cyntaf fod yna 'gariad bythol wyrdd' yn hwiangerdd y fam, ac yn yr ail fod y plentyn di-dad yn ennyn y 'cariad bythol wyrdd yn fflam'. A oes yna hefyd led-awgrym yn y pennill olaf, yn y defnydd o'r ansoddair 'iach' i ddisgrifio'r cariad gwreiddiol rhwng y fam a'i chymar, fod trosglwyddo'r cariad hwnnw i'r mab yn abnormal, yn groes i natur? Yn sicr nid cerdd syml am gariad mam at ei phlentyn yw hon; ni allai fod, o gofio amgylchiadau ei chyfansoddi.

Mae cerdd arall o'r enw 'Ymbil' yn trafod dwyster cariad mam (un weddw eto, fe gesglir) at ei mab, ac yn cyfleu'r syniad diamwys fod y plentyn wedi cymryd lle'r tad absennol fel gwrthrych ei serch (ie, dyna'r gair eto). Ceir fersiwn wreiddiol y gerdd hon, o dan y teitl 'Yn Ofer', gyda llythyr oddi wrth Caradog at Morris yn 1928, ar ôl i'r cyntaf fynd i Gaerdydd i weithio ar y *Western Mail*, ond gan nad oes unrhyw wahaniaethau arwyddocaol dilynwn y fersiwn gyhoeddedig.[35] Rydym yn ôl yn y fan yma gyda phersbectif y mab/bardd, sy'n dweud fel y daw darlun i'w feddwl yn aml, yn ystod pyliau o fyfyrio am 'oferedd mawr / Fy nyddiau gweigion', o

> . . . un yn deg ei gwedd
> Ac ar ei phryd addewid hedd,
> Yn dod o boenau rhyfedd wyrth,
> Ac Angau, dro, yn cau Ei byrth.

Mae'n ymddangos mai dychmygu ei fam yng ngwewyr esgor y mae'r bardd yma, ac mae'r pennill dilynol yn sôn amdani'n canu i'r plentyn, fel yn y gerdd ddiwethaf:

> A chlywaf yn y dail ei chân
> 'Fy enaid a'th fawrha' . . . Mor lân
> Y troir dyryswch nwydau serch
> Yn gariad mam o gariad merch.

'Angerddolach' oedd gair 'Y Plentyn'; yma, yr awgrym yn yr ymadrodd 'Mor lân' yw bod cariad mam yn groywach, yn burach na 'dyryswch nwydau serch' sydd ynddo'i hun yn swnio'n fwy israddol na 'nwyfiant iach' y gerdd arall. Ac mae'r pennill yn mynd hyd yn oed ymhellach wrth weld elfen ddwyfol i gariad y fam at ei mab newydd-anedig. Efallai mai adlais yw 'Fy enaid a'th fawrha' o eiriau agoriadol cân foliant Mair i Dduw yn Luc 1:46, ar ôl iddi gael gwybod ei bod yn feichiog o'r Ysbryd Glân: 'A dywedodd Mair, Y mae fy enaid yn mawrhau'r Arglwydd . . .' Yn wir, enwir Mair yn y pennill olaf sy'n mynegi cywilydd y mab am fod yn annheilwng o'r fath gariad:

> A chofiaf ddarllen yn y Gair
> Am fawredd pur y Forwyn Fair;
> Fy mam, O! maddau i'th fachgen trist
> Nad ydyw ef fel Iesu Grist.

Yr awgrym yma, mae'n debyg, yw na sianelodd y mab ei holl gariad yn bur tuag at ei fam fel y gwnaethai hi ato ef, a dyna pam ei fod yn ymbil am ei maddeuant.

Yn y delyneg gyhoeddedig 'Y Ddau Gariad', mae'r cof am y fam unwaith eto, mae'n ymddangos, yn achos tristâd.[36] Disgwyl ei gariad i'r coed i'w gyfarfod y mae'r bardd pan wêl, neu ddychmygu gweld, ddau gariad arall yn mynd heibio a'u llawenydd yn amlwg. Mae'r bardd yn adnabod y ferch 'er bod gwrid ar ei boch / A hoen dyddiau pell yn ei gwedd'. Er na ddatgelir pwy yw hi na'i chymar, mae'r cyfeiriad at y 'mwynllais oedd gynt megis cloch / Yn herio distawrwydd y bedd' yn rhoi cyd-destun cyfarwydd inni, o gofio gweddw'r 'Briodas' a 'Penyd'. Yn y pennill olaf, rydym yn ôl gyda thema'r cof am y fam yn tarfu ar berthynas ei mab â merched:

> A phan ddaeth fy nghariad â'r mêl ar ei min
> Difwynwyd melyster ein hoed
> Gan fyfyr am un oedd yn unig a blin
> Yn gwrando caniadau'r coed.

Ceir yr argraff, fodd bynnag, nad yr euogrwydd arferol sy'n difetha llawenydd y bardd yn y fan yma yn gymaint â'r rhybudd sydd yn ymhlyg yn ei weledigaeth o'r 'lledrith ddau' mor frau yw perthynas dau. Mae tebygrwydd trawiadol rhwng y gerdd a rhan o 'Penyd.' Yno, un o weledigaethau'r weddw hithau trwy ffenestr ei chell yn y gwallgofdy yw dau gariad yn loetran law yn llaw. Mae ei hysbryd yn eu rhybuddio o natur ddarfodedig serch a daw eu hoed hwythau i ben mewn modd digon tebyg i eiddo'r bardd a'i gariad yn y delyneg:

> Syllasant megis dau dan glwy
> I'm ffenestr fach ddi-len,
> Ac am nad oedd i'w cusan mwy
> Rin, daeth yr oed i ben;
> I'r gwyll amddifad troesant hwy
> Ar hyd yr heol wen.

Cyn gadael y llythyrau at Morris, dylid nodi bod yn eu plith dystiolaeth i Caradog anfon cerdd am ei fam i gystadleuaeth gryn dair blynedd cyn ei fuddugoliaeth yn yr Eisteddfod Genedlaethol gyda'r 'Briodas' yn 1927. Cystadleuaeth y gadair yn Eisteddfod Pentrefoelas 1924 oedd honno, a enillwyd gan Dewi Morgan. Cesglir oddi wrth lythyrau wedi'u hysgrifennu yn fuan wedi'r eisteddfod fod Cynan, y beirniad, wedi tramgwyddo Caradog yn ei feirniadaeth ar ei gerdd.[37] Nid oes gopi o'r gerdd ar gael ond ceir syniad o'i chynnwys o droi at rifyn o'r *Brython* sy'n cynnwys beirniadaeth Cynan ar y gystadleuaeth.[38] Y testun gosodedig oedd 'Pethau Nad Anghofiaf Byth' ac o gymharu'r hyn a ddywed Caradog yn ei lythyrau â'r feirniadaeth, gwelir bod Cynan wedi ei roi ef, sef 'Gwydir', yn yr ail ddosbarth gan ddweud amdano, 'Bardd gwir dda wedi difetha'i gân trwy gymryd gormod o baent at bictiwr y fam wallgof'. Ond daw ei gondemniad mwyaf hallt ynghanol ei sylwadau cyffredinol, lle y dywed,

> . . . efallai mai'r peth mwyaf di chwaeth yn y gystadleuaeth yw gwaith un bardd (*a hwnnw'n gwybod peth amgen*) yn gosod geiriau fel y rhain yng ngenau ei fam wallgof:-

> "Ddoist tithau y diawl i'm bradychu
> A wyt tithau fy mab gyda hwy[;]
> Y giwed sy'n ceisio fy nychu
> A'm gadael ar gardod y plwy."

> O Realaeth! y fath anfadwaith a gyflawnir yn dy enw!

Ymateb Caradog, yn ôl tystiolaeth y llythyrau, oedd ysgrifennu llythyr pigog i'r *Brython*, yn gofyn i Cynan sut yr oedd ef yn synio am realaeth ac yn ei hysbysu mai ymgais oedd y gerdd i roi 'llais i brofiadau gwirioneddol yn fy mywyd'.[39] Yn y cyfamser roedd Cynan wedi cael cadarnhad hefyd gan Gwilym R. Jones fod y gerdd yn ffrwyth profiad ac wedi anfon dau lythyr at Caradog yn ymddiheuro am ei frifo ac yn trafod realaeth. Ond hyd yn oed ar ôl treulio prynhawn yng nghartref Cynan ym Mhenmaen-mawr yn sgwrsio gydag ef, roedd Caradog yn dal heb ei fodloni 'gyda'i syniad am Realaeth'.[40] Roedd Cynan, fodd bynnag, yn amlwg wedi tynnu'r colyn o'r briw trwy ganmol rhan o'r gerdd a oedd yn sôn am 'y fam a'i phlentyn'. Gellir bod yn sicr fod y gerdd hon yn ymgais gynnar ar ran Caradog i drafod tynged ei fam mewn barddoniaeth a hynny heb geisio cuddio dim ar ei natur ddychrynllyd.

Gwelir felly fod Caradog yn ystod y 1920au wedi ysgrifennu clwstwr o gerddi yn ymwneud â'i fam, rhai'n anghyhoeddedig, rhai i'w cyhoeddi'n ddiweddarach yn *Canu Cynnar*. Rhyngddynt hwy a'r llythyrau at Morris sydd mor aml yn adlewyrchu myfyrdod tebyg, nid yw'n anodd credu'r awdur pan ddywed yn ei hunangofiant fod pryddest 'Y Briodas' wedi bod yn ymffurfio yn ei feddwl cyn iddo benderfynu cystadlu yng Nghaergybi. Gellir mynd ymhellach a dweud bod hadau'r holl waith sy'n ymwneud â gwallgofrwydd eisoes yn y pridd. Roedd yma nid yn unig stori wir a oedd i gael ei dweud drosodd a thro mewn gwahanol ffyrdd, ond hefyd gybolfa o emosiynau a dyheadau personol a oedd, hyd yn oed ar y pryd, wedi dechrau cael eu mowldio'n themâu mewn barddoniaeth. Mewn gair, roedd yma ddau beth i Caradog fynd i'r afael â hwy – a cheisio dod i delerau â hwy – wrth ysgrifennu, sef yr hyn a oedd wedi digwydd i'w fam a'i ymateb cymhleth a chyfnewidiol ef ei hun i hynny. Dyna pam y dywedwyd ar ddechrau'r bennod fod myfyrdod hir Caradog ar wallgofrwydd yn gymaint myfyrdod ar ei fywyd emosiynol a meddyliol ef ei hun ag ar gyflwr ei fam.

Mae'r llythyrau felly'n dangos yn gliriach nag erioed ddylanwad y cyfnod trallodus hwn ym mywyd Caradog ar gyfeiriad cyffredinol ei waith. Ar yr un pryd, rhaid peidio â gorbwysleisio hyn a cholli golwg ar y rhan bwysig a chwaraeodd dychymyg yn y cyfan. Er nad oes osgoi'r elfennau hunangofiannol yn y gweithiau sy'n ymwneud â'r fam, creadigaethau'r dychymyg yw'r gweithiau hyn wedi'r cwbl. Gellir cymhwyso disgrifiad Caradog o *Un Nos Ola Leuad* fel 'darlun aneglur wedi ei ystumio gan amser a dychymyg' at y cyfan ohonynt. Ein tywys o weledigaeth i weledigaeth a wna Caradog, ond bod cnewyllyn o brofiad personol yn hanfod pob un, weithiau'n amlwg, weithiau'n fwy cudd o dan haen o ramant, ffansi a rhethreg. Dylid cadw'r cyfuniad parhaus hwn o wirionedd a dychymyg mewn cof wrth droi yn awr at y themâu eu hunain.

Enwyd ar ddechrau'r bennod y tair prif thema sydd rhyngddynt yn ffurfio craidd ymdriniaeth Caradog â byd y meddwl – gwallgofrwydd, hunanladdiad a phresenoldeb byd arall. Crisialwyd hefyd y berthynas sylfaenol rhyngddynt fel y'i hamlygir yn y gwaith, sef bod dioddefaint ambell gyflwr meddyliol yn gyfryw ag i gyfiawnhau dihangfa rhag y byd hwn trwy hunanladdiad i fyd arall tybiedig well. Dyma'r rhesymeg sydd ynghanol y gwaith ac fe gaiff ei chymhwyso gan Caradog at achos ei fam, fel y gwelsom, ac yn y man at ei achos ef ei hun – hynny yw, a chymryd dau ffigwr canolog y gwaith dan sylw fel eu cynrychiolwyr llenyddol hwy ill dau. Nid yw hyn yn gyfystyr â dweud bod y tri cham – o wallgofrwydd i hunanladdiad i fyd arall – yn anochel bresennol ym mhob un o'r gweithiau unigol; dim ond yn 'Terfysgoedd Daear' y cyflwynir y mater mor glir â hynny. Ond dyma'r rhesymeg neu, os mynnir, y meddylfryd sy'n rhoi i'r gwaith ei gyfeiriad, a chymryd gyda'i gilydd y pryddestau eisteddfodol, nifer o'r cerddi byrrach ac *Un Nos Ola Leuad*.

Diau fod peryglon bob amser mewn sôn am gyfeiriad cyffredinol o'r fath wrth edrych yn ôl dros yrfa awdur. Gall arwain at orfodi patrwm ar y gwaith lle nad oes batrwm, o bosibl, mewn gwirionedd, a 'A rhyfygu canu cân / Lle nid oedd cân i'w chanu', chwedl yr Hen Ŵr ar ddiwedd 'Y Gân Ni Chanwyd'. Yn achos Caradog, lle y mae gweithiau ar yr un themâu yn rhychwantu oes gyfan, mae'n wir ei bod yn anodd edrych ar y pryddestau cynnar ar eu pennau eu hunain, heb i'n hadnabyddiaeth o *Un Nos Ola Leuad*, dyweder, ddod rhyngom a hwy a dylanwadu ar ein dehongliad. Ond hyd yn oed a chydnabod hynny, mae'r cysonder syniadol a delweddol rhwng y gweithiau a'i gilydd yn drawiadol. Rydym mewn byd ac iddo wead tyn iawn. Mae hynny oherwydd i ddychymyg Caradog gael ei feddiannu, mae'n ymddangos, gan un trywydd meddwl, trywydd na allai yn ei fyw mo'i adael. Er mai yn achlysurol, mewn gwirionedd, y mynegodd ei fyfyrdod – mae bwlch go fawr rhwng y tair pryddest gyntaf a'r bedwaredd, a bwlch mwy fyth rhwng honno a'r nofel – ceir yr argraff mai un myfyrdod parhaus sydd yma. Gwelsom eisoes mor gynnar yn ei fywyd y dechreuodd y myfyrdod ac mor bersonol oedd y rhesymau trosto. Edrychwn yn awr ar dwf y themâu a nodwyd. Er

bod cyd-ddibyniaeth y tair thema ar ei gilydd yn amlwg, caniataer
inni am y tro wahanu'r gyntaf, gwallgofrwydd, oddi wrth y ddwy
arall, hunanladdiad a byd arall, a'u trafod yn y drefn yna.

(i) GWALLGOFRWYDD

Mae'r byd a gyflwynir inni yn y gwaith dan sylw yn llawn o bobl sy'n
wallgof yn ôl safonau arferol cymdeithas. Dyna'r weddw yn y ddwy
bryddest gyntaf, yr Hen Ŵr yn y drydedd, yr hunanleiddiad yn y
bedwaredd, y fam a'r adroddwr, heb sôn am leng o gymeriadau eraill
ymylol, yn *Un Nos Ola Leuad*. Gwallgofiaid sy'n llefaru ym mhob un o'r
gweithiau a gellir dweud bod o leiaf un peth yn gyffredin rhyngddynt.
Sylwodd Elsbeth Evans ar y nodwedd gyffredin hon wrth ymdrin â'r
pryddestau, gan honni bod diddordeb arbennig Caradog mewn 'olrhain
troadau'r meddwl a'i hoeliodd ei hun ar un syniad; meddwl wedi ei
feddiannu; meddwl a gollodd afael ar gydbwysedd iach bywyd pob
dydd'.[41] Gellid dweud bod *Un Nos Ola Leuad*, a gyhoeddwyd bron
ugain mlynedd ar ôl yr ymdriniaeth hon, yn gadarnhad pellach o'r un
gwirionedd. A benthyca delweddau'r awdur ei hun at bwrpas rhestr
gryno, mae llygaid hiraethus y weddw ar fedd ei gŵr, mae sylw'r
Hen Ŵr wedi'i hoelio ar lyn ei weledigaethau, mae golygon yr
hunanleiddiad ar rywbeth a elwir yn 'Dŵr y Tawelwch' ac mae'r
adroddwr yn *Un Nos Ola Leuad* yn gwneud ei ffordd at Ben Llyn Du. Ar
un ystyr, yr ydym gydol yr amser felly mewn byd mewnblyg, ynysig,
caeëdig, lle y mae'n rhaid inni ddibynnu'n gyfan gwbl ar air y llefarydd
ei hun, yn absenoldeb neb arall i warantu na nacáu yr hyn a ddywed.
Wrth ein tywys trwy feddyliau'r unigolion hyn, mae Caradog yn
mynnu gennym ein bod yn rhoi heibio ein syniad arferol o realiti ac yn
mabwysiadu agwedd sy'n gydymdeimladol â'u gweledigaethau hwy.

Nid cydymdeimlad, fodd bynnag, yw swm a sylwedd agwedd
Caradog tuag at yr unigolion hyn. Wrth edrych i mewn i ddyfnder
trueni pob un ohonynt, y mae hefyd yn fynych yn edrych allan gyda
hwy ar y byd a'i bethau, a hynny mewn modd sy'n bwrw amheuaeth
ar gallineb y byd 'call'. Yng ngeiriau Elsbeth Evans, ni 'thorrodd ef
linell rhwng y gwallgof a'r gweledydd'.[42] Mae'r ddeuoliaeth hon yn

sicr yn nodweddu'r ddau bortread canolog o wallgofrwydd yng ngwaith Caradog – y portread sy'n seiliedig ar y fam a'r portread sy'n deillio o'i brofiadau ef ei hun o fywyd. Er bod y ddau bortread hyn yn annibynnol ar ei gilydd, y maent hefyd, fel yr awgrymwyd, yn perthyn yn agos i'w gilydd mewn sawl ffordd.

(a) Y Fam

O'r tair pryddest goronog, y ddwy gyntaf sy'n ymdrin yn fwyaf amlwg ac uniongyrchol â mam Caradog. Mae ysgerbwd o wirionedd llythrennol yn 'Y Briodas' a 'Penyd': gwraig yn colli ei chwarelwr o ŵr mewn damwain yn y gwaith ac yna'n dioddef salwch meddwl sy'n ei dwyn yn y man i ysbyty meddwl. Mae'r ugain mlynedd a rychwentir gan y 'Y Briodas', o 1900 (sef y dyddiad sydd uwchben y caniad cyntaf) hyd 1920 (y dyddiad sydd uwchben y caniad olaf), yn cyfateb yn fras i'r cyfnod a aeth heibio rhwng profedigaeth Margaret Jane Pritchard (1904) a'r adeg yr aed â hi i Ysbyty Gogledd Cymru (1923). Ymhellach, ceir elfen o ffyddlondeb o ran cyfeiriadau daearyddol; mae 'Y Briodas' yn frith o enwau lleol cyffiniau Bethesda ac mae Mynydd Hiraethog yn Sir Ddinbych yn cael ei enwi yn 'Penyd'. Wedi dweud hynny, dychymyg y bardd a ganfu achos ac effaith yn yr amgylchiadau a ddisgrifir uchod; hynny yw, ef a greodd y cysylltiad, sy'n ganolog i'r ddwy gân a'u cymryd gyda'i gilydd, rhwng profedigaeth y wraig a'i gwallgofrwydd. Dyfynnwyd eisoes y darn o *Afal Drwg Adda* lle y mae Caradog yn sôn am ei atgof cynnar am gyfeillgarwch ei fam ag un o ddynion y pentref ac am ei ansicrwydd ef ei hun pa un ai yn ei gof ynteu yn ei ddychymyg yr oedd ei phenbleth ynglŷn ag ailbriodi. Cofier hefyd fod testun Eisteddfod Caergybi yn gofyn am gyfres o delynegion 'yn llunio un rhamant o fywyd ger glannau Môn neu Eryri'. Rhoddodd Caradog i'w gerdd ef yr is-deitl 'Tair Pennod o Ramant Dau Enaid'. Mae'n ymddangos iddo weld cyfle i roi ffurf i feddyliau a fu yn ei ben ers amser maith ynglŷn â pherthynas ei fam â'r tad na fu iddo ef erioed ei adnabod, ac iddo, trwy hynny, daro ar thema 'Y Briodas', sef yn ei eiriau ef 'ffyddlondeb gweddw i'w gŵr marw a'r ymrafael "rhwng ysbryd pur a chnawd"'.

'Priodas' y teitl, wrth gwrs, yw'r un y cofir amdani'n dyner a
hiraethus ar ddechrau'r gerdd, rhwng y wraig ifanc a'i chariad,
priodas y myn hi geisio ei chynnal, mewn ystyr ysbrydol, ar ôl marw
ei gŵr. Ym meddwl y Wraig, bygythir y briodas hon gan ei hawydd
am berthynas â dyn arall ddeng mlynedd yn ddiweddarach; yma y
gwelir cysgod y syniad o ail briodas a fu'n chwarae ar feddwl
Caradog. Gellid dweud bod yma hefyd drydedd briodas o fath, rhwng
yr Ysbryd ac enaid y Wraig ar ddiwedd y gerdd.

Dramateiddir y stori gan roi ymson yr un ym mhob un o'r tri
chaniad i bump o leisiau neu 'chwaraewyr' fel y'u gelwir mewn
nodyn ar ddechrau'r gerdd. Y rhain yw'r Wraig, y Mynydd, yr Afon,
yr Ywen a'r Ysbryd. Adrodd ei stori ei hun a wna'r Wraig. Yn y caniad
cyntaf dywed fel y tyngodd lw yn ei galar i aros yn ffyddlon i'w gŵr,
yn yr ail disgrifia fel y'i temtiwyd i dorri'r llw ddeng mlynedd yn
ddiweddarach, ac yn y trydydd fe'i cawn mewn cyflwr dryslyd, yn
dychmygu bod ei gŵr o'r diwedd wedi dod yn ôl ati a'u bod yn mynd
i'r 'Llan' i ailbriodi. Swyddogaeth y Mynydd, mae'n ymddangos, yw
pwysleisio mor ddinerth a phitw yw dynion wyneb yn wyneb ag
anferthedd a pharhad natur; ymffrostia yn y sicrwydd y bydd ef yn
goroesi'r chwarelwyr sy'n creithio'i wedd trwy gloddio ei graig, a
chaiff ei ddial arnynt trwy alw eu hysbrydion yn ôl i'w poenydio. Ar
un olwg, mae'r Afon yn ddifater ynghylch treialon bywyd dynol; nid
amhara marwolaeth un chwarelwr ar ei chwrs digyfnewid hi i'r môr.
Eto, mae ei hymwybyddiaeth o loes y Wraig yn peri iddi ymyrryd yn
y stori yn y caniad olaf, lle y mae'n cymell y Wraig i ddianc trwy ei
boddi ei hun. Yr Ywen – sydd, mae'n debyg, fel y sylwodd eraill, yn
ddyledus i 'Ywen Llanddeiniolen' W. J. Gruffydd – sy'n teyrnasu yn y
fynwent, uwchben 'ffiniau'r ddeufyd hen' rhwng byw a marw.[43] Gan
fod y chwarelwr wedi'i gladdu o dan ei changhennau mae'r Ywen yn
dyst i 'gymun ffôl' rheolaidd y weddw wrth y bedd ac o dosturi mae'n
ei chynghori yn y caniad olaf i ddilyn ei gobaith am atgyfodiad mewn
byd arall. Yr Ysbryd yw'r pumed llefarydd; mae Elsbeth Evans a
Saunders Lewis ill dau yn dehongli hwn fel ysbryd y gŵr marw, ac
ymddengys eu bod yn iawn.[44] Gweithreda'r Ysbryd hwn fel rhyw fath
o gyfryngwr ar ran Duw rhwng y byd a adawodd y tu ôl iddo a'r byd

nesaf, 'Gwlad y Goleuni Clir'. Mae Saunders Lewis wedi crynhoi
neges sylfaenol yr Ysbryd yn glir, sef 'mai'r dull i garu'r marw yn
weddus yw ei ailddarganfod yn y byw'.[45] Ysbryd bywyd naturiol, iach
ydyw a phe sylweddolai'r rhai sy'n galaru ar ôl eu hanwyliaid hynny,
fe ddiflannai arswyd angau iddynt:

> Ond O! pan wypont faint yr hoen
> Sydd yn fy nghanig iach,
> Ni bydd eu beddau'n feddau mwy
> Na'u meirw yn feirwon iddynt hwy . . .

Methiant y Wraig i sylweddoli hyn a ddisgrifir yn ail ganiad yr
Ysbryd, sy'n dod yn union ar ôl cyffes y Wraig iddi gael ei denu gan
ŵr arall dros dro cyn dychwelyd i rigol ei hen ffyddlondeb. Datgela'r
Ysbryd mai ef mewn gwirionedd a fu'n galw'n ofer arni. Fel yn ei
ganiad cyntaf, cynrychiolydd bywyd naturiol, cyflawn, Cristnogol
ydyw – y bywyd sy'n gallu cyfannu rhwng parch at feirw a phleser
byw. Anffawd y Wraig yw na all, yng ngeiriau Saunders Lewis,
'dreiddio i'r unoliaeth hon'.[46] Iddi hi, achos euogrwydd yw ildio i
bleser bywyd. Mae'r Ysbryd yn sylweddoli ei hargyfwng bellach ac
yn gofyn i Dduw am ganiatâd i'w 'dwyn o'i charchar gwael' – hynny
yw, i ryddhau ei hysbryd o hualau ei chnawd, gan roi terfyn ar 'y
gynnen gas / Rhwng Ysbryd pur a Chnawd'. Erbyn diwedd y gerdd,
ymddengys fod hynny wedi digwydd; caniad buddugoliaethus yw
caniad olaf yr Ysbryd, y caniad sy'n cloi'r bryddest, lle y mae'r
Ysbryd yn datgan ei oruchafiaeth derfynol ar y cnawd a'i 'gyndyn
grafangau' a fu'n caethiwo enaid y Wraig. Ar yr olwg gyntaf, mae
hynny'n mynd yn groes i dystiolaeth caniad olaf y Wraig sy'n rhoi'r
argraff fod ei hymgais i'w boddi ei hun yn yr afon yn aflwyddiannus:

> Ond paid â mynd mor wyllt, y 'nghariad,
> 'Fedra' i mo dy ddilyn di;
> O, ma'r gwynt yn drysu 'ngwenwisg,
> Ac O, ma' hi'n bwrw'r glaw yn lli!

Sylwer, fodd bynnag, mai sôn y mae'r Ysbryd yn ei ganiad ef am yr
uniad sydd ar ddyfod rhyngddo ef ei hun a'i 'anwylyd', nid am uniad

a fu eisoes. Beth bynnag am hynny, boddi yw diwedd y Wraig yn ôl dehongliad Saunders Lewis:

> A chan mai angau a'i arwyddion, carreg fedd a nos, yw gwrthrychau dewis y wraig, ni rydd y bardd derfyn i'w hing ond yng nghofleidiad marwolaeth. Ymdeifl i'r afon.[47]

Ni rydd Saunders Lewis felly unrhyw bwys ar yr amheuaeth yng ngeiriau olaf y Wraig. Ond cofier ei fod ef yn ymdrin â'r bryddest yn 1927, cyn dyfod dilyniant iddi; yn 'Penyd', wrth gwrs, mae'r Wraig yn fyw i ddweud yr hanes. Mae'n werth nodi yma fod Caradog ei hun, wrth gyflwyno'r ddwy bryddest yn rhagair *Canu Cynnar* (1937), wedi sôn am 'Y Briodas' a 'Penyd' fel un gerdd 'i bob pwrpas (ond yr Eisteddfodol bwrpas)'. Ond fe welodd yr angen, yn y gyfrol honno, i wneud y cyswllt storïol rhyngddynt yn fwy amlwg a hynny mewn dwy ffordd: yn gyntaf trwy hepgor caniad olaf 'Y Briodas' wreiddiol – y caniad o eiddo'r Ysbryd sy'n rhoi'r argraff fod bywyd daearol y Wraig ar fin darfod a'i bywyd nefol ar fin dechrau – ac yn ail trwy adleisio is-deitl 'Y Briodas', 'Tair Pennod o Ramant Dau Enaid', mewn is-deitl newydd i 'Penyd', sef 'Pennod Arall o'r Rhamant'. Gan ei bod yn dyfynnu'r is-deitl hwnnw yn ei hymdriniaeth, mae'n amlwg mai dilyn fersiynau *Canu Cynnar* o'r ddwy bryddest yr oedd Elsbeth Evans, a bod hynny wedi ei harwain at y casgliad mai cais aflwyddiannus y Wraig i'w lladd ei hun a ddisgrifir ar ddiwedd 'Y Briodas'.[48] Hyd yn oed ac anwybyddu ymdrech y bardd i dynhau'r cwlwm rhwng y ddwy gerdd trwy'r newidiadau uchod (a noder ei fod, erbyn cyhoeddi'r casgliad cyflawn o'i gerddi, wedi dileu'r newidiadau), dyma'r dehongliad synhwyrol o gymryd y ddwy gerdd gyda'i gilydd. Yn sicr, mae geiriau'r Wraig yn 'Penyd' wrth iddi edrych yn ôl ar ei phrofiadau fel petaent yn cadarnhau mai methu â dilyn y weithred i'w phen draw a wnaeth:

> Mynych y cyrchais innau'n wan
>   Hyd at ei geulan ddofn,
> A'm tynnu'n ôl pan ddelai'r wŷs
>   Bob tro gan ddyrys ofn.

Dyna, felly, hanes y Wraig fel y'i hadroddir gan yr amryfal leisiau yn 'Y Briodas'. Â'i chaniadau hi ei hun y mae a wnelom yn bennaf yma wrth edrych ar ddechrau'r portread o wallgofrwydd a barheir yn 'Penyd', ond bydd angen troi at un neu ddau o'r lleill hefyd i lenwi'r darlun. Pan gyfarfyddwn gyntaf â'r Wraig, y mae newydd golli ei gŵr a'r sioc wedi rhewi ei theimladau, fel y mynegir yn llinellau agoriadol grymus y bryddest:

> O dristwch oer diddagrau. Na chawn ddiddanwch wylo
> Fel heulwen esmwyth haf i feiriol iâ fy loes . . .

Daw iddi atgofion am eu dyddiau caru a dydd eu priodas. Caiff anhawster i dderbyn fod ei gŵr wedi marw; er iddi weld ei gorff, yr hyn a'i trawodd oedd y 'chwerthin gwyw a oedai yng ngwrid ei wedd ddwyfolaf'. Tosturia wrth wragedd chwarelwyr eraill y mae'r profiad o alaru – y 'gwylio syn bob hwyrddydd a'i oriau hir o wae' – eto i ddod iddynt. Hyd yn hyn, galar naturiol a ddisgrifir, gyda'r Wraig yn troi at ei Duw am gymorth. Daw'r weithred annaturiol, sy'n rhagargoel o wallgofrwydd y Wraig, yn y pennill olaf:

> O Dduw, bydd heno'n seliwr a thyst llw mwya' 'mywyd
> I garu 'ngŵr â serch dibleser gweddwdod trist;
> A phara'n bur i'r diwedd er fflam pob rhyw ddihewyd
> Yn enw y Fair ddihalog a anodd gynt dy Grist.

Dyma'r Wraig yn ewyllysio bywyd gwag a diffrwyth iddi hi ei hun yn enw'r Forwyn Fair bur a chan ofyn i Dduw roi sêl ei fendith ar hynny. Cofier fel yr oedd Caradog wedi cymharu ei fam â'r Forwyn Fair yn y gerdd gynharach, 'Ymbil'/'Yn Ofer'. Cofier hefyd fel yr oedd wedi mynegi gofid wrth Morris Williams fod ei fam, yn ei hunigrwydd yn y cartref ym Methesda, yn darllen gormod ar y Beibl, yr unig lyfr yn y tŷ, 'nes yr wyf yn credu ei fod yn mynd ar ei hymennydd'. Gwelir felly gynsail clir i'r modd y mae'r Wraig yn y fan yma'n mynd â'i chrefydd i eithafion. Ddeng mlynedd yn ddiweddarach, gwelir bod y llw yn fwy na mympwy un mewn sioc a galar; yn ei hail ganiad cawn y Wraig o hyd yn ystyfnig o ffyddlon i'w gŵr ymadawedig. Er bod y demtasiwn yn fawr i ymgyfathrachu

â dyn arall – mae'n cyfaddef iddi fwynhau meddwl am hynny – mae
ei moesoldeb gwyrdroëdig wedi troi bywyd yn fater o ddau ddewis
iddi: yr 'uffern bur' y bu ynddo ers colli ei gŵr a'r 'gwynfyd brau' a
wêl mewn dyfodol gyda dyn arall. Dim ond yn nhermau rhyw y gall
edrych ar y fath berthynas; mae fel petai wedi diystyru pob
posibilrwydd o garu neb mewn unrhyw ystyr arall. Felly mae'n
ymlid o'i meddwl y dyhead na all hi ond ei ddehongli fel dyhead
cnawdol, ac un i gywilyddio yn ei gylch. Rhydd o'r neilltu hefyd yr
amheuaeth i'w haberth ddengmlwydd fod yn ofer. Cydia drachefn yn
y bywyd unig, dilawenydd a orfododd arni hi ei hun, gan obeithio na
fygythir eto le canolog dyn marw yn y bywyd hwnnw:

> Ac af i'm gwely diffaith, diaddewid,
> Yn ôl i freuddwyd hysb y nos;
> Odid y daw y bore heb gyfnewid
> D'anwylaf wedd am wridog ros.

'Diwrnod o Haf 1910' yw teitl yr adran hon o'r bryddest ac ar ffurf
adroddiad am y diwrnod hwnnw y ceir gan y Wraig hanes yr
ymrafael meddyliol a ddaeth i'w rhan. Mae'n werth nodi bod storïau
cyfatebol y Mynydd, yr Afon a'r Ywen yn adleisio stori'r Wraig i'r
graddau fod yma ymdeimlad cyffredinol o groestynnu rhwng dwy
stad. Mae'r Mynydd yn uniaethu â 'rhialtwch' y cariadon sy'n dod i
grwydro'i lechweddau nes y cofia mai dyn hefyd sy'n ei greithio â'i
arfau; daw atalfa fechan ar gwrs gorfoleddus yr Afon i'r môr pan
rydd 'bun ei darlun yn y dŵr'; ac mae rhyw 'nwyd annhirion' yn
tarfu ar fodlonrwydd yr Ywen hithau. Mae stori'r Ywen, yn arbennig,
fel petai'n adlewyrchu profiad y Wraig; fel y Wraig, mae hithau'n
diystyru'r cynnwrf newydd fel arwydd o wendid ynddi ei hun.
Defnyddia'r geiriau 'truanes wirion' i'w disgrifio ill dwy. Ond yr
Ysbryd sy'n bwrw goleuni ar yr hyn a ddigwyddodd mewn
gwirionedd, wrth ddisgrifio ei ymyriad cudd ef ym mywyd y Wraig.
Fel y dywedwyd, cynrychiola ef ffydd eangfrydig, iach, yn hytrach na
diffiniad cul y wraig o gywirdeb moesol, ond mae'r ffaith i'r Wraig
droi clust fyddar i'w alwad yn profi ei bod hi bellach y tu hwnt i
wybod y gwahaniaeth. Hynny, a'r ffaith iddi ymdynghedu o'r

newydd i'w chadw ei hun ar gyfer ei gŵr, yw'r prawf, yng ngolwg yr Ysbryd, fod ei chyflwr y tu hwnt i wellhad yn y bywyd hwn; mewn angau y mae'r unig waredigaeth iddi. Ymhen deng mlynedd arall, ymddengys ei bod hithau wedi cyrraedd at yr un casgliad; nid trwy resymeg glir, fodd bynnag, ond trwy ei dryswch a'i hiraeth llethol am ei gŵr. Priodas rhyngddo ef a hi a ragwêl yn yr angau hwn – fel petai wedi anghofio iddynt erioed fod yn briod o'r blaen. Mae yn ôl yn nyddiau cynnar eu caru ac eto'n cymysgu delweddaeth priodas a delweddaeth angau:[49]

> . . . cer ymlaen, ma' gwaith tair milltir
> Eto oddyma i Ogo'r Glyn,
> Ac mae'r clycha'n dechra canu
> Rhwng clogwyni Gallt Tŷ Gwyn.
>
> Mi fydd pobol wedi synnu,
> Pan awn ni'n ôl i'r Llan am dro,
> Fod fy Risiart wedi mynnu
> Priodi'r hogan adodd o . . .

Mae'n ddiddorol nodi bod caniad olaf yr Ywen yn cynnal y syniad a gafwyd yn rhan gyntaf y gerdd bod y Wraig yn ei modelu ei hun ar y Forwyn Fair. Mae'r Ywen wedi sylwi ar lawenydd a chynnwrf newydd ynddi wrth iddi ddod i'r fynwent yn ôl ei harfer ond heb ei blodau a heb grymu dros fedd ei gŵr y tro hwn. Wrth ddyfalu beth yw'r rheswm dros y newid, cymhara'r Wraig â Mair:

> A roed it weld dy lun
> Yn nelw y ffenestr liw,
> Lle cryma wrthi ei hun
> Y Fair a'i chalon friw,
> Yn disgwyl, yn su'r salmau
> A gân addolwyr Crist,
> Y dydd pan ddygir balmau
> I'w dolur trist?[50]

Cyngor yr Ywen i'r Wraig yw iddi gydio yn ei gobaith, waeth pa mor wan, yr atgyfodir ei gŵr fel yr atgyfodwyd Crist:

Hwyrach, o'th wylnos brudd
Y daw i tithau, druan,
Dy drydydd dydd.

Nid ei phrofedigaeth yn gymaint â'r ffordd y mae hi'n ymateb iddi yw achos cyflwr gweddw'r 'Briodas'. Wrth fynnu anwybyddu teimladau naturiol, gwna fywyd naturiol yn amhosibl iddi hi ei hun, gyda'r canlyniad ei bod yn mynd o'i chof. Ar y sail hwn yr anghytuna Saunders Lewis yn ei ymdriniaeth ef â dehongliad y gerdd ei hun o'i thestun fel 'y gynnen gas / Rhwng Ysbryd pur a Chnawd'. Meddai:

> Nid hynny yw. Cynnen ydyw rhwng ewyllys ac atalnwyd, rhwng dewisiad annaturiol a dyheadau gwrthodedig. Enghraifft arall o'r drwg a ddeillia o geisio lladd greddfau.[51]

Mae Elsbeth Evans, ar y llaw arall, yn amddiffyn dehongliad y bryddest o'i phwnc – dehongliad a gynigiwyd gan Caradog yn *Afal Drwg Adda* hefyd, fe gofiwn. Meddai hithau:

> Hanes yr "Ysbryd Pur" yn ceisio goruchafiaeth ar y "Cnawd" . . . Dyna thema ganolog y Briodas. Y mae yn ddigon amlwg, ac nid yw'n anodd ei dilyn. Credwn mai afraid oedd i Mr Saunders Lewis ddwyn i mewn seicoleg Sigmund Freud i gymhlethu pethau . . .[52]

O safbwynt seicolegol, gyda golwg ar y portread o'r Wraig ynddo'i hun, yn enwedig yr ail ganiad, dichon mai esboniad Saunders Lewis yw'r mwyaf boddhaol. Ymddengys, yn wir, fod gwreiddyn y drwg yn ei phersonoliaeth ei hun. Yn sicr, nid rhyw ffansi amherthnasol yw crybwyll Freud a'i syniadau; byddai damcaniaeth chwyldroadol y seicdreiddiwr fod y rhan fwyaf o achosion o niwrosis yn ganlyniad atal dyheadau rhywiol yn gyffredinol hysbys ers tro erbyn yr adeg yr oedd Caradog yn ysgrifennu 'Y Briodas', ac mae'n rhesymol tybio bod y bardd ifanc yn gyfarwydd â hi. Yn bendant, ceir yn y portread o'r Wraig groestynnu 'rhwng dewisiad annaturiol a dyheadau gwrthodedig,' chwedl Saunders. Ar yr un pryd, mae'r diffiniad mwy crefyddol y myn Elsbeth Evans lynu ato yn angenrheidiol hefyd i wneud synnwyr o rediad y gerdd. Yr ymrafael rhwng cnawd y Wraig, yr hyn sy'n ei chadw yn y byd yma i fyw bywyd ofer, a'i henaid, sef hanfod ei bodolaeth, yw drama ganolog y gerdd; heb hynny, does dim cerdd. Er bod Saunders Lewis yn llygad ei le cyn belled ag y mae rhan y Wraig ei hun yn y ddrama yn y cwestiwn, y mae'r gerdd fel cyfanwaith, gyda'i thorri ffiniau mynych rhwng dau fyd, yn galw am ddehongliad lletach Elsbeth Evans.

Pan ysgrifennodd 'Penyd' roedd Caradog yn byw yng Nghaerdydd, lle yr oedd yn gweithio ar y *Western Mail*. Fel hyn y disgrifia yn *Afal Drwg Adda* sut y cafodd ei ysbrydoli:

> Un peth a'm poenydiai'n fawr. Roeddwn wedi colli'r ymweliadau cyson â'r Seilam yn Ninbych, a'r cyfle wythnosol i ymdrybaeddu ym mhwll fy hunan-dosturi. Un noswaith yn fy llety agorais y Beibl a dod ar ddamwain ar draws yr adnod ryfedd hon yn Llyfr y Datguddiad:
>
> > 'A rhoddwyd i'r wraig ddwy o adenydd eryr mawr fel yr ehedai hi i'r diffeithwch i'w lle ei hun, lle yr ydys yn ei maethu hi yno dros amser, ac amseroedd, a hanner amser, oddi wrth wyneb y sarff.'
>
> Testun y Goron yn Eisteddfod Genedlaethol Treorci oedd 'Penyd'. Ac mi gefais weledigaeth. Yn lle'r ymweliadau wythnosol â Dinbych mi gawn fynd i mewn i fywyd Mam yno a'i fynegi a'i ddehongli. (104)

Cawn ddychwelyd yn y man at ran yr adnod uchod yn yr ysbrydoliaeth. Ond treiddio i mewn i feddyliau ei fam yn y gwallgofdy, felly, a fynnai Caradog y tro hwn, a hynny, mae'n ymddangos, er mwyn lleddfu ei gydwybod am na fedrai gynnal unrhyw fath arall o gysylltiad â hi, yn ogystal ag er ateb gofynion cystadleuaeth. Os yw'r 'Briodas', gyda'i hamryfal 'chwaraewyr' a'i hactau, yn ddrama, yna monolog yng ngenau ei chymeriad canolog yw 'Penyd'. Mynegiant o feddyliau'r Wraig, a hithau bellach yn y gwallgofdy, yw corff y gerdd, gyda Phrolog ac Epilog yng ngenau nyrs. Yn y Prolog mae'r nyrs yn ateb ymwelydd sy'n amlwg wedi holi hanes un o'r cleifion sy'n 'mwmian' uwchben ei gweu yn y gornel. Gallwn adnabod gweddw'r bryddest flaenorol ar unwaith yng ngeiriau'r nyrs:

> Dywedant mai poeni ar ôl ei gŵr
> A'i gyrrodd hi, druan, o'i cho'.

Yn yr Epilog, a hithau bellach yn oriau mân y bore, mae'r nyrs yn cyfarch y Wraig ei hun gan geisio ei pherswadio i gysgu, gan gyd-fynd er mwyn heddwch â'i siarad dryslyd:

> Eich cariad? Wel, beth amdano fo?
>   Peidiwch â siarad mor ffôl;
> Mae o'n siŵr o gyrraedd yma rhyw dro
>   I fynd â chi adre'n ôl.

Mae'r darnau llafar hyn sy'n agor ac yn cloi'r gerdd, gyda'u tôn nawddoglyd a'u mydr sionc, fel petaent yn cynrychioli holl annealltwriaeth pobl yn gyffredinol o'r meddwl claf. Er bod y nyrs yn sylfaenol gywir, o leiaf yn ôl tystiolaeth 'Y Briodas' a 'Penyd', yn ei damcaniaeth am achos cyflwr y wraig, mae ei sylw parod amdani'n 'poeni ar ôl ei gŵr' yn diystyru dyfnder a chymhlethdod y profiad fel y'i mynegir gan y Wraig ei hun.

Ceir y mynegiant hwnnw ar ffurf 14 o gerddi gweddol fyr. Mae natur y rheini yn awgrymu bod y Wraig yn pendilio rhwng ysbeidiau o weld clir, lle y mae'n llwyddo i roi rhyw fath o esboniad ar ei thynged, a phyliau – fel y rhai a ddisgrifia'r nyrs yn y Prolog efallai – o ymollwng i siarad fel un wedi colli pob cyswllt â realiti, megis pan mae'n cyfarch ei gŵr fel petai'n fyw o hyd. Gwraig yw hon sydd wedi'i dal mewn stad feddyliol hunllefus sy'n llawn paradocsau. Mae'n sylweddoli enbydrwydd ei chyflwr ac eto'n gaeth iddo. Mae'n deisyfu angau am ei fod yn cynnig gobaith am aduniad â'i gŵr ac ar yr un pryd yn ei ddeisyfu fel stad o anghofrwydd a dideimladrwydd. Rhyw ymbleseru'n chwerw yng nghaethiwed y gwallgofdy a wna wrth gyfarch ei furiau ar ddechrau ei chaniad cyntaf:

Pwyswch, warchodlu mud, caewch yn dynn amdanaf,
Ni ddaeth i mi ddiogelwch erioed fel eich gwarchae chwi;
Er fy ngwrthryfel du, er i mi dyngu tra canaf,
Caewch er hynny'n dynn, caewch amdanaf i.

Mae'n eiddigeddus o'r muriau oer, dideimlad nad effeithir arnynt
gan unrhyw beth:

Er dyfod heulwen brynhawn i fwytho'ch talcennau, ddoethion,
Ynghau mae'ch calonnau hen i'w holl ystrywiau a'i hud;
Caf innau ryw ddydd etifeddu synnwyr eich pennau noethion,
Ac oerfel dialar, dielwch, dewiniaeth eich tawel fyd.

Mae hi ei hun, ar y llaw arall, yn ildio i'r union gynnwrf emosiynol y
mae'r haul yn ei ddeffro ynddi; dyma, bellach, ei hunig ddihangfa o'i
chaethiwed, er ei bod yn gwybod o'r gorau mai dihangfa dros dro
ydyw:

Weithian, nes dyfod o'r dydd y rhoddir i mi eich tawelwch,
Goddefwch i lygaid na wyddant am gwsg yr ymennydd iach
Ryw egwyl ar brydiau i grwydro hyd lwybrau'r goleufyd a
gelwch
Ac yfed un dafn o'i felyswin trwy wydr fy ffenestr fach.

Ei gweledigaethau trwy'r ffenestr hon – ffenestr lythrennol sy'n
troi'n ffenestr y dychymyg – yw cynnwys y pedair cerdd sy'n dilyn.
Galluoga'r gweledigaethau hyn iddi godi, dros dro o leiaf, uwchlaw
trueni ei sefyllfa a rhoi rhyw fath o drefn ar y profiadau a arweiniodd
ato. O hir arfer, enillodd ryw allu cyfriniol i weld y tu hwnt i'r olygfa
lythrennol i fyd o wirionedd delweddol. Wrth iddi ddisgrifio dawns
brysur ond fyrhoedlog yr haf, daw'n raddol amlwg mai gweld y mae
adlewyrchiad o'i phrofiad hi ei hun o natur dwyllodrus a darfodedig
serch: fe'n hatgoffir o ddelweddaeth debyg ail ganiad y Wraig yn
'Y Briodas'. Fe'i cynhyrfir yn gorfforol hyd yn oed yn awr wrth i
belydrau'r haul 'Gerdded yn fflamau llosg trwy 'ngwaed', ond gŵyr
yn well erbyn hyn nag i ymddiried mewn pleser o'r fath:

Ond cryfach ydwyf na'm truan glai,
A gwêl fy llygaid lwybr o'r drysni . . .

Mae'n gwylio'r Dawnsiwr, sef yr Haf, yn syrffedu ac yn cilio i'r nos, a chlyw 'awel glaf' yn codi ei llais i alaru 'Am serch colledig / A'i twyllodd hi'. Gŵyr, fodd bynnag, mor ofer yw cri o'r fath ac mor anochel yw dyfodiad y 'nos ddi-nwyd'. Yn wir, mae'n croesawu'r machlud a'i dawelwch. Ond ni chaiff lonydd yn hir gan ei phrofiadau; deuant yn ôl iddi ar ffurf dwy weledigaeth bellach, un yn rhagfynegi'r llall. Yn y weledigaeth gyntaf, gwêl y Wraig ddau gariad hapus yn cadw oed ac yn cusanu ac, fel y rhybuddiodd hi'r awel yn y caniad blaenorol ofered ei chri am yr haf, myn ei hysbryd rybuddio'r ddau ifanc hyn na ddaw dim da o'u cariad. Mae'n rhybuddio'r ferch, yn arbennig, mai 'Anrheithiwr creulon ydyw serch' ac yn ei chynghori i ymwrthod ag ef cyn iddi gael ei charcharu gan ei 'hudoliaeth erch'. A dangos pen draw perthynas dau a wna'r weledigaeth ddilynol, sef gweddw drist yn ymlwybro'n flinedig i fyny'r ffordd. Ymgorfforiad yw'r weddw rithiol hon o brofiad y Wraig, sydd yn amlwg yn ei gweld ei hun ynddi:

> Troant bob un i'w rawd ei holl gymdeithion,
> Ac edrych hithau dro i mewn i'm cell,
> Fel ped amheuai gladdu fy ngobeithion
> A fferru 'nwyfron innau ddyddiau pell.

Mae llinell olaf y pennill uchod, ynghyd â'r cyfeiriad at y 'rhai bach yn wylo / Am fron a fferrodd yn yr oerfel maith' yn y pennill blaenorol, yn dwyn elfen newydd i mewn i'r portread o'r Wraig. Lle nad oedd sôn yn 'Y Briodas' fod y Wraig hefyd yn fam, dywedir hynny'n weddol glir yma a'r awgrym yw bod y galar ar ôl ei gŵr rywsut wedi rhewi ei greddfau mamol a'i chariad at ei phlant. Yna, disgrifir y ddrychiolaeth hon yn pellhau nes nad oes ar ôl ond 'llewych egwan' sydd fel 'cri rhwng nef a daear'. Soniwyd eisoes am ddefnydd Caradog o ddelwedd y golau mewn cerddi cynharach yn Gymraeg a Saesneg, ac mae'r disgrifiad yn y fan hon o'r weddw yn cilio, a'i 'gwedd ddisgleirwelw yn pellhau, pellhau', yn debyg iawn i'r darlun o'r mamau disgleirwedd sy'n cerdded o flaen eu meibion i gysgodion y nos, a'u goleuni'n mynd yn llai ac yn llai, yn y soned 'Mothers'. Mae'r 'llewych egwan' a adewir ar ôl hefyd yn ein hatgoffa o'r llewyrch a wêl yr Ywen 'Uwch caddug Pen y Braich' yn niwedd 'Y Briodas'. Yno gorchmynna'r Ywen i'r Wraig ddilyn y golau, gan ei ddisgrifio fel 'ffenest gêl / I ryw fyd gwyn, di-faich'. Yma eto, yn 'Penyd', cynrychiola'r golau, y cyfeirir ato'n gyson trwy'r gerdd, obaith y weddw am aduniad â'i gŵr – gobaith y myn ddal ei gafael ynddo er mor wan yr ymddengys ar brydiau.

Y golau hwn sy'n cadw'r Wraig ar ddi-hun wrth iddi ddychmygu, yn y gerdd nesaf, ei fod yn hofran uwchben bedd ei gŵr, lle y cadwodd hithau ei hoed ffyddlon cyhyd:

> Nos dawelaf cwmni'r beddau
> Yn nhawelwch Pentre'r Dŵr
> Oedd unigedd f'unigeddau
> Dymor ar ôl claddu 'ngŵr.
>
> Rhoddais ar ei fron friallu
> Ac fe'u gwelais hwy bob un
> Yn edwino i'r anallu
> A'i parlysodd ef i'w hun.
>
> Yn nhynerwch oes y blodau
> Oedd bob hwyr yn addo gwawr
> Pwy na cheisiai ryfeddodau
> Grym yr Atgyfodiad Mawr?

Er bod dyfodiad y weddw i'r gwallgofdy wedi rhoi terfyn ar ei gwylnos lythrennol wrth y bedd ac er ei bod bellach fel petai'n sylweddoli mor ofer fu'r cyfan, mae dwy o'r tair cerdd sy'n dilyn yn dangos ei bod o hyd yng ngafael yr hen obsesiwn. Dyma'r ddwy gerdd lle y mae'n ymagweddu fel petai ei gŵr yn fyw o hyd. Yn wir, yn y gyntaf o'r ddwy, mae'n ei gyfarch yn uniongyrchol. Byrdwn y gerdd yw erfyn arno i ddychwelyd ati:

> Paham na ddychweli weithiau i'm cysuro,
> F'anwylyd, fu mor daer i'm hennill gynt;
> Yn araf iawn y myn f'ewyllys wyro
> Fel pob helygen werdd lle ni bo gwynt.

Hyd yn oed os na all ddod yn ôl ati'n llythrennol, mae'n crefu arno i
roi rhyw arwydd iddi o'i fodolaeth:

> Tyred, os mynni, megis hunllef greulon
> Neu megis cân aderyn yn y coed;
> Oni chwenychi im weld dy bryd goleulon,
> Rho im yn unig glywed sŵn dy droed.

Mae'n methu â derbyn terfynoldeb angau, a'r ffaith fod ei chariad, a
ymdrechodd mor ddygn i'w chael yn gymar iddo, bellach yn llwyr
allan o'i chyrraedd:

> Os yw dy galon fawr yn dal i guro,
> Pa fodd nad arwain hi dy dywyll hynt,
> Ac na ddychwelit weithiau i'm cysuro,
> F'anwylyd, fu mor daer i'm hennill gynt?

Rhwng y gerdd uchod a'r ail gerdd o ymgolli'n gyfan gwbl ym
myd ffantasi, ceir caniad braidd yn wahanol lle y mae'r Wraig fel
petai ar y ffin rhwng credu yn ei dychmygion a pheidio. Yma mae'n
cyfarch y llewyrch yn y pellter y cyfeiriwyd ato eisoes, cynrychiolydd
ei gobaith, gan ymbil arno am ryw arwydd fod byd arall, gwell, yn ei
haros, ynghyd ag aduniad â'i gŵr. Ond mae'n amlwg nad yw'n
ffyddiog iawn y gwireddir ei dymuniad, a chyfleir ei hamheuaeth yn
ei chyfeiriadau at 'balasau rhith' ac at 'solas egwan' ac 'ysmaldod' y
llewyrch ac, yn gryfach fyth, at ei '[h]anghrediniaeth wyllt' hi ei hun.
Rhyw ymgysuro dros dro sydd yma felly, a hithau fel petai'n llawn
sylweddoli hynny, er ei bod yn gyndyn o ollwng y gobaith:

> Dywed dy stori dawel
>   Am y trigfannau pell,
> A rydd i mi anghofrwydd mwyn
>   O galed fyd fy nghell;
> Mi ildiaf i'th ysmaldod,
>   A dof i'th ddisglair dir;
> Hwyrach, o aros yno dro,
>   Y daw dy stori'n wir.

Fodd bynnag, wedi'r caniad cymharol bwyllog resymol hwn, ceir y caniad lle y mae'r Wraig o'r diwedd yn 'gweld' ei gŵr yn dychwelyd ati, trwy ddüwch y nos. Mae'r caniad hwn mewn tafodiaith ac arddull agos-atoch, ac yn debyg iawn i ganiad olaf y Wraig yn 'Y Briodas'. Mae'r Wraig fel pe bai yn ôl yn ei dyddiau caru, ac mae direidi chwareus merch ifanc yn gymysg â thrasiedi'r weddw:

> Mi smaliaf am funud 'y mod i'n ffrom,
>   Ac na fynna' i mo'i weld o mwy;
> 'Cheiff o fyth weld bod 'y nghalon mor drom,
>   Na gwybod mor ddwfn fu 'nghlwy;
> Ond mi wn y bydd popeth a ddyfyd o'n wir,
>   'Rwy'n 'nabod 'y ngŵr yn rhy dda;
> A chymer hi fawr na ddaw'r wybren yn glir,
>   Ry' ni'n dau yn gariadon rhy dda.

Does gan y Wraig ddim amheuaeth mai ei gŵr ydyw hwn sy'n dynesu ati:

> Mi 'dwaenwn o petai mintai fawr
>   Yn cerddad y nos fel y fo;
> Pwy arall a fedrai roid osgo'r cawr
>   Ymhob modfadd o'i gam fel y fo?

Ond, fel yn y caniad cyfatebol yn 'Y Briodas', cilia'r gŵr o olwg y Wraig cyn eu haduno. Yn llinellau olaf y caniad daw realiti oer, fflat i gymryd lle anwyldeb iaith caru, wrth i'r Wraig sylweddoli ei hunan-dwyll:

> Darfu. A gwn pe trown fy mhen
>   I geisio fy rheibiwr croch,
> Y gwelwn o'm hôl ar obennydd wen
>   Wallgofrwydd dau lygad coch.

Wedi i'r ffantasi gael ei chwalu mor swta, ceir tair cerdd lle y mae'r Wraig yn ceisio gwneud synnwyr o'r hyn a wêl hi fel ei phenyd. Gwelir ei bod, hyd yn oed yn ystod yr ysbeidiau cymharol glir o resymu a dehongli fel hyn, yn methu ag ymddihatru oddi wrth yr

hen euogrwydd annelwig sy'n peri ei bod yn ei beio ei hun am ei holl
ddioddefaint. Nid hyd nes y bydd wedi dioddef y penyd i'w eithaf y
caiff faddeuant ei gŵr:

> Aros yr awr a fyn
> Ei ddifraw glai,
> Awr fy mhureiddio'n wyn
> O'm creulon fai . . .

Ystumio ieithwedd achubiaeth y Cristion a wneir yma, gyda'r Wraig
wedi dyrchafu ei gŵr i safle Crist fel gwaredwr. Dyna pam nad yw
edifeirwch y 'cwfaint cudd' yn ddewis iddi; mae'n rhaid iddi
'dreiddio i eithaf pell / Fy mhurdan hir'. Ystyr hynny yw mynd yn ôl
ac yn ôl dros achosion tybiedig ei huffern. Yn y caniad nesaf â'n ôl
drachefn dros hanes 'Y Briodas', y tro hwn fesul tri atgof a ddisgrifia
fel tair fflam barhaus yr uffern. Yr atgof cyntaf yw'r un am y 'traserch
nad adnabu drai' yn peri iddi gael gweledigaeth o gorff ei gŵr yn y
ddaear ac yna'r siom o sylweddoli nad oedd ei hiraeth taer hi'n
mennu dim arno. Atgof yw'r ail am yr adeg pan demtiwyd hi i dorri
llw ei 'ffyddlondeb ffôl'. Er na ddywedir yn bendant iddi wireddu ei
dyhead am berthynas newydd â dyn arall, mae'r awgrym hwnnw'n
gryfach os rhywbeth yma nag yn 'Y Briodas', wrth iddi sôn am

> . . . ffaelu o'm serch a throi'i adfeilion rhwth
> A'i welw-oer lewych yn rhyw balas hardd.

Mae ei disgrifiad o'r 'pleserau di-wahardd' a'i hudodd yn sicr fel
petai'n ategu damcaniaeth Saunders Lewis wrth sôn am 'Y Briodas'
mai cynnen rhwng 'ewyllys ac atalnwyd' yw gwraidd y broblem
seicolegol. Fodd bynnag, y trydydd atgof a'r 'greulonaf fflam',
meddai'r Wraig, oedd

> Pan ailgyfeiriais gyfeiliornus gam
> I fyd yr hen ffyddlondeb gweddw a fu . . .

Canfu bryd hynny 'Gerydd a dirmyg' ar wedd ei gŵr – prawf iddi ei
fod, wedi'r cwbl, yn malio, ac mewn rhyw ffordd yn ymwybodol o

hyd ohoni hi a'i hynt a'i helynt. Ar yr un pryd, mae ei sylweddoliad fod ei hailymrwymiad i'r hen lw yn gam cyfeiliornus yn enghraifft eto o'i hymwybyddiaeth sylfaenol, trwy'r cyfan, iddi ddwyn ei helbul am ei phen ei hun. Â'r caniad nesaf â ni'n ôl at y golau yn y pellter, sydd erbyn hyn ar ffurf seren, a honno'n galw'n ofer ar y meirwon. Synia'r Wraig fod y rheini'n well eu byd lle y maent:

> Dewisach ganddynt, ledrith gwiw,
>   Na dilyn d'eiliw di
> Yr hun nad oes a ŵyr ei hedd
>   Onid f'anhunedd i.

Dyma gyflwyno eto, fel ar ddiwedd y soned 'Gwawr y Nefoedd Well', y syniad fod marwolaeth yn orffwys ar ôl uffern ddaearol. Awgryma'r Wraig iddi ystyried hunanladdiad sawl gwaith, ond iddi '[d]ynnu'n ôl pan ddelai'r wŷs / Bob tro gan ddyrys ofn'. Yr hyn y mae'n ei ofni yw i'w gŵr, fel yng ngweledigaeth y caniad cynt, wgu ar ei gwendid (hynny yw, ei gwendid yn ystyried cymryd cariad arall) tra meddiannid hithau bellach gan ei ddideimladrwydd gwreiddiol ef. Metha â chredu'n llwyr yng ngwaredigaeth a bendith marwolaeth felly, er ei themtio ganddynt. Mewn gair, nid yw'n sicr hyd yn oed o'r nod y troes ei holl fodolaeth o'i gwmpas ers iddi golli ei gŵr.

Ceir newid cywair yn y caniad olaf ond un. Ar ôl troi cyhyd ym myd mewnol, cyfyng ei meddyliau ei hun, ehanga'r Wraig ei gorwelion yn awr i sôn am yr hyn a ddisgrifia fel hil sydd wedi ei thynghedu i ddioddef. Bu'r holl gân hyd yn hyn yn seiliedig ar dyb y Wraig mai canlyniad ei hymddygiad personol yw ei stad druenus, ond byrdwn y caniad hwn yw bod achosion ei gwallgofrwydd, fel yn achos gweddill 'Plant Dioddefaint', yn gynhenid ynddi. Hil yw hon a gaiff gam parhaus:

> Ei hafod yw Bryn Dioddefaint
>   A'i rhandir lle'i methrir dan draed, –
> Yr hil sydd yn cerdded y ddaear
>   A gwenwyn y Groes yn ei gwaed;

Cynefin ei phlant â phob dolur,
Newynant lle porthir pum mil;
Ac wylant i gân eu telynau
Dan feichiau tragywydd yr hil.

Yr ensyniad yw bod pob temtasiwn at ddrwg wedi cael ei rhoi yn
llwybr y rhai hyn, fel y gwasanaetha eu tynged fel rhybudd i weddill
dynoliaeth. Hwy sy'n cario baich drygioni a dioddefaint yn
gyffredinol:

O ffrwyth pob rhyw bren y profasant,
Adwaenant gamwri pob oes;
A chrogant lle casglo pob tyrfa
Yn foeswers am bechod a'i loes;
Hwynt-hwy sy ganolnos yn agor
Pyrth cedyrn carcharau sy 'nghudd,
A myned i mewn i gaethiwed
Y rhai a ollyngant yn rhydd.

Disgrifir nodweddion dychrynllyd a diystyr ymddygiad y
gwallgofiaid fel y gwêl eraill hwy, ond cri yw'r pennill olaf am
oddefgarwch tuag atynt:

Nid oes o rifedi'r cenhedloedd
Na welodd yr hil ar ei thaith,
Ond Plant Dioddefaint yn unig
A ddeall, a sieryd ei hiaith;
Chwychwithau, bwy bynnag a'm gwrendy,
Pan glywoch ddieithrwch fy nghri,
Nac ofnwch fy llais, ond gwybyddwch
Mai plentyn o'r hil ydwyf i.

Y caniad hwn yw'r mynegiant cynharaf yng ngwaith Caradog o
fodolaeth hil o bobl a dynghedwyd i ddioddef. Cyflwynir yr un
syniad yn 'Terfysgoedd Daear' ac yn *Un Nos Ola Leuad*, fel y cawn
weld. Yn *Afal Drwg Adda* hefyd, mae'r sylw a roddir i gymeriad brith
o'r enw Bobby Burns yn tystio i'r un awydd yn Caradog i dreiddio y
tu hwnt i argraffiadau cyntaf, arwynebol o bobl nad ymddangosant

yn union fel pawb arall. Crwydryn hoff o'i ddiod oedd hwn a gyfarfu Caradog yn yr ysbyty yn Lerpwl pan aeth yno i gael triniaeth i'w lygaid. Mae'n sôn am yr un dyn mewn llythyrau o'r ysbyty hwnnw at Morris ac er ei ddisgrifio fel 'Dyn wedi mynd i'r cŵn', dywed hefyd, fel petai i gyfiawnhau ei ddiddordeb ynddo, fod ôl 'gwaith llaw gelfydd Dioddefaint ar ei galon'.[53]

A dychwelyd at 'Penyd', yn y caniad olaf rydym yn ôl drachefn gydag achos penodol y Wraig. A'r 'seren olaf' bellach wedi cilio o'i lle uwchben bedd ei gŵr, gŵyr y Wraig ei bod hi'n bryd iddi hithau ymadael â byd ei dychymyg lle y gallodd ymgysuro dro yn y posibilrwydd o aduniad â'i gŵr. Disgwyl yn amyneddgar am awr marwolaeth fydd raid iddi, gan na all ewyllysio ei dyfodiad:

> Er im geisio'r llwybr ganwaith
> Lle daeth llwch dros ôl dy droed,
> Gwn nad oes a'i cerdd ond unwaith,
> Ac nas cerddais i erioed . . .

Fodd bynnag, mynegiant pellach yw caniad olaf y Wraig mewn gwirionedd o ddioddefaint trigolion y gwallgofdy, na chânt lonydd ddydd na nos gan boenydio'r meddwl a'r cof. Er ceisio noswylio trwy dynnu'r llen dros ffenestr ei gweledigaethau, nid oes gan y Wraig reolaeth o gwbl dros ei meddyliau. Yn y pennill olaf, mae yn ôl ym myd ei dychymyg:

> Ond, fel bysedd glwth a wasgo
> Sypiau grawn i'w gwaddod llwyr,
> Myn fy llygaid sychion amau
> Nad oes eto yn y nos
> Rywun sy'n prysuro'i gamau
> Wrth oleuni seren dlos . . .

Bwriadol anorffenedig ei dôn yw'r diweddglo hwn. Cysur y druanes hon yw ei hunllef hefyd. Dywed yr Epilog wrthym ei bod hi bellach bron yn dri o'r gloch y bore; bu meddyliau'r Wraig felly'n troi yn eu cylchoedd didrugaredd am oriau bwygilydd.

Ar ôl 'Y Briodas' a 'Penyd', mae 'Y Gân Ni Chanwyd' i raddau'n torri llwybr newydd. Diau fod Caradog yn teimlo angen newid cyfeiriad; yr oedd wedi dweud ei stori yn 'Y Briodas' ac wedi'i hailddweud yn 'Penyd', gan ddihysbyddu hefyd, am y tro o leiaf, bosibiliadau'r deunydd o safbwynt seicolegol. Eto, câi ei gymell gan yr un testun. I ddyfynnu drachefn o *Afal Drwg Adda*, fel hyn, yn nodweddiadol euog ei dôn, y mynega'r rheidrwydd a deimlai i lynu wrth ei ymgais i ddehongli profiad ei fam ar gân:

> Ni allwn, hyd yn oed ar ôl sgrifennu'r gerdd 'Penyd', ymguddio rhag wyneb y sarff. Ond y drydedd waith, yn lle sôn am greadures o gnawd a gwaed, mynnwn ddwyfoli'r Fam a'i throi'n Fatriarch. (105)

Cyfeiriad yw'r 'sarff' uchod, mae'n debyg, at yr adnod o'r Beibl a ddyfynnir gan Caradog, fel y gwelsom, wrth iddo drafod yr ysbrydoliaeth i ysgrifennu 'Penyd'. Mae'r adnod hefyd yn ymddangos uwchben y gerdd honno, ynghyd â'i ffynhonnell, sef Datguddiad 12:14. Ni wneir unrhyw ddefnydd penodol yng nghorff y gerdd o ddelweddaeth ryfedd yr adnod. Os trown at Lyfr y Datguddiad, ceir mai rhan ydyw'r adnod o un o weledigaethau Ioan. Gwêl Ioan ddau arwydd yn y nef. Un yw gwraig ar fin esgor ac yn gweiddi yn ei gwewyr. Y llall yw draig anferth sy'n sefyll o flaen y wraig er mwyn difa ei phlentyn ar ei eni. Mae hithau'n esgor ar fab, ond fe'i hachubir rhag y ddraig trwy ei gipio at Dduw a dihanga'r fam i'r diffeithwch lle y mae noddfa wedi'i pharatoi iddi gan Dduw. Mae'n mynd yn rhyfel yn y nef rhwng yr angylion a'r ddraig, a ddisgrifir hefyd fel 'yr hen sarff, yr hon a elwir Diafol a Satan, yr hwn sydd yn twyllo'r holl fyd'.[54] Trechir y sarff a'i bwrw i'r ddaear, lle y ceisia ddial trwy erlid y wraig, ond achubir honno eto trwy roi iddi adenydd eryr i hedfan i ddiogelwch y diffeithwch. Pan boera'r ddraig afon o ddŵr ar ôl y wraig, mae'r ddaear yn agor i lyncu'r dŵr. Â'r ddraig ymaith yn ei llid i 'wneuthur rhyfel â'r lleill o'i had hi'.[55] Gan gofio mai un adnod benodol a aeth â sylw Caradog, gellir gweld cysylltiad llac rhwng y stori Feiblaidd hon a 'Penyd'. Yn y stori, gwahenir y fam a'i phlentyn newydd-anedig; cofier am yr awgrym yn y bryddest i'r weddw wadu ei phlant bach yn ei galar. Cipir y wraig yn y weledigaeth i ddiogelwch ar ôl ei phrofiad dychrynllyd, i beri iddi anghofio 'wyneb y sarff'; cyfleir y syniad o noddfa yn nisgrifiad gweddw'r bryddest o 'ddiogelwch' muriau'r gwallgofdy hefyd. Fodd bynnag, mae'n bosibl fod 'Y Gân Ni Chanwyd' yn taflu mwy o oleuni ar arwyddocâd dyfynnu o'r weledigaeth, fel y cawn weld yn y man.

Fel yr awgryma Caradog yn y dyfyniad uchod o *Afal Drwg Adda*, mae'r bryddest hon yn mentro i dir mytholeg, o leiaf y rhan ohoni sy'n ymdrin â'r fam, sef ail ran yr ail ganiad. Nodwyd ar ddechrau'r bennod mai rhan o gerdd am yr 'Hen Ŵr' yw'r portread o'r fam y tro hwn. Mae'r Hen Ŵr, yn ei ymchwil barhaus am y gân berffaith – y gân a fynega iddo ystyr waelodol ei fodolaeth – yn gwneud ei daith feunyddiol i fyny'r Allt at y llyn. Llyn ei weledigaethau yw hwn, a'r llun cyntaf a ddatgelir iddo, yn adlewyrchiad yr awyr yn y dŵr, yw'r hyn a ddisgrifir fel gardd berffaith lle y cedwir, 'yn un distawrwydd hardd', bob ymgais aflwyddiannus i fynegi ystyr y bywyd hwn. I'r Hen Ŵr, dyma gartref y gân berffaith y methodd â chael gafael ynddi; yma, caiff ei ddychymyg benrhyddid llwyr i weld yr hyn a fynno. Felly yr ildia'r weledigaeth gyntaf ei lle i'r ail, sef

> . . . bryniau'r tywod sy'n gordoi
> Mynwes gystuddiol y bellennig dud
> Lle'r ymgartrefa'r Sphincs dragywydd fud.

Ymwneud â'r Sffincs hon y mae adran nesaf y gerdd. Mae'r Hen Ŵr yn ceisio dyfalu pwy yw hi, datrys ei phôs, fel petai, gan chwarae â'r posibilrwydd ei bod yno i ganu cnul y gân y bu'n chwilio amdani:

> A phwy yw'r ddieithr hon ar dywyll wedd
> Y Sphincs gyfriniol yn fy rhithlun chwim?
> Ai corff y gân sydd yma'n codi o fedd
> I gynnig offrwm gwael ei phydredd im?
> Ai cennad lledrith o ddyfnderoedd hedd
> Ardal na chlybu o'r peraidd fiwsig ddim?
> Boed rith neu bydredd, nid llwyr ddieithr yw,
> Cynefin wyf â threm ei llygaid gwyw.

Gyda'r Sffincs mae 'dwy riain wen' sy'n gweini arni dan ganu a chan
fynd o'i blaen i baratoi ffordd trwy'r anialwch iddi, ffordd sy'n
arwain 'I werddon ffrwythlon o bob pêr ei flas'. Gofynna'r Hen Ŵr i'r
ddwy riain ddweud hanes eu harglwyddes a'u stori ryfedd hwy yw
cynnwys gweddill yr adran hon o'r gerdd. Sicrhânt ef na chaiff y gân
a geisia ganddynt hwy, a mynd ymlaen â'u stori. Mewn iaith sy'n
adleisio hanes y creu yn Genesis, hanes y cyffyrddir arno mewn
pennill am y 'seithnos bell' yn adran gyntaf y gerdd, cyflwynir yr
arglwyddes hon a elwir 'yr Anwylyd' fel yr un a greodd y byd a'i holl
ogoniannau. Nid yw hon, fodd bynnag, yn ymwybodol o'i
chreadigaeth gan ei bod yn byw yn yr anialwch, 'I waith Ei dwylo'n
fyddar ac yn ddall'. Olrheinir yr hanes i'r 'dechreuad', ac i 'un
ofnadwy nos' pan nad oedd dim, a'r Anwylyd ei hun mewn stad
ddideimlad. Yn y diddymdra hwn y deffroes y ddwy riain sy'n
adrodd y stori – 'efeilliaid yr Anwylyd' – a dechrau wylo. Ysgytiwyd
yr Anwylyd o'i llonyddwch gan eu sŵn, a gollyngodd gân i'r gwagle
du. Hon oedd cân y creu. Ond aeth rhywbeth o'i le; aeth y gân, a
ddechreuodd fel 'ffrwd hyfrydlais', y tu hwnt i bob rheolaeth. Dyna
pryd y dihangodd yr Anwylyd, yn ei siom a'i thristwch, o'r byd
newydd yr oedd wedi'i greu i'w thrigfan bresennol yn yr anialdir.
Yno, er ei bod, fel y nodwyd, wedi colli adnabod ar ei chreadigaeth ei
hun, mae gwaredigaeth ar ddod iddi. Bryd hynny, caiff glywed y gân
a aeth allan o'i gafael yn ei chyflawnder. Daw nodau'r gân yn ôl ati a
chyda hwy weledigaeth berffaith o'i chreadigaeth. Paratoi'r ffordd ar
ei chyfer i gysur ei 'hawddfyd hir' y mae'r ddwy riain, meddant wrth
yr Hen Ŵr wrth ffarwelio ag ef:

> 'Yn iach, hen ŵr! At dir ein hir alaru
>   Mae'r gân a'i gosgordd beunydd yn nesáu;
> A'r palm a'r sidan heb eu llwyr wasgaru,
>   A llwybr yr ymdaith heb ei gwblhau;
> Ofer yw geiriau; rhaid yw i ni ddarparu
>   I'w llywio'n ôl i'w thud er llawenhau
> Bron yr Anwylyd yn Ei hawddfyd hir
> Mewn gwerddon draw ar gyrrau'r anial dir.'

Yn adran olaf y gerdd, mae'r Hen Ŵr yn gweld ei lun ei hun yn y llyn, a'r adlewyrchiad hwnnw yn gwawdio ei ddwy weledigaeth flaenorol – yr ardd berffaith yn gyntaf ac yna'r anialwch lle y gwelodd yr arglwyddes:

> Ac yn ei ddyblau y chwardd
> Am i'm golygon pŵl
> Weld y Goruchaf ar lun
> Gwallgofrwydd arglwyddes hardd . . .

Er bod hon a bortreadir yn 'Y Gân Ni Chanwyd', fel y dywed Caradog ei hun, wedi peidio â bod yn 'greadures o gnawd a gwaed', nid yw'r portread heb ei gysylltiadau â gweddw'r ddwy bryddest flaenorol. Mae hanfodion yr hen stori yma – stori y mae'r Hen Ŵr ei hun yn ei hanner gwybod, sylwer, cyn i'r ddwy riain ei dweud wrtho:

> Mynegwch im, rianedd unwedd Mair,
>   Ddirgelaf dolur eich arglwyddes chwi,
> A chamwedd mawr y penyd hir a bair
>   Nad oes un deffro fyth i'w thrwmgwsg hi;
> Dehonglwch im â newydd, ryfedd air
>   Fiwsig eich siant, fel y gwybyddwyf i
> Beroriaeth leddf eich hiraeth am yr haf
> Cyn dod o'i chlefyd i'ch anwylyd glaf.

Gellir dweud bod y stori a adroddir yn bras gyfateb, o ran syniad, i stori'r weddw. Mae yma 'un ofnadwy nos' yn lle gweddwdod diffaith a chân yn lle mynegiant llafar y weddw o'i hildio i ddiddanwch newydd bywyd heb ei gŵr. Gellir gweld tynged y gân honno fel adlais o'r modd y collodd y weddw ei phwyll am iddi fynnu chwyddo canlyniadau teimlad naturiol yn bechod mawr:

> Gwae ni nad arosasai cynnar swyn
>   Yr irder oedd ry bêr i hir barhau;
> Collodd y lwysgan ei gwyryfdod mwyn,
>   A gwybu ei gŵyl dynerwch amlhau

Yn afradlonedd hardd nad oedd un ffrwyn
A'i cadwai rhwng terfynau'r ddedwydd bau,
Paradwys yr Anwylyd a'i rhai bach
Yn nydd ysblennydd ei hymennydd iach.

Mae'r darlun o'r Anwylyd fel mam hefyd yn gyson â'r weledigaeth
o'r weddw sy'n rhan o 'Penyd'. Yn lle'r gwallgofdy, darlunnir
diffeithwch. Ymhellach, mae'r 'hawddfyd hir' sydd ar ddod i ran yr
Anwylyd fel adlais o'r byd arall y mae gweddw'r bryddest
gynharach yn ei ewyllysio mor daer.

Ymddengys mai'r un stori sylfaenol sydd yma, felly, wedi ei
hanner cuddio mewn chwedl ryfedd. Wrth lunio'r chwedl honno,
mae Caradog wedi benthyca elfennau o sawl cefndir. Daw'r Sffincs ei
hun, wrth gwrs, o fyd chwedloniaeth Roegaidd. Fel y nodwyd eisoes,
mae cysgod stori'r creu yma, gyda'r Anwylyd wedi'i dyrchafu'n
dduwies y creu. At hyn, mae yma awgrym o'r Fam Ddaear fytholegol
a hynny mewn cyfatebiaeth sydd i'w gweld rhwng rhan o adran
gyntaf y bryddest a rhan o'r ail adran. Wrth siarad â'r hen dderwen,
mae'r Hen Ŵr yn darlunio ei bywyd hi, fel ei eiddo ei hun, fel stad o
ddisgwylgarwch, wrth iddi 'Aros yn astud am y gyflawn gân'. Ond
marw a wna hithau cyn gwireddu hynny, fel pawb a phopeth arall,
gan adael

Y ddaear weddw yn wylo am ei phlant,
    Hwythau'n anufudd yn yr hirnos ddu,
A chwa gellweirus weithiau'n chwythu'n gam
A dwyn yn ôl ei gwanwyn gwyrdd i'r fam.

Mae'r geiriau uchod yn amlwg yn rhagfynegi'n fwriadol y syniad a
geir yn yr ail adran y daw nodau ei chân yn ôl i'r Anwylyd, sydd
hithau'n fam mewn gwirionedd i'r holl gread:

Dychwelant yn lluddedig at y Fam,
    Hithau ni bydd edifar ganddi Ei gwaith;
I'w chlust yn newydd gerdd, i'w threm yn fflam,
    Daw gorffenedig lun Ei chread maith . . .

Ymhellach, gwelir bod yr Hen Ŵr yn priodoli rhyw ddoethineb a thrugaredd oesol i'r Fam Ddaear, gan synio mai wrth ddychwelyd i'w chôl – hynny yw, wrth farw – y clyw pawb a phopeth byw ystyr eu bodolaeth ar gân:

> Dderwen, yr ing a wyddom ni ein dau
> > Heddiw, fe'i gwybu'r ddaear hen erioed;
> Fe'i gwybu, a dysgodd drwyddo drugarhau
> > Wrth flin hen ddynion a chwynfannus goed;
> A phan fo'i braich amdanom ninnau'n cau
> > Cyn hir yn y dawelaf, olaf oed,
> Odid mai yn y cymun hwnnw y daw
> Nodau'r gynghanedd berffaith oddi draw.

Rhyw harmoni cyffredinol tebyg a ddisgrifir wrth sôn am gân ddychweledig yr Anwylyd, gyda'r gair 'cynghanedd' yn cael ei ailadrodd.

Dyma gyfuno sawl delwedd, felly, i roi gwedd arallfydol ar ddeunydd sy'n gyfarwydd i ddarllenwyr y ddwy bryddest gyntaf. Mae un elfen arall yn y darlun y dylid ei thrafod, sef y darlun o gartref y Sffincs neu'r Anwylyd fel diffeithwch. Dyma lle y gwelir, o bosibl, berthynas â'r stori o'r Beibl a grynhowyd uchod. Cynhelir y ddelwedd o ddiffeithwch trwy gydol y disgrifiad o'r weledigaeth, mewn ymadroddion a geiriau fel 'bryniau tywod', '[c]rastir' ac 'anialdir'. I'r diffeithwch, fe gofiwn, y cipir y wraig yng ngweledigaeth Ioan, er ei diogelwch, i'w 'maethu hi yno dros amser, ac amseroedd, a hanner amser, oddi wrth wyneb y sarff'. Os edrychir ar y rhan o'r bryddest sy'n disgrifio'r Anwylyd yn ffoi, ceir bod yr un syniad o alltudiaeth fendithiol ac o seintwar yn cael ei gyflwyno yno:

> Drosti daeth tristwch parlys mud, a ffoes
> > O ŵydd yr harddwch oedd yn gwawdio'i chlwy
> I hedd y fro nas cyfanheddodd cnawd . . .

Ymddengys y llinell olaf uchod yn anghymharus â'n dehongliad o'r Anwylyd fel duwies y creu; ni cheir yr argraff mai dynes o gnawd oedd honno, beth bynnag. Eto, mae'n rhaid cofio o hyd mai gweddw'r pryddestau eraill sydd yma yn y bôn a chaniatáu bod ambell beth yn y gerdd yn gyfeiriad mwy real a diriaethol ati hi fel person o gig a gwaed, er enghraifft y disgrifiad o'i pharadwys hi a'i phlant 'Yn nydd ysblennydd Ei hymennydd iach' (er gwaethaf y briflythyren yn y rhagenw blaen). Er nad oes yn y bryddest sôn am unrhyw ddiafol ar ffurf sarff, fel yn y stori, mae'r Anwylyd hithau wedi dioddef oddi wrth ymyrraeth rhyw ddrwg yn ei bywyd, sef yr hyn a barodd iddi golli rheolaeth ar ei chân. Twyll serch yw'r drwg hwnnw os darllenwn y chwedl yn yr un goleuni â'r pryddestau eraill, dehongliad a ategir gan y disgrifiadau o natur y gân ei hun, sy'n colli ei 'gwyryfdod mwyn' yn y man ac yn mynd yn afreolus aflafar i glust yr Anwylyd. Mae'r wraig yn y stori yn cael ei chynnal yng ngofal Duw; mae'r Anwylyd hithau dan ofal ei dwy riain warcheidiol, 'rianedd unwedd Mair', fel y cyfarcha'r Hen Ŵr hwy ar y dechrau. Diffeithwch diogel sydd yma hefyd, fel yn y Beibl, ac awgrymir mai dros dro'n unig y mae'r Anwylyd yma; yng ngweledigaeth yr Hen Ŵr mae hi a'i rhiain ar eu ffordd i le gwell, sef 'gwerddon draw ar gyrrau'r anial dir'. Nid dweud mo hyn fod Caradog wedi ei ysbrydoli gan y stori o Lyfr y Datguddiad. Efallai na ddarllenodd ond yr un adnod y daeth ar ei thraws ar ddamwain. Ond mae'n amlwg fod syniad canolog yr adnod honno wedi cydio yn ei feddwl ar adeg pan oedd yn myfyrio llawer ar dynged ei fam. Gellir meddwl mai'r waredigaeth a fynegir ynddi a oedd o ddiddordeb pennaf iddo ac yntau ar y pryd, fel y gwelsom yn y llythyrau at Morris T. Williams, yn arswydo bod ei fam yn gaeth yn y fath le â'r gwallgofdy. Gellir edrych ar 'Penyd' ac ar yr adran am yr Anwylyd sy'n ffurfio craidd 'Y Gân Ni Chanwyd' fel ymdrechion ar ei ran i wneud rhyw fath o synnwyr o'i thynged yn y lle hwnnw. Erbyn amser llunio'r bryddest olaf, yn 1929, mae'n rhaid ei bod yn dod yn gynyddol amlwg, hyd yn oed iddo ef, a brotestiodd gymaint yn erbyn y drefn yn ôl tystiolaeth y llythyrau, na ddeuai ei fam allan o'r ysbyty. Yn ei farddoniaeth, fodd bynnag, gallai dynnu rhywfaint o gysur, efallai, o'i ymdrech barhaus i roi siâp a phatrwm ar rywbeth yr oedd hi'n amhosibl iddo'i ddeall na'i egluro.

Ar ôl y pryddestau a'r cerddi cynnar, aeth dros 30 mlynedd heibio cyn i Caradog ddychwelyd at fater ei fam. Erbyn cyhoeddi *Un Nos Ola Leuad* roedd hi wedi marw ers rhyw saith mlynedd, ond mae'n amlwg nad oedd Caradog wedi llwyr ddiwallu ei angen i ysgrifennu am ei threialon. Gwnaeth ei gwallgofrwydd yn thema ganolog yn y nofel.

Trafodwyd yn y bennod ar *Un Nos Ola Leuad* y modd y mae'r awdur wedi symud y profiad ingol o weld ei fam yn colli'i phwyll yn ôl mewn amser at bwrpas y nofel, gan ddefnyddio fel cefndir i'r stori flynyddoedd olaf y Rhyfel Mawr a'r cyfnod yn union ar ôl hynny, a chan wneud y bachgen gryn dipyn yn iau nag ydoedd ef ei hun pan aed â'r fam i'r ysbyty meddwl. Canlyniad hyn yw bod dirywiad meddwl y fam yn cael ei ddarlunio trwy lygaid diddeall plentyn yn hytrach na thrwy lygaid oedolyn. O reidrwydd felly, mae'n ddarlun hollol wahanol i eiddo'r pryddestau. Lle y mae'r rheini'n ffrwyth dychymyg bardd sy'n ceisio darlunio o'r tu mewn gymhlethdodau meddwl claf, yma ni ellir ond disgrifio ymddygiad.

Mae'n amlwg fod prif elfennau'r portread yn deillio o gof Caradog. Dyma a ddywed yn *Afal Drwg Adda* am yr adeg y daeth salwch meddwl ei fam yn amlwg iddo:

> Ar fy ffordd adref o'r ysgol un pnawn stopiwyd fi gan un o'r cymdogion. Dwedodd fod Mam yn siarad ac yn ymddwyn yn ddieithr iawn. Yn y tŷ cefais hi'n taeru ei bod wedi clywed llais Hywel. Yr oedd tro yn ei llygaid nad oeddwn wedi sylwi arno o'r blaen. A chaffai byliau o siarad â chysgodion o'i chwmpas, heb gymryd yr un sylw ohonof fi. (33–4)

Mae'r ychydig frawddegau uchod yn crynhoi'r holl symtomau fel y'u disgrifir yn *Un Nos Ola Leuad*. Mae'r fam yn y nofel hithau erbyn y diwedd yn siarad â phobl anweledig, yn dychryn y plentyn gyda'i 'llgada pinna dur', gan ei anwybyddu ef yn llwyr (159; cf. 132). Yma hefyd, caiff cymdogion y gwaith poenus o dorri'r newydd am ei hymddygiad rhyfedd wrth fachgen ysgol. Ffyddlon i'r gwir hefyd yw'r cyfeiriad at Nain Pen Bryn, sef enw Caradog ar ei nain ei hun, yn dod i edrych ar ôl y bachgen am dri mis yn ystod salwch cyntaf ei fam. Fel Margaret Jane Pritchard yn *Afal Drwg Adda*, mae'r fam yn y nofel yn edrych ymlaen at weld ei mab yn llwyddo yn ei addysg, er na sonnir am siom yn hynny o beth yn effeithio arni fel yn yr hunangofiant. A soniwyd yn y bennod gyntaf fel y mae atgof Caradog, a gofnodir yn yr hunangofiant, am ei fam yn ei chloi ei hun yn y cwt glo wrth i'r beilïaid gario ei dodrefn allan o'i chartref yn Long Street, Bethesda, wedi ei droi yn y nofel yn stori am gymeriad ymylol, sef Catrin Jên Lôn Isa. Yn y nofel, fel yn yr hanes go iawn, mae cymdogion trugarog yn cario ei dodrefn i dŷ cyfagos, ac mae hyd yn oed enw iawn cyn-berchnoges y tŷ hwnnw, Margiad Wilias, wedi'i gadw. Ond yn y nofel mae tro ychwanegol yng nghynffon y stori wrth i geffyl y dyn glo o landlord a fu'n gyfrifol am droi Catrin Jên allan, syrthio'n farw yr un diwrnod, digwyddiad sy'n cael ei ddehongli gan y pentrefwyr fel barn Duw ar y landlord. Does dim sôn am hynny yn yr hunangofiant, lle y mae Caradog yn dweud ei fod wedi gallu maddau i'r dyn, ond ei fod yn dal i ryw 'hanner gobeithio mai hunllef fy nychymyg i oedd y cwbl ac na ddigwyddodd dim byd o'r fath' (55). Ond fel y nodwyd o'r blaen, mae gennym dystiolaeth cymdogion fod y stori hon, ar wahân i hanes y ceffyl, yn berffaith wir. Mae'n amlwg fod hwn yn atgof yr oedd Caradog yn teimlo rheidrwydd i'w gynnwys, hyd yn oed os na allai ei wneud yn rhan o stori'r fam. Er mai at ddiwedd y nofel yr amlygir yn llawn wendid meddwl y fam, ceir nifer o arwyddion ohono cyn hynny. Mae'n ymateb yn rhyfedd i rai pethau, yn crio neu'n troi'n gas tuag at y bachgen heb unrhyw reswm amlwg. Er bod y bachgen wedi arfer gyda'i fam 'yn crio'n ddistaw bach am rywbath o hyd', mae ei hymddygiad yn aml yn ei adael mewn penbleth (20). Fel hyn, cyfleir rhyw syniad niwlog fod rhywbeth o'i le, er na wyddom beth. Fodd bynnag, fe gesglir oddi wrth natur y golygfeydd dan sylw fod a wnelo'i hymddygiad rywbeth â'i gweddwdod.

Gwyddom i'r fam fod yn briod unwaith – caiff y bachgen ei modrwy briodas, bellach 'wedi gwisgo'n denau', i fynd adref gydag ef o'r Seilam (173). Ni ddywedir beth yw'r fodrwy arall a gaiff gyda hi, honno 'oedd yn arfar bod am ei bys hi bob amsar'. Efallai mai ei modrwy ddyweddïo ydyw. Ni chyfeirir ond dwywaith yn y nofel at dad y bachgen, a hynny mewn dwy o'r golygfeydd lle y mae ymddygiad ei fam yn peri penbleth iddo. Y tro cyntaf yw pan ddealla'r fam fod Wmffra Tŷ Top, gŵr alltud Leusa, un o'i chymdogion, wedi dod yn ôl o'r môr:

> Pam rydach chi'n crio eto, Mam? meddwn inna. Dydach chi ddim yn falch bod Wmffra gŵr Leusa Tŷ Top wedi dwad adra o'r môr?
> Taw y ffŵl, doeddwn i ddim yn crio, medda hitha, a sychu'i llygaid efo'i barclod, a dal i sbio i'r tân. Meddwl am dy dad oeddwn i. (53–4)

Fel yna y daw Pennod 4 i ben ac ar ddechrau'r bennod ganlynol, sy'n agor drannoeth, dywedir bod llygaid y fam o hyd yn goch. Yr ail dro, y bachgen ei hun sy'n sôn am y tad:

> Dyma finna'n gweiddi ar Mam o'r llofft. Mam, meddwn i, oedd Tada'n medru bocsio pan oedd o'n hogyn ifanc?
> Doedd yna ddim atab am hir iawn, dim ond twrw'r hetar smwddio'n dyrnu i fyny-ag-i-lawr ar y bwrdd.
> Dos i gysgu, yr hen gena bach, medda Mam o'r diwadd, a paid a gofyn hen gwestiynna gwirion.
> A mynd i gysgu wnes i heb ofyn dim byd arall. (89)

Does dim trafod i fod ar y tad, mae'n ymddangos. Ni ddywedir beth a ddigwyddodd iddo. Efallai fod hanner awgrym o'i dynged mewn sgwrs arall rhwng y bachgen a'i fam. Yma hefyd caiff ei ddwrdio ganddi am ofyn 'hen gwestiynau gwirion', y tro hwn ynglŷn â sut y cafodd y Canon y frech wen a'r graith sydd ar ei wyneb (20). Mae'r dwrdio'n troi'n grio wrth i'w mab ddweud wrthi fel y bu'n dyfalu beth a ddigwyddai i greithiau yn y nefoedd, gan gyfeirio at graith y Canon ac at yr un ar ben Gryffudd Ifas Braich a laddwyd mewn damwain yn y chwarel. A ninnau'n gwybod i dad Caradog gael ei ladd yn yr un modd, ac o gofio bod 'Y Briodas' yn glynu at y ffaith fywgraffyddol hon, mae'n demtasiwn meddwl bod y sôn am farw'r chwarelwr yn ailagor hen glwyf i'r fam. Ond ni ellir ond dyfalu, fel na ellir ond dyfalu bod golygfa arall yn awgrymu mai plentyn siawns oedd y bachgen. Honno yw'r olygfa sy'n disgrifio ymateb od y fam i'r newydd fod Huws Person wedi gwrthod y Cymun i'r Gres Elin feichiog, ddibriod. Ei mab sy'n dweud hanes y gwasanaeth wrthi:

> Wyddoch chi pwy arall oedd yno?
> Na wn i.
> Gres Elin Siop Sgidia.
> Taw da chdi. Yr hen sopan bach wyllt iddi hi. Dydi pobol run fath â hi ddim ffit i gael Cymun.
> Chafodd hi ddim.
> Ond oeddwn i'n meddwl dy fod ti'n deud ei bod hi yn y Cymun.
> Oedd, ond chafodd hi ddim.
> Ar ganol rhoid pys ar y platia o'r ddesgil hefo llwy fawr oedd Mam, a dyma hi'n stopio ac yn troi ac edrach ym myw fy llygaid i.
> Be wyt ti'n feddwl chafodd hi ddim?
> Mi ddaru Huws Ciwrat roid bara iddi hi, ond mi wrthododd Huws Person roid gwin iddi hi.
> Taw da chdi. Oedd Mam yn dal i sbio arnaf i fel tasa hi mewn breuddwyd. Taw da chdi, medda hi wedyn yn slo bach, a mynd ymlaen i roid y pys ar y platia.
> Biti drosti yntê? meddwn i.
> Ond falla mai fo oedd yn ei le, medda hitha.
> Pam oeddan nhw'n rhoid bara iddi hi a ddim yn rhoid gwin?
> Felna mae nhw'n gneud, wsti. Tyrd yn dy flaen at y bwrdd rwan. Rydw i'n siŵr dy fod ti dest a llwgu, medda hitha, a throi'r sgwrs. (73)

Mae dirmyg y fam tuag at y 'sopan bach wyllt', nad yw hi'n 'ffit i gael Cymun', yn diflannu'n sydyn iawn yn y fan yma, wrth iddi dreulio'r newydd na chafodd Gres Elin gymun, newydd sy'n amlwg yn ei syfrdanu. Mae'n ei hadfeddiannu ei hun yr un mor gyflym i ochri gyda'r Person, ond mae'n amlwg ei bod wedi ei tharfu. Tybed ai gorfod priodi a wnaeth hithau?

Mae'n ddirgelwch hefyd pwy yw tad y bachgen. Ai'r dyn a briododd? Mae posibiliadau eraill. Un yw Wmffra Tŷ Top ei hun. Fel y nodwyd ar ddechrau'r bennod, mae'r alltud dychweledig hwn yn dangos diddordeb anghyffredin yn y fam – yn llwytho'i mab â phresantau, yn rhoi arian iddi hi, ac efallai'n gyfrifol am y fasged fwyd sy'n cael ei gadael ar garreg drws y nain. Nodir ei fod wedi mynd i ffwrdd i'r môr cyn geni'r bachgen; ai lleddfu ei gydwybod oherwydd hen hanes y mae yn awr? Gwelwyd bod y newydd am ei ddychweliad at ei wraig yn peri i'r fam grio, ac mae'n ei hesgusodi ei hun trwy ddweud mai meddwl am dad y bachgen yr oedd. Mae o leiaf ddwy ffordd o ddehongli ei hesboniad. Os Wmffra ei hun yw tad y bachgen, ac yntau wedi gwadu ei gyfrifoldeb pan anwyd ef, gellid disgwyl y byddai ei ymddangosiad dirybudd yn tarfu ar y fam. Ar y llaw arall, os ei gŵr marw oedd tad y plentyn, byddai'r un mor naturiol i'r fam deimlo'n drist yn wyneb dychweliad gŵr cymdoges iddi; cofier y disgwyl ofer a ddisgrifia'r weddw ar ddechrau 'Y Briodas'.

Tua diwedd y nofel, fe'n cyflwynir i ddyn arall y gellir cwestiynu natur ei berthynas â'r fam:

> Brawd Mam oedd Yncl Wil. Oedd o wedi bod yn byw hefo ni erstalwm, pan oeddwn i'n fabi bach, ac oedd o'n chwarae'r organ yn Reglwys weithia radag honno, yn lle Tad Ffranc Bee Hive, tan nes daru o ddechra mynd i feddwi a cael ei hel adra o Chwaral am fynd ar ei sbri. Ar ôl hynny mi aeth o'n dramp a fydda Mam byth yn sôn amdano fo, a neb yn gwybod dim byd o'i hanas o. Tan y noson honno ddaeth o i tŷ ni ryw flwyddyn cyn noson Côr Sowth. (132)

Honno yw'r noson pan ddaw'r bachgen adref i ganfod ei fam, am yr ail waith, mewn stad ddryslyd. Yr unig beth sydd ganddi i'w ddweud yw bod Yncl Wil wedi bod yno. Fe'i dychrynir drachefn pan ddaw Yncl Wil yn ôl y noson honno yn feddw, gan weiddi'n fygythiol am gael dod i mewn. Mae i'r hanesyn hwn eto gynsail yn yr hunangofiant, lle yr adrodda Caradog am ei Yncl Jac, brawd ei fam, yn dod yn yr un modd i ddychryn y teulu ganol nos. Yn y nofel, mae'r profiad gydag Yncl Wil, beth bynnag ydoedd, yn effeithio'n fawr iawn ar y fam. Drannoeth hynny y daw ei hymddygiad rhyfedd i'w uchafbwynt brawychus, wrth iddi fynd allan i grwydro yn y glaw a thaflu carreg trwy ffenestr y Rheinws. Ar ôl hynny, yn ôl tystiolaeth Gres Ifas, bu'n siarad yn rhyfedd gan grybwyll Yncl Wil a honni ei fod wedi ei grogi yn y Rheinws. Ar y ffordd i'r Seilam, mae'n cyhuddo Tad Wil Bach Plisman o'i grogi. O'r holl sylw hwn i Yncl Wil, cwyd un ddamcaniaeth arall i'n goglais, sef mai plentyn a genhedlwyd yn ystod perthynas losgachol yw'r bachgen, ac mai byw gyda'r wybodaeth honno sydd wedi gyrru'r fam o'i chof.

Mae un cymeriad arall y dylid sylwi ar ei bwysigrwydd ym mywyd y fam, nid fel tad posibl i'r bachgen ond fel symbol o le crefydd yn ei bywyd. Y Canon yw hwnnw, dyn y mae teimladau'r fam tuag ato fel petaent yn mynd y tu hwnt i barch naturiol. Sylwer ar ei gofal obsesiynol gyda'i wenwisg, ac ar ei hymateb chwyrn yn yr un olygfa, fel y gwelsom eisoes, i gwestiynau'r bachgen am ei graith. Er bod y cwestiynau hynny'n rhai digon naturiol i blentyn eu gofyn, maent fel petaent yn tramgwyddo syniad y fam am y Canon fel rhywun sydd uwchlaw meidroldeb. Pan ddaw'r newydd am farw'r Canon, mae'r effaith arni'n dychryn y bachgen:

> Ond sôn am Mam. Dew, mi ddylis i i bod hi'n mynd o'i cho . . .
> A rhywsut, fuo hi byth yr un fath wedyn. Aeth hi byth wedyn i
> Ficrej i olchi i Huws Person, ddaeth yno ar ei ôl o. (29)

Un eglurhad posibl ar ymateb eithafol y fam yw bod y Canon, cynheilydd bywyd yr eglwys sy'n hollbwysig iddi, wedi tyfu yn ei golwg yn ymgorfforiad o'i ffydd a bod ei farwolaeth, felly, yn fygythiad i'r ffydd honno. Ei ffydd sy'n cynnal gobaith y wraig ddioddefus hon am fywyd arall, gwell na hwn; mae dau emyn a gana, un ar ddechrau'r nofel, y llall ar y diwedd, yn emynau sy'n edrych ymlaen at y bywyd hwnnw. Daw'r emyn cyntaf ar ddiwedd yr olygfa a drafodwyd uchod, lle y mae'r fam newydd fod yn crio wrth i'r bachgen sôn am greithiau'r Canon a Gryffudd Ifas Braich. Mae'n crio ac yn chwerthin yr un pryd wrth sicrhau ei mab na fydd y creithiau yno pan ânt ill dau i'r nefoedd, ac yna, fel pe bai'n dod ati ei hun, yn canu'r geiriau, 'Gwêl uwchlaw cymylau amser, O fy enaid gwêl y tir'. Mae'n amlwg oddi wrth gyfeiriad arall fod hwn yn hoff emyn ganddi. Daw'r emyn arall yn yr olygfa lle y mae'r fam a'r bachgen ar eu ffordd i'r Seilam, gyda'r fam yn dechrau'r canu a gweddill eu cyd-deithwyr ym Moto Siop Gornal yn ymuno. Unwaith eto, mae'r geiriau a genir yn arwyddocaol, yn enwedig o gofio obsesiwn gweddw 'Y Briodas' a 'Penyd' â'i heuogrwydd a'i gobaith am achubiaeth:

> Y Gŵr a fu gy-ynt o dan hoelion
> Dros ddy-yn pechadurus fel fi-i
> A yfodd o'r cwpan i'r gwaelod
> Ei hunan ar ben Calfari.

> Ffynhonnell y Cariad Tragwyddol
> Hen gartre meddyliau o he-edd
> Dwg finnau i'r unrhyw gy-fa-mod
> Na thorrir ga-an angau na-a'r bedd. (170)

Mae stori'r fam yn mynd i'r eglwys am dair awr Ddydd Gwener Groglith yn cadarnhau'r argraff a geir mai gwraig yn taer geisio'r bywyd gwell sydd yma eto. Er bod hyn yn arferiad gan rai eglwyswyr yng nghyfnod Caradog, mae'r sylw a roddir i ymddygiad y fam y Gwener Groglith arbennig hwn yn peri meddwl bod mwy o arwyddocâd i'r ymddygiad hwnnw nag a ganiateir gan sylw parod Huw wrth i'r plant drafod yr arfer.[56] 'Ei Fam o sy'n ddynas dduwiol, wsti,' meddai hwnnw wrth Moi (56). Ceir yr argraff gref, fodd bynnag, fod arwyddocâd personol iawn i'r fam yn y gwasanaeth. Dywedir ar ddechrau Pennod 5 fod hyn drannoeth y noson a ddisgrifir ar ddiwedd y bennod flaenorol, pan fu'r fam yn crio gan ddweud mai meddwl am dad y bachgen yr oedd. Gweld ei llygaid yn goch fore trannoeth sy'n atgoffa'r bachgen ei bod yn Ddydd Gwener y Groglith; dyna wneud rhyw fath o gysylltiad rhwng y gwacter sydd ym mywyd y weddw bellach a'r modd y myn wneud y Groglith yn ddiwrnod o ddioddefaint personol trwy uniaethu â dioddefaint Crist ar y groes. Meddai'r adroddwr, 'dyna'r diwrnod mwya digalon ydw i'n gofio rioed, tan amsar te beth bynnag' (55). Mae'n magu cur yn ei ben wrth feddwl am Grist yn cael ei groeshoelio, ac yn penderfynu mynd i'r eglwys i chwilio am ei fam. Ni lwydda i fynd ymhellach na'r fynwent, a'r peth nesaf a gofia yw deffro yn ei wely a'i fam, sydd wedi ei gario adref, wedi dod â the iddo. Mae yntau'n sylwi ar newid dramatig yn ei hymddygiad ers y bore:

Sôn amdanaf fi wedi mendio, dew, roedd hitha wedi mendio hefyd ar ôl bod yn diodda yn Reglwys trwy'r pnawn. Doedd hi ddim yr un ddynas ag oedd hi ganol dydd. Chwerthin am bob dim oeddwn i'n ddeud wrthi hi, a mynd o gwmpas y tŷ i'r cefn a'r siambar a'r llofft tan ganu. Mi faswn i wedi anghofio'i bod hi'n Ddy Gwenar Groglith heblaw bod yna hot cros byns yn y pobdy. (59)

Mae'n amlwg oddi wrth frawddeg olaf y dyfyniad uchod fod y bachgen wedi dod i gysylltu Gwener y Groglith â diflastod a hynny, mae'n ymddangos, oherwydd fod ei fam fel petai'n mynd yn ddynes ddieithr iddo am gyfnod. Ac yntau'n 'sâl eisio Mam' (57), onid rhyw gri am sylw ar ei ran, ac ymdrech i'w hailfeddiannu, yw ei gais i'w ddilyn i'r eglwys?

Er gwaethaf niwlogrwydd y portread o'r fam, mae'n ymddangos felly ei fod yn gyson, mewn rhai agweddau o leiaf, â phortread y ddwy bryddest gyntaf. Trwy gyfrwng golygfeydd awgrymog, crëir darlun o wraig anniddig nad yw wedi gallu dygymod â gwacter ei gweddwdod, gwraig y mae ei bywyd bellach yn stad o ddisgwyl am fywyd gwell. Er nad oes dyn arall yn ei bywyd yn y cyfnod a ddisgrifir, mae presenoldeb Wmffra Tŷ Top ac Yncl Wil yn y nofel yn codi cwestiynau ynglŷn â pherthynas mewn amser a fu o bosibl, mewn modd digon tebyg i'r sôn amhendant am ddyn arall a geir yn 'Y Briodas' a 'Penyd'. Mae'n ymddangos hefyd fod a wnelo sêl grefyddol y wraig rywbeth â'i chyflwr. Bron na ellir dweud mai'r hyn a geir yn y nofel yw dechrau 'penyd' yr ail bryddest, er na allwn ond dyfalu beth yn union fu'r 'pechod'. Er bod digonedd o olygfeydd yn darlunio'r fam fel un gariadus a chynnes, mae'r golygfeydd a drafodwyd sydd wedi eu plannu yma ac acw yn y llyfr yn dangos bod rhannau o'i phersonoliaeth y tu hwnt i gyrraedd a dirnadaeth ei mab. Rydym wedi ein paratoi ar gyfer y daith ddi-droi'n-ôl i'r Seilam.

Cyn gadael y portread o'r fam, mae'n werth nodi bod cysgod o'i thynged fel y'i disgrifir yn y ddwy bryddest gyntaf, ac i raddau yn y drydedd hefyd, i'w weld yn llithoedd Brenhines yr Wyddfa a Brenhines y Llyn Du. 'Y Llais', meddir, sy'n datgan y darnau hyn, y naill ynghanol y nofel a'r llall ar ei diwedd. Y tro cyntaf mae'r llais yn ei gyflwyno ei hun fel 'Brenhines yr Wyddfa, Priodasferch y Person Hardd', a'r ail dro fel 'Brenhines y Llyn Du, gwrthodedig y Person Hardd' (90, 182). Mae hynny'n awgrymu mai'r un llais yw'r ddau. Disgrifia Brenhines yr Wyddfa ei stad fel stad o feichiogrwydd parhaus:

Gorweddaf yng ngwely fy nyrchafael, yn dragywydd ddisgwylgar, yn fythol feichiog, yn niderfyn awr esgor. (90)

Mae'n ymddangos ei bod yn disgwyl dau beth, sef dyfodiad ei baban, 'fy nghyntafanedig' (103), a dyfodiad yr hwn a eilw 'fy Mherson Hardd' (91). Rhennir ei llith yn bedair rhan. Mae'n nos yn y rhan gyntaf, a hithau mewn rhyw drwmgwsg sy'n ei chaethiwo i lawr y ddaear, tra mae'r Person Hardd a geisia yn y nef. Yn yr ail, mae'n fore a hithau'n hyderus y genir ei chyntaf-anedig yn y prynhawn. Cân o fawl iddo ef yw'r ail ran hon, a'r arddull, fel yr awgrymwyd o'r blaen, fel petai'n adleisio Caniad Solomon; caiff hwn ei eni'n 'goncwerwr' a mynd rhagddo i sefydlu ei awdurdod, yn fawr ei barch yn y byd (91). Mae'n brynhawn erbyn y drydedd ran, ond nid esgorodd y Frenhines fyth ac mae natur gyfan fel pe bai'n gwawdio ei siom. Yn y rhan olaf, mae'n nos eto, a chwerthin y lloer, fel yn y rhan gyntaf, yn treiddio i'w chwsg. Ond gobaith am wawr newydd a fynegir yng nghlo'r araith, gwawr a ddaw â'r Person Hardd yn ôl ati:

Onid fel lleidr yn y nos y dychwel yntau'r Person Hardd i'm diddanu? Oni chlywaf fesuredig sŵn ei gerdded ar lawr y dyffryn?

Efe a ddaw, efe a ddaw; a chuddia'r lloer ei chenfigen tu ôl i'r isel gymylau.

Minnau, pan ddelo drachefn, a'i derbyniaf â dwyfron ddisigl fy moryndod; adwaenaf ei wefus er ei ddyfod ar wedd fy nghyntafanedig coll.

Ei Briodasferch fydd iddo'n Fam; a'r mab a gymer iddo'i hun
ei enedigaeth-fraint.
Cilia tanau'r lloer oddiar fy nhrymion amrannau; daw'r
tywyllwch i orwedd ar dywyllwch; ac o'r nos orweiddiog hon y
daw i'm meudwyaeth oleuni. (92–3)

Mae Brenhines yr Wyddfa yn disgwyl ei Pherson Hardd yn ôl ar ffurf
baban felly; mae yma gymysgu delwedd o gariad a delwedd o faban.
Cawn ddweud mwy am hyn yn y man; yr hyn sy'n berthnasol yma
yw'r stad a ddarlunnir, y stad o ddisgwyl parhaus. Ni ellir osgoi'r
gymhariaeth â'r stad a ddisgrifir yn 'Y Briodas' ac yn enwedig yn
'Penyd', lle y mae'r weddw hithau'n disgwyl dychweliad ei gŵr. Cofier
nad yw'n disgwyl y bydd o reidrwydd yn dod yn ôl ati'n llythrennol;
bydd unrhyw arwydd o'i fodolaeth yn ddigon – 'i'm cysuro' meddai'r
Wraig yn 'Penyd', ac 'i'm diddanu' meddai Brenhines yr Wyddfa
uchod. Adleisiau eraill o'r gerdd yw'r cyfeiriad hiraethus at 'sŵn ei
gerdded' a'r gobaith ar y diwedd yr ildia'r nos ei lle i oleuni yn y man,
sy'n ein hatgoffa am y llewyrch sy'n cadw'r Wraig yn y gwallgofdy
rhag anobeithio'n llwyr. Mae'n werth nodi yma fod Caradog yn synio
am stad ei fam yn yr ysbyty fel stad o dywyllwch, a hynny hyd yn oed
cyn iddi fynd yn ddall. Dyfynnwyd yn y drydedd bennod ei atgof,
mewn dyddlyfr Saesneg, amdano'i hun yn ymweld yn rheolaidd â hi
yn ystod y blynyddoedd hyn, gan geisio cynnal rhyw fath o sgwrs â hi
a chan gynllunio sut i'w rhyddhau o gaethiwed ei byd tywyll.

Os trown at lith Brenhines y Llyn Du, ceir bod yno hefyd rywfaint
o gyfatebiaeth â'r portread o'r weddw. A hithau wedi ei gwrthod gan
y Person Hardd, a'i holl ddisgwyl wedi bod yn ofer, mae'n ei
disgrifio'i hun fel rhyw ymgorfforiad cyffredinol o ddioddefaint:

Fy nheyrnas yw'r dyfroedd gofidus a orffwys y tu hwnt i'r
gofid eithaf; a'u chwerwedd hwy a felysodd ddyfroedd Mara.
Hyddysg wyf fi yng nghemeg dagrau; crynhoais hwy ym
mhair y canrifoedd, dadansoddais a dielfennais hwy. (182–3)

Rhennir y llith hon eto yn sawl rhan. Mae tebygrwydd trawiadol
rhwng dechrau'r ail ran a'r ddelwedd o'r Anwylyd yn colli rheolaeth
ar ei chân yn 'Y Gân Ni Chanwyd':

Adnabum yr ias foreol a'i hafradu hyd at syrffed; syrffedais hyd nad oedd syrffed mwy.

Dyrchefais fy llef i'r entrychion, hyd at ddistiau llawr y Nef; ac megis sêr cynffonnog y dychwelodd angherddoedd fy llais i'm genau. (183)

Ymhellach, cynhelir yma'r syniad o un a bechodd:

Cawodydd f'edifeirwch a'm golchodd yn wynnach na chwerthin baban; a'm glanhaodd yn lanach na bref yr oen. (183)

Ond lle yr oedd gweddw 'Penyd' yn aros am faddeuant – 'Awr fy mhureiddio'n wyn / O'm creulon fai' – mae Brenhines y Llyn Du, yn ôl y geiriau uchod, eisoes wedi gwneud ei phenyd. Fodd bynnag, y mae wedi pechu eto hefyd (beth bynnag yw'r pechod), fel y mynegir yn ddychrynllyd ddiamwys yn ei brawddeg nesaf:

Eithr dychwelais i'r antur a gafael ym mhen y baban; plennais fy nghusan goch ar ei ddeurudd a throais ei boeryn yn ddiferlif gwaed. (183)

Mae geiriau olaf pob rhan o'r llith wedi'u hitaleiddio ac mewn dau achos maent yn dwyn cysylltiad uniongyrchol â mam y nofel; mae 'Wrth go-ofio'i riddfa-a-nnau'n yr a-ardd' (183) yn llinell o'r emyn a ganwyd ar y ffordd i'r Seilam, ac 'Eitha gwaith â fo; ond y mrawd i oedd o, wsti' (183) yn adleisio geiriau'r bachgen a'i fam ym mreuddwyd y bachgen am grogi Yncl Wil. Yn y rhan olaf fe'n hatgoffir am dynged Gres Elin a roddodd gymaint o ysgytiad i'r fam pan glywodd hi'r hanes – efallai, fel yr awgrymwyd o'r blaen, oherwydd iddi hithau gael plentyn anghyfreithlon:

Newynnais am fara'r bywyd a diwallwyd fy ngwanc; sychedais am y gwin bywiol a throwyd fi allan i'r haul ac ni'm disychedwyd. (184)

Mae'n ymddangos bod Brenhines yr Wyddfa a Brenhines y Llyn Du, sydd yn un mewn gwirionedd, yn cynrychioli dioddefaint a thrallod yn gyffredinol, ac mae eraill wedi damcaniaethu am eu harwyddocâd mytholegol posibl.[57] Ond mae'n eglur hefyd fod yma adlewyrchiad pur agos, yn ogystal, o dynged y fam unig, ddiymgeledd fel y'i portreadir yn y nofel. Fel y gellir gweld elfennau o'r hanes cyfarwydd yn y portread o'r Anwylyd yn 'Y Gân Ni Chanwyd', felly yma, ond fod yr elfennau hynny unwaith eto wedi'u trosglwyddo i ryw fyd dieithr a chyfrin. Fel y nodwyd, mae'r portread o'r fam a gyflwynir yng nghorff y nofel, o raid, yn ddarlun o'r tu allan, trwy lygaid ei phlentyn; o gofio hyn, efallai fod y llithoedd, gyda'u harddull a'u hieithwedd wahanol, a'u delweddaeth goeth, yn arwydd o anallu Caradog i'w gadael hi ar hynny. Roedd fel petai'n rhaid iddo gael ceisio, unwaith eto, ddehongli ystyr dioddefaint ei fam, yn hytrach na'i ddangos yn unig.

(b) Y Mab

Tra gellir dweud bod y gweithiau sy'n ymwneud â'r fam yn ffurfio rhyw fath o ddilyniant, nid yw'r berthynas mor agos rhwng y gwahanol leisiau sy'n cynrychioli'r awdur ei hun yn y gwaith. Y tri phrif lais, fel y nodwyd ar ddechrau'r bennod, yw'r Hen Ŵr yn 'Y Gân Ni Chanwyd', yr adroddwr yn 'Terfysgoedd Daear' a'r adroddwr yn *Un Nos Ola Leuad*. Eto i gyd, nid portreadau cwbl anghyswllt mohonynt ychwaith; mae rhai nodweddion sy'n eu clymu ynghyd ac mae'r tri phortread yn rhyw fath o ddatganiad am gyflwr meddyliol y sawl sy'n siarad.

Cyflwynir yr Hen Ŵr yn 'Y Gân Ni Chanwyd' fel dyn wedi'i feddiannu gan ei ymchwil amhosibl am ddatguddiad o ystyr bywyd ar ffurf y gân berffaith y soniwyd amdani ynghynt. Mae ei feddyliau'n ei yrru ar grwydr ac, fel yn achos y weddw unig sy'n cerdded i fyny'r ffordd yn 'Penyd', mae cymdeithas wedi troi ei chefn arno:

> O'r gwely i'r Allt, yn ôl o'r Allt i'r gwely,
>   Megis y cerdd gwyliedydd ganllaw'r tŵr,
> Af ar feunyddiol rawd nes llwyr dawelu
>   Neu lawn ddatganu llais yr isel stŵr,

A'm cyd-fforddolion yn rhyw hanner-celu
Tosturi wrth wando cyfarch yr hen ŵr;
Rai byddar! nad adwaenant yn ei dôn
Gryndod y canu sy goruwch pob sôn.

Fe'n hatgoffir hefyd o arwahanrwydd 'Plant Dioddefaint' yn 'Penyd'.
Nid ymhelaethir ar orffennol y gŵr hwn sy'n 'gwisigo creithiau nad
oes eu dileu', ond ymddengys mai dadrithiad cyffredinol fu bywyd
iddo ef. Erbyn hyn, ni wêl ddim ond rhyfyg ffôl yn yr holl obeithion
a'r uchelgais a fu ganddo gynt fel 'Truan ar ddelw ei Dduw yn ceisio
creu'. Defnyddia ddelwedd o lys canoloesol i ddisgrifio fel y bu
unwaith yn hyderus drefnu ei ddyfodol ei hun:

> Arfaethais . . . pa beth nad arfaethais fod
>   Pan oeddwn i benllywydd yn fy llys,
> A'm gweision lifrai'n diwyd fynd a dod
>   I foddio'u harglwydd wrth orchymyn bys,
> Yntau f'hen drwbadŵr â'i gywydd clod
>   A'i delyn fyth yn barod am y wŷs
> I'm tywys trwy gynteddoedd cartre'r gân
> Wrth olau llusern fy ieuenctid glân?

Ond daeth tro ar fyd a daeth rheswm oer i deyrnasu dros ddyheadau
a dychymyg ieuenctid:

> Bellach nid eiddof yw dywedyd 'Dos',
>   Nac erchi 'Tyred' wrth rifedi 'ngwŷr;
> Trowyd fy nghrythor i ryferthwy'r nos,
>   A rhoed ei grwth i hongian ar y mur;
> Lle gynt bu dawns morynion gruddiau rhos
>   Saif Plato a'i fintai yn eu gwisgoedd dur,
> A llu gorweiddiog eu cysgodau hwy
> Sy'n ball dros lathraidd wawr y maenllawr mwy.

Mae'r colli rheolaeth ac awdurdod a ddisgrifir yma, yn rhannol
mewn termau cerddorol (y crythor), fel petai'n cyfateb i'r modd y
collodd yr Anwylyd reolaeth ar ei chân hithau; mae'r ddelwedd o
grythor ynddi ei hun yn creu rhyw fath o gysylltiad. Unig gysur yr

Hen Ŵr bellach yw ildio ar dro i fyd ei ffansi; dyna arwyddocâd ei
daith reolaidd at lyn ei weledigaethau. Nid yw'n cymryd hyd yn oed
y cysur hwn yn ganiataol gan mai byd anwadal yw byd y ffansi.
Rhoddwyd syniad eisoes o natur y llyn hwn, cyrchfan yr Hen Ŵr
wrth iddo chwilio am ei gân. Tra mae'r 'ardd anghyffwrdd' a wêl yn
y dŵr yn amlwg yn ffrwyth ei ddychymyg, mae'n ymddangos hefyd
fod yma lyn go iawn a hwnnw'n ei atgoffa o'r llyn yr arferai bysgota
ynddo pan oedd yn blentyn. Roedd hynny mewn dyddiau pan oedd
ganddo afael naturiol, anymwybodol, ar y 'gân' y mae mor eiddgar
i'w hailfeddiannu yn awr, yn ei henaint. Ond fel y pylai cen disglair y
brithyll gynt yn union ar ôl tynnu'r pysgodyn o'r dŵr, felly hefyd y
byddai'r gân yn darfod yn fuan wedi iddi ddod i galon y llanc. Gŵyr
yr Hen Ŵr mai rhith yw byd y llyn heddiw hefyd, ond mae'n rhith
cysurlon serch hynny ac nid yw ar frys i'w ollwng nes bydd raid:

> Ac ni ollyngaf delyn oes o'm llaw,
> 　Na gwahardd fyth i'm ffansi ei dieithr ffyrdd,
> Hyd oni chyfyd oer wylofain glaw
> 　Rhyw dywyll awr i dewi'r lleisiau fyrdd
> Sy ôl a gwrthol hyd y tannau llawn
> Yn chwilio'n druan am y cywair iawn.

Daw'r pall disgwyliadwy ar y gweledigaethau dieithr ar ddiwedd
ail ganiad y bryddest, wrth i'r Anwylyd a'i rhianedd gilio ac wrth
iddo yntau'r Hen Ŵr glywed cri dwy wylan 'yn darogan glaw'. Nid
yw'r weledigaeth olaf yn ddim amgen na'i lun ef ei hun yn y dŵr.
Cyn dyfod y glaw i'w chwalu, mae'r adlewyrchiad hwn yn
gwawdio'r Hen Ŵr gan chwerthin am ei ben ef a'i weledigaethau, yn
enwedig yr arglwyddes wallgof a gonsuriodd o'i ddychymyg. Mae
yntau'n 'deffro i ganfod mai ffŵl / Oedd yn gweld ei wallgofrwydd
ei hun'. Dadrithiad chwerw a ddisgrifir yn niwedd y gerdd. Mae'r
Hen Ŵr yn galw ar i'r glaw syrthio'n galetach er mwyn chwalu
wyneb llyfn y dŵr a boddi'r adlewyrchiad ohono ef ei hun, y
'gwawdiwr' sydd wedi lladd ei obeithion am gael ailafael yn y gân
goll. Dyma ddadrithiad digon tebyg i'r hyn a brofodd y Wraig yn
'Penyd' ar ddiwedd ei gweledigaeth o'i gŵr marw yn dychwelyd ati

yn fyw, a hithau'n gwybod o'r gorau, petai'n troi ei phen, y gwelai
'o'm hôl ar obennydd wen / Wallgofrwydd dau lygad coch'.
Mae'r Hen Ŵr ynghanol ei drueni ac yn gallu sefyll yn ôl i edrych
arno ar yr un pryd. Yn hynny o beth, mae'n debyg i'r adroddwr yn
nhelyneg gynnar 'Y Llyn'. Mae hwnnw hefyd yn tosturio wrtho'i hun
am sefyll yn hiraethus ar lan llyn. Mae'r tri phennill cyntaf yn
disgrifio cynnyrch ei ffansi: yr awyr las sy'n dlysach 'o dan y dŵr', y
coed sy'n plygu fel 'rhianedd heirddion' dros y dŵr a'r modd y mae
sŵn y dŵr yn erbyn y glannau yn mynegi

> . . . hiraeth hen fy nghalon
> Am hir hedd y dyfnder clir.

Ond daw'r adroddwr allan o'i lesmair yn y pennill olaf i sylweddoli
ei ffolineb ei hun:

> Sefais ar ei lan yn ysig
> A gwrandewais, druan ŵr,
> Fel pe'n disgwyl clywed miwsig
> Yn y dail o dan y dŵr.

Cynhelir y ddelwedd o lyn atyniadol yn niwedd rhan gyntaf
'Terfysgoedd Daear'. Fodd bynnag, â'r bryddest hon gam sylweddol
ymhellach na'r un flaenorol. Yma, nid oes gamu yn ôl oddi wrth y dŵr
ar ôl mynd ato, oherwydd y mae i'r llyn bwrpas y tu hwnt i fodloni
ffansi y tro hwn. Dyn ar fin ei ladd ei hun yw'r adroddwr yn y fan
yma; disgrifio'r bwriad unplyg hwnnw y mae yn y soned ysgytwol
sy'n agor y bryddest a hynny trwy aralleirio sacrament y Cymun:

> Hwn yw fy nhestament, lleferydd un
> ar ddychwel i gynefin bridd ei ddaear,
> ar ymddinoethi o'i decach pridd ei hun
> a gwisgo eto fantell y pryf-claear;
> hwn yw fy nghorff, a wybu ei drin a'i darfu
> gan eri marwol ei flynyddoedd chwim,
> y sylwedd ansylweddol, drud, a ddarfu
> a'i doddi a'i grino yn nesaf peth i ddim;

hwn yw fy hunan yn rhoi heibio'r creiriau
a gasglodd ar ei siwrnai trwy y sioe,
a chrefu iddynt eiddil nodded geiriau
    yn nheml lwydolau dinasyddion Doe;
hwn yw fy ngwaed a'm cnawd, – boed felys saig!
grawnwin o grastir anial, bara o graig.

Nid a yw am ei ladd ei hun yw penbleth y dyn hwn, ond sut; sut y
mae am wneud ei ffordd 'i Dŵr Tawelwch', man sy'n cael ei
ddisgrifio yn y gerdd fel cyrchfan pawb a fyn ddianc rhag
'terfysgoedd' y bywyd daearol. Ac yntau wedi tyngu llw i gyflawni'r
weithred, mae sawl ffordd yn agored iddo. Â rhagddo i restru rhai o
ddulliau arferol dynion o wneud amdanynt eu hunain – crogi,
defnyddio cyllell neu wn, cymryd gwenwyn. Mae pob un o'r dulliau
hyn yn wrthun iddo am wahanol resymau, y ddau olaf oherwydd eu
bod yn dwyn adleisiau troëdig iddo o wallgofrwydd rhyfel – y lladd
gwaedlyd a fu 'ar erwau Ffrainc' adeg y Rhyfel Mawr a'r lladd ar
raddfa arswydus a oedd bellach yn bosibl yn sgil dyfeisio nwyon
angheuol. Na, dim ond un dewis sydd ganddo. Mae'r unig ddihangfa
mewn llyn sydd, fel llyn yr Hen Ŵr iddo yntau, yn gyfarwydd iddo
ers dyddiau plentyndod:

> Nid oes ond un ffordd wen yn arwain i'm hannedd
> A thrwy'r dyffryndir y cerddaf i'w cheisio hi,
> trwy bentrefi gwyn a bythynnod anghyfannedd, –
> blynyddoedd a dyddiau diddychwel fy mebyd ffri;
> nes dyfod, rhwng llwyni'r cnau a'r mwyar a'r mafon,
> at lain na bu iddi liw yn fy nghalon ond gwyrdd,
> cae'r hogiau bach oedd yn deall iaith glan yr afon
> ac yn gwybod holl gastiau'r brithyll a'i dywyll ffyrdd.
> A'r man lle bu 'nghorff bach glân yn ymfwrw a nofio
> rhwng heulwen a chysgod dan loches yr hen Faen Mawr
> heddiw a rydd i'r ymennydd y mwyn anghofio
> yn nhawel ffurfafen y byd sydd â'i ben i lawr,
> lle'r ymwan paladr a chwmwl hyd at ddirgelwch
> uchel, anghyffwrdd dduwdod Tŵr y Tawelwch.

Mae i'r llyn hwn hefyd ei bresenoldeb cyfrin – 'rhywun sy'n debyg i mi ond yn fwy ar lun duw'. Mae'r bod hwn yn siarad ag ef gan gynnig iddo 'dangnefedd y bau dan y dŵr'. Lle'r oedd y llyn gynt yn lle i'r nofiwr ifanc ymlacio ar wastad ei gefn, mae ei apêl yn wahanol iawn i ddyn sydd wedi syrffedu ar fywyd, dyn sy'n barod i fynd i gwrdd ag angau cyn pryd:

> bellach fe droes ar ei dor ac isel ymgreinio
> gerbron yr hen swynwr fu'n cyfrif ei ddyddiau ef . . .

Yn y bryddest flaenorol dywedodd yr Hen Ŵr yr âi yntau o'i orsedd faen i lawr i'r llyn pe bai ganddo fwy o ffydd yn ei addewid o hedd, ond ni cheir dim o'i betruster ef yn ymddygiad yr adroddwr hwn. Mae'n gwrando ar y llais, sef arloeswr yr hunanleiddiaid y neilltuir ail ran y gerdd yn gyfan i'w neges, ac erbyn y drydedd ran mae'r adroddwr ei hun wedi cyrraedd Tŵr y Tawelwch ac yn disgrifio ei fyd newydd yno.

O safbwynt portreadu gwallgofrwydd, y cwestiwn a gwyd yn y bryddest hon yw pwy sy'n wallgof – ai'r adroddwr ei hun ai pawb arall, sy'n dewis llusgo byw mewn byd mor orthrymus ac anghyfiawn? Rhesymu ei ffordd tuag at hunanladdiad a wna'r adroddwr trwy ddisgrifio nid ei wallgofrwydd ef ei hun ond gwallgofrwydd y byd yn gyffredinol. Nid oes dim o hunandosturi'r Hen Ŵr yma. Mae'r adroddwr yn ymwybodol, meddai ar ddechrau'r gerdd, y bydd eraill yn gweld ei weithred fel un wyrdroëdig ond y mae ef wedi'i argyhoeddi, hyd yn oed cyn clywed y llais, o ragoriaeth y 'byd sydd â'i ben i lawr'. Cyfiawnhau ei weithred y mae yn rhan olaf y gerdd wrth ddisgrifio ei fywyd newydd ac yntau wedi diosg ei feidroldeb ac ymdoddi, meddai'r soned ddechreuol, yn un â'r elfennau – 'myfi a'r gwynt a'r glaw'n dragywydd drindod'. Ar ddiwedd y soned mae'n rhoi'r dewis i'r darllenydd farnu a wnaeth yn iawn ai peidio:

> Clustfeiniwch, ddaearolion, ar fy nghri,
> Ai wylo ai chwerthin yw? Dewiswch chwi.

Er ei fod, yn y rhan olaf hon o'r bryddest, yn mynegi rhywfaint o hiraeth am sŵn a phrysurdeb y byd a adawodd ar ôl – 'hen gerddi gwesty'r ddaear', chwedl R. Williams Parry – yr un yw ei weledigaeth o ddiffyg ystyr y bywyd daearol; yn wir, caiff gadarnhad o wirionedd y weledigaeth honno wrth iddo weld, o'i safle newydd, breintiedig, y gwallgofrwydd yn parhau fel cynt. Y ffordd a gymerodd ef ei hun yw'r unig ffordd allan:

> Dim ond nyni a ddianc o wledd y bleiddiaid,
> nyni, ddiderfysg dyrfa'r hunanleiddiaid.

Gellid dweud mai'r hyn a geir yn *Un Nos Ola Leuad* yw fersiwn lawnach o'r daith a ddisgrifir yn y soned a ddyfynnir uchod o 'Terfysgoedd Daear', sef y soned am yr 'un ffordd wen'. Mae hanfodion taith yr adroddwr fel y'u ceir yn y nofel wedi'u crynhoi yn y soned: mae'n daith sydd wedi'i gorfodi arno, bron – 'Nid oes ond un ffordd wen . . .', mae'n daith sy'n mynd ag ef yn ôl i'w orffennol ac i fan ei fagu ac mae'n daith sy'n arwain at lyn sy'n cynnig dihangfa iddo. Yn y nofel hefyd, mae'r adroddwr yn clywed llais rhyw fod goruwchnaturiol yn siarad o'r llyn, yn y ddau ddarn salmaidd eu harddull, gyda'r ail o'r rheini'n llais 'Brenhines y Llyn Du'.

Dibynnwn ar ddisgrifiad y nofel o'r daith am ein darlun o gyflwr meddwl yr adroddwr. Does dim rheswm amlwg dros beidio â dehongli'r daith honno fel un lythrennol, gyda gwahanol leoedd yr eir heibio iddynt yn deffro gwahanol atgofion. Ac mae'n werth ein hatgoffa'n hunain o'r modd y disgrifiodd Caradog y nofel yn y llythyr a anfonodd at Kate Roberts pan oedd ar ganol ei hysgrifennu, llythyr a drafodwyd o'r blaen:

> Y syniad y tu ôl iddi yw myfyrdod brodor wedi dychwelyd i'w fro ac yn ail-fyw ei blentyndod mewn un daith o ychydig oriau ar noson olau leuad yn yr hen fro.

Er bod y lleuad llawn yn gwmni i'r adroddwr gydol y daith, wrth iddo ddynesu at ei gyrchfan, tua diwedd y nofel, mae'n dechrau gwawrio; dyfynnwyd eisoes o'r adroddiad ar noson Côr Sowth, gyda'i gyfeiriad at olau cyntaf y dydd. Erbyn dechrau'r bennod olaf mae'n chwech o'r gloch y bore ac erbyn i'r adroddwr gyrraedd Pen Llyn Du mae'n ddigon golau iddo fedru gweld adlewyrchiad yr awyr las yn y dŵr. Y daith unnos hon yw presennol y nofel, ac mae'r holl atgofion a symbylir gan y daith yn perthyn i gyfnod yn y gorffennol. Fel hyn y crëir, atgof wrth atgof, ddarlun o ran o blentyndod yr adroddwr. Fel y nodwyd o'r blaen, ni chawn wybod faint o amser sydd wedi mynd heibio rhwng diwedd y cyfnod a ddisgrifir a'r presennol, ond cesglir oddi wrth ambell gyfeiriad ei fod yn amser go hir: mae'r Ficrej wedi bod yn gartref i ddau glerigwr ar ôl y Canon, mae'r tŷ lle y ganed Nain Pen Bryn, tŷ y cofia'r adroddwr bobl eraill yn byw ynddo ar ei hôl, yn furddun bellach ac nid oes 'neb yn chwara ffwtbol yn Cae Robin Dafydd rwan' (119). Yn yr un modd, ni ellir ond dyfalu beth fu hanes yr adroddwr ers iddo gael ei ddal wrth iddo geisio dianc o'r ardal ar ôl llofruddio Jini Bach Pen Cae ac yntau heb fod fawr hŷn na 14 ar y pryd. Er mai tawedog yw'r nofel ar y naill fater a'r llall, mae tystiolaeth ddiddorol – er nad cwbl annisgwyl efallai o ddarllen rhwng y llinellau – wedi dod i'r amlwg yn lled ddiweddar o'r hyn a oedd ym meddwl yr awdur ei hun. Mae'r dystiolaeth honno i'w chael mewn llythyr a ysgrifennodd at ei gyfaill Huw Griffith, yr actor.[58] Yn y llythyr hwnnw mae Caradog yn trafod y syniad o wneud ffilm o'r nofel gyda Huw Griffith ei hun yn y brif ran, 'yn smalio bod yn ddyn o'i go ac yn cerdded trwy Pesda'. Dywed fod y dyn hwnnw wedi treulio hanner can mlynedd yn 'Seilam Broadmoor' am ladd Jini Bach Pen Cae. Yn ôl y dystiolaeth hon, mae'r adroddwr yn tynnu am oed yr addewid.

Ddoe go bell yn ôl a ddisgrifir, felly, ond un o'r arwyddion mwyaf dadlennol o gyflwr meddwl yr adroddwr yw ei anallu ar dro i wahaniaethu rhwng y gorffennol a'r presennol. Er ei bod yn ymddangos ei fod, drwodd a thro, yn ymwybodol mai dwyn i gof y mae, ceir hefyd ysbeidiau mwy niwlog lle y mae ei synnwyr amser fel petai wedi'i ddrysu'n llwyr. Dichon mai dyna'r eglurhad ar natur y bennod gyntaf, lle y mae'r adroddwr, bob hyn a hyn, yn torri ar draws ei adroddiad ar un diwrnod arbennig o'i blentyndod i gyfarch Brenhines y Llyn Du. Mae honno a mam Huw wedi mynd yn un yn ei feddwl yn y fan yma, fel y dengys paragraff agoriadol y nofel:

Mi a i ofyn i Fam Huw gaiff o ddwad allan i chwara. Gaiff Huw
ddwad allan i chwara, O Frenhines y Llyn Du? Na chaiff, mae o
yn ei wely a dyna lle dylet titha fod, yr hen drychfil bach, yn lle
mynd o gwmpas i gadw reiat 'radeg yma o'r nos. Lle buoch chi
ddoe'n gneud dryga a gyrru pobol y pentra ma o'u coua? (7)

At 'ddoe' y cyfeiria'r adroddwr yntau yn ei ateb amddiffynnol i
Frenhines y Llyn Du/mam Huw:

Pa bobol pentra o'u coua? Nid ni sy'n u gyrru nhw o'u coua,
nhw sy'n mynd o'u coua. Fuo ni'n unlle ddoe dim ond cerddad
o gwmpas. (7)

Mae'n cyfarch Brenhines y Llyn Du eilwaith wrth sôn am Huw yn
dwyn poteli pop yn Siop Ann Jos:

Un slei ydi Huw. Rwy'n siŵr fod Ann Jos wedi'i weld o ond ei
bod hi ofn deud dim byd am fod arni hi'ch ofn chi, O Frenhines
y Llyn Du. (8)

Cyfarchiad arall iddi sy'n cloi'r bennod a hwnnw'n rhoi'r argraff o
ddyn yn ceisio torri trwodd yn llythrennol i fyd ei orffennol:

Pam na newch chi adael i Huw ddwad allan i chwara, O
Frenhines y Llyn Du? (18)

Yn yr un modd, ym Mhennod 2, ceir ef yn chwilio am ei gyfaill
plentyndod arall, Moi, y dysgwn yn ddiweddarach iddo farw pan
oedd yn blentyn. Mae'n gorffen y daith mewn cyflwr meddwl digon
tebyg; yn yr olygfa lle y'i disgrifir yn cyrraedd Pen Llyn Du, rhyw
hanner dirnad y ffaith ei fod bellach yn ddyn mewn oed y mae:

Ma raid bod rhywun wedi tynnu'r wal yma i lawr, achos
oeddwn i'n gorfod dringo i'w phen hi i fedru gweld Llyn Du
erstalwm, a rwan dydy hi ddim yn cyrraedd dim ond at fy
mhennaglinia. (182)

Mae natur y daith ei hun, wrth gwrs, yn arwydd pellach o stad
feddyliol yr adroddwr. Dywedwyd o'r blaen ei bod yn daith ddi-

droi'n-ôl; dyn yw hwn sydd fel petai'n cael ei gymell yn ei flaen heb fod ei ewyllys yn chwarae unrhyw ran amlwg yn y mater. Meddai ar ddechrau Pennod 7:

Pam ddiawl ddaru mi ddewis dwad ar hyd Lôn Bost ffordd yma heno? Mi faswn i wedi medru mynd am dro dros Mynydd neu dros Ochor Foel. Ydw i'n siŵr basa hi wedi bod yn brafiach mynd ar unrhyw un o'r ddwy ffordd nag ydy hi ar Lôn Bost yma. (134)

Mae'r dynfa'n un sicr ac nid ar ddamwain y cyrhaedda ei gyrchfan ar ddiwedd y nofel:

Diawl, Pen Llyn Du o'r diwadd . . . (182)

Soniwyd yn y bennod ar y nofel fel y mae'r adroddwr, wrth wneud y daith i Ben Llyn Du, yn dilyn yn ôl troed yr Em wallgof. Em oedd y cyntaf o'i gydnabod y mae'r adroddwr yn ei gofio yn mynd cyn belled â Phen Llyn Du. Gwelodd yr adroddwr a'i ffrindiau ef y noson honno – 'noson ola leuad run fath â heno' (31) – yn cyrchu i fyny Lôn Bost, cyn iddo gael ei ddarganfod ym Mhen Llyn Du, ar ei bengliniau ar y ffordd, yn gweiddi am ei fam. Ar ei liniau yn gweiddi am ei fam ym Mhen Llyn Du y mae'r adroddwr yntau ar ddiwedd y nofel – cyfatebiaeth sy'n troi'r atgof cynharach yn un eironig iawn, yn enwedig o gofio i'r adroddwr bryd hynny geisio ei roi ei hun yn esgidiau Em, fel petai o ran chwilfrydedd:

Yr hen Em druan. Yn y fan yma'n union roedd o pan welsom ni o'n dwad rownd y tro, tu ôl i'r bonc yna ar ochor y lôn. Ac mae'n rhaid mai tua'r adag yma o'r nos oedd hi hefyd, a hitha'n ola leuad braf run fath â heno. Rarglwydd mawr, gwatsia ditha rhag ofn bod yna ryw gythreuliaid bach tu ôl i'r bonc yna rownd y tro yn dy watsiad ditha a meddwl dy fod ti wedi mynd o dy go. (37)

Wrth geisio dychmygu beth y byddai Em wedi ei weld a'i glywed, daw'r adroddwr i'r casgliad na fyddai wedi sylwi ar ddim gan mor galed yr oedd yn rhythu i fyny Lôn Bost:

Mae raid i fod o'n gweld yn bell o fan yma hefyd. Mae Lôn Bost
yn syth am yn hir yn fan yma ar ôl dwad rownd y tro. Mae hi'n
syth dest iawn at Ben Llyn Du. (37)

Dyna gyfleu yn gynnar yr ymdeimlad na all taith yr adroddwr
arwain i unlle ond i Ben Llyn Du. Ac awgrymir cysylltiadau eraill
hefyd rhwng tynged Em a thynged yr adroddwr. Un ohonynt, fel y
soniwyd yn y bennod o'r blaen, yw Jini Bach Pen Cae. Y noson yr aiff
Em ar goll, mae Jini ar goll hefyd, ac un esboniad yw mai Em 'oedd
wedi mynd a hi efo fo i Goed Allt Braich' (37). Yr un ferch, wrth gwrs,
sy'n hudo'r adroddwr ar y noson dyngedfennol honno yn ei hanes, ac
sy'n talu'r pris eithaf am hynny. Dylid dal sylw yn ogystal ar y modd
y tynnir sylw yn y portread bras o Em at ei berthynas â'i fam. Mae
Em, fe'n hysbysir gan Moi, yn rhegi ei fam ac weithiau'n ymladd yn
wyllt gyda'i frawd, Now Bach Glo, wrth i hwnnw geisio'i hamddiffyn
rhagddo. Ond mae ochr arall i'r berthynas, oherwydd am ei fam y
mae Em yn gweiddi ym Mhen Llyn Du, a'r fam honno yn ei galar
truenus ar ôl i gorff 'ynghyw bach del i' gyrraedd adref o'r Seilam yw
un o olygfeydd cyntaf y nofel (13). Er na ddarlunnir deuoliaeth o'r
fath ym mherthynas yr adroddwr a'i fam, nid yw'r berthynas honno
heb ei chymhlethdod. Yn wir, nid oes dianc rhag yr ymdeimlad fod a
wnelo'r berthynas â thynged yr adroddwr fel y'i datgelir yn y nofel.

   Yng nghyd-destun amgylchiadau'r nofel, mae'n anorfod fod y
bachgen bach yn y nofel yn meithrin perthynas glòs iawn â'i fam. Yn
absenoldeb tad, brodyr a chwiorydd, mae hi'n bopeth iddo: yn
gynheilydd ei fyd, yn ysgwydd i bwyso arni, yn ffynhonnell
gwybodaeth a straeon a chaneuon i'w ddiddanu. Pan fetha gysgu,
nid yw'n petruso cyn mynd i wely ei fam, a phan ddaw hi yno, mae'n
cysgu ar unwaith 'a finna'n gafael yn dynn amdani' (18). Amlygir ei
ddibyniaeth arni yn y stori amdano'n torri ei fraich yn y Bwlch, ffarm
ei fodryb. Yn wyneb y newydd fod ei fam wedi penderfynu ei adael
yno am wythnos tra mae ei fraich yn gwella, mae'n 'crio fel babi'
(142). Dyma, mae'n ymddangos, y tro cyntaf iddynt fod ar wahân am
gyfnod hir ac mae ymateb y bachgen fel petai'n rhagargoel o'i
ymddygiad wrth adael ei fam yn y Seilam. Wrth ei gwylio trwy

ffenestr y llofft yn cychwyn cerdded tuag adref, mae'n tosturio wrthi'n gorfod mynd 'ar ben ei hunan bach' gan gario rhwyd drom yn llawn o fwyd (142). Erbyn diwedd y nofel, wrth gwrs, mae'r fam a'r mab wedi cyfnewid safleoedd; erbyn i Moto Siop Gornal gyrraedd i fynd â'r fam i'r Seilam, mae'r bachgen wedi clywed a deall y cyfan ac yn actio'i ran yn ôl anghenion y sefyllfa newydd. Tanlinellir y newid gan y disgrifiad o'r ddau'n mynd i lawr Rallt i gyfarfod y modur, gyda'r bachgen yn gafael ym mraich ei fam lle cynt y gafaelai hi yn ei fraich ef.

Hanes mynd â'r fam i'r Seilam yw'r peth olaf cyn stori llofruddio Jini Bach Pen Cae. Dywedir wrthym fod blwyddyn wedi mynd heibio, blwyddyn na cheir nemor ddim o'i hanes. Mae hynny ynddo'i hun yn awgrymu bod cysylltiad rhwng y ddau ddigwyddiad. Mae'n werth sylwi yma ar un agwedd arbennig ar adeiladwaith y nofel. Lle y bu'r atgofion a geir yn gynharach yn y llyfr yn ddigon crwydrol a hamddenol, mae'r dweud yn cyflymu a'r awyrgylch yn dwysáu o Bennod 11 ymlaen. Yr hyn a geir o'r bennod honno hyd ddiwedd Pennod 14 (ac eithrio Pennod 12 sy'n mynd ar ôl atgofion cynharach), yw cadwyn ddi-dor o ddigwyddiadau sy'n dechrau gyda dadorchuddio'r gofgolofn ac yn gorffen gyda golygfa'r Seilam, digwyddiadau a gyflwynir yn eu trefn amseryddol ac sy'n rhychwantu cwta wythnos. Yna, ar ôl bwlch o flwyddyn, mae rhan gyntaf Pennod 15, y bennod olaf, yn ffurfio uchafbwynt dramatig y cofio. Gan mai troi o gwmpas y fam yr oedd yr hanes diwethaf, hanes y Seilam, mae brawddeg agoriadol y bennod olaf yn peri meddwl ar unwaith amdani hi:

> Dew, mi faswn i'n leicio cael ei chwmpeini hi rwan, hi'n gafael yn fy llaw i a finna â mraich amdani hi, a ninna'n cerddad hefo'n gilydd i fyny i Pen Llyn Du. (175)

Datgelir yn syth wedyn mai Jini Bach Pen Cae yw'r 'hi' ond mae'r amwysedd dechreuol yn arwyddocaol. Soniwyd yn y drydedd bennod am y modd y mae atgofion cysylltiedig â'r fam yn mynnu ymwthio i feddwl y bachgen yn yr olygfa hon gyda Jini. Rhwng popeth, mae'n anodd osgoi'r argraff fod elfen, o leiaf, o gymhlethdod

Oedipaidd wedi datblygu ym mherthynas y bachgen â'i fam. Meddylier hefyd am ymateb y bachgen yn gynharach yn y nofel pan glyw fod Yncl Wil wedi bod yn y tŷ:

> Y cythral, mi lladda i o os daw o yma eto, medda fi, wedi gwylltio . . . (132)

Er na ŵyr y bachgen (fwy na'r darllenydd) beth yn union yw natur perthynas ei fam ag Yncl Wil, mae'n ffyrnig o amddiffynnol ohoni yn wyneb y syniad o bresenoldeb gwryw arall ar yr aelwyd. Fel y nododd Harri Pritchard Jones, gellir cymharu ymddygiad y bachgen yn y fan yma ag eiddo bachgen bach arall mewn stori o'r enw 'My Oedipus Complex' gan Frank O'Connor.[59] Yno hefyd, mae'r tad yn absennol; mae wedi mynd i'r rhyfel, gan adael y llwyfan yn glir i berthynas agos ddatblygu rhwng y bachgen, nad oes ganddo frodyr na chwiorydd, â'i fam. Mae'r bachgen hwn wedi arfer mynd i wely ei fam bob bore, a phan chwelir y drefn hon gan ddychweliad y tad o'r rhyfel, aiff o'i gof wrth gael ei ddisodli mor ddisymwth o'i safle canolog ym mywyd y fam. Ar ôl casglu bod a wnelo statws breintiedig ei dad fel cywely ei fam ag oedran ac â'r ffaith eu bod yn briod, mae'n datgan ei fod am briodi ei fam a'u bod ill dau am gael babanod lu. O safbwynt plentyn yr adroddir y stori, ond er mor ysgafn y dôn, yr hyn a archwilir yma mewn gwirionedd, fel yr awgryma'r teitl, yw awydd anymwybodol y bachgen i feddiannu'r fam yn gorfforol. Mae cysgod yr un awydd dros *Un Nos Ola Leuad*. Fel petai'n ategu hyn y mae'r amwysedd mewn rhan o lith Brenhines yr Wyddfa a ddyfynnwyd eisoes rhwng cariad mam at ei mab a'i chariad at gymar. 'Ei Briodasferch fydd iddo'n Fam,' meddai wrth ddisgwyl dychweliad y Person Hardd. Yng ngoleuni'r agwedd hon ar berthynas mam a mab, mae cyflwyno modrwy briodas y fam i'r bachgen yn y Seilam yn magu arwyddocâd symbolaidd.[60]

A dychwelyd at bennod olaf y nofel, sylwer mai yn ei hyll, ar ôl ffrae â'i nain am ei ddyfodol, yr â'r bachgen i fyny am Ben Llyn Du ar y noson dyngedfennol. Hyd yn hyn, nid yw'r fath sarugrwydd anystywallt wedi bod yn nodweddiadol o'i gymeriad. I'r gwrthwyneb, cafwyd yr argraff ei fod yn greadur bach annwyl a diniwed. Yn awr, fodd bynnag, mae fel petai rhyw ysbryd dialgar ynddo yn chwilio am ymwared. Jini Bach Pen Cae druan yw'r ferch sydd wedi'i thynghedu i ddod ar draws ei lwybr, ond, yng ngoleuni'r ffactorau a nodwyd, mae a wnelo ei ymosodiad arni fwy â'i fam nag â'r ferch. 'Hi oedd yr unig hogan ges i rioed,' meddai'r adroddwr yn chwerw eironig (180), ond byrdwn sylfaenol y nofel, ac edrych arni o un safbwynt, yw mai ei fam piau'r bachgen hwn, gorff ac enaid, o'r dechrau i'r diwedd. Cael ei aduno â'i fam, yn anad neb arall, fu nod taith yr adroddwr i Ben Llyn Du, fel yr awgryma ei eiriau olaf:

> Ew, peth rhyfadd fasa fo taswn i'n gweld Mam yn codi o'r Llyn rwan a gweiddi: Tyrd yma rhen drychfil bach. Wedi bod yn gneud dryga hefo'r hen Huw yna eto.
> Mi weidda i, dest i edrach oes yma garrag atab. Mam-a-a-m. Mam-a-a-m. Mam-a-a-m. Oes wir. (182)

Mae presenoldeb mamau yn gyffredinol gryf yn y nofel. Hwy, yn llygaid y plant, sy'n dal yr holl rym; hwy sydd â'r hawl i ddeddfu a gwahardd, fel y dangosir yn y tameidyn canlynol o sgwrs rhwng yr adroddwr a Huw:

> Ddoi di allan i chwara fory, Huw?
> Dof os ca i gen Mam. (16)

Soniwyd am y modd y mae'r adroddwr, wrth gychwyn ar ei daith, yn cyfarch mam Huw yn rhith Brenhines y Llyn Du. Yn yr un modd, mam Moi, nid Yncl Now, piau dweud a gaiff Moi ddod allan i chwarae. Fe'n hatgoffir am gryfder y cwlwm rhwng mam a mab gan ymddygiad hysterig mam Moi yn ei angladd; gan alar mam Em amdano yntau; ac eto gan ymateb mam Elwyn Pen Rhes i ddychweliad ei mab adre o'r rhyfel am seibiant. Mae gair mam, wedyn, yn cario pwysau mewn sgwrs arall rhwng yr adroddwr a Huw:

> Fasat ti'n leicio gweithio'n Chwaral, Huw?
> Baswn, siŵr iawn. Dw i am gael trowsus llaes ar ôl pasio Standard Ffôr, a ma Mam yn deud y ca i fynd y munud y bydda i'n bedair-ar-ddeg.

Dydw i ddim am fynd, Huw. Mae Mam wedi deud y ca i
gynnig sgolarship a mynd i Cownti Sgŵl os gwna i basio, a
wedyn mynd i weld y byd a chael lot o bres. (9–10)

Erbyn diwedd y nofel, wrth gwrs, mae mam yr adroddwr wedi
peidio â bod yn ddylanwad ar ei fyd yn yr ystyr uchod, a'r cynlluniau
wedi mynd ar chwâl. Ond fel y dywedwyd, mae'r Llais sy'n llefaru
wrtho yn ystod y daith, boed fel Brenhines yr Wyddfa neu Frenhines
y Llyn Du, fel petai'n cynnal rhith o'r fam a'i thynged. At hynny,
sylwer ar natur famol y cerydd y dychmyga'r adroddwr ei glywed ar
ddechrau'r daith, yng ngenau Brenhines y Llyn Du, ac ar ei diwedd,
yng ngenau ei fam ei hun. Erbyn y diwedd, mae'r 'dryga' wedi dod i
olygu mwy na direidi naturiol plant. Sylwer hefyd mor amddiffynnol
yw tôn yr adroddwr – fel tôn plentyn sydd am osgoi pryd o dafod –
yn y rhannau hyn o'r nofel. 'Nid ni sy'n u gyrru nhw o'u coua,'
meddai yn y bennod gyntaf, ac 'Nid arna ni oedd y bai . . .'(7). Yn yr
un modd yn y bennod olaf, 'Ond deud celwydd oeddan nhw pan
ddaru nhw ddeud bod fi wedi taflyd Jini Bach Pen Cae i Rafon' (180).
Mae'r cyfan yn cyfrannu at y syniad fod presenoldeb y fam iawn,
annwyl a arferai fod yn rhan mor bwysig o fywyd yr adroddwr wedi
parhau rhywfodd yn ei feddwl ar ffurf rhyw ffigwr cyffredinol o fam
sy'n siarad ag ef ac, yn y diwedd, yn ei feddiannu'n gyfan gwbl. Er
bod Brenhines y Llyn Du yn ei llith ar ddiwedd y nofel yn
ymddangos fel cynrychiolydd cyffredinol dioddefaint – 'Fy nheyrnas
yw'r dyfroedd gofidus a orffwys y tu hwnt i'r gofid eithaf' (182) –
mae delwedd y fam yn cael ei chynnal trwy'r cwbl; ac mae'r darn, a
ddyfynnwyd yn gynharach, amdani'n dial mewn rhyw fodd ar ei
baban yn ei chyflwyno mewn golau newydd a dychrynllyd, gan
ychwanegu agwedd arall at y portread cyffredinol.

Gellir dehongli a dehongli drachefn eiriau rhyfedd Brenhines yr
Wyddfa a Brenhines y Llyn Du, heb fyth wybod pa ystyr y bwriadai'r
awdur iddynt ei gario. Serch hynny, mae gan Jung, yn ei ysgrif ar
agweddau seicolegol ar gynddelw neu archdeip y fam, rai sylwadau
sy'n ddiddorol yng nghyd-destun ein trafodaeth am ddibyniaeth
bachgen ar ei fam.[61] Yn ôl Jung, y gynddelw o fam yw un o'r

delweddau grymusaf sy'n bod yn anymwybod dyn. Gall y fam hon ymddangos mewn nifer fawr o ffurfiau; gall fod yn fam go iawn neu'n fenyw arall y mae rhyw fath o berthynas rhyngddi a'r person, neu fe all fod yn ffigwr mytholegol neu'n un o'r myrdd o symbolau ac iddynt gysylltiadau mamol. Lluosog hefyd yw'r gwahanol agweddau arni; rhai o'r rhinweddau nodweddiadol yw doethineb, awdurdod a ffrwythlondeb. Ond gall fod agweddau negyddol iddi hefyd; gall gynrychioli elfennau tywyll, cudd a bygythiol. Yr ymadrodd a ddefnyddia Jung i gyfleu'r ddeuoliaeth gyffredinol hon yw 'y fam gariadus ac ofnadwy'.[62] Dadleua fod elfennau arbennig yn perthyn i'r ddelwedd o fam yn achos dyn: i ddyn, meddai, mae'r fam yn cynrychioli 'rhywbeth dieithr y mae eto i'w brofi' ac y mae, o'r dechrau, yn llwythog o arwyddocâd symbolaidd.[63] Ymhellach, fel y fenyw gyntaf y daw i gysylltiad â hi, mae'n anochel fod ystyriaethau rhywiol, boed ymwybodol neu anymwybodol, yn perthyn i'w agwedd tuag ati ac, yn wir, i'w hagwedd hithau tuag ato ef. Cwyd y problemau seicolegol mewn achosion lle y mae'r mab wedi magu cymhlethdod ynglŷn â'r fam; ymhlith yr effeithiau nodweddiadol a restrir y mae'r duedd yn y mab i chwilio, yn anymwybodol, am ei fam ym mhob merch y daw i gysylltiad â hi. Felly caiff greddfau dynol y mab eu niweidio mewn rhyw fodd. Nid yw hyn yn amherthnasol wrth ystyried perthynas ganolog *Un Nos Ola Leuad*, yn enwedig o gofio tystiolaeth y llythyrau a pheth o'r farddoniaeth gynnar fod croestynnu rhwng ei deimladau at ei fam a'i deimladau at ferched yn rhywbeth real iawn i Caradog ar un adeg. Gyda golwg ar y ffaith fod yn y nofel fam o gig a gwaed, a rhyw fath o fam arall, ffigurol, diddorol hefyd yw'r hyn sydd gan Jung i'w ddweud am natur y cysylltiad rhwng y fam go iawn a'r ddelwedd o fam a all ddatblygu yn yr anymwybod. Er y gall fod elfennau o'r fam bersonol yn y ddelwedd, mwy arwyddocaol ym marn Jung yw'r elfennau hynny yn y ddelwedd sy'n gynnyrch anymwybod y claf ei hun, elfennau'n deillio o'r gynddelw. Yn olaf, mae disgrifiad Jung o un o nodweddion cadarnhaol y gynddelw yn cyd-fynd ag un agwedd ar bresenoldeb benywaidd cyfriniol *Un Nos Ola Leuad*. Disgrifir y fam ddelweddol gan y seicolegydd fel un sy'n teyrnasu dros fan lle y mae trawsffurfio gwyrthiol ac aileni'n bosibl, ac wrth gwrs paratoad at ryw fath o enedigaeth yw llith Brenhines yr Wyddfa ar ei hyd. Er na chynhelir y syniad hwn mewn unrhyw fodd eglur yn yr ail lith, llith Brenhines y Llyn Du, un dehongliad posibl o ymddygiad yr adroddwr ar ddiwedd y nofel yw mai paratoi i'w foddi ei hun y mae a thrwy hynny ei offrymu ei hun i berchen y 'Llais' sy'n galw arno. Ac er nad oes dim byd yn gwbl bendant a diamwys mewn nofel fel hon, mae delwedd glir o ddyn yn cael ei aileni ar ôl ildio i alwad y llyn i'w chanfod yng ngeiriau cyntaf yr hunanleiddiad llwyddiannus yn 'Terfysgoedd Daear', y gerdd sy'n rhagflaenydd mor amlwg i *Un Nos Ola Leuad*:

> Newyddanedig wyf, a'm hegwan lef
>   yn rhwygo'r tawelychau gwyn sy danaf;
> am hunanleiddiad yn meddiannu ei nef
>   wedi terfysgoedd daear flin y canaf:
> ac od oes obry farwol glust a glyw
>   ei dieithr nodau'n tarfu ar gwsg ei gaban,
> hyffordder ef i 'nabod tafod duw
>   er ei llefaru yn amwys fref y baban.
> Noethach y'm ganwyd heddiw na phan droes
>   dolurus groth ei baich i'w bererindod . . .

(ii) HUNANLADDIAD A'R BYD SYDD Â'I BEN I LAWR

Dyfynnwyd ar ddechrau'r bennod o'r llythyr at Morris T. Williams lle y mae Caradog yn cyfleu ei edmygedd o delyneg gan Housman, y 'delyneg oreu a ddarllenais'. Rhan yw'r delyneg honno o'r dilyniant 'A Shropshire Lad' a wnaeth argraff fawr ar Caradog pan ddarllenodd ef gyntaf. O ddyfynnu'r delyneg yn ei chrynswth, gwelir mor drwm fu dylanwad ei delwedd ganolog ar Caradog:

> Oh fair enough are sky and plain,
>   But I know fairer far;
> Those are as beautiful again
>   That in the water are;

The pools and rivers wash so clean
The trees and clouds and air,
The like on earth was never seen,
And oh that I was there.

These are the thoughts I often think
As I stand gazing down
In act upon the cressy brink
To strip and dive and drown;

But in the golden-sanded brooks
And azure meres I spy
A silly lad that longs and looks
And wishes he were I.

Mae'r pennill cyntaf yn drawiadol o debyg i bennill cyntaf `Y Llyn':

Gwelais lyn dan las ffurfafen[,]
Hoffais hedd ei hun ddi-stŵr,
Ac er tlysed glas yr wybren
Tlysach oedd o dan y dŵr.

Disgrifir apêl y llyn mewn modd tebyg yn *Un Nos Ola Leuad* hefyd:

Iesgob, ma'r hen Lyn yn edrach yn dda hefyd. Peth rhyfadd
iddyn nhw'i alw fo yn Llyn Du a finna'n medru gweld yr awyr
ynddo fo. Fasa Llyn Glas yn well enw arno fo . . . (182)

Mae ail a thrydydd pennill Housman yn crynhoi'r dyhead am
ddihangfa a geir mor aml gan Caradog. Fodd bynnag, mynegir
oblygiadau'r dyhead – hynny yw, boddi – yn fwy plaen yng ngherdd
y Sais nag a wneir ar y cyfan yng ngwaith y Cymro. Yn wir, dim ond
yn 'Terfysgoedd Daear' yr ydym yn gwbl sicr mai hunanladdiad trwy
foddi a ddisgrifir. Yn 'Y Gân Ni Chanwyd', fel yn 'Y Llyn', mae'r
bwriad yn fwy amwys ac yn fwy cudd, yn enwedig yn y bryddest, o
dan arddull ddelweddol – a ffansïol yn wir – y bardd. Yn *Un Nos Ola
Leuad* hefyd, gadewir manylion llythrennol i ddychymyg y
darllenydd ar y diwedd. Ni wyddom i sicrwydd mai hunanleiddiad

sydd yma, er bod hynny'n ymddangos yn debygol iawn. Serch hynny, ni ellir osgoi'r ffaith mai dyhead am ddianc o'r bywyd hwn yw'r dyhead sylfaenol a fynegir yn y cyfan o'r gwaith dan sylw. Dyna arwyddocâd y llyn ei hun: symbol ydyw o'r stad well sy'n aros y sawl sydd am ddianc.

Yn 'Y Briodas' yr Afon sy'n galw ar y Wraig i roi diwedd arni ei hun:

> Os rhoddi gam dros ganllaw'r bont
> A dyfod hefo mi,
> Diogel fyddi di
> O derfysg gwallgo'r gynnen front . . .

Yn 'Penyd' gwelir delwedd y llyn yn dechrau ymffurfio wrth i'r weddw ddisgrifio stad 'meirwon Pentre'r Dŵr', y stad ddideimlad y mae hi mor eiddigeddus ohoni:

> Dyfnder pob dyfnder yw eu byd
> Heb iddo benyd byw;
> Chwerthin a wylo'r dydd a dau
> Yng nghân ddieiriau'r yw.

Mentrodd hithau sawl gwaith at y 'geulan ddofn' ar alwad 'gwŷs' sy'n cyfateb efallai i alwad y 'Llais' gwahoddgar yr oedd y bardd a'r awdur i sôn amdano'n ddiweddarach, ond ni allodd fagu'r dewrder i ufuddhau a phlymio i mewn i'r dyfnder. Mae ansicrwydd yn atal cam yr Hen Ŵr yntau yn 'Y Gân Ni Chanwyd', lle y ceir delwedd y llyn yn ei chyflawnder am y tro cyntaf. Bodlona ef ar ymgolli yn ei weledigaethau.

Yn 'Terfysgoedd Daear', fodd bynnag, darlunnir y byd arall o'r dechrau mewn modd cadarnhaol, fel stad i'w cheisio a'i hennill. Dyma'r unig wir dduwdod sy'n bod. Dirmygir crefyddau'r ddaear a hefyd ymdrechion dynion i wneud duwiau ohonynt hwy eu hunain trwy ryfela eu ffordd waedlyd i safleoedd o rym ac awdurdod. Yr hunanleiddiaid, nid y rhain, yw'r gwir orchfygwyr:

> hwy biau'r gamp nad oes yr un cnawd a'i cyrhaedda,
> hwy biau'r anedd nad oes yr un duw a'i baedda.

Cynhelir trwy gydol y bryddest ddeuoliaeth delwedd y llyn, sy'n 'ddyfnder' ac yn 'uchelfan' ar yr un pryd; braint pob hunanleiddiad yw cael 'cyrraedd uchelder y byd sydd â'i ben i lawr'. Er bod hyn yn gyfeiriad at adlewyrchiad o'r awyr yn y dŵr, y mae hefyd yn ddisgrifiad o natur y byd arall fel y dychmyga'r darpar hunanleiddiad ef. Diddorol yma yw troi at lyfr am hunanladdiad gan y bardd Al Alvarez, *The Savage God*.[64] Wrth geisio disgrifio cyflwr meddwl yr hunanleiddiad – ac mae'n siarad o brofiad fel un a geisiodd unwaith wneud amdano'i hun – sonia Alvarez am fyd caeëdig hollol, byd sydd â'i resymeg unigryw ei hun:

> . . . everything makes sense and follows its own strict rules; yet, at the same time, everything is also different, perverted, upside-down. Once a man decides to take his own life he enters a shut-off, impregnable but wholly convincing world . . .[65]

Cymharer â sylw Caradog ei hun wrth drafod y gerdd yn *Afal Drwg Adda*:

> . . . hyd yn oed i feddwl claf, mae arswyd yn y syniad o hunanladdiad ac nid yw'n bosibl dirnad y weithred ond y tu ôl i'r llen dywyll a ddisgynno. (114)

Stad debyg iawn i hyn a ddisgrifir yn rhan gyntaf 'Terfysgoedd Daear'; er bod yr adroddwr yn llawn sylweddoli mor wallgof fydd ei weithred yn llygaid y 'cyfiawn ddoeth', nid yw hynny'n mennu un dim ar eglurder ei resymeg gwbl wahanol ef ei hun.

Beth, ynteu, sydd gan y byd arall y gobeithir ei gyrraedd i'w gynnig? Heddwch yn un peth, ymhell o sŵn gwallgofrwydd byw. Fel yn 'Penyd', dyheir am ddideimladrwydd, am 'y mwyn anghofio'. Yn rhan olaf y bryddest, cadarnheir bod y dyhead hwn wedi ei ateb: mae Tŵr y Tawelwch yn 'diffodd gwenau / â'i ddideimladrwydd ac yn lliniaru pob poen'. Eto, ni chollir ymwybyddiaeth wrth farw yn y ffordd hon. Yn hytrach, enillir bodolaeth newydd mewn safle breintiedig, diogel, sydd y tu hwnt i fân ofidiau'r bywyd daearol. Ar yr un pryd, nid yw'n fodolaeth sy'n hollol ddi-hid o'r hen fywyd. Gall arloeswr yr hunanleiddiaid ymbleseru'n sadistaidd yn y sicrwydd fod dynion yn gyffredinol yn dal yn gaeth i drueni eu byw, hawl a enillodd trwy ei weithred ddewr yn twyllo'r Duw a'i creodd a chymryd arno'i hun fantell anfeidroldeb:

> rhoddwyd i minnau weld ymdaith flin y rhai byw
> ac ymddigrifo fel Yntau yn null eu mallu.

Erbyn diwedd y gerdd mae'r hunanleiddiad 'newyddanedig' wedi ei freintio â'r un gallu mewn byd sydd uwchlaw treigl amser. Yn wir, athroniaeth gwbl a diedifar hunanol yw athroniaeth hunanladdiad fel y'i cyflwynir yma ac ni chywilyddir oblegid hynny: 'gwybydd mai hunan yn unig yw gwobrwy a gwaith dy fod a'th fywyd,' meddai'r arloeswr wrth y darpar hunanleiddiad. Mae dial agored a chwerw yn erbyn Duw yng ngeiriau'r arloeswr, dial am i Dduw ei greu ef yn un o ddynion y ddaear a thrwy hynny roi cychwyn iddo ar daith bywyd a hynny i ddim pwrpas yn y pen draw ond i fod yn ysglyfaeth i angau. Er i Dduw osod dynion yn uwch na chreaduriaid, twyll oedd hynny:

> ffug olud dros amser i hudo'r tragywydd dlawd
> trwy diroedd yr Heliwr i wella'i sbort annhirion . . .

Nid oedd Duw, fodd bynnag, wedi rhag-weld grym 'cyneddfau cudd' dyn, cyneddfau gwrthryfelgar yr isfyd ynddo. Ufuddhau i'r rheini a wnaeth yr arloeswr mewn un weithred ddramatig, fuddugoliaethus, 'Pan hyrddiais Ei ddelw gerbron dicllonder y Duw'. Cynghora'r darpar hunanleiddiad i wneud yr un fath 'cyn dy dwyllo dithau i'r daith'.

Mae neges y gerdd, felly, yn mynd yn hollol groes i ddysgeidiaeth Cristnogaeth am werth pob bywyd unigol fel rhodd gan Dduw. Ar yr un pryd, mae gwedd Gristnogol amlwg ar yr iaith a'r arddull mewn mannau, yn enwedig yn y soned lle y mae'r hunanleiddiad llwyddiannus yn disgrifio'i ddyfodiad 'trwy dymestl dyfroedd dyfnion yr hen Iorddonen'; oni bai am y mesur, fe allem fod yn darllen emyn ac yn wir, fe ddyfynnir o emyn.[66] Sylwer hefyd fod yr arloeswr yn cysylltu tynged hunanleiddiaid â thynged Crist ei hun:

> hwn ydyw llais yr hen arloeswr mawr
> a baratoes y ffordd i leiddiaid trist[,]
> pob hunan a ddywedodd "Daeth fy awr,"
> a baratoes ffordd arw y Groes i Grist . . .

Sut mae cysoni'r defnydd hwn o iaith a delweddaeth Cristnogaeth i bwrpas sy'n ymddangos mor wrth-Gristnogol? Mae'n werth troi at Alvarez eto. Wrth olrhain datblygiad agweddau tuag at hunanladdiad mae Alvarez yn tynnu sylw at y ffaith fod cred yn bodoli yn nyddiau cynnar Cristnogaeth mai math o hunanladdiad oedd marwolaeth Crist. Yn hwyr yn hanes Cristnogaeth y daethpwyd i synio am hunanladdiad fel trosedd ac ni ddeddfodd yr Eglwys yn ei erbyn hyd y chweched ganrif, a hynny yng ngoleuni dehongliad arbennig o'r gorchymyn 'Na ladd', yn absenoldeb unrhyw gondemniad uniongyrchol o'r weithred yn y Beibl. Yn ddigon eironig, bwydodd y syniad hwn fod hunanladdiad yn foesol anghywir ar ofnau ac ofergoelion cyntefig a oedd wedi parhau ers y dyddiau paganaidd, a lledaenodd y syniad yn gyflym ar draws Ewrop. Ond er bod y datblygiad hwn, felly, fel petai'n cadarnhau bodolaeth rhyw arswyd cynhenid a greddfol yn wyneb marwolaeth, yn enwedig marwolaeth annaturiol, tynnir sylw hefyd at dystiolaeth fod rhai pobloedd, yn enwedig cymdeithasau arwrol, wedi ymagweddu'n wahanol iawn tuag at hunanladdiad. Mae rhai o enghreifftiau Alvarez yn ddiddorol o safbwynt ple Caradog o blaid hunanladdiad. Paradwys y Llychlynwyr, er enghraifft, oedd Valhalla, man na cheid mynediad iddo ond wrth farw trwy drais – yn ddelfrydol mewn brwydr, neu, o fethu hynny, trwy hunanladdiad. Yno roedd y duw Odin yn llywyddu dros 'Wledd yr Arwyr', sef lladdedigion rhyfel a hunanleiddiaid. Mae Alvarez yn sôn hefyd am ddefod a oedd yn gyffredin ymhlith llwythau Affrica, un a arweiniai ryfelwyr a gweision i'w lladd eu hunain pan oedd eu brenin yn marw, er mwyn cael byw gydag ef ym Mharadwys.[67] Mae sŵn arwriaeth o'r fath i'w glywed yn rhai o eiriau'r bryddest, fel y gwelsom. Yno hefyd mae sicrhau rhyw fath o dduwdod yn nod. Yno hefyd mae'r addewid o gael ailgyfarfod hen gydnabod – sef hunanleiddiaid eraill – yn cael ei osod gerbron y darpar-hunanleiddiad, yn y soned honno am 'ddewr oresgynwyr y Tŵr' a ddyfynnir yn ei chyflawnder isod. Ac yn *Un Nos Ola Leuad*, drachefn, mae aduniad â chyfeillion yn rhan bwysig o gymhelliad y daith i Ben Llyn Du. Tybed a oedd Caradog wedi ymchwilio rhywfaint i hanes agweddau at hunanladdiad ar hyd yr oesoedd, ac wedi darllen am y modd yr oedd ambell ddiwylliant arall yn synio am y weithred? Mae'n ddigon posibl ei fod. Wrth drafod y cymhelliad i ysgrifennu pryddest Eisteddfod Dinbych yn *Afal Drwg Adda*, yn ogystal â sôn am ei feddyliau personol ar y pwnc, mae'n crybwyll agwedd y gyfraith at hunanleiddiaid a pharhad agwedd 'farbaraidd ac annynol' o'r Oesoedd Canol mewn dyddiau llawer diweddarach (113).

Yn olaf, mae'n werth nodi un nodwedd arall sy'n cyfrannu at gryfder ac effaith 'Terfysgoedd Daear', sef y modd y llwydda'r gerdd i ddod â byd hanfodol ddieithr ei elfennau o fewn cyrraedd y darllenydd. Mewn dwylo llai sicr, fe allai dilyn hynt hunanleiddiad o un byd i fyd arall sy'n ffrwyth dychymyg pur yn hawdd fod wedi troi yn ddi-chwaeth a hyd yn oed yn chwerthinllyd. Camp Caradog yw ei fod rywfodd wedi llwyddo i roi gwedd real a dynol iawn ar y cyfan, gan greu darlun sy'n argyhoeddi'n rhyfeddol o gofio natur y deunydd. Dichon mai rhan o'i gyfrinach yw ei fod yn cyfuno'n llwyddiannus yr elfennau dieithr, rhai ffansïol iawn ar brydiau, ag elfennau mwy diriaethol. Mae'r soned am y llyn dan yr hen Faen Mawr, a ddyfynnwyd ynghynt – 'Nid oes ond un ffordd wen yn arwain i'm hannedd ... ' – yn enghraifft o'r peth yn rhan gyntaf y gerdd; mae i'r disgrifiad rhyw gynhesrwydd sy'n gwneud i'r hyn sy'n cael ei ddweud a'i wneud ymddangos fel y peth mwyaf naturiol dan haul. Cyflawnir swyddogaeth debyg gan y soned yn yr ail ran lle y mae'r arloeswr yn sôn am rai o gydnabod y darpar hunanleiddiad a ddewisodd yr un ddihangfa:

> Tyrd i'w cyfarfod, ddewr oresgynwyr y Tŵr
> a gafodd o iechydwriaeth ddifeth fy ennaint;
> Huw'r Pant, a ganfu fy nef mewn chwe modfedd o ddŵr
> ac ennill ei frwydr â chancr a blinder henaint;

a Bob y Fron, mewn hiraeth ar ôl ei gi bach
a welodd yng Ngheunant Uffern ei hafan oleulon
a'r pentref lle nid oes wahaniaeth rhwng claf ac iach,
rhwng gwenau'r caredig a chuchiog weddau'r rhai creulon;
hithau'r hen Hapi Dol, fu'n afradu ei cheiniog
ac yn gwneuthur herfeiddiol alanas o'i delw gnawd,
a brynodd ddiweirdeb yn nhrobwll y Pant Dreiniog
lle nid oes wledd i gyfoethog na chardod i dlawd.
Mawryger eu henwau megis y gogoneddir
y cadau pell a'u dewrion diwobrwy a leddir.

Dyma, hefyd, ddod at graidd amddiffyniad Caradog o hunanladdiad. Dyma'r ddihanga gyfiawn, a'r weledigaeth hon o anghyfiawnder a thruenusrwydd sylfaenol bywyd sy'n clymu ynghyd y prif weithiau y buwyd yn eu trafod yn y bennod hon. Mae cydymdeimlad Caradog â Phlant Dioddefaint, fel y'u geilw yn 'Penyd', yn hydreiddio'r holl waith hwn a hynny, yn y pen draw, sy'n ei arwain at y casgliad mai mewn angau y mae'r unig ymwared yn wyneb rhai amgylchiadau. Ni fyddai'r cymeriadau a enwir yn y soned uchod allan o'u lle o gwbl yn y gymdeithas gymysgryw a ddisgrifir yn *Un Nos Ola Leuad*. Y mae yno, hefyd, hunanleiddiaid ynghyd â lleng o drueiniaid yn rhygnu byw o dan anfantais o bob math. Er bod y nofel hefyd yn cyfleu llawer o egni a hwyl a blas ar fyw, cymdeithas sy'n dioddef mwy na'i siâr o waeau sydd yma a'r rheini'n graddol grynhoi o gwmpas un unigolyn nes ei lethu. Plennir yma ac acw ar hyd y nofel ddyfyniadau o'r Beibl neu o emynau sy'n cadw'r syniad am fyd arall yn barhaus ym meddwl y darllenydd, gan greu argraff gyffredinol o baratoi llwybr dihangfa.

Mae llawer iawn o waith Caradog, felly, yn rhagdybio bodolaeth byd arall. Consuriodd y byd hwn i fodolaeth o'i ddychymyg, er cysur i'r prif gymeriadau a greodd ac, mae'n bosibl, er cysur iddo ef ei hun. Ildiodd yn llwyr i'w ffansi ar y cyfrif hwn ac mae'n wir dweud bod y disgrifio o ganlyniad yn dod yn agos at droi'n siwgwraidd ambell dro; enghraifft o hynny, efallai, yw'r soned yn 'Terfysgoedd Daear' am yr hunanleiddiad yn croesi'r trothwy i'r byd arall yn sŵn hwiangerdd. Fodd bynnag, dyna natur y weledigaeth ac fe'n hatgoffir o dro i dro mai gweledigaeth *yw* hi, fel yn niweddglo hunanwatwarus 'Y Gân Ni Chanwyd'. Dyma'r bardd, yn llais yr Hen Ŵr fel y gwelsom, yn gwawdio'i ddychymyg ei hun. Ceir rhywbeth tebyg ar ddiwedd telyneg 'Y Llyn', lle y daw'r adroddwr allan o'i synfyfyrdod a gweld ei hun yn fwy gwrthrychol, gan resynu ato'i hun, 'druan ŵr', yn sefyll ar lan y llyn 'Fel pe'n disgwyl clywed miwsig / Yn y dail o dan y dŵr'. Roedd llanc Housman hefyd, ar ddiwedd ei delyneg yntau, fel petai'n cymryd cam yn ôl oddi wrtho'i hun gan weld, yn y dŵr, 'A silly lad that longs and looks / And wishes he were I'. Mae'n bosibl fod un gerdd na soniwyd amdani o gwbl hyd yma yn enghraifft bellach a mwy eithafol o'r un hunanddirmyg. Honno yw 'Y Pwll Tro', cerdd a ymddangosodd yng nghasgliad *Tantalus* yn 1957 ac sydd felly'n perthyn i gyfnod diweddarach na'r cerddi eraill a drafodwyd.[68] Ymddengys fod Caradog yn gwneud hwyl am ben sawl peth yn y fan yma. Mae'r mesur, i ddechrau, yn bras adleisio'n bryfoclyd fesur 'Llundain' T. Gwynn Jones, y mesur a ddefnyddiodd yn awdl 'Gwlad y Bryniau' ac un a ddefnyddiwyd hefyd yn awdl 'Yr Haf' R. Williams Parry; da y cofir, wrth gwrs, am naws ramantus y cerddi hynny. Ar yr un pryd, mae'n ymddangos bod y bardd yn dychanu elfen ganolog o'i waith ei hun. Mae delwedd y dyn wrth y dŵr yma eto, gyda'r pwll y tro hwn yn cael ei alw'n 'Dre Dirion'. Fodd bynnag, mae yma ddelwedd arall wedi'i chyfuno â hi, sef delwedd o ddyn yn llenwi'r pyllau pêl-droed. Mae honno'n cael ei chynnal mewn sangiadau sy'n ysgaru dau hanner y cwpledi cywydd a geir yn y tri phennill cyntaf (yn wir, maent hwythau'n gwpledi cywydd ysgaredig). A dyfynnu'r pennill cyntaf fel enghraifft:

> Dyfal oglais llais y lli,
>   Un ecsdau, unecs, dauecs,
> Ar glust farus doi'i firi,
>   Un undau, un dau, dau ecs;
> Yntau Ŵr Noeth y trueni weithion
> Â'r ieithwedd grai y bathai obeithion,
> Gwelai ei nefoedd o greiglan afon,
> Dan wydr y dŵr dihunai'i Dre Dirion.

Fel hyn, mae 'pwll tro' y teitl yn troi yn 'nefoedd' yn nychymyg y dyn sy'n breuddwydio am ennill ar y pyllau, ond yr un elfennau cyfarwydd sydd i'r darlun: llais yn siarad o'r dŵr, a byd arall yn dod yn fyw yno. Yn ail hanner yr ail bennill rydym mewn byd tebyg iawn i fyd dychymyg yr Hen Ŵr yn 'Y Gân Ni Chanwyd', gyda'r ddelwedd o fywyd llys canoloesol:

> Hwn ydoedd trig y Pendefig Dwyfol
> A'i wŷr a'i riain a'i oriau rheiol,
> Tŷ'r gyfeddach a'r chwerthin tragwyddol
> A'r tant fai ufudd pob hurtyn tewfol.

Ond dadrith yw diwedd y stori, fel stori pob breuddwydiwr:

> Hir gyfrif plant digrifwch,
> Un ecsun, un un, un ecs,
> A'u rhi llon amled â'r llwch,
> Un undau, dau un, unecs;
> Ac yna'r Noeth i Dir Rhith a lithrodd,
> Am ei bŵl filiwn yr ymbalfalodd,
> Ond adar diwyd y dŵr a dawodd,
> Ac o'i ludded ei geufedd a gloddiodd.

> Uwch Lle'r Pwll, a chellwair pêr
> Unun a blyg i'w hanner,
> A Phren Bach dyffryn y bedd,
> Deuecs, sy'n nodi'r diwedd.

Mae Caradog yn siarad o brofiad fel un a oedd yn hoff o lenwi'r pyllau pêl-droed. Meddai yn un o'i ddyddiaduron:

> Though I haven't won anything big as yet, I've had my money's worth in day-dreams. This weekly expectation of great wealth and the contemplation of a life of idle luxury with the imaginary proceeds give me real pleasure and many moments of escape. This weekly flutter is a pleasure I shan't forgo if I can help it. And who can tell? . . . My chance is always as good as anybody's.[69]

Fel llenor, yr oedd yr un mor gyndyn i ollwng ei afael yn y posibilrwydd o fyd arall; câi ei dynnu yn ôl ac yn ôl at y syniad, a gellir tybio iddo gael cysur – mwy ysbrydol – o'r syniad hwn hefyd. Eto, diddorol yw ei weld yn troi un o'i hoff themâu ar ei phen yn y gerdd ddyfeisgar hon. Efallai fod Caradog yn llenor cyson ei olygwedd a'i ddelweddaeth, ond nid yw fyth yn colli'r gallu i'n synnu nac ychwaith ei synnwyr iach o eironi.

NODIADAU

1 LLGC, PKR, 3229 (dim dyddiad). Rhan yw'r delyneg y cyfeirir ati o ddilyniant Housman, 'A Shropshire Lad' (Caniad XX). Mae'n amlwg fod y dilyniant yn ei grynswth wedi apelio at CP; gw. ibid. 3241, 3242, 3237 ac ADA, 162–3.
2 Gw. ADA, 110–117.
3 The Bangor and North Wales Weekly News, 17 Ebrill 1975.
4 Dyfynnir o ibid., 27 Chwefror 1975. Gw. hefyd ibid., 16 Ionawr 1975 a 20 Ionawr 1977, a'r dyddiaduron a ganlyn: LlGC, PCP, 1 (3 Ionawr 1963); 5 (14 Ionawr 1972).
5 Ibid., 1 (3 Ionawr 1963)
6 The Bangor and North Wales Weekly News, 17 Gorffennaf 1975.
7 LlGC, PCP, 555.
8 Cyf. JOJ.
9 Gw. ADA, 33–4, 53, 55, 58–9, 77, 103–4, 110–22, 147, 151,160, 167, 187.
10 Gw. ibid, 34.
11 LlGC, PKR, 3218 (21 Ebrill 1923).
12 Gw., e.e., ADA, 55.
13 CCP, 54.
14 Ibid., 53.
15 LlGC, PKR, 3216 (17 Mawrth 1923).
16 Ibid., 3217 (? Ebrill 1923).
17 Ibid., 3219 (Gwanwyn 1923).
18 Cf. ADA, 45–6.
19 Yn LlGC, PKR, 3217, y ceir hanes y beic a ladratwyd.
20 Ibid., 3222 (wedi 20 Awst 1923).
21 Ibid., 3228 (dim dyddiad).

22 Ibid., 3227 (dim dyddiad).

23 Ibid., 3232 (cyn y Sulgwyn). Dodrefn a oedd yn cael eu storio ers colli'r tŷ ym Methesda yw'r rhai y cyfeirir atynt.

24 Ibid., 3254 (?5 Awst 1925).

25 Ibid., 3239 (dim dyddiad).

26 Gw., e.e., ibid., 3252 (Gorffennaf 1925).

27 Ibid., 3242 (dim dyddiad).

28 Ibid., 3235 (Gorffennaf 1924).

29 Ibid., 3243 (dim dyddiad).

30 *YRhA*, 6–7.

31 LlGC, PKR, 3242.

32 Ibid., 3239 (dim dyddiad).

33 Ibid.. 3230 (dim dyddiad).

34 *Y Geninen*, Ionawr 1925, 56.

35 LlGC, PKR, 3285 (20 Tachwedd 1928); *CCP*, 55.

36 Ibid., 56.

37 Gw. LlGC, PKR, 3234 (? Mehefin 1924), 3235 (Gorffennaf 1924); 3236 (18 Awst 1924). Cf. ADA, 79–80.

38 'Beirniadaethau Cynan [:] Pryddest y Gadair', *Y Brython*, 26 Mehefin 1924.

39 Cyhoeddwyd y llythyr yn ibid., 3 Gorff. 1924, dan y teitl 'Cynan a Realaeth'; dyfynnir o LlGC, PKR, 3236.

40 Ibid., 3235 (Gorffennaf 1924)

41 Elsbeth Evans, 'Barddoniaeth Mr. Caradog Prichard' (I), *Y Llenor*, Cyfrol XXI (1942), 114.

42 Ibid., l.c.

43 Gw. ibid., 'Barddoniaeth Mr. Caradog Prichard', l.c.; Saunders Lewis, 'Y Briodas: Dehongliad' yn Gwynn ap Gwilym (gol.), *Meistri a'u Crefft* (Caerdydd, 1981), 5.

44 Ibid., l.c.; Elsbeth Evans, 'Barddoniaeth Mr. Caradog Prichard', 117.

45 Saunders Lewis, 'Y Briodas: Dehongliad', l.c.

46 Ibid., l.c.

47 Ibid., 6.

48 Elsbeth Evans, 'Barddoniaeth Mr. Caradog Prichard', 122–3.

49 Cf. 'A Shropshire Lad' Housman, Caniad XXI, lle y mynegir syniad digon tebyg; sonia'r adroddwr am ei gariad, yr oedd wedi bwriadu ei phriodi, yn mynd i'r llan o'i flaen, h.y. i'w chladdu.

50 Yn Ioan 19:25, roedd Mair mam Iesu yn un o dair wrth droed y Groes.

51 Saunders Lewis, 'Y Briodas: Dehongliad', l.c.

52 Elsbeth Evans, 'Barddoniaeth Mr. Caradog Prichard', 117–8.

53 LlGC, PKR, 3243 (dim dyddiad); 3244 (dim dyddiad).

[54] Datguddiad 12:9.

[55] Datguddiad 12:17.

[56] Trafoda CP ei gof am yr arfer yn y *Bangor and North Wales Weekly News*, 3 Mai 1973.

[57] Gw., e.e., Emyr Llywelyn, 'Brenhines y Llyn', *Golwg*, 31 Hydref 1991, 18–19; idem., 'Un Nos Ola Leuad: brenhines y Llyn Du', *Y Faner Newydd*, 4 (Haf 1997), 35–6.

[58] Mae'r llythyr (*c.* 25 Tachwedd 1972) bellach ym meddiant Endaf Emlyn, Caerdydd. Gw. adroddiad am ei gynnwys yn *Y Cymro*, 23 Hydref 1991.

[59] Harri Pritchard Jones, 'Un Nos Ola Leuad', 12–14. Ceir stori Frank O'Connor yn *My Oedipus Complex and Other Stories* (Harmondsworth, 1967), 20–31.

[60] Am drafodaeth bellach ar gyflwr seicolegol y mab a'i berthynas â'r fam a dirgelwch y tad, gw. John Rowlands, 'Y Fam a'r Mab – Rhagarweiniad i "Un Nos Ola Leuad"', 278–309.

[61] C. J. Jung, 'Psychological Aspects of the Mother Archetype', *The Archetypes and the Collective Unconscious* (London, 1959), 73–110.

[62] Ibid., 82.

[63] Ibid., 105.

[64] A. Alvarez, *The Savage God: A Study of Suicide* (London, 1972).

[65] Ibid., 106.

[66] Gw. *Llyfr Emynau a Thonau y Methodistiaid Calfinaidd a Wesleaidd*, Rhif 647, 'Gorffwys yn y Bedd' (Evan Evans (Ieuan Glan Geirionydd)). Cf *UNOL*, 129, lle y dyfynnir eto o'r un emyn.

[67] A. Alvarez, *The Savage God*, 48–9.

[68] *CCP*, 105.

[69] 'One Round Year' (4 Tachwedd 1959) yn LlGC, Llsgr. 22396C.

Clo

Mae o leiaf ddau beth yn gyffredin rhwng yr holl themâu a drafodwyd. Yn gyntaf, profiad personol sydd wrth wraidd y cwbl ohonynt. Fe deimlodd Caradog Prichard yn euog am lawer o bethau, fe fu'n alltud, fe wyliodd ei fam yn colli ei phwyll, ac yn sicr fe fyfyriodd ar hunanladdiad fel gweithred ryddhaol a hynny, mae'n ymddangos, mewn ystyr heblaw'r ystyr lenyddol, pan oedd pwysau ei fyd yn mynd yn ormod iddo. Yn ail, roedd y profiadau personol hyn i gyd yn golledion o ryw fath neu'i gilydd. Gwelwyd fod thema euogrwydd i raddau helaeth yn ganlyniad cred Caradog ei fod wedi colli gafael ar ganllawiau sicr ei fagwraeth. Colli ei wreiddiau fel Cymro a roddodd fod i thema alltudiaeth. Ond er mor fawr y colledion hynny, efallai mai'r drydedd golled a achosodd y loes ddyfnaf un iddo ac sy'n fwyaf creiddiol i'w waith, sef colli'r fam fel yr oedd ef wedi'i hadnabod a'i charu: profiad mwy ysgytwol hyd yn oed, gellir tybio, na phetai hi wedi marw'n ifanc, yn enwedig o gofio iddo ddal ei afael cyhyd yn y gobaith y deuai allan o'r ysbyty yn iach ei meddwl. Y golled hon, yn ddiau, a'i hysgogodd i archwilio mewn rhyddiaith a barddoniaeth y themâu olaf y buwyd yn eu trafod, themâu byd y meddwl. Dangoswyd mor denau yw'r ffin rhwng ffaith a dychymyg ym mhortread Caradog o'i fam yn y pryddestau cynnar, yn y cerddi byrrach o'r un cyfnod ac yn *Un Nos Ola Leuad*, ond mae'n sicr hefyd fod ei lais ef ei hun, fel mab iddi ac fel un a feddyliai ac a boenai lawer ynghylch cyflwr ei feddwl ei hun, yn hyglyw iawn yng ngeiriau'r amryfal adroddwyr sy'n llefaru yn y gwaith. Dywed yn *Afal Drwg Adda* iddo gael gollyngdod mawr wrth ysgrifennu 'Terfysgoedd Daear':

> . . . mae'n sicr gen i mai yng nghatharsis y gerdd . . . y cefais i'r gollyngdod a'r ddihangfa na allai'r un siop gyffuriau na seiciatrydd eu gwerthu imi. (114)

Aeth ymhellach yn narlith *Y Rhai Addfwyn*, gan honni mai'r hyn a wnaeth yn y bryddest oedd ysgrifennu 'yn lle gweithredu'.[1] Mae Alvarez yn synio i'r bardd John Donne wneud yr un peth wrth ysgrifennu *Biathanatos*, ei lyfr yn cyfiawnhau hunanladdiad.[2] Gellir tybio bod ysgrifennu *Un Nos Ola Leuad* hefyd wedi rhoi mesur o ryddhad i'w hawdur. Yn sicr ceir yr argraff honno wrth ddarllen y llythyr a ysgrifennodd at Kate Roberts pan oedd yn ysgrifennu'r nofel ac y dyfynnwyd ohono droeon. Cofier ei sylw yno nad oedd ots ganddo a gâi'r nofel ei chyhoeddi ai peidio, ond mai'r peth pwysig iddo ef oedd 'cael ei chwpla'n llwyddiannus'.

A'i gorffen a wnaeth, a hynny'n ysgubol lwyddiannus. Os oedd gwallgofrwydd a chyflwr meddwl yr hunanleiddiad yn bethau poenus o agos ato, ni rwystrodd hynny ef rhag creu ohonynt lenyddiaeth sy'n llefaru'n huawdl â phobl eraill: mae hynny'n wir am y rhan fwyaf o'i farddoniaeth am y pethau hyn, fel am y nofel. I'r gwrthwyneb, rhoddodd y sylfaen o brofiad personol rym emosiynol anghyffredin i'r gwaith, grym sy'n trosgynnu hyd yn oed y rhannau ysbeidiol hynny o'r pryddestau sy'n gallu swnio'n or-ffansïol o'u tynnu o'u cyd-destun. Ond nid trallod ei fywyd cynnar, na hyd yn oed anniddigrwydd ei fywyd diweddarach fel alltud, oedd yr unig bethau a wnaeth lenor o Caradog. Go brin fod ei brofiadau yn unigryw, wedi'r cwbl, er mor ofnadwy oeddynt. Na, yr oedd ganddo hefyd hydeimledd anarferol, clust fain at iaith a'i gwahanol gyweiriau a rhythmau, anian sylfaenol fyfyrgar a dychymyg byw. Ynghyd â hynny, roedd ganddo allu saernïol: ym myd atgofion a meddyliau yr ydym yn y cyfan, bron, o'i waith, ac eto nid gogor-droi yn yr unfan a wneir: mae cynllun clir a phendant i'w bryddestau mwyaf cyfarwydd, ac i'w nofel gynllun mwy rhydd a chudd ond yr un mor sicr ei bwrpas. Mae'n werth cofio hefyd am y sbardunau allanol a fu'n bwysig iddo fel ysgrifennwr: cystadlu eisteddfodol yn sicr, ac awydd digamsyniol i wneud marc, ond y tu ôl i hynny hefyd yr awydd mwy gwaelodol, efallai, i blesio ei ffrindiau a'i deulu: 'ni bu ynof gymhelliad cryfach wrth ysgrifennu'r un gerdd, nac unrhyw ddarn arall o lenyddiaeth o ran hynny, nag ennill cymeradwyaeth y rhai anwylaf ymhlith fy nghydnabod', meddai yn ei hunangofiant

(114). Hawdd credu bod y profiad a gafodd Caradog o weld chwalu ei deulu agos mor gynnar yn ei fywyd wedi dyfnhau'r awydd am gydnabyddiaeth a gyfleir yn y gyffes hoffus o onest hon, yn enwedig cydnabyddiaeth eneidiau hoff cytûn, er prinned oedd y rheini yn ei hanes wrth iddo fynd yn hŷn. Mae'n debyg fod a wnelo'r profiad hwnnw, hefyd, â'r ddau gymhelliad gwrthgyferbyniol yr oedd ef ei hun, fel y soniwyd o'r blaen, yn ymwybodol eu bod yn rhan ohono – 'y naill i fod yn Neb a'r llall i fod yn Rhywun'.

Daeth y cwbl oll – y profiadau mawr ffurfiannol, yr anniddigrwydd a ddeilliodd ohonynt a'r ddawn lenyddol – at ei gilydd i droi'r gŵr hwn yn un o'r llenorion Cymraeg hwyaf a dyfnaf ei fyfyrdod ar natur a throadau'r meddwl dynol. Yn ei ddau waith gorau, *Un Nos Ola Leuad* a 'Terfysgoedd Daear', fe gyrhaeddodd ffrwyth y myfyrdod hwnnw uchafbwyntiau iasol.

NODIADAU

1 *YRhA*, 8.
2 A. Alvarez, *The Savage God*, 133–45.

Mynegai